Carlo M. Martini
Christus entgegengehen

CARLO M. MARTINI

Christus entgegengehen

MEDITATIONEN FÜR JEDEN TAG

Herausgegeben von August Berz

JAHRESLESEBUCH

Herder
Freiburg · Basel · Wien

Umschlagbild: Der gute Hirt, Ravenna,
Mausoleum der Galla Placidia (5. Jh.)

Herstellung: Clausen & Bosse GmbH, Leck
ISBN 3-451-22037-7

VORWORT

Das Leben des Menschen, wie es die Bibel zeichnet, ist ein Weg, der seine wahre Richtung aus dem Hören auf das Wort Gottes erhält. Das Ziel heißt Jesus Christus, sichtbares »Ebenbild des unsichtbaren Gottes« (Kol 1,15). Ihm entgegen zu gehen, macht die eigentliche Spannung im Leben des Christen aus. Im Wort der Bibel findet er Wegweisung und Geleit.

Carlo Maria Martini, ehemaliger Rektor des Päpstlichen Bibelinstituts und der Universität Gregoriana in Rom, seit 1980 Erzibischof von Mailand, hat in vielen geistlichen Vorträgen und Exerzitien Menschen auf diesem Weg hin zu Christus begleitet. Eine tiefe Vertrautheit mit der Heiligen Schrift, das lebendige, persönliche Gespräch mit Gott und die Fähigkeit, sich in die Sorgen und Nöte vieler Menschen einzufühlen, geben dem geistlichen Wort Martinis die Kraft, die beim konkreten Vollzug des Glaubens in der Welt von heute weiterhilft. Er versucht so, »einfach und glaubwürdig weiterzugehen, was mir persönlich aufgegangen ist; das mitzuteilen, was ich zu erkennen und zu leben vermochte«.

Am Anfang aller geistlichen Wegweisung steht immer die Frage: »Was sagt dieses Wort der Bibel mir persönlich, jetzt, in diesem Augenblick?« Es hilft dem Menschen, im Vertrauen auf die Liebe Gottes frei und ohne Angst Christus anzuschauen und ihm, der selbst der Weg ist, nachzufolgen. Das geschieht zuallererst im Raum des Gebetes, in dem der Mensch sich so ausdrücken kann und soll, wie er ist.

Kardinal Martini ist zu einem Wegweiser auf dem Weg des Glaubens geworden. Seine biblischen Besinnungen haben in zahlreichen Übersetzungen weit über Italien hinaus Menschen angesprochen. Auch in deutscher Sprache sind im letzten Jahrzehnt mehr als zwanzig Bücher von ihm erschienen, meist im Verlag Herder. Im Auftrag des Verlags habe ich dieses Jahres-Lesebuch zusammengestellt. Es bietet für jeden Tag des Jahres einen besonders dichten Gedanken von Kardinal Martini. In den ausgewählten Texten spiegelt sich der wesentliche Gehalt seiner vielen Meditationen. In dieser neuen Zugänglichkeit mögen sie den Leserinnen und Lesern gleichsam als Tagesration zu Besinnung und Gebet auf dem Weg durch das Jahr dienen. Jeder Monat des Jahres steht dabei unter einem besonderen Leitgedanken, der die großen Themen des Kirchenjahres aufnimmt. So will auch dieses Buch Kardinal Martinis seinem großen Anliegen entsprechen: den Sprung des Vertrauens zu wagen und jeden Tag neu Christus entgegen zu gehen.

August Berz

INHALT

JANUAR

Vertrauen

GOTT IST BEI UNS

Diese unsere Gegenwart steht unter einem allumfassenden Plan, der von Gott stammt und an dem Gott immerfort wirkt. Gott ist die Mitte von allem, der Träger von allem.

Vergegenwärtigen wir uns also den, auf den sich unser ganzes Leben und alles, was wir tun, bezieht. Denken wir in Anbetung und Verehrung über Gott nach, den Gott der Schöpfung, der den Himmel und die Erde und alles, was in ihr ist, gemacht hat. Gott der Schöpfer ist stets der Urgrund, nichts, was wir erleben, steht außerhalb seines Wirkens. Gott ist überall gegenwärtig, seine Gegenwart ist notwendig für alles, was unter dem Himmelsgewölbe ist. Gott bleibt in den wechselvollen Geschehnissen der Geschichte treu; seine Treue erstreckt sich über Generationen bis auf uns. Er ist der Gott derer, die uns im Glauben unterrichtet haben, der Gott, der durch alle Generationen hindurch treu ist und die Kirche in ihrer jetzigen Situation nicht im Stich läßt, sondern jetzt ihr nahe ist. Er ist also der Gott, der Vertrauen verlangt, weil er ein treuer Gott ist, der uns nicht verläßt und darum von uns fordert, daß wir ihm in allem Dunkel der Gegenwart völlig vertrauen. Gott verlangt von uns unbedingtes, grenzenloses Vertrauen, ein Vertrauen, das dem Tod und allem, was an uns herankommt, standhält. Ein totales Vertrauen.

Das ist es, was uns so sehr fehlt: daß unser Herz nicht nur brennt in der Agonie, im Leiden darüber, daß wir nicht sehen, sondern daß es in uns brennt auch kraft einer Gewißheit, kraft der Frohbotschaft, die wir hören, kraft der Erfahrung der Geistesfülle, daß uns das Herz in der Brust brennt beim Gedanken, daß Gott in der jetzigen Situation meines Lebens und der Kirche zugegen ist und daß er bei mir ist in meiner Bereitschaft, die mir bestimmte Aufgabe zu erkennen.

WIR HABEN NICHTS ZU FÜRCHTEN

Der höchste Wert, den es gibt, ist Gott. Dieser Gott aber teilt sich in Jesus mit. Jesus schafft eine neue Werteordnung.

Wer Gott an die erste Stelle setzt, der braucht nichts zu fürchten. Wenn Gott für mich das höchste Gut ist, von der keine Macht der Welt mich trennen kann – weder Leben noch Tod, weder Krankheit noch Niederlage –, dann ergibt sich alles weitere von selbst.

Wenn Gott das höchste Gut ist, das sich dem Menschen mitteilt, dann sind Gnade, Gebet und Nächstenliebe höchste Güter. Wenn man einmal eine solche Reihenfolge gesetzt hat, darf man auch noch vieles andere als Wert anerkennen und pflegen: Freundschaft und Freude, Treue und Gerechtigkeit, Liebe und Geselligkeit. Und wiederum etwas tiefer sind dann die »natürlichen« Voraussetzungen anzusiedeln: Gesundheit, Nahrung, Arbeit, Erfolg, Anerkennung.

Also hat auch der Erfolg seinen Platz. Was Gott von uns verlangt, das ist Ordnung in unserem Herzen.

Darum dürfen wir nicht für Zweit- und Drittrangiges kämpfen und jammern, daß wir es nicht besitzen, wenn wir doch zweifelsfrei wissen, daß es sich nicht um Erstrangiges handelt.

»O Gott, laß mich erkennen, daß in mir Unordnung herrscht. Reinige mein Herz, ordne meine Gedanken, rücke meine Absichten zurecht, damit ich vor allem anderen dich wähle, das höchste Gut. Alles andere möchte ich in diesem Licht sehen. Herr, alles, was in der Welt ist, ist schön. Aber ich weiß, daß diese Schönheit einer Ordnung entspricht, die aus jener Liebe kommt, die Jesus, wahrer Mensch und wahrer Gott, uns durch seinen Tod und durch seine Auferstehung gelehrt hat!«

ER IST UNSER GOTT

Jeder von uns gelangt nur dann ganz zur Wahrheit, zum Lob und zur Danksagung, wenn er von Herzen anerkannt hat, daß er Geschöpf, daß er vom Sein schlechthin gesandt ist, nur dann, wenn er existentiell anerkannt hat, daß alles ihm als Geschenk gegeben ist.

Das Gottesverständnis und das Verständnis unserer Geschöpflichkeit sind das, was dem heidnischen Bewußtsein des Menschen am meisten fehlt, sind die Wahrheit, gegen die man sich am meisten zur Wehr setzt. Es ist die Urversuchung Satans, das Von-Gott-geliebt-Sein, das Von-ihm-abhängig-Sein nicht zu akzeptieren. Das ist letzlich die Wurzel der gestörten Ordnung in uns selbst, in der Gesellschaft und in der Geschichte und die Verweigerung, die der Sinnlosigkeit des Lebens Tür und Tor öffnet.

Hier ist jeder von uns zu einer grundlegenden Umkehr aufgerufen, denn das Heidentum, das sich seine eigenen Götter macht und die Götter von Menschenhand liebt, erhebt sich in uns instinktiv immer wieder. Es gibt weder Kultur – und mag sie äußerlich auch christlich sein –, noch Tradition, die uns vor dieser Urversuchung bewahren können. Sie schleicht sich in all unser Tun ein. Nur die Gottesliebe, in der wir den Heiligen Geist anerkennen, schauen und bei uns aufnehmen, ermöglicht, daß wir die Furcht davor, vom Vater geliebt zu sein, überwinden.

Bitten wir den Herrn, daß er uns bis zu den tiefsten Wurzeln dieser Wahrheit führt und uns zu der Einsicht gelangen läßt, daß sehr viele Beschwerden und psychische Leiden, die die Psychoanalyse zu erklären versucht – und das oft mit großem Unvermögen und wenig Erfolg –, in diesem wesentlichen Punkt ihren Ursprung haben; nicht von ungefähr hat der heilige Johannes, der der Evangelist des Wesentlichen ist, das mit großem Nachdruck immer wieder herausgestellt.

WOZU BETEN?

Ich frage mich immer, wozu das Gebet dient. Wenn Gott doch schon alles weiß, warum sollen wir ihm dann noch unsere Anliegen sagen? Wenn Gott doch so gut ist, warum braucht man dann bei ihm noch zu insistieren? Deshalb wollen einige bloß vom Lobgebet, vom liebenden Beten etwas wissen. In Wirklichkeit aber ist das Lobgebet, wenn es ein christliches Gebet sein will, auch ein Bittgebet, ein Gebet des Sünders, der sich an Gott wendet.

Jesus gibt uns eine Weisung, die eine Richtung zeigt, der dann von einem jeden so nachzuleben ist, wie der Heilige Geist es ihn lehrt.

Im Grunde ist das Beten Jesu selbst das entscheidende Argument. Wir müssen uns mit seinem Gebet vereinen. Wenn er gebetet hat, will er, daß wir mit ihm zusammen beten und somit unser Gebetsleben pflegen, das seine Rechtfertigung in sich selbst hat.

Im Glaubensleben gelangt man zu der Erfahrung, daß man nicht ohne Bitt-, Lob-, Fürbitt- und Bußgebet auskommen kann. So wie auch andere Grundakte, rechtfertigt das Gebet sich von selbst. Warum sollen wir atmen? Es braucht kein Motiv dazu, das Leben selbst veranlaßt uns zum Atmen. Warum leben? Das Leben selbst heißt uns leben. Warum beten? Der Glaube veranlaßt uns zu beten: das Gebet ist Äußerung des Glaubes.

Wenn wir sagen, das Gebet sei eine »an Gott gerichtete Bitte um etwas Gutes« und eine »Erhebung des Geistes zu Gott«, so sind damit zwei Dinge gemeint, die wohl zusammengehören, aber nicht das gleiche sind. Das Gebet läßt sich also nicht ohne weiteres mit einem Satz definieren, sondern es ist Glaubensatem, leiblicher, geistiger, sprachlicher, psychologischer, passiver Atem. Es ist der Leib des Glaubens und irgendwie der Glaube selbst als ein Ja zu Gott, als Hingabe an Gott und in diesem Sinn schon Erhebung zu Gott.

DIE FROHE BOTSCHAFT

Die Grundform des Evangeliums lautet: Gott bietet mir, dem Sünder, in Christus das Heil als Geschenk an: Gott rettet mich, den Sünder, in Christus.

Zum Evangelium gehört auch die Erkenntnis meiner Sünde, meiner Unfähigkeit, mich selbst zu erlösen, und meiner Erlösungsbedürftigkeit, der Gott aus reiner Gnade und Barmherzigkeit entgegenkommt. Hierauf beruft sich zum Beispiel auch der Zöllner im Tempel: »Gott, sei mir Sünder gnädig!«

Das setzt voraus, daß man um Gott, um den Geschenkcharakter seiner Barmherzigkeit und um die Erlösungsbedürftigkeit des Menschen weiß. Wenn wir in diesen Erkenntnishorizont das barmherzige Handeln Gottes einbringen, das in der Liebe Christi den Menschen wieder heil macht, haben wir die Grundform der Frohbotschaft vor uns, auf die man alle anderen Aussagen der Verkündigung zurückführen muß.

Das neue Leben im Heiligen Geist besagt noch mehr für die Verkündigung der Frohbotschaft: das neue Leben aus dem Geschenk der Barmherzigkeit Gottes, der nicht nur den reuigen Sünder rechtfertigt, sondern ihn in der Fülle des Lichtes und der Wahrheit des Menschen heiligt.

Das neue Leben im Geist besagt, daß der Mensch fähig ist, ganz Liebe zu werden, die Seligpreisungen und die Früchte des Geistes zu leben: Gerechtigkeit, Freude, Friede, Güte, Langmut, Freundlichkeit; sein Menschsein im Leben voll zu verwirklichen. Es erweist das Christentum als Antwort auf die tiefsten Bedürfnisse nach Liebe, Mitteilung, Wahrheit, nach Licht, nach Herzlichkeit.

Wir sind eins mit Christus im Vater: ein einziger Leib. Wir sind bereits Ewigkeit, der Anfang des Paradieses, und das, was wir sind, wird nie vergehen; nichts kann unsere Verbindung mit dem Vater unterbrechen, nicht einmal der Tod; sie bleibt für immer.

LICHT IM DUNKEL

»Das Volk, das im Dunkel lebt, sieht ein helles Licht; über denen, die im Land der Finsternis wohnen, strahlt das Licht auf« (Jes 9,1).

Diese Worte – »Licht im Dunkel«, »Licht, das im finstern Lande aufstrahlt« – rufen vieles in uns wach: sie sind Gleichnis, Symbol von großem Wirklichkeitsgehalt. Wenn wir persönlich sagen müßten, was dieses Dunkel für uns bedeutet, könnten wir es als eine Situation des Mißtrauens, des Nicht-Glaubens bezeichnen. Vieles davon macht einen Teil unserer Alltagserfahrung aus: die Furcht des Menschen vor dem Menschen, die Furcht vor Überfällen und Gewalt, die Furcht, es könnte jemand gerissener sein als wir selbst, sich in unsere Angelegenheiten einmischen und sie durchkreuzen. Und wenn wir weiter um uns schauen, die Furcht vor der Zukunft, die für einige mit Lebensangst, für andere mit der Furcht vor der Weitergabe des Lebens verbunden ist; dieses Mißtrauen, das unsere Finsternis darstellt, kann so weit gehen, daß es sich in der Furcht vor Gott äußert. Diese Furcht, die Adam als erster nach dem Sündenfall empfunden hat, die Furcht vor einem Gott, der uns unseren Egoismus und unsere Sünden vor Augen hält.

In solch einer Atmosphäre des allgemeinen Mißtrauens und der Furcht, die uns das Vertrauen zu allem und allen nimmt, strahlt unversehens das helle Licht auf. Mit anderen Worten drückt der Brief des Apostels Paulus an Titus es aus: »Die Gnade Gottes ist erschienen, um alle Menschen zu retten«, das heißt, erschienen ist die gütige, frei geschenkte Barmherzigkeit, mit der Gott zuerst liebt. Angesichts des Mißtrauens der Welt der gegenseitigen Furcht, die uns befallen und unsere menschlichen Beziehungen gefährden könnte, weckt Gott unser Vertrauen, kommt Gott uns entgegen und schenkt uns soviel Vertrauen, daß er uns seinen Sohn als Kind in die Hände legt.

EIN GOTT, DER NACH UNS SUCHT

Herr, welches Bild mache ich mir von dir? Wie empfinde ich dich, Herr und Vater, in deiner Haltung mir gegenüber: als den, den ich kränke, dem ich gehorchen muß, dessen Gebote ich übertreten kann, oder als den, der nach mir sucht, der mir nachgeht, der nicht ohne mich sein kann?«

Aus einer falschen Geisteshaltung entstehen gewisse Auffassungen, an denen die christliche Seele zu scheitern droht; denken wir an die Hölle, die Bestrafung der Sünde. Wir würden es uns allzuleicht machen, wenn wir diese Wirklichkeit völlig unter den Tisch wischen und behaupten würden, es gebe sie gar nicht. Andererseits aber sehen wir, daß sie ihr Maß nehmen muß an der Sicht Gottes, der uns in Liebe nachgeht und alles tut, damit wir nicht fern von ihm bleiben, indem er jedem Menschen, auch auf geheimnisvolle Weise, alle Heilsmöglichkeiten gibt.

Wenn er hingegen als jemand hingestellt wird, der beständig mit Verdammung droht und der über allem, was wir tun, als Drohung schwebt, dann kann der Gedanke an die Bestrafung zu religiöser Entfremdung, zu Ängsten und zu Erbitterung gegen Gott führen. Vor allem bei religiös feinfühligen Menschen finden sich nicht selten diese unbewußten oder unterbewußten Regungen der Erbitterung gegen Gott, die mit einem ausdauernden, strengen Glaubensleben zusammen bestehen, sich aber bei genauer Prüfung als Elemente einer nicht gut integrierten, nicht dem Evangelium entsprechenden Sicht des Christentums erweisen. Dieses wird nicht als Frohbotschaft empfunden, sondern wird als Zwang, als Triebfeder zur Anstrengung, als Wille zur Selbstüberwindung erlebt.

Bitten wir also den Herrn demütig, uns eine wahre, klare, tiefe Kenntnis von ihm zu schenken...

WIE STELLE ICH MIR GOTT VOR?

Habe ich eine richtige Vorstellung von Gott? Habe ich ihn so vor mir, wie er ist? Diese Frage ist entscheidend, denn wer keine richtige Vorstellung von Gott hat, hat auch keine richtige Vorstellung von sich selber, geschweige denn von anderen.

Im Kapitel 15 des Lukasevangeliums lesen wir, daß »die Pharisäer und die Schriftgelehrten sich empörten«, weil Jesus sich mit Sündern abgab und sogar mit ihnen zusammen aß (vgl. Lk 15,1–10). Hier zeigt sich die typische Haltung von Leuten, die keine richtige Vorstellung von Gott haben, die Gott für rachsüchtig und reizbar halten.

Oft akzeptieren wir uns selbst nicht und schließen daraus, daß Gott uns nicht restlos akzeptiert.

Und es stimmt, daß wir gelegentlich mit einer Sicherheit, die eigentlich eher Dreistigkeit ist, behaupten, durchaus nicht Gottes zu bedürfen. Trotzdem überfällt uns ein andermal jene tiefe Unsicherheit, die im Wesen jedes Menschen von Anfang an verborgen und ein Merkmal seiner Kreatürlichkeit ist. Im Bereich des Glaubens äußert sich diese Unsicherheit in der Vorstellung von einem Gott, der mir keine Gerechtigkeit widerfahren läßt, der zu viel von mir verlangt, der mir Lebensumstände beschert, die für mich zu schwierig sind; oder wir meinen, daß Gott selbst zu kompliziert ist und sich nicht erreichen läßt.

Hinter alldem steht wohl die Meinung, wenn nicht gar Überzeugung, daß Gott mich nicht so liebt, wie ich bin, daß er mit mir nicht einverstanden ist.

Die große Offenbarung des Psalms 51 ist aber, daß Gott mich liebt, wie ich bin, daß er mich restlos annimmt, daß er *hier und jetzt* freundlich, höflich, aufmerksam, zuvorkommend und zartfühlend zu mir ist...

Gott ist der, den ich nicht kenne, dem ich aber wichtig bin, für den – nach einem Wort Jesu – jedes Haar auf meinem Kopf wichtig ist. Nichts geschieht bei mir, ohne daß nicht Gott in seinem Zartgefühl davon wüßte.

GOTTES LEIDENSCHAFT FÜR MICH

Gott hat Freude an mir, er hat Freude für mich, ich stelle etwas dar, an dem ihm sehr gelegen ist.

Eine richtige Vorstellung von Gott zu haben, heißt also, mit dem rechten Fuß zuerst aufzustehen und sich auf den Weg der Versöhnung zu machen.

Habe ich vielleicht eine falsche Vorstellung von Gott? Die Pharisäer und Schriftgelehrten gingen mit ihrer Empörung über Jesus von einer falschen Gottesvorstellung aus.

Erfaßt uns öfters tiefe Niedergeschlagenheit, über die wir vielleicht mit niemandem zu sprechen wagen oder über die wir uns gar schämen?

Lehnen wir uns gegen Gott auf, haben wir heimlich das Gefühl, er sei uns etwas schuldig geblieben?

Was kann ich tun, um die falsche Vorstellung zu korrigieren, die ich von Gott habe? Was ist zu tun, um meine Gefühle zu Gott in Ordnung zu bringen, wenn sie durch mein Bewußtsein getrübt worden sind?

Ein Weg besteht gewiß darin, auf Gottes Wort zu hören, meditierend die Heilige Schrift zu lesen. Das führt die Gefühle zur Wahrheit zurück, die in dem spirituellen Ausdruck des Gotteslobs oft zu kurz kommen. Sicher werden wir dann versuchen, die Worte des Psalms 51 wie folgt zu übersetzen:

»Sei mir gnädig, o Gott, nach deiner
großen Leidenschaft für den Menschen.
In deiner Zartheit lösche die falschen
Vorstellungen, die ich von dir habe.
Ich bedauere, Vater, daß ich ihnen
Raum gegeben habe.
Du allein kannst mir die richtigen geben;
denn wie kann ich dich kennen,
wenn du dich nicht offenbarst,
wenn Dein Sohn nicht in mir die Erkenntnis weckt?«

GOTT IST ANDERS

Weil Gott Gott ist, weil er derjenige ist, der sich im Glauben schenkt, auf einem Weg des Glaubens, braucht dieser Glaubensweg immer neu die Überwindung von früheren, begrenzten Gottesvorstellungen. Unsere Beziehung zu Gott braucht Korrekturen, und das bringt Krisen in unserem Gottesverständnis, in unserer Identität vor Gott mit sich. Diese Prüfungen sind schrecklich, sie sind die grundlegenden Prüfungen unseres Lebens.

Unser Gott ist der Gott der Verheißung, des Heils, der freien Initiative, der Gott des Wortes; doch wir wollen von unserer Natur her einen Gott der Sicherheit, einen Gott der klaren Verhältnisse, einen Gott, von dem wir alles wissen, den wir vorhersehen können und den wir nach unseren Vorstellungen »programmieren« können. Die Prüfung ist die Kluft zwischen diesen beiden Wirklichkeiten: Wir erkennen, daß Gott anders ist, als wir ihn bisher verstanden haben. Daher lautet unsere innere Frage während der Prüfung oft folgendermaßen: Warum hilft Gott mir nicht? Entweder habe ich Gott nicht verstanden, oder es gibt ihn nicht. Die Prüfung besteht aus dem schmerzlichen Aufkommen von Fragen, die eine Antwort suchen.

Die Prüfung wartet auf uns, sie trifft uns in unserem Innersten. Wir können, wie der Apostel Paulus sagt, in der Prüfung fallen: der eine oder andere erleidet im Glauben Schiffbruch. In vielerlei Situationen kann der Glaube ins Wanken geraten.

Das bringt der heilige Ignatius sehr treffend zum Ausdruck: Der Teufel grenzt keinen Lebensstand und keine menschliche Situation aus; niemand bleibt verschont, die Prüfung kommt für jeden. Ja, ich würde sogar sagen, daß jemand um so mehr in seinem Gottesverständnis versucht wird, je mehr er für Gott engagiert ist, denn dann ist es um so notwendiger, daß seine Vorstellung gereinigt wird. Wenn selbst die Zedern des Libanon fallen, was wird dann aus uns?

ALLES IST GESCHENK

Gott ist immer der erste, sein Primat ist absolut und unantastbar; unser »Mitwirken« ist notwendig, aber in dem Maß, in dem wir davon überzeugt sind, daß Gott es ist, der da wirkt. Sogar unser »Mitwirken« ist sein Geschenk, und es ist auch sein Geschenk, das alles einzusehen.

Wir sind geschaffen zum Lob seiner Herrlichkeit und seiner grenzenlosen Barmherzigkeit, denn er ist es, der rettet, der uns zuerst liebt und uns zum bräutlichen Bund beruft, indem er uns die geheimnisvolle Bedeutung seiner Worte erschließt. Er hat die Heiligen den Weg der hingebungsvollen Treue, des Opfers und der Jungfräulichkeit gehen lassen: er allein ist groß, ihn allein sollen wir preisen.

Wir sind wie die Brautleute von Kana, die, ohne es zu wissen, Gegenstand einer mütterlichen Sorge und eines Eingreifens der Macht Christi waren, dessen Auswirkung sie nicht kannten: auch diese Entdeckung ist Geschenk und eröffnet uns den Zugang zur Erkenntnis des Geschenkcharakters unseres Glaubenslebens.

Wir sind Gegenstand einer mütterlichen Sorge und eines Eingreifens der Macht Christi, dessen Auswirkung wir nicht kennen, und das uns wie die Brautleute von Kana zum Heilszeichen für die ganze Welt werden läßt.

Die Fähigkeit, diesen Sachverhalt mit den Augen der Kontemplation zu sehen, verhilft uns dazu, die Dinge in den Griff zu bekommen, die uns dauernd so viel zu schaffen machen, wenn wir sie ins Gleichgewicht und mit unserem Leben, so wie es ist, in Einklang bringen wollen. Unser Leben wird dann zwar nicht anders, wohl aber das Licht, in dem wir es sehen: Wenn uns die Augen aufgegangen sind, haben wir verstanden, welche Liebe sich um uns müht und welche Berufung uns anvertraut ist.

WER HAT, DEM WIRD GEGEBEN

Im Text des Matthäusevangeliums steht ein Wort, das uns helfen kann, eine Menge von Schwierigkeiten zu überwinden: »Denn wer hat, dem wird gegeben, und er wird im Überfluß haben; wer aber nicht hat, dem wird auch weggenommen, was er hat« (13,12). Dieses Wort steht nicht vereinzelt da. Wir finden es ähnlich im Gleichnis von den Talenten. Dem Knecht, der sein Talent vergraben hat, wird dieses weggenommen und dem gegeben, der zehn hat, »denn wer hat, dem wird gegeben, und er wird im Überfluß haben. Wer aber nicht hat, dem wird auch noch weggenommen, was er hat.« (Mt 25,29)...

»Wer hat, dem wird gegeben, und er wird im Überfluß haben.« Gott liebt mich zuerst. Das ist eine fundamentale, absolute Wahrheit. Darin liegt mein Haben. Ich erkenne meine Schuld an, kann sie anerkennen, weil vor der Schuld die Liebe Gottes liegt. Wenn ich mich als Sünder bekenne, dann wird mir vergeben und in reichem Maß Freude, Heil und Leben mitgeteilt. Wir können unsere Probleme nicht lösen, wenn wir nicht von dem Positiven ausgehen, das in uns existiert, vom Glauben und von der Liebe Gottes.

Oft legen wir uns lange Listen mit Schwierigkeiten an und sind dann entmutigt, wissen nicht mehr, wo anfangen, um diese Schwierigkeiten zu lösen bzw. zu überwinden. Die richtige Weise, Schwierigkeiten anzugehen, besteht darin, daß wir zuerst einmal fragen: Was haben wir schon? Was ist der feste, unverrückbare Ausgangspunkt?

Das christliche Leben ist ein Weg. Man durchschreitet ihn von dem Punkt an, an dem man sich befindet. Wenn ich nirgendwo bin, kann ich auch nicht aufbrechen. Befinde ich mich aber an einem klar definierten Ort, sei es selbst die Wüste, dann habe ich einen festen Bezugspunkt. Gott liebt mich. Meine Gewißheit im Blick auf diese göttliche Initiative der Liebe ist der Schlüssel für mein Leben. »Wer hat, dem wird gegeben.«

GOTT IST UNS GEWOGEN

Das Bild von Jesus, dem guten Hirten, besagt drei Grundzüge der Haltung Gottes zum Menschen:

– Gott ist mir gewogen, *trotz allem*: trotz der Sünde, der Schwäche, der Unbeständigkeit und trotz meines Versagens. Gott steht auf meiner Seite; er ist mein Hirt, sorgt sich um mich, nimmt sich um mein Leben an, begründet in mir immer wieder den Sinn des Lebens und gibt meinen disparaten, zusammenhanglosen und manchmal schlechten Taten Sinn.

– Daß Gott uns in seinem Sohn gewogen ist, ist für Jesus nicht etwas Nebensächliches, sondern es geht dabei um Leben und Tod. Der gute Hirt setzt für seine Schafe sein Leben aufs Spiel und gibt es für sie hin. Gott ist uns nicht nur zum Teil gewogen, sondern hat sich *ganz* für uns entschieden.

– Daß Gott uns gewogen ist, ist eine *unveränderliche* Haltung; sie gilt für einst, für jetzt und für immer.

Von daher wird uns die Antwort des Apostels Paulus verständlich: »Ich bin dein Sklave, Herr.« Schon in Damaskus ist ihm die umwerfende Tatsache aufgegangen, daß Gott ihm, dem Sünder, dem Lästerer gewogen ist, daß er bis zum Tod auf seiner Seite steht.

Dieser Sachverhalt läßt im Herzen des Christen das Verlangen aufkommen, Jesus total und radikal anzugehören. Hier wird die unbestimmte Subjektivität der Person erlöst. Wenn diese einzig um sich selbst kreist und einzig im Dialog mit den eigenen Gefühlen steht, gerät sie in Gefahr, sich krankhaft aufzublähen. Den Mitmenschen anzuerkennen sowie Gott, der in Christus, dem Herrn, auf meiner Seite steht, erlöst mein ganzes Dasein und läßt mich verspüren, daß ich heil bin und eine klare Bestimmung habe.

DER HERR KÜMMERT SICH UM MICH

Wem gilt die Aufmerksamkeit, das Suchen Jesu? Es sind Zöllner, Leute, für die man am besten keine Zeit verschwendet, denn man nimmt allgemein an, sie seien nun einmal so, wie sie sind, sie könnten sich nicht ändern, es sei von ihnen nicht viel zu erwarten, denn ihr Métier zwinge sie zu einer gewissen Handlungsweise; Sünder also, öffentliche Sünder, Leute, die gar nicht mehr anders können. Diese Einstellung wiederholt sich jedesmal, wenn wir andere kritisieren oder wenn wir selbst kritisiert werden, wenn wir sagen oder wenn man uns sagt, man verliere bloß seine Zeit, wenn man sich um Leute, um Situationen annehme, bei denen doch nichts auszurichten sei. Warum denn soll man »Mohren weiß waschen« wollen? Jesus denkt anders. Auch nur für einen einzigen seine Zeit zu opfern, ist wichtig.

Danken wir im Gebet dem Herrn, daß er bereit ist, sich mit jedem einzelnen von uns abzugeben, und daß er an uns schon viel Zeit verschwendet hat; daß der Herr uns Raum gegeben hat und Raum gibt. Und vergessen wir nicht, daß Gott sich aller annimmt, auch der Leute, an denen uns nichts liegt. Vielleicht sind es nicht Zöllner und Sünder, aber Menschen, denen wir keine Bedeutung beimessen, weil sie uns für die Kirche, für ihre Zukunft nicht von Belang erscheinen. Doch Jesus ist bereit, sich um jeden einzelnen von ihnen zu kümmern.

Am Tag des heiligen Ignatius, am 31. Juli, hatte ich ein einfaches Erlebnis. Ich nahm in der Jesuitenkirche an der Konzelebration teil, die bei diesem Anlaß gehalten wird, und durfte einer großen Menge von Gläubigen die Kommunion spenden. Da dachte ich mir: »Der Herr kümmert sich jetzt um allein diese Person, die ich vor mir habe. Er nimmt jeden Menschen für sich allein, wie wenn einzig diese Person existierte, und schenkt ihr seinen Leib.« Auch ich bin eine dieser Personen: Der Herr kümmert sich liebevoll um mich und ruft mich.

DU BIST MEIN PLAN

»Du, Herr, bist mein Plan; mir geschehe nach deinem Willen!« Das besagt die Überzeugung, daß Gott das Gute will, daß Gott bloß mein Wohl wollen kann.

Worin besteht andererseits die Ursünde? Im Zweifel, ob Gott wirklich unser Wohl will, ob nicht das, was er von uns verlangt, für uns nicht gut ist.

»Du bist mein Plan« ist das Gegenteil des Zweifels: es ist das Wort Jesu am Kreuz. Jesus nimmt den Baum des Kreuzes auf seine Schultern, um den Auftrag Gottes zu erfüllen; er nimmt den Plan des Vaters voll und ganz an, den Plan, der für jeden Menschen das Beste will und den ganzen Menschen von jedem Übel befreien, die Menschheit lieben will, ohne sie je aufzugeben. »Ich könnte«, sagte Jesus, »zwölf Legionen Engel rufen, aber dann wäre ich dem Auftrag des Vaters nicht treu.«

Jesus setzt also sein Wohl mit dem Willen des Vaters gleich und mein Wohl mit dem seinen; er hat sich aus Liebe mit meinem Wohl gleichgestellt. Darin liegt ein wunderbarer Vorgang liebender Identifikation, sozusagen ein *transfert*, worin mein Wohl zu seinem Wohl wird und das Sterben für mich zu seinem Wohl wird, weil er sich mit meinem Wohl identifiziert hat, damit ich mich mit seinem Willen, mit dem, was er für mich für gut hält, zu identifizieren weiß.

Das Wort Marias »Tut, was er euch sagt!«, »du bist mein Plan« betrifft die Grundauffassung des Lebens, versteht das Leben als Geschenk, als Aufgabe und Hingabe. Maria hat von Grund auf Vertrauen zum Leben in all seinen Momenten, auch in den tragischsten und dunkelsten.

Selbst wenn wir von einer tödlichen Krankheit befallen würden, könnten wir noch sagen: »Du bist mein Plan.« Jesus hat ja, als er zum Tod verurteilt war, *für mich* diese Worte zu seinem Vater gesagt, und er ist gestorben, um sich mit meinem Wohl zu identifizieren.

MEIN LEBEN IN DEINEN HÄNDEN

Alles Zaudern und Zögern aufzugeben, alle Bedenken, alle falschen Rücksichten auf die Gesellschaft fallenzulassen und alle Risiken auf sich zu nehmen, ist die vollkommene Antwort, die Antwort des Menschen, der, weil zum Lieben geschaffen, zu lieben beschließt.

Es gibt einen Satz von Charles de Foucauld, der mich tief beeindruckt und das Geheimnis seines Lebens enthält: »Sobald ich sicher war, daß Gott existiert, gab es für mich nichts anderes mehr, als nur für ihn zu leben.«

Wir können uns die Frage stellen: Wann habe ich in meinem Leben den Vorrang Gottes begriffen? Bei welchen Anlässen hat Gott sich mir bekundet? Entweder sagt man: »Mein Gott, ich lege mein Leben in deine Hände« oder man weist das Schicksal, zu dem Gott uns beruft, zurück.

Niemand wird um den Zeitpunkt der ernsten sittlichen Entscheidung herumkommen, und es nützt nichts, sich in der Hoffnung auf ein ruhiges Leben zu wiegen, um sich nicht im einen oder anderen Sinn entscheiden zu müssen. Die Umstände werden uns dazu zwingen und uns vor Entscheide stellen, in denen sich entweder unserem Herzen der Ruf entringt: »Jesus ist der Herr!«, so daß wir bereit sind, uns ihm entgegenzuwerfen, oder wir sind wankend, unschlüssig, zaghaft, und es kommt zu einer schlimmen Überraschung, und wir fallen in Widersprüche, sind nicht mehr wir selbst, bekommen ein schlechtes Gewissen, und unsere Berufung kann sich nicht entfalten.

Suchen wir nach einer Antwort:

– Kann ich einen Zeitpunkt meines Lebens angeben, an dem ich in besonderer Weise Gott als Gott, d. h. als den Herrn meines Lebens verspürt habe?

– Was möchte ich jetzt tun, um die innere Einstellung zu erlangen, in der ich mich zu entscheiden und auf den Ruf Gottes zu antworten vermag?

DAS LEBEN – EINE EINFACHE SCHWIERIGKEIT

Wenn uns die Augen aufgegangen sind, haben wir verstanden, welche Liebe sich um uns müht und welche Berufung uns anvertraut ist.

»Maria, laß uns im Geheimnis der Eucharistie, der Gabe Gottes, die auch unseren Mund und unseren Leib erreicht, erkennen, welche Liebe sich um uns müht! Laß uns begreifen, daß das geistliche Leben einfach ist.« Wir sind es, die es schwierig machen, weil wir unser Vollkommenheitsideal in einer leiblichen Fertigkeit suchen, die dauernder Ausbalancierung bedarf.

Das menschliche Leben ist so schwierig wie der Aufstieg durch eine Felswand, bei dem alles darauf ankommt, daß keine Bewegung auch nur im geringsten das Gleichgewicht stört. Sobald man aber die Bewegungsabläufe erlernt hat, erfüllt der Aufstieg mit Freude; mit Freude, nicht mit Sorglosigkeit, denn immer hat man vor Augen, daß schon der kleinste Fehler zum Absturz in den Abgrund führen kann!

Das menschliche Leben ist eine einfache Schwierigkeit, in der alles einfacher wird, wenn man seine ganze Existenz als Geschenk annimmt. Gott bleibt dann der einzige, den man anbetet, in der Kontemplation schaut, den man liebt und dem man dient. Alles andere ist eine Frage des Gleichgewichts beim Aufstieg, bei dem die Freude am Werk uns hilft, nach oben zu schauen und nach dem einen Notwendigen zu streben.

»Maria, hilf uns, unser Leben einfach zu machen in der bräutlichen Umarmung des einzigen Herrn, der uns ganz annimmt und jeden Augenblick unseres Daseins in einer unsäglichen Harmonie aufgehen läßt, der Harmonie des Gottesreiches.«

DU HÄLTST MICH AUFRECHT

Niemand von uns weiß genau, wie er sich angesichts des Todes verhalten wird. Sind wir z. B. in einer schweren Krankheit imstande, sie in Vertrauen anzunehmen, oder lehnen wir uns gegen sie auf? Wir wissen es nicht, und bloß das Vertrauen auf Gott wird uns Sicherheit geben können. Wir haben in uns nicht die Gewißheit, schwierigen Situationen – Verfolgungen, Intrigen – gewachsen zu sein.

Und diese Erfahrungstatsachen lassen uns einsehen, daß einzig Jesus Christus uns aus dem Mißtrauen, aus der natürlichen Vorsicht heraushelfen kann, um uns zum Glauben, zur Hoffnung zu bringen.

Dieser Weg im Glauben dauert das ganze Leben an, und in dem Moment, wo wir einen hohen Grad des Glaubens erreicht zu haben wähnen, tritt auf einmal eine unvorhergesehene Schwierigkeit, etwas Betrübliches und Ärgerliches ein, wirft uns wieder fast auf den Nullpunkt zurück und läßt uns sehen, wie wenig Glauben und Hoffnung wir haben. Alles, was wir anderen sagten, um sie zu trösten und zu stärken, spricht dann uns selbst nicht mehr an.

Und doch ist dies der Weg, auf dem der Herr uns dahin bringt, daß wir einsehen und sagen: »Ich bin ein Sünder; einzig du, deine Gnade halten mich aufrecht. Ich berge mich unter deinen Flügeln, ich bin von deiner Hand getragen, mit dir kann ich Mauern überspringen, mit dir bange ich nicht auch vor zehntausend Feinden.« Diese Psalmworte drücken die Gewißheit aus, die Gott uns ins Herz legt. Es sind keine leeren Worte, die man in einem Moment der Ruhe sagen kann, sondern man muß sie sagen in einer widrigen, unerfreulichen, unvorhergesehenen, dramatischen Situation, in er wir uns jeden Augenblick an jeder Straßenecke befinden können, wie z. B. bei einem Autounfall, der unser ganzes Leben umwerfen und uns vor Entscheide, Erfahrungen oder Situationen stellen kann, auf die wir gar nicht gefaßt waren.

FÜR GOTT IST ALLES MÖGLICH

»Für Menschen ist das unmöglich, für Gott aber ist alles möglich.« Das Wunder des Hindurchgehens des Kamels durch das Nadelöhr kann auch an uns geschehen, die wir immer ein wenig füllig sind wie Kamele, wenn es uns auch vorkommt, als hätten wir schon so vielem entsagt.

»Für Gott ist alles möglich.« Dieses Wort führt uns wieder zu den großen marianischen Themen zurück. Es fällt ja anläßlich der Geburt Johannes des Täufers und verbindet uns mit dem Geheimnis der Verkündigung und der Heimsuchung. Für Gott ist es sicher möglich, mein Leben mit all seinen Anhänglichkeiten durch das Nadelöhr des Kreuzesmysteriums hindurchgehen zu lassen.

Dazu muß ich mir nur Jesu gewiß sein, auf ihn vertrauen und mich ihm anvertrauen, ohne mir anzumaßen, schon eine wer weiß wie hohe Stufe der Loslösung erreicht zu haben.

»Herr, ich vertraue mich dir an.
Du weißt, daß ich dich liebe,
du kennst meine Schwäche und Gebrechlichkeit,
du weißt, daß ich trotz des von mir
beanspruchten Grades der Loslösung
wie ein verwundeter Adler klage,
wenn man mir unvermittelt etwas nimmt,
was ich für wichtig halte.
Du Herr sollst mich mit deinem starken Arm
beim Auszug aus Ägypten führen,
damit ich das Land Kanaan erobere.
Und du, Maria, hilf mir, in mein Inneres
und auf mich zu schauen mit dem Blick der Wahrheit,
der Freiheit und der Einfachheit,
der mich auf den rechten Weg zum Kreuz
und zur Auferstehung bringt.«

SICH JESU SICHER SEIN

Maria sagt den Dienern: »Was er euch sagt, das tut!« Ihre Worte haben, biblisch gesehen, sozusagen seit langem einen guten Klang. Kommen sie doch während der Hungersnot in Ägypten aus dem Munde Pharaos, als das Volk nichts mehr zu essen hatte: »Geht zu Josef! Tut, was er euch sagt. Als die Hungersnot über das ganze Land gekommen war, öffnete Josef alle Speicher...« (Gen 41,55 f) Die Gestalt Mariä erscheint hier im Licht des Mannes, der den Hunger eines ganzen Volkes stillt: Maria ist es, durch die die Macht Jesu sich auf Erden für die ganze Menschheit offenbart. Sie ist sich ihres Sohnes *sicher*, denn er ist Gottes Sohn.

Das ist wohl die Überzeugung, an der wir es am ehesten fehlen lassen. Mögen wir auch merken, daß der Wein ausgeht, mögen wir uns auch ein wenig bedrückt mit der Kargheit unseres Lebens, einer klösterlichen Gemeinschaft oder unserer Ortskirche identifizieren. Wenn wir es einfach nicht fertigbringen, die »Furt des Glaubens« zu durchschreiten, bleiben wir in der schmerzlichen Betrachtung der Lage stecken oder unternehmen unzureichende Lösungsversuche.

Unser Glaube reicht nicht aus, uns gelingt der qualitative Sprung nicht, der darin besteht, daß wir uns in Jesus geborgen wissen, auch in den einfachsten Gegebenheiten und den spontansten Ausdrucksformen eines Lebens, das auf Gott vertraut.

Jeder mag sich einmal die Frage stellen:

– Wie kann ich Maria folgen und es dem Geist überlassen, in mir die Gnade der ganzheitlichen Schau, des Blickes für das Ganze zu wecken?

– Wie kann ich mir etwas vom Einfühlungsvermögen Mariä aneignen?

– Wie kann ich zu ihrer Unverzagtheit gelangen, die sich ganz und gar in Christus geborgen weiß?

TUT, WAS ER EUCH SAGT!

Das Herz Marias birgt die *große Hoffnung*, daß Gott niemals enttäuscht. »Tut, was er euch sagt!« Darin liegt die Gewißheit, daß Gott etwas sagen wird, daß Gott uns nie ohne einen Ausweg läßt.

Wir verzweifeln oft und meinen, es gebe keinen Ausweg mehr. Es braucht bloß zwei oder drei widrige Ereignisse, um uns zu verwirren, so daß wir uns wie in einer Falle fühlen.

Das Bewußtsein, daß man etwas falsch gemacht hat und in eine ausweglose Situation geraten ist, gehört zum Schlimmsten im Leben. Vielleicht ist die von mir getroffene Lebensentscheidung falsch, durch die ich in etwas verwickelt wurde, und jetzt fühle ich mich von anderen erpreßt. Jedenfalls meine ich, es gebe keinen Ausweg mehr.

Das Wort Marias läßt das Gegenteil erkennen: »Tut, was er euch sagt!«, denn es gibt einen Ausweg. Es gibt einen Ausweg für jede Situation von uns, für die Welt, die uns zum Krieg, zum Hunger, die zur ökologischen Katastrophe verurteilt scheint.

Aus dieser Gewißheit gehen die Erneuerungskräfte hervor. Darum war die große Versammlung aller Christen Europas – der orthodoxen, protestantischen, katholischen Christen –, die für 1990 vorbereitet wurde und sich mit dem Thema »Frieden, Gerechtigkeit und Bewahrung der Schöpfung« befaßt hat, eine gewaltige Proklamation der Tatsache, daß man im Willen Gottes aus der Bedrohung durch den Atomkrieg, aus dem Hunger und der Unterentwicklung herauskommen kann.

WENN GOTT SCHWEIGT...

Wir erleben manchmal Momente, in denen wir den Eindruck haben, daß Gott schweigt, uns nicht antwortet oder daß er uns das Gegenteil von dem, was wir erbeten haben, zur Antwort gibt. Was kommt angesichts solcher Situationen in uns auf?

Niedergeschlagenheit, Mißtrauen gegenüber Gott breiten sich aus, nicht nur auf der persönlichen, sondern auch auf der gesellschaftlichen Ebene. Die Bitterkeiten, Ungerechtigkeiten, Grausamkeiten der gesellschaftlichen Situation der Menschheit bringen viele Menschen zum Schluß, daß es keinen Gott gibt oder daß Gott die Welt im Stich gelassen hat.

Diese Prüfung des Schweigens Gottes zermürbt den Geist des modernen Menschen und macht ihn mißtrauisch: Will denn Gott wirklich unser Bestes? Es handelt sich um eine ganz subtile Versuchung des heutigen Menschen, der die Prüfung des Glaubens nicht zu erkennen vermag und auf die Leere des Schweigens Gottes starrt, als ob dieses endgültig wäre...

Ganz anders ist der Geist der Bibel, wie er beispielsweise in den Klageliedern Jeremias zum Ausdruck kommt. Hier finden sich starke Sätze, die beim ersten Hinhören wie Flüche klingen und an die Proteste Ijobs erinnern: »Meine Zähne ließ er auf Kiesel beißen; er drückte mich in den Staub. Du hast mich aus dem Frieden hinausgestoßen; ich habe vergessen, was Glück ist. Ich sprach: Dahin ist mein Glanz und mein Vertrauen auf den Herrn« (Klgl 3,16–18)...

Doch das Buch der Klagelieder fährt fort: »Das will ich mir zu Herzen nehmen, darauf darf ich harren: Die Huld des Herrn ist nicht erschöpft, sein Erbarmen ist nicht zu Ende. Neu ist es an jedem Morgen; groß ist seine Treue... Gut ist der Herr zu dem, der auf ihn hofft, zur Seele, die ihn sucht. Gut ist es, schweigend zu harren auf die Hilfe des Herrn« (Klgl 3,21–23. 25–26).

SORGET EUCH NICHT...

Eine andere Haltung, die als falsche Ausgangssituation für den Ausbildungsweg des Taufbewerbers hingestellt wird, finden wir im vierten Kapitel des Markusevangeliums ausführlich beschrieben, im Gleichnis und Rätselwort der Verse 4–7, in denen vom Samenkorn die Rede ist, das von den Vögeln gefressen, auf der Straße zertreten und von den Dornen erstickt wird. Danach findet diese Haltung im Satan, in den Verfolgungen und den allzu großen Sorgen und Verbindlichkeiten der Welt in den Versen 14–19 ihre Deutung im einzelnen. Besonders unterstreichen möchte ich hier, was im Menschenherzen seinen Ursprung hat: die Überhäufung mit Ämtern und Pflichten und die vielen Sorgen der Welt.

All das wird zu den Ursachen gezählt, die uns daran hindern, das Wort zu verstehen und in das Geheimnis einzudringen. Aus Erfahrung wissen wir, daß hier einer der häufigsten Gründe liegt, die es den Menschen – auch Christen, die durchaus gut gewillt sind – unmöglich machen, ihre Oberflächlichkeit zu überwinden. Von zu vielen Dingen werden sie in Anspruch genommen; sie sind dem ununterbrochenen Ablauf äußerer Ereignisse verfallen und unfähig, zum Herzen der Dinge vorzustoßen.

Solche Fehlhaltungen muß der, welcher sich aufmacht, Jesus kennenzulernen, überwinden. Auch sollten wir nicht vergessen, daß die Dornen der ständigen Sorgen – »mérimnai« nennt sie der griechische Text –, d. h. der Not des jeweiligen Augenblicks, in jeder Lage und zu jeder Zeit am Werk sein können, auch wenn man im geistlichen Leben und im vertrauten Umgang mit Christus schon große Fortschritte gemacht hat.

Ein Zuviel an Sorgen und Mühen um äußere Dinge ist eine große Gefahr, in die wir geraten können. Sie kann tatsächlich jeden Augenblick den Geist ersticken und ihn abstumpfen.

MUT ZUM NEINSAGEN

Uns plagt die Angst, dieser oder jener Situation nicht gewachsen zu sein. Dann sagt der Herr zu uns: »Wofür bist du eigentlich da? Was ist wirklich wichtig? Was wollen die Leute im Grunde von dir? Warum hast du nicht den Mut, den Menschen das zu geben, was sie eigentlich von dir wollen, und nicht das, was sie zu wollen scheinen, warum hast du nicht den Mut, zu gewissen Scheinbitten nein zu sagen, um zu den eigentlichen Bitten ja zu sagen?« Dies wäre eine wichtige Aszese des täglichen Lebens, und sie würde eine große Gelöstheit des Herzens auch in kleinen Dingen verlangen...

Es ist leichter, auf den Besitz zu verzichten, sich arm zu machen, als auf die eigenen Sorgen zu verzichten, denn die Sorgen sind viel mehr mit unserem Ich verbunden als der Besitz – denken wir an unser Bestreben, nur ja nicht übergangen zu werden, nicht aus dem Sattel geworfen zu werden, nicht als unfähig zu gelten. In unseren Sorgen kommt unser tiefstes Ich zum Ausdruck und darum verzichten wir leichter auf alles andere als auf sie.

L. Lallemant sagte in seiner geistlichen Lehre, nach der Sünde behindere nichts den geistlichen Fortschritt so sehr wie die Angst, nicht in einer bestimmten Zeit ein bestimmtes Ziel zu erreichen. Wenn er, der eine große Erfahrung hatte, dies sagte, dann muß wirklich hier eine ganz starke Wurzel unserer inneren Versklavung sein, die sich in jedem Augenblick bemerkbar macht – vielleicht mehr den anderen als uns selbst. Bitten wir also den Herrn, uns den Wurzelgrund unser Versklavungen erblicken zu lassen und zwar nicht durch Überlegungen, sondern durch seine Gegenwart.

Er befreit uns, wenn wir zu ihm schreien: »Herr, befreie uns! Befreie uns von unseren nichtigen Sorgen, die uns hindern, das zu tun, was du und die anderen im Grunde von uns erwarten.«

ICH LIESS MEINE SEELE RUHIG WERDEN

Herr, mein Herz ist nicht stolz,
nicht hochmütig blicken meine Augen.
Ich gehe nicht um mit Dingen,
die mir zu wunderbar und zu hoch sind.

Ich ließ meine Seele ruhig werden und still;
wie ein kleines Kind bei der Mutter ist meine Seele
still in mir.

Israel, harre auf den Herrn
von nun an bis in Ewigkeit!

(Psalm 131)

Wie man sieht, besteht der Psalm aus drei ganz kurzen Strophen, deren allerkürzeste die Schlußstrophe ist.

– In der ersten Strophe wird aufgezählt, was der Mensch nicht tun darf; sie listet lauter Verneinungen auf: »Mein Herz ist nicht stolz, nicht hochmütig blicken meine Augen, ich gehe nicht um mit Dingen, die mir zu wunderbar sind.« Diese erste Strophe umreißt also, was der Mensch vor Gott nicht sein will und sein darf, wenn er auch leider die Erfahrung macht, daß er so ist; doch will er sich ändern.

– Die zweite Strophe bringt hingegen zum Ausdruck, was der Mensch wirklich vor Gott ist, was er vor Gott sein will: »Ich ließ meine Seele ruhig werden und still; wie ein kleines Kind bei der Mutter ist meine Seele still in mir.« So ist denn in dieser zweiten Strophe alles durch einen bildlichen Vergleich ausgedrückt, durch den Vergleich mit einem Kind in den Armen seiner Mutter.

– Die dritte Strophe aber bezieht diese, anscheinend nur auf den einzelnen gemünzte Szene auf das ganze Gottesvolk in seiner Gesamtheit; was hier gesagt ist, gilt nicht nur für den einzelnen, sondern für das ganze Volk.

Das ist also ganz schlicht und einfach die Aussage dieses Psalmes, das, was er uns auf den ersten Blick zu verstehen gibt.

GEBORGENHEIT IN GOTT

W*as bedeutet Psalm 131 jetzt für das Gottesvolk,* was bedeutet er heute für die Kirche? Bringen wir es als Kirche fertig, einzig und allein auf Gott zu hoffen? Setzen wir dieses Vertrauen nicht auf die eigene Leistung, sondern einzig auf Gott, von dem wir die Kraft zur eigenen Leistung empfangen? Sind wir fähig, uns so restlos dem Wort zu überlassen?

– *Was bedeutet dieser Psalm für mich?* Jeder von uns kann sich die Frage stellen: Wie steht es mit meinem Gottvertrauen? Wie weit geht meine Hingabe an ihn? Empfinde ich die ruhige Geborgenheit dessen, der sich ihm ganz überläßt, oder regen sich tief in mir viel Unruhe, viel Angst und viel Furcht, weil ich Gott noch nicht restlos angenommen habe?

Dann aber könnten wir mit den Worten des neuen Testamentes diesen Psalm auf uns anwenden: »Wenn ihr nicht umkehrt und wie die Kinder werdet, könnt ihr nicht in das Himmelreich kommen« (Mt 18,3). Man muß zu dieser völlig schlichten Ergebenheit in den großen Gott gelangen.

Und vor allem könnten wir uns dann die Worte Marias zu eigen machen: »Meine Seele preist die Größe des Herrn, denn er hat auf die Niedrigkeit seiner Magd geschaut« (Lk 1,46.48). Das ist der Psalm der Gottesmutter, die sich nie in blühende und unnütze Phantasievorstellungen verstiegen und in der Macht Gottes, die in ihr offenbar geworden ist, eine unendliche Fülle gefunden hat.

– Was sage ich Gott mit diesem Psalm? Kann ich ihn im Mund führen als ganz konkret gelebte Absage an eitle Hoffnungen oder in der absoluten Gewißheit, daß Gott in jedem Augenblick meine Hoffnung ist und daß ich mich ihm in völligem Vertrauen überlassen darf?

Wir wollen darum beten, daß diese absolute Gewißheit zu unserer Lebensgrundlage wird und daß dann all unser Tun das Zeichen dieser sicheren Hoffnung trägt.

MEIN HERZ STEIGT NICHT EMPOR

Während die deutsche Übersetzung dieses Psalmverses (131,1 a) heute allgemein lautet: »Mein Herz ist nicht stolz«, heißt es im Hebräischen: »Mein Herz steigt nicht empor, wandelt nicht auf den Höhen, meine Augen sind nicht nach oben gerichtet.«

Was kann man diesen Bildern entnehmen? Eigentlich sind es Ausdrücke, die an den Höhenkult denken lassen, den Dienst der Götzen, die ihre Stätte auf den Bergen haben, nach denen der Mensch Ausschau hält, wenn er sich schnell in Sicherheit bringen will. Hier spricht nicht einfach der Mensch, der es zu einer bescheidenen Existenz gebracht und dann auch gelernt hat, kraft einer gewissen, sozusagen skeptischen Philosophie hochfliegenden Wünschen mit den Worten zu entsagen: »Es ist doch viel wert, wenn man nur wenig wünscht, denn im Leben kann man nur wenig erreichen«; hier haben wir keinen Menschen vor uns, der ein wenig resigniert herangereift ist und gelernt hat, seine Wünsche und ihre Erfüllung aufeinander abzustimmen, indem er seine Wünsche in Grenzen hält.

Um solch einen Menschen geht es, wie es den Anschein erwecken könnte, nicht, sondern um einen Menschen, der seine Größe, sein wahres Wesen sucht, ohne sich auf die Götzen, das Werk seiner Hände, und auf ehrgeizige Machtträume einzulassen, die für ihn als Mächte, deren er sich nach Belieben bedienen könnte, Mythen- und Götzengestalt angenommen haben. Es ist der Mensch, der jeglicher Art von Götzendienst abgeschworen hat und sich dazu bekennt, daß es keine Größe gibt außer Gott.

Nicht nach Dingen auf die Suche zu gehen, die zu hoch sind – die Augen nicht stolz zu erheben –, heißt für den Menschen der Bibel: »Allein Gott ist groß«; wir haben es also mit einem Menschen zu tun, der sich zur unendlichen Größe Gottes bekennt. Vor dieser Größe kommt er sich arm und nichtig vor, aber seine Nichtigkeit erfüllt ihn mit Ruhe und Seinswahrheit.

MEIN HALT IST GOTT

»Ich gehe nicht um mit Dingen, die mir zu wunderbar und zu hoch sind« (Ps 131,1b). Auch das ist eher ein Übersetzungsversuch, denn im hebräischen Urtext heißt es: »Ich schreite nicht einher«, d. h. ich setze mich nicht in Bewegung, bringe mich nicht zur Selbstdarstellung und baue dabei auf Sensationen; ich suche nicht den Schein, sondern suche meinen Halt in der absoluten Wahrheit Gottes.

Man sieht, wie wir beim Bemühen um das Verständnis des Psalmes eine etwas zu selbstverständliche, vordergründige Auslegung – als handle es sich um einen Psalm der stillen Einfachheit, der bescheidenen Existenz, zu der man gelangt, wenn man seine Wünsche dämpft – hinter uns lassen und statt dessen zu seiner eigentlichen Bedeutung vorstoßen: zum Menschen, der bekennt, daß Gott alles, daß Gott allein groß ist, daß man sich Gott bedingungslos anvertrauen und daher in Gott alles in Angriff nehmen kann; denn wenn uns auch unbedeutend vorkommt, was wir tun, seine Bedeutung hat alles in Gott, dem wir uns ganz und gar verschrieben haben.

So haben wir ein wenig zu ergründen versucht, was sich hinter den Worten des Psalmes 131 verbirgt, und uns um die geistliche Dimension bemüht, in deren Tiefe er wurzelt. Sie ist das ganz tiefe Durchdrungensein von Gottes Absolutheit, von Gott als einer Wirklichkeit, der der Mensch sich blind anvertrauen kann, vor der der Mensch kein Nichts ist, sondern in der alles möglich ist.

Nichts geht über die Kräfte des Menschen, wenn er alles in Gott und der Wahrheit entsprechend tut, die er uns Tag für Tag offenbart; wenn der Mensch nicht mehr seinen Träumen nachläuft, sondern in der Wahrheit Gottes wandelt.

Das ist es also, was uns der Psalm sagen will.

KEINE FURCHT VOR DEN MENSCHEN

Viele möchten dem Geheimnis des Christentums nähertreten, sich auch ein wenig darauf einlassen, aber nicht zu sehr, aus Angst, die Leute könnten sie für verrückt erklären. In Wirklichkeit will man sich nicht bis zur letzten Konsequenz auf das Geheimnis Jesu einlassen. Davor hat man nicht selten sogar in kirchlichen Kreisen Angst. Viele von uns möchten ihr Christenleben so führen, daß die Leute nicht auf den Gedanken kämen, wir seien anders als sie, ein wenig seltsam, und hätten uns zu weit vorgewagt, und daß uns die einen oder anderen nicht als fanatisch bezeichnen.

Sicher dürfen wir keine Fanatiker sein, doch wir dürfen uns auch nicht davor fürchten, von anderen dafür gehalten zu werden. Wir müssen klug, ausgeglichen und diskret sein, dürfen uns aber nicht zu sehr darum sorgen, daß die andern uns dafür halten. Daher wird es – wenn wir das Evangelium wörtlich nehmen – schwierig sein, daß an einem bestimmten Punkt nicht jemand von uns sagt: ›Der ist von Sinnen, das geht zu weit, der läßt sich von seiner Begeisterung hinreißen.‹ Jesus ist es je ebenso ergangen.

»Herr, ich bitte dich: Nimm von mir meine Befürchtungen, meine Ängste, meine Unentschlossenheiten, mein Zaudern bei wichtigen Entscheiden, meine Hemmungen in Freundschaften, in der Beziehung zu anderen, im Vergehen, im Vollbringen von mutigen Taten, um meinen Glauben zu bekunden. Nimm meine Blockierungen von mir, Herr!«

Man könnte auch daran denken, vom Glauben her eine mutige Tat zu vollbringen. Keine überhebliche, wichtigtuerische Tat, sondern eine Geste, die aus der Gewißheit hervorgeht, daß Jesus das Herz befreit und den Glaubensakt zu etwas Spontanem und Freudigem macht.

ANGST VOR DEM RISIKO?

Es ist z. B. die Angst, einen neuen Weg einzuschlagen, weil man nicht weiß, wohin er führen wird; also die Angst vor den letzten Konsequenzen, die ein bestimmter Einsatz für das Evangelium mit sich bringt...

Aus Angst, etwas zu riskieren, schreckt man oft davor zurück, die neue, verwunderliche Tat zu vollbringen, die manchmal das einzige ist, um aus einer festgefahrenen Situation herauszukommen. Sehr oft leben wir in solchen Situationen: in Familien oder Gemeinschaften, wo mehr oder weniger immer die gleiche Routine herrscht, einander nicht oder nur bis zu einem gewissen Punkt zu verstehen...

Vielleicht beruft uns der Herr, aus uns herauszugehen, uns zu exponieren, und das ist schwierig, denn man hat Angst und zieht es vor, dieses kleine Talent, meine Sicherheit, meinen Frieden, nicht aufs Spiel zu setzen. Festgefahrene Konfliktsituationen bieten nämlich eine relative Sicherheit, den kalten Krieg, der jedoch den Vorteil aufweist, daß man weiß, daß niemand etwas tun wird, das in diesen festen Beziehungen nicht vorgesehen ist.

Bitten wir den Herrn, uns hier Klarheit zu schenken, denn mehr oder weniger wird jeder in solchen festgeschriebenen Beziehungen gefangen sein. Oft fehlt mir der Mut und die Initiative, eine neue Tat zu tun, die solch eine Situation lösen könnte. Und weil der Mut fehlt, weil das Herz verkrampft und unfrei ist, kommt es zu keiner erfinderischen Initiative.

Und dazu bräuchte es oft bloß ganz wenig!

Doch man weiß ja nicht, wie es ausgehen wird, und hat Angst. Man zieht es vor, das Verteidigungsspiel weiter zu treiben, weiterhin die Möglichkeit zu erkunden, daß der andere bei einem eine Blöße erspäht. Damit bleibt die Situation bestehen. – Das also ist der Grund, weshalb wir im Bruder nicht den Herrn zu erkennen vermögen: Aus Angst vor dem Risiko haben wir ein verkrampftes Herz.

MUT ZUM RISIKO DES LEBENS

Unser Leben hat seine Festigkeit davon, daß wir mutig und umfassend *Risiken übernehmen.* Wenn wir uns nicht mehr für das Reich Gottes einsetzen, weil das »riskant« erscheint, sind wir, psychologisch gesehen, alt geworden.

Bereitschaft zum Risiko fordert Offenheit, Bereitschaft, Freude, irgendwie eine sehr jugendliche Einstellung. Vielen jungen Menschen bei uns im Westen fehlt heute eine solche mutige Einstellung. Sie suchen Erfahrungen – in der Liebe, in der Freundschaft –, aber sie haben Angst vor Entscheidungen, die endgültigen Charakter tragen.

Das scheint mir ein Fluch unserer Zeit zu sein, denn Menschsein heißt Risiko, bedeutet auch die Bereitschaft, Risiken auf sich zu nehmen. Wenn wir vergessen, daß ein liebender Gott uns führt, erscheinen uns die Ereignisse des Lebens als Aktivität von mächtigen bösen Geistern. Gegen sie verteidigen wir uns, setzen auf genaues Kalkül. Wir werden zu angstbesetzten Menschen, die nichts mehr wagen.

Die Gestalt Davids ermuntert uns, daß wir den Mut haben dürfen, ein bißchen verrückt zu sein und uns nicht zu lange beim Nachdenken über unsere Kräfte, unsere Gesundheit und über die eventuelle Reaktion der Leute aufzuhalten.

Maria wird uns mit ihrer Fürbitte beistehen. Gerade sie weiß, wie wichtig es ist, zu Gottes Anruf und den Situationen, die er schafft, ja zu sagen, Risiken jeden Tag zu übernehmen.

Leben heißt, das zuzulassen, wozu wir berufen sind. Jedes Gebet ist ein Risiko, da wir den Kontakt mit Gott ja in der Regel nicht sinnenhaft verspüren. Glauben heißt, sich auf Gott verlassen. Dieses Geheimnis menschlicher Existenz hat uns Jesus, der Sohn Davids, gelehrt.

FEBRUAR

Leben aus dem Wort

GOTT SPRICHT ZU UNS

Wort Gottes bedeutet, daß Gott sich dem Menschen mitteilt. Das Offenbarungsgeschehen, der Umgang Gottes mit dem Menschen, »ereignet sich in Wort und Tat« (Dogmatische Konstitution über die göttliche Offenbarung »Dei Verbum«, Nr. 2). Die Taten sind die Gesten der Liebe, vom Auszug des Volkes Israel aus Ägypten bis zum Kreuzestod Jesu, von der Erschaffung der Welt bis zur Berufung Abrahams und zur Berufung des Paulus. Gesten und Taten, die von Worten begleitet sind, und Worte, die mit Gesten und Taten verbunden sind, die alle zusammen diese mitteilende und offenbarende Tätigkeit Gottes ausmachen. Das ist die Art, wie Gott spricht.

Und seine Offenbarung in Worten und Taten hat ihren Höhepunkt in Jesus Christus, dem Wort schlechthin, dem endgültigen Wort, das eine Offenbarung Gottes an den Menschen darstellt und in dem der Mensch das Geheimnis Gottes erkennt: Christus, das Wort des Vaters.

Der Ausdruck »Primat des Wortes Gottes« ist also durchaus richtig... Der Primat des Wortes Gottes ist die Quintessens der Offenbarung, er ist der Primat Gottes selbst, seiner Selbstoffenbarung, seiner Selbstmitteilung!

Wenn die Welt existiert, wenn wir existieren, wenn unser Dasein einen Sinn hat, wenn wir Hoffnung haben können, so verdanken wir dies Gott, der zu uns spricht und sich uns mitteilt.

Das Wort ist hier lebendige Person. Es ist vor allem Christus, die volle Offenbarung des Vaters, und es ist dann in weiterer Folge das ganze System der Vermittlungsinstanzen, das Gott aufgebaut hat und immer noch aufbaut, um seine Botschaft weiterzugeben, um sich selber den Menschen mitzuteilen und ihnen das Bewußtsein ihrer Identität zu geben, um uns zu zwingen, die Verantwortung für unsere Berufung zu übernehmen. Das alles ist Wort Gottes.

ERKENNEN, WAS WICHTIG IST

»Es bedarf einer aufmerksamen Meditation, eines durchdringenden Blicks, um über den wörtlichen Sinn der Geschichte hinauszugehen und zu erfassen, von welchen Chaldäern, von welchen Ägyptern wir fortgehen müssen. Wenn wir dann dieser babylonischen Gefangenschaft entronnen sind, können wir in das selige Leben eingehen« (Gregor von Nyssa). Mose sind wir. Die Chaldäer, die Ägypter, die Amalekiter, die Wasser von Mara, die Wasser von Meriba sind wir. All das ist unsere Erfahrung, unser Leben, und wir müssen herausfinden, was es uns sagt, wie es uns auf dem geistlichen Weg weiterhilft.

Gott, unser Vater, du hast deinem Volk Mose gegeben, damit er es aus einem uneigentlichen Leben herausführe in die Freude, dein Volk zu sein.

Blicke auf uns, Herr, die wir im Wissen um unsere Armseligkeit uns diesen Geheimnissen nähern. Gib, daß wir es in aller Bescheidenheit tun, daß wir gleich Mose unsere Schuhe ausziehen, daß wir uns nicht einbilden, etwas zu wissen, etwas zu verstehen, sondern daß wir uns einzig von dem Wunsche leiten lassen, auf dein Wort zu hören, von deinem Geist erleuchtet, vom Feuer des brennenden Dornbusches verbrannt, ganz in das Mysterium deines Christus, des Erlösers, und deiner Kirche hineingenommen zu werden.

Herr, wir wissen nicht, um was wir bitten sollen. Wir danken dir, daß du uns den Heiligen Geist gegeben hast, der in uns betet. Laß uns, o Herr, ganz offen sein für dieses Gebet des Geistes. Gib, daß wir im Gebet nicht das suchen, was zu tun wir selber uns vorgenommen haben, sondern einzig das, was du von uns willst, wozu du uns liebevoll einlädst. Laß uns für eine Weile die Sorgen, die uns gerade bedrängen, vergessen, sie zum Schweigen bringen, um uns auf das zu konzentrieren, worauf es wirklich ankommt. Laß uns, o Herr, das Dringende vergessen, um uns endlich dem wirklich Wichtigen zu widmen.

HORCHEN AUF DAS WORT – DIE SCHRIFTLESUNG

Komm, Heiliger Geist, in unsere Herzen und entzünde in ihnen das Feuer deiner Liebe. Komm, Heiliger Geist, und gib uns die Gnade, die Heilige Schrift wieder und wieder zu lesen, damit wir uns liebend und tätig an die Christusereignisse erinnern und sie in unserem Leben neu zum Ausdruck bringen.

Die Schriftlesung ist die geordnete Übung des persönlichen Horchens auf das Gotteswort.

Ein Horchen: Die Schriftlesung ist ein Horchen, ein Hinnehmen des Gotteswortes als Geschenk. Dieses Horchen weist die gleichen Eigenschaften auf wie das von Maria: Das Horchen wird für sie zum Gehorchen, und sie sagt: »Mir geschehe, wie du es gesagt hast!« (Lk 1,38). Das Horchen geschieht also in einer Haltung der Anbetung und Bereitschaft. Wir sollen in der Schrift nicht nach etwas suchen, das für andere gilt oder das uns interessiert; wir müssen Gott zu uns sprechen lassen.

Die Schriftlesung besteht im persönlichen Horchen, das eine notwendige Entsprechung zum gemeinschaftlichen Hören darstellt. Zwischen dem in der Liturgie vorgelesenen Wort und der Schriftlesung besteht eine ganze enge Beziehung: Die Schriftlesung ist gewissermaßen die Fortsetzung des gemeinsamen Hörens und die persönliche Vorbereitung darauf. Ohne das gemeinsame Hören wird die Schriftlesung zu etwas Individualistischem; ohne die Schriftlesung gerät das gemeinsame Hören in Allgemeinheiten.

Auf das Gotteswort: Gott spricht, Christus spricht, der Geist spricht. Zu mir spricht das Wort, das mich erschaffen hat, das um das Geheimnis meines Lebens weiß, das den Schlüssel zu meiner jeweiligen Situation in Händen hat und das auch um das Geheimnis des Weges der Kirche weiß und den Schlüssel zu den jeweiligen geschichtlichen Situationen in Händen hält.

DAS WORT BETRACHTEN UND ES ERFAHREN

Wir *betrachten,* wie Gott sich zum Menschen verhält: sein Erbarmen, seine Treue, seine Gerechtigkeit. Oder wie der Mensch sich zu Gott verhält: die positiven Haltungen – Reue, Lobpreis, Dankbarkeit – und die negativen – Lug und Trug, Feigheit, Untreue, Furcht.

Die bleibenden Sinngehalte, die hervortreten, werden meiner persönlichen Situation gegenübergestellt. Ich frage mich, wie ich sie ins Leben umsetze, wie ich sie sehe, wie ich mit ihnen zurechtkomme und mit der Dynamik der Gefühle, die der Text übermittelt, in Kontakt trete.

Das ist das *Meditieren* Marias, die ein Ereignis mit einem anderen vergleicht und sich nach den verschiedenen, scheinbar widersprüchlichen Haltungen Jesu (er gehorcht in Nazaret, entzieht sich aber im Tempel dem Gehorsam) fragt, um das göttliche Mysterium zu verstehen, das diese gegensätzlichen Sinngehalte zu einer Einheit verbindet. Durch dieses Meditieren findet Maria in das Mysterium Gottes Eingang.

Zur *Beschauung* kommt es dann, wenn die Vielfalt der Gefühle, Gedanken, Gebete sich auf die Betrachtung des Mysteriums Jesu konzentriert, das auf jeder Seite der Bibel, zumal auf jeder Seite des Evangeliums, anwesend ist.

Man geht nun über den Textabschnitt und die von ihm zum Ausdruck gebrachten Sinngehalte hinaus und atmet in der Gegenwart Gottes, der in den geschilderten Tätigkeiten wirkt...

In einem Exerzitienkurs hat Karl Rahner eine glänzende These entwickelt: Jeder Mensch ist fähig, Gott zu *erfahren.* Dies ist eine Behauptung von großer Tragweite. Und einer der geläufigsten Kanäle zu der Erfahrung des Mysteriums Gottes ist die Beschauung bzw. Kontemplation in dem von uns dargelegten Sinn: ein Herausgehen aus sich selbst und ein Eintreten in das Mysterium, das unser Leben in Händen hält.

WANN SCHRIFTLESUNG HALTEN?

Aus eigener Erfahrung kann ich sagen, daß es möglich ist, jeden Tag eine Schriftlesung zu halten. Die *Wahl* des Zeitpunkts hängt von uns ab, denn es geht darum, einen Moment der Stille und Ruhe zu finden. Aus der Tradition des Alten Bundes und aus der aszetischen Überlieferung wissen wir, daß die am Morgen gehaltene Betrachtung zu einem täglichen geistlichen Erstarken führt.

Doch die heutigen Zeitumstände sind dazu nicht günstig; manchmal ist man gezwungen, die Schriftlesung am späten Abend zu halten.

Man kann sich darum bemühen, in einer gewissen Regelmäßigkeit an drei bestimmten Zeiten im Verlauf des Tages festzuhalten und sie miteinander zu verbinden.

Ein erster Zeitpunkt am Abend: Man liest eine Stelle des Evangeliums und bittet den Herrn, daß man ihn anhand seines Wortes erkennen möge. Man schließt mit einem Gebet, das die gelesene Stelle ins Herz hineinnimmt.

Ein zweiter Zeitpunkt am Morgen: Man nimmt sich den Abschnitt wieder vor, liest ihn aufs neue, betrachtet in ihm Jesus, der sich uns kundgibt, das Wirken der Kirche, das sich uns bekundet, und man findet einen Gedanken für das Tagewerk.

Ein dritter Zeitpunkt am Mittag, vor oder nach dem Essen: Man denkt weiter über den gelesenen Text nach und drückt sich im Gebet aus, das, verbunden mit dem Lob Gottes, unsern Abstand von diesem Wort eingesteht und die Übereinstimmung mit dem erbittet, was der Herr uns durch den Text kundtut.

TRÖSTUNG, UNTERSCHEIDUNG, ENTSCHEIDUNG

Wenn die Meditation durch die Gnade des Heiligen Geistes in uns die Kontemplation des Mysteriums Christi herbeiführt, so ergibt sich daraus als Wirkung diejenige Gegenwart des Heiligen Geistes, die von der Heiligen Schrift als »Paraklesis« bezeichnet wird. *Dies ist die Tröstung*, eine tiefe, nicht notwendigerweise verspürbare, doch echte Freude am göttlichen Mysterium. Das Herz wird weit, weil es einen Funken des Mysteriums erahnt hat, das für uns oft schwer faßbar, fremd und dunkel bleibt.

Aus der Tröstung entsteht das, was Paulus in seinen Gefangenschaftsbriefen als »*Unterscheidung*« bezeichnet. Das Erlebnis der Paraklese gibt die christliche Fähigkeit zu erfassen, was im eigenen Leben, in der Welt, in der Geschichte dem Plan Gottes entspricht und was sich ihm widersetzt. Dieses Vermögen, zu unterscheiden, was dem Geist Christi entspricht oder nicht entspricht (vgl. Röm 12; Kol 1), ergibt sich nicht aus einer Überlegung oder Schlußfolgerung, sondern aus einer inneren Konnaturalität, aus einer eigentlichen Gotteserfahrung.

Die Unterscheidung führt zur *Entscheidung*, zu der Fähigkeit, unter den verschiedenen Handlungen, die in unserm Leben möglich sind, diejenigen auszuwählen, die dem Evangelium entsprechen: in der Seelsorge, im Ratgeben, in der Beichte, in der Beziehung zu den Menschen, in den schwierigsten Problemen, welche die Wirklichkeit und die Gesellschaft betreffen. Oft wird es sich um den Entschluß handeln, nachzudenken, die geeigneten Mittel zu wählen, aufmerksam zu sein, sich in eine bestimmte Situation zu vertiefen und sie nicht von vorherein als geklärt zu betrachten. Auf jeden Fall handelt es sich um einen Entscheid, der dem Evangelium entsprechend handeln läßt.

BETEN UND HANDELN

Das Handeln gemäß dem Evangelium ist Frucht einer inneren Entscheidung, die im Licht einer Unterscheidung getroffen wird, welche von einer inneren Tröstung als Frucht einer Schriftbetrachtung ausgeht.

So wird die Brücke zwischen Gebet und Handeln geschlagen. Ich bete nicht, um dann besser zu handeln. Ich bete und erkenne dann *im* Gebet, wie ich am besten handeln kann; ich erfahre es, ich vergleiche die verschiedenen Handlungsweisen.

Die Beziehung der Schriftlesung zum täglichen Tun besteht in der Kontinuität zwischen Beten und Handeln und nicht darin, daß das eine durch das andere zustande kommt.

Die christlichen Urgemeinden lebten in einer stark säkularisierten, heidnischen Welt, die einerseits religiöser war als die unsere, andererseits aber äußerst geschlossen. Nur in der Kraft des Heiligen Geistes konnten sie aus dem Nichts die gemeinsamen Strukturen des christlichen Handelns erarbeiten.

Die Situation, in der wir heute leben, ist ganz ähnlich, wenn auch weniger schlimm. Unsere säkularisierte Welt gibt nicht mehr durch ihre Strukturen die impliziten Normen des christlichen Lebens. Diese müssen vom einzelnen und der Gemeinschaft durch die kontemplative Anstrengung gefunden werden.

Darum ist die Übung der Schriftlesung entscheidend wichtig, besonders für alle, die in der Kirche unserer Zeit Verantwortung tragen. Die vielfältigen gesellschaftlichen und kulturellen Wandlungen, die Geisteszwänge aller Art bringen uns durcheinander, wenn wir nicht diesen beständigen Bezug auf die Schrift haben, der uns ein Licht sein läßt, das im Dunkel leuchtet.

SCHRIFTAUSLEGUNG

Angesichts der Bibel scheiden sich die Geister: da gibt es unbeweglich starre, zweiflerische und freie. Die Starren, die Rigoristen stoßen sich schon an den Worten der Bibel, wie es im zweiten Petrusbrief heißt: »Einige verdrehen die Briefe des Paulus ebenso wie die übrigen Schriften« (2 Petr 3,16). Heute würden wir das ein Verhaftetsein an den Buchstaben nennen, das die übertragenen Bedeutungen und die Vielfalt der literarischen Formen in der Bibel nicht zu verstehen vermag. Am entgegengesetzten Ende finden wir die Haltung der Zweifler. Es sind die Rationalisten, die der Bibel ihre Kraft nehmen.

Neigen wir weder zu einem starren Verhaftetsein an den Buchstaben noch zu der fundamentalistischen Haltung, die Herz und Geist blockiert, ebensowenig wie zu einer rationalistischen Auffassung, die dazu führt, daß man die Schultern zuckt und sagt: »Das mag wohl in der Bibel stehen, aber wir handeln dann doch nach unserem Gutdünken.« Demgegenüber sind wir in der Schriftauslegung zu einer Haltung berufen, die in geistiger Freiheit die wahre Aussage herauszuarbeiten versteht.

Dem, der die Bibel liebt, erschließen sich ihre Aussageabsichten, er begreift ihren Sinn und akzeptiert ihn in Freiheit des Herzens.

»Herr, gib uns ein hörbereites Herz. Laß bei der Betrachtung der verschiedenen Worte der Heiligen Schrift einen einzigen Gesang ertönen: das Lied deiner gekreuzigten Liebe zu uns.

Du hast für uns das Leben eingesetzt und dich dem Tod ausgeliefert, weil du uns in jedem Moment treu liebst, Jesus Christus, du unser Herr und Gott, der du mit dem Vater und dem Heiligen Geist lebst und herrschest in alle Ewigkeit.«

HÖREN UND HANDELN

»Maria setzte sich dem Herrn zu Füßen und hörte seinen Worten zu« (Lk 10,39).

»Jesus zu Füßen« heißt, sie ehrt ihn als Meister und zeigt so, daß sie die Absicht Jesu völlig begriffen hat: Er kommt als Meister, und sie nimmt ihn als solchen auf.

»Sie hört seinen Worten zu«: Jesu größter Wunsch besteht doch darin, die Botschaft des Gotteswortes zu bringen. An Maria erfüllt sich die Seligpreisung des Evangeliums: »Selig, die das Wort Gottes hören und danach handeln.« Sie hat die Lage, das, worauf es ankommt, erfaßt und die Gelegenheit beim Schopf ergriffen.

Ich glaube, diese Frau heißt in der geheimnisvollen Sprache der Heiligen Schrift nicht von ungefähr Maria und ist ein Symbol Mariä, der Mutter Jesu und Hörerin des Gotteswortes in der Stille.

Hier wird sie für uns wie zu einem Glasfenster, aus dem Maria von Nazaret in ihrem geheimnisvollen Schweigen aufleuchtet. Über ihre tätige Rolle im Leben Jesu und über ihr Wirken in der Urkirche wird praktisch nichts berichtet. Die Mutter Jesu bleibt für uns die *Hörende*, ein Bild der Menschheit und der Kirche, die »auf Empfang stehen«; ein Bild der Grundhaltung des Menschen, den man in seiner Uroffenheit für das Übernatürliche als »Hörer des Gotteswortes« definieren kann. Hier erscheint sogar umrißhaft das Geheimnis der Menschheit, die ganz sie selber ist, wenn sie Jesus zu Füßen sitzt und seinem Wort zuhört. Diese Fähigkeit, still zuzuhören, schließt andere Anlagen nicht aus, die jedoch von ihr her ihren Sinn erlangen. – Maria von Betanien ist also ein Bild für Maria von Nazaret.

Wir alle müssen uns im Spiegel Mariä sehen und den Wert, den sie dem Tun beimißt, mit dem vergleichen, den sie dem Hören beimißt: Nicht, um die beiden Haltungen gegeneinander auszuspielen, sondern um sie aufeinander abzustimmen, wie es der jeweiligen Berufung entspricht, damit das Hören immer den Vorrang behält.

DIE KRAFT DES WORTES

Der Apostel Paulus erklärt uns, daß das »Wort seiner Gnade die Kraft hat, aufzubauen und das Erbe in der Gemeinschaft der Geheiligten zu verleihen« (Apg 20,32).

Der Apostel geht hier auf eine große Besorgnis ein: Wie werden wir die Gemeinde aufbauen? Werden wir sie echt aufbauen und nicht zu denen gehören, die ein Haus aus Stroh, aus Holz, aus Abfall bauen, das deswegen beim ersten Erdbeben zusammenbricht? Werden wir gerettet werden?

Das Wort kann aufbauen, antwortet der Apostel. Hier bedeutet »kann« eine tatsächliche Macht. Das Wort hat die Macht, die Gemeinde aufzubauen, damit sie wirklich Vorbote des Erbes ist, das den Geretteten in Aussicht steht, und sich so das ewige Leben sichert, worin sich die Verheißung der messianischen Güter erfüllt.

Die überaus schöne Aussage des Paulus gemahnt an die Schlußdoxologie des Römerbriefes, die wir vielleicht oft unbeachtet lassen:

»Ehre sei dem, der die Macht hat, euch Kraft zu geben – gemäß meinem Evangelium und der Botschaft von Jesus Christus, gemäß der Offenbarung jenes Geheimnisses, das seit ewigen Zeiten unausgesprochen war, jetzt aber nach dem Willen des ewigen Gottes offenbart und durch prophetische Schriften kundgemacht wurde, um alle Heiden zum Gehorsam des Glaubens zu führen.

Ihm, dem einen, weisen Gott, sei Ehre durch Jesus Christus in alle Ewigkeit! Amen« (16,25–27).

Der Christ wird somit stets von neuem auf die Felder des Glaubens und der Hoffnung gebracht. Hier muß er sich bewegen, sich aufbrauchen lassen, sich auf das endgültige Opfer der totalen Selbsthingabe vorbereiten.

LEBEN AUS DEM WORT

Lebe ich wirklich aus dem Wort Gottes, oder ist das Wort etwas, das mir noch fremd und fern ist? Wenn wir dieser Frage bei uns nachgehen, werden wir feststellen, daß das Wort uns und unserem Leben viel näher ist, als wir im ersten Augenblick vielleicht sagen oder beschreiben können. Doch sei hier gleich angemerkt, daß man die Frage: »Lebe ich aus dem Wort?« nicht generell beantworten kann, man muß sie gezielt beantworten. Dann lautet sie: Welche Zeiten räume ich dem Wort in meinem Leben ein?

Wir wissen, daß es im Psalm heißt: »Er sinnt über seine Weisung nach bei Tag und bei Nacht« (Ps 1,2). Wenn ich nun einmal den Rhythmus meines Lebens bei Tag und bei Nacht überprüfe, wieviel Zeit widme ich da dem Hören auf das Wort, und wieviel Zeit verwende ich auf das, was Verschwendung ist »wie Spreu, die der Wind verweht«, oder auf das, was Müßiggang ist? Leben wir aus dem Wort? Welche Zeiten verwenden wir auf das Hören des Wortes? Welche Zeiten wollen wir zum Beispiel in der österlichen Bußzeit, im Advent, bei der Vorbereitung auf Weihnachten, am Morgen, am Abend, bei Tag und bei Nacht auf das Hören des Wortes verwenden und so den Rhythmus des Tages und der Nacht bestimmen?

Welche Taten lassen uns aus dem Wort leben? Lassen all jene Taten uns aus dem Wort leben, die eine Frucht, d. h. ein konkreter Ausdruck meiner selbst im Verhältnis zu den andern sind? Fragen wir uns, welche Taten uns aus dem Wort leben lassen, welche Taten in uns Zeichen für das Wirken des Wortes sind, das wir vernommen haben: welcher Akt der Vergebung, welche Beherrschung der Affekte im Familienkreis, welche Beherrschung meiner Gefühlsausbrüche, welche Beherrschung meiner Phantasie, meines Geistes, meines Leibes, welche Beherrschung all dessen, womit ich vielleicht instinktiv zu reagieren gewohnt bin, ist Frucht des Wortes? Kurz, lebe ich aus dem Wort?

DER PILGERWEG DES GLAUBENS

Glaube ist vor allem ein Weg. Abraham war im Glauben unterwegs; er versuchte, den Gott kennenzulernen, an den er glaubte, von dem er aber nur wenig wußte. Abraham ist der Mensch, der Gott sucht; Abraham sind alle Menschen, die Gott suchen; Abraham ist jeder von uns auf seinem Weg zu Gott, jeder, der unterwegs ist, um seinem Wort zu folgen.

Auch wir sind gerufen, im Glauben voranzugehen. Ich meine, daß wir den Weg Abrahams und unseren Glaubensweg dem zuordnen können, was das Zweite Vatikanische Konzil in seiner Konstitution über die Kirche *Lumen Gentium* (Nr. 58) im Kapitel über Maria sagt: »So ging auch die selige Jungfrau den Pilgerweg des Glaubens. Ihre Vereinigung mit dem Sohn hielt sie in Treue bis zum Kreuz.« Auf dem Pilgerweg des Glaubens verstand Maria immer mehr von Gott. Bitten wir den Herrn, er möge uns helfen, daß wir auf diesem Pilgerweg vorankommen.

Wie überwinden wir uns selbst? Wie können wir dieses Grundmißtrauen besiegen, das uns immer wieder belastet in der Beziehung zu Gott, zu den anderen, zu allem, was neu und wahr ist? Wie kommen wir heraus aus den Fesseln unserer Gewohnheiten und der überkommenen Sicherheiten? Gottes Wort wird alles überwinden.

Ich denke hierbei an eine Bemerkung aus den »Geistlichen Übungen« des heiligen Ignatius, die sagt: »Wir müssen uns vom Wort Gottes durchdringen lassen.«

Wir bitten dich, Herr,
daß wir dich suchen können wie Abraham,
daß wir uns nach dir sehnen wie er,
daß wir voll Vertrauen auf dein Wort warten:
Es ist Jesus Christus, unser Herr,
der für uns gekreuzigt wurde und auferstand,
der lebt und herrscht von Ewigkeit zu Ewigkeit.

EINHEIT SCHAFFENDES WORT

»Eines Tages kamen seine Mutter und seine Brüder zu ihm; sie konnten aber wegen der vielen Leute nicht zu ihm gelangen. Da sagte man ihm: Deine Mutter und deine Brüder stehen draußen und möchten dich sehen. Er erwiderte: meine Mutter und meine Brüder sind die, die das Wort Gottes hören und danach handeln« (Lk 8,19–21).

Das Evangelium sagt uns in dieser Stelle bei Lukas, daß es eine Verbindung gibt, die noch tiefer ist als jene der Erziehung und der Verwandtschaft; die Verbindung, die entsteht aus dem Hören des Wortes Gottes und aus dem Umsetzen in die Tat.

Dieser Text zeigt also den Weg auf, um christliche Gemeinschaft aufzubauen jenseits der kulturellen Werte, der Gesellschaftsnormen, der Umwelt. Diese Werte müssen in die Gemeinschaft eingebracht werden, müssen miteinander verglichen und einander angenähert werden, damit sie sich befruchten können. Aber all das wird nur eine gewisse Einheit schaffen, denn man muß anerkennen, daß die Verschiedenheit mit der Natur verbunden ist und daher immer bleiben wird.

Jesus verspricht eine vollkommene Einheit auf der Grundlage des Hörens des Wortes Gottes und des entsprechenden Lebens. Das Wort Gottes ist dynamisch, wenn es nicht nur angehört und aufgenommen wird; wenn es zu Entschlüssen und Entscheidungen führt, schafft es Verbindung, Nähe und Brüderlichkeit.

Den gleichen Gedanken finden wir in einer anderen Form im Koran. Vor einigen Jahren sagte mir ein islamischer Würdenträger, ein Mufti: »Der Prophet sagt: Wissen macht aus denen Freunde, die es in die Tat umsetzen.« Gemeint war das Wissen des Koran. Das heißt, die tiefe Kenntnis des Wortes schafft Freundschaft und Brüderlichkeit unter denen, die dieses Wort leben. Das ist das einzige Fundament, die wirkliche Grundlage der christlichen Gemeinschaft.

GOTT SUCHT UNS

Mose beginnt zu begreifen, daß in seinem Leben ein Plan waltete, der jedoch nicht nur ihn, sondern auch Jahwe betrifft. Mose aber war es nie zu Bewußtsein gekommen, daß sein Werk das Werk Jahwes war. Er hatte es immer nur als sein Werk gesehen, und es war ihm unter den Händen in Stücke gebrochen. Jetzt steht er im Gebet, in Demut vor Jahwe und sagt: Herr, was bedeutet das? Warum hast du es mit mir so weit kommen lassen? Wenn du willst, laß es mich wissen...

Stellen wir uns selber die Frage: Wo bin ich? In welchem Abschnitt des Lebens stehe ich? Was kennzeichnet meine gegenwärtige Erfahrung: Freude, Euphorie, Begeisterung oder Bitterkeit, Müdigkeit oder Resignation – gute Resignation oder Resignation aus Ohnmacht? Diese Frage sollten wir uns im Gebet vor Gott stellen.

Mose hat die göttliche Initiative in seinem Leben verstanden, er hat verstanden, daß nicht er es ist, der sich für Gott interessiert, sondern daß Gott sich für ihn interessiert.

Das ist der Grundzug der frohen Botschaft des Evangeliums. *Nicht wir haben Gott gesucht, sondern Gott sucht uns.* So ist es auch nicht Mose, der sich des Volkes erbarmt, sondern Gott erbarmt sich und verleiht dem Mose die Gabe, an diesem Erbarmen teilzuhaben... Bis jetzt war es die Zeit, in der Mose Gott suchte, jetzt ist die Zeit gekommen, in der Gott Mose sucht. Von diesem Augenblick an kann die Mission des Mose beginnen. Ruhig, als sei nichts geschehen, ohne sich Sorgen zu machen, kann er aufbrechen nach Ägypten. Auch wenn er keine Waffen hat, kein Heer – er wird gehen nur mit dem Wort, der Kraft des Wortes, und das Wort Gottes verkünden.

Von diesem Punkt nimmt die Sendung des Mose für sein Volk ihren Ausgang, und auch wir können in unserer Meditation darüber nachdenken, wie uns der Herr in seiner Barmherzigkeit sendet.

DAS HÖCHSTE GUT

Warum hat Jesus in Gleichnissen geredet?... In ihnen versucht er, die Menschen auf jede nur mögliche Weise aufzurütteln, indem er als Einleitung Situationen schildert, die ihnen zugänglich sind: der Knecht, der seinen Herrn erwartet; der Hausherr, der den Dieb in der Nacht fürchtet; der Reiche, der Güter scheffelt und plötzlich stirbt; der Angeklagte, der schließlich vor Gericht sein ganzes Vermögen verliert, wenn er sich nicht mit dem Kläger gütlich verständigt. – Das sind Gleichnisse, die den Menschen begreiflich machen können, wie dringlich und ernst es um Gottes Gericht bestellt ist.

Jesus will nachdrücklich daran erinnern, daß Gott der Geschichte, den Menschen, den Verhältnissen und dem Besitz gegenüber eine absolute Vorrangstellung einnimmt. Gott muß man als Gott anerkennen: »Geheiligt werde dein Name.«

Jesu Verkündigung war von der festen Überzeugung beseelt, daß Gott das höchste Gut ist, das es für den Menschen gibt: »Dein Reich komme.« Das höchste Gut, das das Gericht unausweichlich macht, sobald es als Gut nicht von unserem Belieben abhängt, sondern absolut ist, während sein Gegenteil für den Menschen das »*Un-gut*« ist...

Jesus empfindet die Notwendigkeit, den Menschen mit aller nur möglichen Liebe zu ermahnen: Paß auf, deine Situation ist ernst und schwierig; vielleicht bietet sie eine Fülle von Aussichten, aber es steht auch viel auf dem Spiel; deine Freiheit ist mit einer Verantwortung verbunden, die du nicht abschütteln kannst, und du kannst sie nicht leben, als wäre sie ein Vergnügen.

Jeder muß die Worte Jesu auf sein Leben anwenden, wie es ist. Mein Leben samt den damit gegebenen Talenten ist eine absolut ernst zu nehmende, mir von Gott gebotene Chance der Zugehörigkeit zu seinem Reich in der beseligenden Einheit mit ihm und den andern; oder es wird zur Ablehnung dieser Seligkeit.

DAS SAMENKORN

Zwischen dem Glaubensleben und dem Leben in der Natur besteht eine Entsprechung, ein gewisser, geheimnisvoller Gleichklang, den Jesus uns entdecken lassen will und den übrigens der Mensch schon instinktiv enteckt. Der Glaube hat sein eigenes Leben, und der Mensch kann in den Abläufen des Lebens wie in der Entwicklung des Samenkorns Analogien finden, die ihn das Geheimnis des Glaubens unmittelbar erfassen lassen. Für Jesus war das alles ganz lebendige Wirklichkeit.

Der Same fällt von oben, er kommt nicht aus der Erde, und das Wort Gottes kommt von außen, es ist kein Erzeugnis, das spontan aus immanenter Religiosität aufbricht. Wenn es aber auf diesen Boden fällt, wird auch das Wort, ganz wie der Same, eins mit dem Erdreich und bleibt kein Fremdkörper. Ist es einmal im Boden, d. h. tief in das Herz des Menschen eingesenkt, beginnt es so langsam zu keimen, daß man die Anfänge kaum bemerkt... Man braucht den Blick des Glaubens, um wahrzunehmen, was sich da entwickelt, auch wenn man kaum etwas davon sieht. Und man muß diese ganz zarte Knospe vor den Steinen, den Dornen und allen widrigen Gewalten schützen.

Das seelsorgerische Wirken bringt keinen Samen hervor: er kommt von Gott, und was daraus entsteht, kommt aus dem Menschen, aus dem Boden. Der Seelsorger oder der Bauer ist es, der aufmerksam den Samen beobachtet, geduldig beseitigt, was sein Wachstum hemmt, und unterstützt, was es begünstigt. Der Seelsorger ist nicht der Herr dieses Samenkorns, wie er es auch nicht ist, der es wachsen läßt – denn das ist Gott allein; er kann der Freiheit keinen Zwang antun, sondern nur dem Wirken Gottes die Wege bahnen. Es ist nicht unsere Sache, die positive Reaktion zu provizieren; sie entstammt der Freiheit, sobald Gott sich der menschlichen Freiheit, d. h. dem Ackerboden des Herzens, anvertraut und dabei auch Mißerfolge und eine negative Reaktion in Kauf nimmt.

ER SUCHT UNS

Die Gleichnisse vom verlorenen Schaf und von der verlorenen und dann wiedergefundenen Drachme der Frau wie auch das Gleichnis vom verlorenen Sohn bringen die Heilsbotschaft zum Ausdruck, daß Gott sich um jeden von uns, um jeden einzelnen kümmert.

Zudem zeigen Gleichnisse geradezu eine gewisse Hartnäckigkeit des Hirten, der Frau und des Vaters. Der Gott des Erbarmens faßt den einzelnen Menschen ins Herz, wie wenn dieser für ihn der einzige wäre, als ob er sagen würde: »Du bist für mich wichtig; du fehlst mir, für dich setze ich mein Leben aufs Spiel.«

Schließlich betont Jesus, welche Freude das Wiederfinden auslöst. Er macht das zum dominierenden Gedanken, der im Gegensatz zu den Tränen des Suchens steht. Wenn er das Schaf wiedergefunden hat, nimmt sein Besitzer es »voll Freude auf die Schultern, und wenn er nach Hause kommt, ruft er seine Freunde und Nachbarn zusammen und sagt zu ihnen: Freut euch mit mir, ich habe mein Schaf wiedergefunden, das verloren war« (Lk 15,5f). Und die Frau, die die Drachme wiedergefunden hat, »ruft ihre Freundinnen und Nachbarinnen zusammen und sagt: Freut euch mit mir; ich habe die Drachme wiedergefunden, die ich verloren hatte« (Lk 15,9).

In beiden Fällen – wie auch im Gleichnis vom verlorenen Sohn – ist der Schluß der gleiche: »Ebenso wird auch im Himmel mehr Freude herrschen über einen einzigen Sünder, der umkehrt, als über neunundneunzig Gerechte, die es nicht nötig haben, umzukehren« (Lk 15,7).

Dieses Evangelium von der Gnade Gottes geht jeden von uns an, denn wir schweben beständig in Gefahr, verlorenzugehen, uns zu verirren, und unablässig sucht liebevoll der nach uns, der zu uns sagt: »Es geht mir wirklich um dich, um dein Leben.«

DIE FROHBOTSCHAFT VON DER GNADE

Es mag in uns ein geheimes Widerstreben geben, Gott so anzunehmen, wie er ist, uns von seinem Erbarmen ergreifen zu lassen, und wir ziehen es vor, uns hinter das Gesetz, die Gerechtigkeit, die Sittenstrenge des Evangeliums zu verschanzen. Es kann in uns ein bloß teilweises Verständnis des Evangeliums von der Gnade vorhanden sein, und deswegen schieben wir es unwillkürlich weg.

Das Evangelium von der Gnade hat in dem, der es annimmt, das Stigma der ungeschuldeten Gabe zur Entsprechung. Es gibt nichts Anspruchsvolleres als die Ungeschuldetheit, gerade deswegen, weil sie keine Grenzen hat im Unterschied zum Evangelum vom Gesetz – »Dazu bin ich nicht verpflichtet; ich bin nicht der Hüter meines Bruders!«

Der Anspruch des Evangeliums von der Gnade geht über alle Gesetzlichkeit und alle Rollen hinweg, denn es erfaßt uns im Innersten und fordert uns dazu auf, uns hinzugeben bis zum Tod. Wird das Evangelium von der Gnade nicht angenommen, so hinterläßt es die Qual der Friedlosigkeit und Verzweiflung. Es zwingt niemand, seinen Egoismus hinter sich zu lassen, sondern läßt dem Menschen die Freiheit, sich in seiner Verzweiflung, in totaler Zurückweisung zu verschließen und sich so in seiner persönlichen Einsamkeit oder in der der Gruppe, in der Verteidigung bis aufs Letzte zu verlieren, bis man inne wird, daß es nichts zu verteidigen gab.

»Herr, mache uns offen für die Forderungen und weiten Horizonte deines Evangeliums von der Gnade. Versetze es in unser Herz und unser Leben, so wie es im Herzen und Leben des heiligen Paulus war.

Maria, voll der Gnade, vollkommenstes Bild des Stigmas des freien Geschenks des Evaneliums, gib, daß wir uns selbst und unsere Kirche als Zeugen verstehen, die in der Welt die Gnade des Evangeliums bezeugen.«

DAS WORT SEINER GNADE

»Und nun empfehle ich euch Gott und dem Wort seiner Gnade« (Apg 20,32). Dieser Zusatz »und dem Wort seiner Gnade« im Schlußabschnitt der Abschiedsrede des heiligen Paulus in Milet muß einen genauen Sinn haben, denn der Apostel sagt nicht, er vertraue den Ältesten das Gnadenwort an, sondern: er vertraue sie diesem Wort an. Was bedeutet das?

Der Bericht über das erste Wort, das aus dem Mund Jesu hervorging, das vom Neuen Bund, lautet: »Da begann er ihnen darzulegen: Heute hat sich das Schriftwort, das ihr eben gehört habt, erfüllt. Seine Rede fand bei allen Beifall; sie staunten über die Gnadenworte, die aus seinem Mund kamen« (Lk 4,21–22).

Jesus verkündet das Erbarmen Gottes mit dem sündigen Menschen: Trotz allem ist Gott dir gewogen; er ist hier und jetzt dir wohlgesinnt. Und dieses Wort geht in Erfüllung, denn es ist tätige Heilsmacht für jeden, der glaubt, und schon jetzt verwirklichtes Versprechen.

Nicht das Wort wird den Presbytern von Ephesus anvertraut, sondern diese ihm. Es wirkt in ihnen, indem es sie zu geeigneten Dienern des Neuen Testaments macht, des Geistes, der verlebendigt, und nicht des Buchstabens, der tötet. Von Gott kommt die Kraft, auch wenn wir diesen Schatz in tönernen Gefäßen tragen (vgl. 2 Kor 4,7).

Das Wort von der Gnade trägt und befreit und erfüllt uns, ist in uns, und wir brauchen ihm bloß Raum zu geben, es uns im Geist und im Herzen immer mehr anzueignen, denn es ist die Verheißung, daß der Herr mit uns, mit mir, barmherzig sein wird.

»Wort Gottes« besagt all dies ... Wenn wir uns ihm anvertrauen, sind wir sicher, daß es uns nie fehlen wird. Dieses Uns-Anvertrauen ist die erste, entscheidende und stets zu wiederholende Geste unserer radikalen Umkehr zu Gott. Die Macht der Gnade steht auf meiner Seite, schützt mich trotz meiner Sünden, meiner Fehler, meiner Schwächen.

OFFEN UND AUFNAHMEBEREIT

Im ersten Teil des Markusevangeliums wird immer wieder auf die Unwissenheit des Jüngers hingewiesen (vgl. 4,12.24.40; 6,52; 8,17f, 9,32). Markus setzt voraus, daß der Taufschüler – und das gilt ebenso für die zwölf Jünger im Hinblick auf ihr enges Verhältnis zu Jesus –, seinen Weg in einem Zustand ausgesprochener Unwissenheit antritt, einer Unwissenheit und einer Verständnislosigkeit, in der man nicht klar sieht. Jesus macht seine Jünger wiederholt auf diese Uneinsichtigkeit aufmerksam, um sie davon zu überzeugen, daß sie noch nicht wirklich gesehen oder verstanden haben. Er prägt ihnen ein, daß man nicht so von sich eingenommen sein darf, sondern zur Haltung einer ausgesprochenen und demütigen Unwissenheit gelangen muß, die immer bereit ist, sich belehren zu lassen.

Das also ist die Ausgangslage des Weges, den der Taufbewerber antritt. Sie bleibt ihm sogar noch eine Zeitlang treu. Typisch für dieses Stadium ist, daß man mit dem Geist in gewisser Hinsicht noch nicht zum Kern der Botschaft vorgedrungen ist, daß man wohl verschwommen etwas ahnt, aber das Geheimnis noch nicht begriffen hat. »Euch ist das Geheimnis . . . anvertraut« (4,11f). Aber dieses Geheimnis bleibt unverstanden, wird nicht bis auf den Grund durchschaut, bevor nicht der Weg, den das Markusevangelium weist, durchlaufen ist. Vom vierten bis zum neunten Kapitel wird nachdrücklich festgestellt, daß man auf diesem Weg noch weit zurückliegt.

Zu dieser Haltung sollten wir immer gelangen, wenn wir dem Geheimnis Gottes gegenübertreten. Wir müßten sagen können: ›Wie wenig sind wir mit dem Geheimnis Gottes vertraut!‹ Nur so können wir ganz und gar aufmerksame und demütige Hörer werden, die bereit sind, zu vernehmen, was Gott uns mitteilen will.

SICH AUFS SPIEL SETZEN

Die Lehren und das Leben Jesu sind miteinander verwoben, und die Apostelgeschichte verbindet beides, Tun und Lehren; sie will berichten über das, »was Jesus getan und gelehrt hat« (1,1).

Daraus können wir bereits den Hinweis ableiten: Man lernt das Evangelium durch eine affektive Gleichgestimmtheit. Ignatius (Geistliche Übungen, Nr. 104) läßt uns denn auch um die Gnade bitten, den Herrn zu erkennen, um ihn zu lieben und ihm nachzufolgen. Man nimmt den Geist des Evangeliums dadurch in sich auf, daß man mit Menschen zusammenlebt, die es in die Tat umsetzen, also auf dem Weg über die lebendige Tradition, im Ordensleben, im christlichen Leben, in der christlichen Familie.

Man lernt die Worte des Evangeliums nicht sosehr dadurch kennen, daß man von ihnen spricht, denn beim Reden sieht man oft ein wenig vom Leben ab ... Darin, daß die Worte des Evangeliums Leben sind, liegt die ganze Schwierigkeit und der ganze Vorzug des Glaubens und des Evangeliums gegenüber den Ideologien, auch gegenüber den richtigen, gesunden ...

Man kann nicht den Geist des Evangeliums haben und die Dinge vom Evangelium her beurteilen, ohne daß man sich für das Evangelium einsetzt und aufs Spiel setzt, ohne daß man zusammen mit anderen danach handelt. Das Evangelium leben heißt sich aufs Spiel setzen. Sicherlich haben manche Zuhörer das, was Jesus sagte, nicht verstanden und darüber den Kopf geschüttelt: »Was will er denn eigentlich?« Nur die, die ihm nahe waren, ihm folgten und sich in seine Prüfungen, Versuchungen, Gefahren mithineinziehen ließen, erfaßten diesen Geist. Dies erklärt auch, weshalb sich die Handlungsweisen Jesu und der Heiligen nicht voraussehen und sich oft nicht von Prinzipien ableiten lassen. Sie sind in Leben umgesetztes Evangelium, und dieses ist »Geist und Leben«.

SANKT JOSEPH, WIR VERTRAUEN DIR!

St. Josef, der du vom HEILIGEN GEIST in die heilige Kirche als der mächtige Schutzpatron gestellt bist als der heilige Hausverwalter aller kirchlichen Gemeinschaften, nimm auch mein Herz als die kleinste Wohnung GOTTES in deine Obhut, damit dieses Haus ein Bewahrer des Friedens werde, ein Tempel GOTTES und ein Tabernakel für unseren Herrn JESUS CHRISTUS mitten unter den Menschen. Bewahre mich rein und lasse alles Zudringliche von mir fern, damit kein Makel an meiner Seele haften bleibe und du, St. Josef, deine Freude an mir haben kannst. Amen.

Heiliger Josef, ich rufe dich zu Hilfe. Stehe mir bei in dieser Bedrängnis und umschütze mich mit heiligen Engeln, daß ich diese Gefahr überwinde und den rechten Weg zu GOTT wiederfinde. Amen.

Heiliger Josef, der du deine Seele in den Armen MARIAE und des HEILANDES zurückgegeben hast, ich bitte dich um dieser deiner Heiligen Familie willen um eine gute und GOTTselige Sterbestunde für diesen N. N., für den wir dich anflehen. Amen.

Mit kirchlicher Druckerlaubnis
des Bischöflichen Ordinariats Augsburg vom 9. Mai 1979

AUF FELS GEBAUT

»Wer diese meine Worte hört und danach handelt, ist wie ein kluger Mann, der sein Haus auf Fels baute ... Wer aber meine Worte hört und nicht danach handelt, ist wie ein unvernünftiger Mann, der sein Haus auf Sand baute« (Mt 7,24–26).

Wie man sieht, unterscheidet Jesus nicht zwischen dem einen, der ein Haus baut, und dem anderen, der aus Gedankenlosigkeit, aus Sorglosigkeit keines baut. Es handelt sich nicht um das Gleichnis von der Grille und der Ameise: die eine arbeitet, die andere arbeitet nicht. Hier bauen beide Männer, aber der eine auf Felsengestein, der andere auf Sand. Wie findet man heraus, welches Haus ein solides Fundament hat? Der Sturm zeigt es, und dies läßt uns in einer heilsamen Ungewißheit.

Folgende Begebenheit gab mir zu denken: In den Hügeln um Rom warf sich ein Wirbelsturm auf die Villa Cavaletti und entwurzelte innerhalb weniger Minuten ein Dutzend mächtiger, herrlicher Bäume. Ich fragte mich, warum einige umgerissen wurden, während andere, benachbarte, noch standen. Wahrscheinlich deshalb, weil sie keine guten Wurzeln hatten, doch wußte dies vorher niemand. Und wenn die Leute diese prächtigen Bäume betrachteten, schienen alle gleich kräftig, gleich herrlich. Erst der Sturm hat gezeigt, daß einige standfest waren, andere nicht. Hier also liegt für uns der Sinn der Worte Jesu vom Haus, das auf Sand gebaut ist.

Beten wir deshalb: Herr, lehre mich, nicht auf den äußeren Schein zu achten, sondern mich in der nackten Wahrheit, ganz echt vor dich hinzustellen, gerne zuzugeben, daß ich keine Wurzeln habe, wenn das der Fall ist. Lehre mich, die Erniedrigung, die Zeiten der Bewährung oder der Niederlage anzunehmen.

DIE ENTSCHEIDUNG IST EINFACH

Alle Ängste, alle Konditionierungen, die wir vielleicht gefürchtet haben: wie werde ich mich befreien, was werde ich machen, wie werde ich mich heraushalten usw., sind ein Kinderspiel, wie uns der Herr nach und nach zeigt, wenn man einmal unwiderruflich beschlossen hat, sich ganz von seinem Geist ergreifen zu lassen. Dann wird man gewahr, daß das Leben nach dem Evangelium eine einfache Sache ist, daß es leicht und schön ist, wie es uns der Herr Tag für Tag leben läßt.

So heißt es im Lied des Mose (vgl. Ex 15,1–20): »Singen will ich Jahwe, denn er ist hocherhaben, Roß und Reiter warf er ins Meer.« Ich hatte Angst vor den Pferden, die schneller laufen als ich, vor den Reitern, die mit Lanzen bewaffnet sind. Und statt dessen: »Meine Stärke und mein Lied ist Jahwe. Er ward mir zum Retter. Er ist mein Gott, ihn will ich preisen, der Gott meines Vaters, ihn will ich rühmen.« Die Streitwagen des Pharao, sein Heer, dieses ganze Gebäude der Macht und auch der Kultur, das mich erschreckte, alle diese Hindernisse, die sich vor mir auftürmten, Einwände wie: Aber das schaffst du nicht; das wird ja ein unmögliches Leben; da müßtest du gegen die modernen Ideen angehen, dein Leben wird nicht mehr glaubwürdig sein – dieser ganze Bau, der oft noch mit Psychologie und Soziologie untermauert wird, um uns noch mehr Schrecken einzujagen, all das sind die Streitwagen des Pharao und sein Heer, seine Elitetruppen. Alles ist im Roten Meer untergegangen: »Die Wogen bedeckten sie, sie fuhren zur Tiefe wie ein Stein.« Ich habe nichts dazu getan. »Deine Rechte, Jahwe, zerschmettert den Feind.«

Es ist das Lied des Getauften, der sich gerettet weiß und sagt: Wahrhaftig, Gott hat für mich gekämpft, ich habe ja gesagt zum Geist, und der Herr hat alles getan.

Bitten wir den Herrn, er möge uns begreifen lassen, daß die Entscheidung für das Evangelium, die wir jeden Tag erneuern müssen, so einfach ist.

KERN DER VERKÜNDIGUNG

Evangelium bedeutet »gute Nachricht«, ein typisch neutestamentlicher Ausdruck, die grundlegende gute Nachricht, die den Kern des ganzen Christusereignisses ausmacht. In diesem Sinn stelle ich denn meine Frage: Gibt es im Neuen Testament einen Verkündigungskern, den man mit besonderem Recht als Kerygma bezeichnen und auch Evangelium nennen kann?

Im Neuen Testament gibt es sicher »*Kern*aussagen«.

Natürlich kann man den christlichen Glauben nicht in einem Satz zusammenfassen; aber solch ein Satz ist dann ein Samenkorn, so etwas wie ein Proton oder Neutron, das ganze Kettenreaktionen auslöst. Das Neue Testament weiß sehr wohl, daß es möglich und sogar zweckmäßig ist, die christliche Botschaft bisweilen kurz und bündig und ohne alles Beiwerk vorzutragen.

Wenn beispielsweise der heilige Paulus im Römerbrief sagt: »Ich schäme mich des Evangeliums nicht: Es ist eine Kraft Gottes, die jeden rettet, der glaubt« (1,16), so macht er eine Kernaussage, stellt er eine Kurzformel auf: Das Evangelium ist eine Kraft Gottes zum Heile eines jeden, der glaubt. Näher erklärt, würde sie die ganze Verkündigung des Apostels ergeben oder wenigstens einen beträchtlichen Teil.

So lesen wir auch, ebenfalls im Römerbrief: »Wenn du mit deinem Mund bekennst: Jesus ist der Herr (Kýrios), und in deinem Herzen glaubst: Gott hat ihn von den Toten auferweckt, so wirst du gerettet werden« (10,9). Auch das ist eine Kurzformel: Jesus ist der Kyrios, der Herr; Gott hat ihn von den Toten auferweckt. Im Rahmen des Neues Testaments aufgestellt, erweist sich solch eine Formel als Samenkorn, als Wachstumsknoten, als wichtiges Nervenzentrum, von dem die anderen Formen des Kerygmas, die verschiedenen Formen der Verkündigung ihren Ausgang nehmen.

MEIN EVANGELIUM

Jeder sollte sich die Frage stellen: Worin besteht im Hinblick auf meine persönliche Situation mein Evangelium? Was ist in diesem Augenblick Ausdruck der Freude, die Gott mir macht, oder die ich angesichts des offenbarten Heilsgeheimnisses erhoffe?

Auch wir stehen immer vor einem Evangelium, jeder einzelne. Aber mein Leben wird nicht erleuchtet, wird nicht zur kraftvollen Einheit, wenn ich mir keine konkrete Form des Evangeliums zunutze mache. Es wird dabei sogar meistens um ganz einfache Dinge gehen: wenn mir etwa mangelndes gegenseitiges Verständnis das Leben vergällt und mich lähmt, stellen der Entschluß zum neuen Leben in Christus und die Gewißheit, in der Gnade des Heiligen Geistes die Verbindung wieder aufnehmen zu können, das Evangelium dar, das mein Leben wieder in Gang bringt.

Wir sind ständig darauf angewiesen, uns vom Evangelium zu nähren und das Wort Gottes als Frohbotschaft zu vernehmen, *die in diesem Augenblick mir gilt.* Die für das Christentum wesentliche Weite besteht sogar in der festen Überzeugung, daß es immer ein Evangelium gibt, wie auch die Lebensumstände sein mögen: sogar im Gefängnis gibt es, wie Paulus sagt, das Evangelium.

Ich habe einmal eine Gruppe von Jugendlichen im Gefängnis besucht und sollte Fragen beantworten, die sie mir schriftlich eingereicht hatten. Jemand hatte mir das Gefängnis als Stätte der Entwürdigung, als Lasterhöhle hingestellt und fragte mich, wie man, meiner Meinung nach, im Gefängnis den Weg zu Gott finden könne. Als ich die Frage vorgelesen hatte, erhob sich ein junger Mann und sagte, es sei trotz allem durchaus möglich, im Gefängnis Gott zu finden; er habe ihn gefunden; dann erzählte er uns, wie alles gegangen ist, und erläuterte, wie er schließlich Gottes Barmherzigkeit entdeckt hat... Das Evangelium ist für die Armen da, für die, die meinen, sie schafften es nicht, für die, die sich in dieser Welt nicht absichern können.

SEIN EIGENES EVANGELIUM ERKENNEN

Wenn ich wissen will, worin mein Evangelium besteht, muß ich wissen, worin meine Armut besteht, worin meine Sünde, worin meine Schwäche, muß wissen, wo Gott zu meinem Heil eingreifen muß. Dieses Heil kann natürlich etwas sehr Beglückendes sein: die Gemeinschaft mit dem Sohn und mit dem Vater ist, z. B., ein Evangelium, das einen entsprechenden Wandel voraussetzt, zu dem man allerdings auf einem Weg des Heiles und des Erbarmens gelangt. Ich, der ich auf Gemeinschaft angewiesen und sozusagen in meiner Einsamkeit verbittert bin, merke auf einmal, daß Gott selbst mir die Erfüllung schenkt. Das ist das Evangelium von der Gemeinschaft mit Gott.

Herr, hilf mir, zu erkennen,
worin mein Evangelium besteht und worin
meine Evangelien bestanden haben.
Hilf mir, mich wieder
auf deine großen Wohltaten zu besinnen,
auf das, was in meiner geistlichen Entwicklung
eine tragende Rolle gespielt hat.

Mir scheint, Herr, ich habe kein Evangelium:
laß mich erkennen, was für ein Evangelium ich brauche.
Herr, ich kann nicht beten,
gib mir die Einsicht,
daß der Heilige Geist es ist,
der die Gnade des Gebetes schenkt.
Ist das etwa mein Evangelium,
die Frohbotschaft, die ich brauche:
daß der Geist in mir betet
und mir die Kraft gibt in meiner Schwachheit,
in meiner Unfähigkeit zu beten ...?

Danke, Herr,
denn du offenbarst dich mir
durch die barmherzige
und rettende Macht deines Evangeliums!

ZWEI FRAGEN

Eine erste Frage lautet: Bekenne ich mich zur Vorrangstellung des Wortes Gottes in meinem Leben? Bejahe ich mein Leben und meine Geschichte in der festen Überzeugung, daß mein Dasein so, wie es verläuft, für mich Berufung und Sendung bedeutet?

Die Stimme der Zeit ist Gottes Stimme: Tut sich mir in der Stimme, die ich aus meinem persönlichen Leben vernehme, wenn ich sie im Licht des Wortes deute, eine Sendung und somit etwas kund, das ich mit Lob und Dank annehmen muß?

Und wenn mir das nicht glückt, muß ich mich nach dem Warum fragen: Warum erkenne ich eigentlich in meinem Leben die Vorrangstellung Gottes und seines Wortes nicht, warum bejahe ich den Ablauf meines Lebens nicht als sinnvoll? Wäre es mir lieber, das Wort, das mir aus der Geschichte entgegenklingt, lautete anders?

Eine zweite Frage stellt uns der Schluß des Psalmes 29, der wahrscheinlich der älteste von allen ist und dessen letztes Wort »Frieden« – »schalom« lautet: »Der Herr gebe Kraft seinem Volk. Der Herr segne sein Volk mit Frieden« (29,11).

Der Friede ist eine Gabe, die der Herr uns gewährt, wenn wir uns der Kraft seines Wortes öffnen. Wie nehmen wir die Gabe des Friedens auf? Was tue ich für den Frieden, was tun wir als Gruppe, als Gemeinschaft, als Volk, um in unseren Alltagsbeziehungen ein Klima der Versöhnung zu schaffen, wir, die wir um den Frieden beten in dieser so schwierigen Zeit, in der für sehr viele Menschen der Wettersturm auf dem Meer einen feindlichen Überfall oder den nahen Tod bedeuten kann? Treibt uns der Gedanke um, daß das geschehe, möglichst heute noch?

Herr, zu welchem Akt, zu welchem Wort und zu welchem Werk des Friedens berufst du mich in meinem kleinen Lebens- und Wirkungskreis?

DER LEHRER IN UNS

»Der Beistand..., der Heilige Geist, den der Vater in meinem Namen senden wird, der wird euch alles lehren und euch an alles erinnern, was ich euch gesagt habe« (Joh 14,26). Hier ist die Verheißung Jesu nicht auf den Augenblick des Martyriums oder der Vernehmung vor Gericht beschränkt: das ist die Verheißung für jedermann, für alle. Diesen Trost würde ich als den Lehrer in uns bezeichnen...

Exerzitien könnte man geradezu als Gespräch mit dem Lehrer in uns definieren. Und wir müßten sehr viel mehr aus dieser atemberaubenden Wirklichkeit leben, wie es der heilige Augustinus gewohnt war: jedesmal wenn er vor einer schwierigen Frage stand – so liest man es in den »Bekenntnissen«, in den Predigten und bei allen Gelegenheiten, bei denen er sich an das Volk wandte –, nahm er im Gebet das Zwiegespräch auf: Herr, diese Stelle in der Heiligen Schrift verstehe ich nicht; was wolltest du damit sagen? Lehre es mich. Ich sehe nicht, wie ich dieses Problem lösen soll: was sagst du, höchste Wahrheit dazu?

Die »höchste Wahrheit« Gottes in uns müßte uns zur täglichen Lebensgewißheit werden. Sie spricht zu uns in Jesus und in der Gnade des Heiligen Geistes, sie offenbart sich uns, sie läßt uns erkennen und ermöglicht uns, zu begreifen, was wir für uns und für unser Leben benötigen. Oft zerbrechen wir uns den Kopf oder regen uns auf, wenn uns die Lösung eines Problems – auch in der Seelsorge oder im Alltag – Mühe macht, weil wir nicht daran denken, uns zuallererst im Gespräch dem Lehrer in uns anzuvertrauen...

»Herr, führe mich in deine Wahrheit. Sprich zu mir, denn du bist die Weisheit; gib mir die rechten Gedanken und Worte ins Herz, nicht für mich, sondern als Hilfe zur Speisung deiner Brüder.«

MÄRZ

Umkehr zu Gott

VERSÖHNENDE BEGEGNUNG

Die Schuldhaftigkeit des Christen wird durch die Begegnung mit Christus offenkundig, durch die Begegnung mit seinem lebendigen Wort und mit seiner Person. Diese Begegnung befreit uns von der Starrheit unserer Selbsteinschätzung, die immer ein unsicheres, befangenes Urteil ist, und löst sie in wirkliche Reue auf, in tiefes inneres Bedauern, daß wir Christus in seiner Person beleidigt haben. Aus unserer zerbröckelnden Selbsteinschätzung wird tiefes Bedauern über unsere Unkorrektheit in einem Freundschaftsverhältnis, über unsere Verstöße gegen wirkliches Menschsein, über unseren Mangel an Liebenswürdigkeit, Feingefühl und Aufmerksamkeit, über die Mißachtung, mit der wir über eine kostbare Beziehung hinweggegangen sind...

Die erste Frucht der versöhnenden Begegnung ist die *Freude*, überschäumende Freude, die wir nicht für uns behalten können und die uns auch Schwieriges mit Leichtigkeit tun läßt, wozu wir uns nie entschlossen hätten, wenn wir nicht zuvor das Wort Jesu vernommen hätten...

Vater, wir bitten dich, gib, daß wir uns selber und dich erkennen. Gib, daß wir unsere Zerbrechlichkeit und die Herrlichkeit deines Sohnes erkennen. Gib, daß wir unsere Schwachheit erkennen und die Macht der Kirche, uns zu retten, zu läutern und in deiner Liebe zu festigen. Darum bitten wir dich, Vater, durch die Kraft des Heiles, das du hast hervorbrechen lassen aus dem Tod und der Auferstehung deines Sohnes Jesus Christus, der, wie wir glauben, lebt und unter uns gegenwärtig ist, jetzt und in alle Ewigkeit. Amen.

JESUS, ERBARME DICH MEINER!

Die Verse 21–23 im siebten Kapitel des Markusevangeliums, die sich auch im fünfzehnten Kapitel bei Matthäus finden, sind sehr aufschlußreich: »Von innen, aus dem Herzen der Menschen, kommen die bösen Gedanken, Unzucht, Diebstahl, Ehebruch, Habgier, Bosheit, Hinterlist, Ausschweifung, Neid, Verleumdung, Hochmut und Unvernunft. All dieses Böse kommt von innen und macht den Menschen unrein.«

Im Herzen des Menschen, also auch in meinem Herzen, liegt die Wurzel dieser Dinge, und wenn ich mich heute nicht für einen Lüstling, Ehebrecher, Geizhals halten muß, dann deshalb, weil die Macht Gottes mich davor behütet hat.

Der Ansatz dazu liegt in allen Menschen vor, und nur, wenn wir diese Wurzel erfassen, verstehen wir den wahren Sinn des Anrufs: »Jesus, Sohn Gottes, erbarme dich meiner!«: »erbarme dich meiner und mache, daß ich jeder unvorhergesehenen Situation gewachsen bin; zeig dich, wenn mich eine Macht ergreift, die mich zu etwas bringen will, was ich eigentlich nicht möchte«.

Wir sehen dann auch ein, was es heißt, mit den Sünden der Welt irgendwie solidarisch zu werden, an der Sünde der Welt, mit der wir geheimnisvoll verflochten sind, zu leiden und bei Gott demütig Abbitte zu leisten.

LICHT UND FINSTERNIS

»Nur noch kurze Zeit ist das Licht bei euch. Geht euren Weg, solange ihr das Licht habt, damit euch nicht die Finsternis überrascht. Wer in der Finsternis geht, weiß nicht, wohin er gerät« (Joh 12,35).

Wenn wir diese Finsternis mit unseren Worten ausdrükken wollten, könnten wir vielleicht von *innerer Orientierungslosigkeit* sprechen, bei der man nicht weiß, wie und wohin man gehen soll. Und wenn man an dieser inneren Orientierungslosigkeit nicht geradezu leidet und bestrebt ist, sie zu überwinden, sondern sie gar zur Lebensnorm erhebt, dann führt sie dazu, daß man den Regungen des Augenblicks und vordergründigen Gegebenheiten unterliegt, ohne sich je dem eigentlichen Warum der Dinge zu stellen. Unter »Finsternis« versteht Johannes also, daß man aufs Geratewohl daherzieht, wie eben ein Mensch, der keinen Halt und kein Ziel hat. Nun sagt er uns: Wenn man nicht in Jesus, der unter uns Mensch geworden ist, den letzten Sinn der Wirklichkeit anerkennt, der allem seinen Stellenwert verleiht, so führt das dazu, daß man sich ohne Anhaltspunkt im Finstern wiederfindet. Dann zieht man aufs Geratewohl dahin, tastet mit Händen und Füßen ins Leere, fällt ständig von einem Extrem ins andere, ohne je recht zu wissen, was geschieht und warum es geschieht, mit all den katastrophalen Folgen einer solchen Orientierungslosigkeit...

Das ist der Zustand der Finsternis. Aus ihm ergibt sich eine weitere Konsequenz, die an einer anderen Stelle des Johannesevangeliums (9,4) gut ausgedrückt ist: »Wir müssen, solange es Tag ist, die Werke dessen vollbringen, der mich gesandt hat; es kommt die Nacht, in der niemand mehr etwas tun kann.« Wenn diese innere Orientierung fehlt, tritt Untätigkeit an ihre Stelle oder Überaktivität, die aber nur verschleiert, daß man in den wesentlichen Dingen nichts tut, denn man kann ja nicht mehr das Gültige vom Ungültigen unterscheiden.

WIR HABEN VIEL ZU TUN

Wir haben viel zu tun, und es erfaßt uns mit Angst, ob wir auch alles zu erledigen vermögen. Diese Beflissen-
ıs, aber mit einem ge-
unsererseits, denn so
wir davon dispensiert,
› es nicht etwas Dring-
mache einen Besuch,
scheid zu fällen, und so
abei ein, daß ich für das

ewisse Vergiftung be-
ınkt schafft sich der
il er nicht denken will,
hmen will, um sich zu
ıotwendig ist. Habe ich
t? Ich habe diesem und
rwiesen, eine Bitte er-
ıacht, aber habe ich die
ich wirklich etwas von

Aufgaben, neue Dinge,
ner geschäftig und ge-
en wir das alles nicht,
s genüber, und das wäre viel
sch

Montag, 4. März 1991

O süßestes Herz Jesu, ich übergebe dir als der Quelle alles Guten mein Herz mit all seinen Neigungen und zugleich alle meine Sünden, alle Nachlässigkeit und Unbeständigkeit und alle meine Fehler, auf daß sie durch dein kostbares Blut ausgetilgt und gesühnt werden. Ich bitte dich durch deine unaussprechliche Liebe und Treue, daß du mir jegliche Tugend verleihen wolltest, damit ich dich aus allen Kräften liebe und eifrig danach ringe, im Guten voranzuschreiten. So möge ich denn in meinem ganzen Leben, besonders aber in der Todesstunde, in der Wunde deines teuersten Herzens, o Jesu, eine sichere Zufluchtsstätte finden.

hl. Fidelis von Sigmaringen († 1622)

Jesus bearbeitet uns und bringt uns bei: Du biegst im richtigen Augenblick um die Ecke, wendest aber den Kopf weg und bemerkst niemanden. Daß du in diesem Augenblick den Bruder nicht wahrnimmst, war zwar vielleicht gar nicht eine Schuld von dir, aber wenn du mich nach dem Grund fragst, sage ich dir: Der Grund liegt in deinem Innern, darin, daß dein Herz nicht wirklich befreit ist.

BESCHÄFTIGT WIE MARTHA

Eine Hausfrau, die nie Zeit hat, weil sie meint, das Haus müsse immer ganz in Ordnung sein, ... zieht diese verbissene Geschäftigkeit der Wahrheit über sich selbst vor, ist lieber beständig im Trab, hat nie Zeit, denn so ist sie nicht zur Einsicht verpflichtet, daß die Art wie sie ihren Mann und die Kinder behandelt, nicht recht ist. Sie tut zwar vieles für sie, alles ist in Ordnung, doch wer ist dieser Mann, wer sind diese Kinder, was tut sie für sie persönlich, wie sucht sie, sie zu lieben? An das zu denken, hat sie keine Zeit.

Jesus sagt: Du willst nicht aus dieser Betriebsamkeit, aus den Dingen, die dich umdrängen, herauskommen. Du bist eigentlich damit zufrieden, auch wenn du dich bei den Freunden beklagst, du hättest keine Zeit...

Im Grunde wiederholen wir den Fehler der Martha, die Jesus und den Aposteln das üppigste Mahl bereiten will, das sie je erlebt haben. Deshalb vermag sie nicht zu verstehen, daß Jesus nicht zu ihr kam, um das köstlichste Mahl zu genießen, sondern damit man ihm zuhört...

»Herr, habe Erbarmen mit uns! Du allein bist das Heil, mach, daß wir vor der Wahrheit keine Angst haben. Laß uns die wenn auch bittere Wahrheit über uns selbst, über die Dinge, die wir nicht wollen, sondern zurückweisen, aufgeben.

Herr laß uns nicht Angst haben vor dir und auch nicht vor den Brüdern und Schwestern. Laß uns einsehen, daß wir bitterarm sind, daß wir zwar überaus geschäftige Knechte sind, aber nicht immer umsichtig und achtsam auf das, was wirklich wichtig ist.

Jesus sagt uns als Erstes: »Erschrick nicht! Ich kenne dich; ich weiß, daß du so bist; hab keine Angst, mit mir über diese Dinge zu reden, dich so zu zeigen, wie du bist. Ja, besprich dich gern mit mir!«

UNBESTÄNDIGKEIT UND TROST

Die Apostelgeschichte zeigt, wie leicht man sich in der Urkirche spaltete, sich gegeneinander stellte. So viele Leiden, Erbitterungen, Spannungen entstanden, weil die Herzen nur schwach miteinander vereint waren. Die Christen erlebten in der Glaubenserfahrung wunderbare, außerordentliche Momente, doch diese dauerten nicht lange an, und es war immer wieder nötig, die Gemeinschaft von neuem zu festigen.

Bedenken wir ferner die Unbeständigkeit, welche die Gemeinde deswegen aufwies, weil sie in die leichtlebige, auf Genuß und Vergnügen erpichte gleichgültige heidnische Welt eingetaucht war, die sich allen Kulten öffnete und doch nicht bereit war, irgendwem wirklich Gehör zu schenken. Es darf uns nicht verwundern, wenn die Gläubigen versucht waren, mutlos zu werden, davonzulaufen, ihre Gelübde zurückzunehmen, scheinheilig zu sein (Hananias und Saphira: vgl. Apg 5,1–11).

Und wir? Hier taucht das Thema der Unbeständigkeit unseres heutigen Geschlechts auf, von der immer mehr die Rede ist. Die Jugendlichen, auch die jungen Priester, seien gut gesinnt und großmütig, sie hielten aber nicht lange durch, würden rasch ermüden und bräuchten immer wieder Unterstützung.

Bedenken wir, daß auch die ersten Christen unbeständig waren und wir uns somit nicht vor einer ganz neuen Situation befinden. Wenn sie nicht wankelmütig gewesen wären, hätte der Apostel sie nicht von neuem besuchen müssen, um ihnen Tröstung und Bestärkung zu bringen.

Deshalb dürfen wir frei und offen bekennen, daß wir unbeständig sind, und brauchen uns dessen nicht zu schämen.

Durch unablässige Bestärkungen, Tröstungen, Festigungen, Ermutigungen werden wir wachsen, ohne dabei den psychologischen und biologischen Prozeß beschleunigen zu wollen, sondern in Respektierung unserer Schritte.

UNSER VERHÄRTETES HERZ

Etwas, was die Evangelien oft erwähnen, ist die Verhärtung des Herzens, des Herzens, das sich fast tödlich verhärtet, des Herzens, das es nicht immer fertigbringt, der Lage gewachsen zu sein, und auch, wenn es anscheinend zur Ruhe gekommen ist, wieder zusammenschrumpft. Das ist natürlich nicht die Herzensverhärtung des Gottlosen, der sagt: »Es gibt keinen Gott, das ewige Leben ist nur ein schönes Märchen, man sollte lieber rücksichtslos dem Vergnügen nachgehen!«

Das ist die Herzensverhärtung der Apostel, die Jesus so oft tadelt: »Wie hart und träge ist doch euer Herz, wenn es darum geht, zu glauben! Ihr habt Augen und seht nicht, habt Ohren und hört nicht. Begreift ihr denn nicht?«

Wie oft hat sich der Meister so an die Apostel gewandt, an diese großen Heiligen, die wir als die Säulen der Kirche verehren! Auch sie hatten wie wir unter dieser fortschreitenden und immer wieder auftretenden Herzensverhärtung zu leiden: man tut etwas, man versieht ein Amt, man setzt sich ein, und doch bleibt noch ein Rest von Weltlichkeit, der mit unserer Familie, unserer Bildung und unserer Herkunft zusammenhängt. Niemand von uns kann seine Familie, sein Milieu und seine Einstellung völlig abschütteln. Wir kehren sogar, je älter wir werden, um so eher zum Denken und zu den Wertvorstellungen unserer natürlichen Familie zurück...

Vor dieser Herzensverhärtung, die uns mit zunehmender Zahl unserer Jahre packt, müssen wir ernstlich auf der Hut sein, auch wenn wir uns nicht darüber wundern dürfen, daß Jesus bei ihrer Behandlung mit Geduld vorgeht..

Worin besteht die Lösung? Darin, daß wir durch das Rote Meer hindurchziehen und aufhören, es auf der Suche nach anderen Wegen oder Auswegen zu umkreisen; daß wir uns Jesus sicher sind, unseres barmherzigen Hauptes und Befreiers, der uns liebt, um uns zu bessern und nicht um uns so zu belassen, wie wir sind.

FALSCHE GÖTTER

Hinter allen Versuchungen, sich Götzen zu machen, versteckt sich die Sehnsucht, Gott zu schauen, ihn zu besitzen, zu ihm zu gelangen. Unter diesen Götzen sind nicht so sehr sittliche Verirrungen – die Vergötzung der eigenen Leidenschaften – zu verstehen, als vielmehr Tricks, durch die man Gottes Gegenwart scheinbar in den Griff bekommen kann. Daher auch das verbissene Bemühen, die Werte so absolut zu setzen, daß man etwas Absolutes in der Hand hat.

Einerseits bestehen für Menschen, die nach Aktion streben, messianische Versuchungen, die sie zu absoluten Idealen hindrängen; man denke nur an die typischen Messianismen der westlichen Welt und an die Ideale, die man absolutgesetzt hat: Gerechtigkeit, Freiheit, Befreiung, Friede. Anderseits gibt es in der östlichen Welt und in einem anderen Menschentyp, aber immer als Verkehrung der Ur-Sehnsucht nach der Schau Gottes, Versuchungen zum Pantheismus, der vielleicht für einen religiösen Menschen die tückischste Versuchung ist. Man erhebt alles ins Sakrale und lebt in heiliger Ehrfurcht in einer göttlichen Welt: dann ist Gott alles, berührt uns unaufhörlich, und wir sind ganz von ihm umflutet.

Diese beiden Versuchungen, denen wir alle unterliegen, wenn wir Absolutheitstendenzen hegen, beruhen zuweilen auf einer Art von Panhumanismus: der Mensch ist Gott, den man schaut... Tatsächlich ist das, was wir mit unserem Blick erreichen, der Mensch, sind wir selber es. Und dann sind wir eben das Absolute...

Dieses Streben drückt sich auch in atheistischen Vorstellungen bis hin zur Verzweiflung aus; und in erster Linie in dem Atheisten, der sich in jedem einzelnen von uns versteckt, in all den Formen des Unglaubens, die wir in uns tragen.

DIE KRAFT DER LIEBE GOTTES

Die Versuchungen der Entmutigung und der Anmaßung sind die peinlichsten, weil sie die schreckliche Wirklichkeit unserer Herzenshärte ans Licht bringen. Doch diese Prüfungen können auch zu Gelegenheiten werden, uns die Kraft des Evangeliums zu holen, wenn sie uns dazu anhalten, Vergebung zu erbitten und zu gewähren. In der Freude, daß wir Vergebung finden, geht uns das Neue des Evangeliums auf – daß es die frohe Botschaft vom Erbarmen des Vaters mit uns Sündern ist. Wenn die Vergebung unsere Herzenshärte behoben und uns für die Freude des Evangeliums aufgeschlossen hat, beginnen wir, die Dinge mit anderen Augen zu sehen.

Herr, wir danken dir, weil du uns Tag für Tag unsere Armut erleben läßt und so zur Demut stimmst.

Wir danken dir für den wunderbaren Reichtum unserer Berufung, des Ziels, das du uns, unserem Leben, unseren Gemeinden setzest. Wir danken dir, weil dieses Ziel so weit und allumfassend ist, daß es uns drängt, die Welt und alle Menschen liebend zu umfangen, daß es uns mit jedem Leid solidarisch und auf jede Notlage aufmerksam macht.

Herr, wir danken dir auch für das klare Wissen um unsere Sünde, weil wir uns gebrechlich, schwach, manchmal zerrisssen, und unfähig fühlen. Darunter leiden wir sehr. Da wir es nicht abschütteln können, opfern wir dir dieses Leiden auf.

Wir wissen, du bist nicht für die Gerechten gekommen, sondern für die Sünder, und wir gestehen, daß wir Sünder sind und deines Heils bedürfen.

Wir bitten dich, Herr: Komm zu uns herein mit der Macht deiner Liebe, damit wir deutlich den Abstand erkennen, der zwischen dir und uns liegt.

Deine Gnade fehle uns nie, sondern erfülle uns, damit wir zum Lob und zur Verherrlichung deines Namens leben können. Amen.

DAS EVANGELIUM DER PRÜFUNG

Vielleicht glauben wir, daß es ein Evangelium, eine Frohe Botschaft für die Prüfung gibt, ein Kerygma voll Trost. Wenn wir einem Menschen in der Prüfung sagen: Mut, auch andere haben das durchgemacht, es wird vorbeigehen!, dann zeigt sich darin diese unsere Auffassung. Andere raten, man müsse heroisch der Prüfung standhalten; es sei der Augenblick, Mut zu fassen und die innere Kraft zu offenbaren. Ignatius sagt: »Gott will uns prüfen, wieviel wir taugen und wieweit wir uns in seinem Dienst und Lobpreis ohne Sold an Tröstung und gesteigerten Gnaden einsetzen.«

Wenn jemand versteht, daß seine Lage wirklich eine Prüfung ist, ändert sich ihr Sinn. Manchmal hören wir jemanden sagen: Wenn ich aber wüßte, daß es eine Prüfung ist, dann wäre ich beruhigt und könnte dem, was mir widerfährt, einen Sinn abgewinnen. – Das Evangelium der Prüfung sagt uns: Die Prüfung kommt von Gott, in dessen Händen ich bin. Auch in den schmerzlichsten Erfahrungen, auch vor dem bevorstehenden Tod, wenn die Natur sagen möchte: Gott hat mich verlassen, es gibt keinen Gott!, dann sagt mir das Evangelium: Du bist in der Prüfung, aber Gott hält dich in seinen Händen. So kann man alles zurückführen auf die Dynamik der Verheißung und des Vertrauens auf das Wort...

Die Prüfung, die von Gott kommt, bleibt in ihrer Härte, aber sie wird nicht zum Ärgernis. »Was kann uns scheiden von der Liebe Christi? Bedrängnis oder Not oder Verfolgung, Hunger oder Kälte, Gefahr oder Schwert? ...

Ich bin gewiß: Weder Tod noch Leben, weder Engel noch Mächte, weder Gegenwärtiges noch Zukünftiges, weder Gewalten der Höhe oder der Tiefe noch irgendeine andere Kreatur können uns scheiden von der Liebe Gottes, die in Christus Jesus ist, unserem Herrn« (Röm 8,35–39). Die Prüfung kommt immer von Gott. Er hält uns sicher in seiner Hand.

AUSDAUER IM GEBET

Wenn wir den Weg des Evangeliums als Kampf erleben, können wir die Bildrede vom Samenkorn verstehen. Der Same findet gute Erde vor, doch dieser an und für sich gute Boden weist tausenderlei widerstrebende Elemente auf. Das Wachstum des Evangeliums bringt einen wechselhaften Kampf mit sich, in dem man immer auf der Hut sein muß, um einen Gegner zu besiegen, der stärker und klüger ist als wir. Darum müssen wir uns der Macht des Heiligen Geistes anvertrauen ...

Das Böse zu besiegen, liegt gerade darin, an den Wert unseres Bittgebets glauben, auch wenn es keine unmittelbare Wirkung hat, die im Zusammenhang mit unserem Gebet steht.

Unser Flehen und Bitten um Erbarmen ist wirklich ein Weg, dem Bösen Widerstand zu leisten, besonders in den Grenzfällen, in denen uns scheint, nichts anders tun zu können. Wir dürfen deshalb nicht fürchten, unsere Gebete seien fruchtlos, und wir dürfen nicht aufhören zu beten, auch wenn wir versucht sind, es aufzugeben, weil es uns nicht gelingt, das Böse unverzüglich abzuschütteln. Es geschieht auf dieses unser manchmal unter Schmerzen erlittenes Bitten hin, wenn Gott uns Gelegenheit gibt, zu erkennen, wie man auch in solchen Fällen Erbarmen und Liebe erweisen kann und wie wir denen wirklich beistehen können, für die es eine Hilfe ist, wenn wir uns selbst schenken ...

Beten wir füreinander, daß sich unsere Herzen der Freude über das Heil öffnen mögen, welches vom Herrn kommt, der Freude darüber, daß Gott in uns wirkt. Beten wir darum, daß unsere Herzen an die göttliche Kraft des Heils zu glauben vermögen und die notwendige Geduld und die Liebe aufbringen können, um, so Gott will, Werkzeug dieser Heilskraft zu sein.

LASSEN WIR UNS SUCHEN UND FINDEN!

Jesus ruft die Sünder zur Umkehr, und wir können diese Botschaft so weit verstehen, als wir selbst uns von Jesus zur Buße berufen fühlen. Diese Umkehr, diese Buße geht von der Initiative Gottes aus, der nach uns sucht, vom Willen Gottes, uns zu rehabilitieren. Es ist also nicht sosehr ein Bußweg von uns aus, vielmehr ein Uns-Suchen-Lassen von Gott.

Lassen wir uns also suchen, lassen wir uns befreien, lassen wir uns von Gott rehabilitieren!

»Wir danken dir, Herr, daß du in deinem Evangelium dich als Erbarmen zu erkennen gibst. Du suchst nach uns, du suchst nach allen Menschen, auch nach denen, um die wir uns sorgen und die wir schmerzlich suchen. Du bist noch mehr als wir auf der Suche nach ihnen, sei es durch uns, sei es durch deine ganze Vorsehung, die uns unbekannt, doch am Wirken ist.

Wir danken, dir, Vater, daß du auf der Suche nach uns, nach einem jeden von uns bist. Du willst uns beständig neu machen, rehabilitieren, uns zu einem reinen Gewissen, zu einem echten Leben aus dem Evangelium verhelfen.

Gib, Herr, daß wir uns von dir suchen lassen bis auf den Grund unseres Herzens, daß wir deinem Suchen keinen Widerstand entgegensetzen, daß wir deine Lampe in uns hineinleuchten lassen, mit der du die Ritzen unseres Fußbodens untersuchst, um etwas von uns zu finden, das noch zu erschließen ist.

Vater, gib, daß wir uns dem Suchen deines Sohnes erschließen, daß wir ihm keine halbherzige und enge Auffassung von uns selbst entgegensetzen, sondern uns in die Fülle unseres Seins hineinversetzen lassen, wie du sie in deinem göttlichen Heilsplan für jeden von uns vorherbestimmt hast in Christus Jesus, unserem Herrn, Amen.«

AUFATMEN IN DER VERGEBUNG

Der griechische Ausdruck für Vergebung, den Lukas verwendet, besagt Befreiung von den Sünden als von einer Last, so daß wir wieder aufatmen können. Das gleiche Wort wird auch im grundlegenden Abschnitt seines Evangeliums verwendet: »Der Geist des Herrn ruht auf mir... Er hat mich gesandt, damit ich... den Gefangenen die Entlassung verkünde« (Lk 4,18). Somit handelt es sich um ein Befreien, ein Wegnehmen der Last, ein Lösen von Ketten. Darum können wir die Heilsbotschaft als die Verheißung auffassen, daß diese Last, die Sünde, als Situation, die unser Leben belastet, von uns genommen wird.

Unter Situation, die uns belastet, verstehe ich unser Unvermögen, den Lebenssituationen in Glaube, Hoffnung und Liebe zu begegnen, und daß wir statt dessen mit Bitterkeit, Mißmut und Verärgerung auf sie reagieren. Das also macht die Last unserer Sünde aus: daß wir nicht imstande sind, in Liebe, Ehrfurcht und Dienstbereitschaft zu leben, sondern an den Karren der Enttäuschung, der Kleinkrämerei, der Traurigkeit, der Unechtheit gespannt sind.

All dies ist eine Last, von der, wie die Heilsbotschaft sagt, nur die Gabe des Heiligen Geistes uns befreien kann, die uns neue innere Lebenskraft schenkt. Es geht also der Heilsbotschaft zufolge nicht darum, »gut zu werden«, sondern »nach dem Geist zu suchen«, »Gott zu vertrauen«, der als treuer Vater zu uns kommt und so, wie er den Verstoßenen verherrlicht hat, auch uns Kraft zum Heil geben kann. Die Macht Gottes, die die Geschichte umstürzt, ist für uns da.

»Gott, unser Vater, sieh auf uns, die wir dein Wirken erfassen möchten. Gib uns einen vom Glauben erhellten Blick, damit wir in Demut und Ruhe deinen Heilsplan betrachten und ihn in diesem Moment unseres Lebens, unseres Landes, der Kirche und der Welt als Wort der Sündenvergebung entgegennehmen können.«

DIE WEISHEIT DES EVANGELIUMS

Unmittelbar vor dem Bericht über die Begegnung Jesu mit der Sünderin heißt es in Lk 7,35: »Und doch hat die Weisheit durch alle ihre Kinder recht bekommen.« Nach dem ganzen Zusammenhang – Jesus wird zum Vorwurf gemacht, daß er ein Freund der Sünder ist – hat dieser Ausspruch folgenden Sinn: Kinder der Weisheit sind diejenigen, die die Weisheit des Evangeliums einsehen und Gott die Ehre geben, weil sie sich als Sünder bekennen, das Urteil, das Gott im Evangelium über sie spricht, annehmen und sich durch das Geschenk der Gnade gerechtfertigt fühlen. So können wir immer mehr zu Kindern Gottes werden, allmählich die Werke der Finsternis aufgeben und Tag für Tag uns von Gott angenommen wissen, der uns beständig rehabilitiert.

Es ist also wichtig, daß wir in dieser Atmosphäre der Buße leben, wenn auch der Ton dabei bald auf dieses, bald auf jenes gelegt wird. Wir müssen Kinder der Weisheit sein und uns unter die Sünder gesellen, deren Freund Jesus ist. Einzig das Licht des Evangeliums kann uns in die richtige Lage vor Gott versetzen, was diesen Bußweg betrifft. Vertrauen wir uns also dem Erbarmen des Herrn an, der nach uns sucht und in uns den Bußgeist wecken will.

Der von Christus geschenkte Geist rehabilitiert uns, versetzt uns in die richtige Beziehung zu Gott, zu uns selbst, zu den anderen, zur Gemeinschaft, zur Kirche, zur Gruppe. Es handelt sich um ein reines Gnadengeschenk Gottes, das wir bloß seiner Barmherzigkeit und Güte verdanken.

Womit können wir unsererseits Gott ermöglichen, uns auf diese Gabe vorzubereiten? Mit dem Glauben, mit einem Glauben, der fähig ist, etwas zu riskieren, ja uns ihm samt unserer Sündenlast anzubieten.

VOR GOTT STEHEN

Je konkreter wir sind, desto besser, denn das Gute ist konkret, nicht abstrakt. Je konkreter wir werden, desto mehr sind wir wir selber. Ich hege z. B. eine starke Abneigung gegen eine bestimmte Person; ich möchte diese Abneigung nicht weiter in mir tragen, aber sie ist nun einmal da, und ich bemühe mich, sie zu überwinden; und doch, bei jeder Gelegenheit steigt sie in mir auf. Ich hätte dieser oder jener Person näher kommen wollen, statt dessen habe ich sie gemieden, es tut mir leid. Ich hätte mich mehr in der Gewalt haben müssen, bei meiner Eßlust, meiner Trägheit. Ich bin mir bewußt, daß ich meine Sinnlichkeit nicht so beherrscht habe, wie ich es hätte tun sollen; das quält und beunruhigt mich. All das trage ich vor Gott hin, so wie es ist.

Auch hier sind wir um so mehr wir selber vor Gott, je konkreter wir sind, und zwar nicht in einem negativen Sinn, indem wir uns voll Bitterkeit anklagen, sondern in Dankbarkeit, indem wir sagen: Siehe, Herr, das bin ich, das ist das Material, über das du verfügst, das sind die Bausteine deiner Kirche; sie sind schmutzig, schlecht geschliffen, eckig, stumpf. Ich wollte, es wären andere, aber, Herr, ich bringe sie vor dein Angesicht, denn ich weiß, daß du barmherzig bist.

»Herr, ich glaube, daß du größer bist als alle diese Dinge, daß du besser bist als ich, denn du bist barmherzig und geduldig. Ich glaube, daß du mich annimmst, daß du mich so nimmst, wie ich bin. Ich glaube, daß du mich liebst, wie ich bin. Ich danke dir, Herr, daß du mir keine Vorwürfe machst, sondern vielmehr dein Erbarmen anbietest. Man übt also den Glauben an die Barmherzigkeit Gottes, indem man sie anruft.«

KLARHEIT ÜBER MICH SELBST

Der Mensch, der Gott zum Lehrer hat, dringt bis auf den Grund seiner eigenen Wahrheit. Er erkennt im Dialog, daß das begangene Unrecht, sei es klein oder groß, in ihm selbst und in seiner Umgebung das Gottesbild verletzt hat. Er sieht, daß durch seine Schuld des Verhältnis zu Gott gestört ist.

Gott steht hinter jedem Menschen, hinter jedem, den wir schlecht behandeln, den wir täuschen oder mißachten. Wir stellen uns immer gegen Gott, wenn wir einen Bruder oder eine Schwester zurückstoßen, die in unserer Nähe ist und ein Zeichen liebevoller Zuwendung, sprich Nächstenliebe, oder ein Zeichen der Gerechtigkeit von uns erwartet. Alle Probleme der Menschheitsgeschichte, die Frage der Ethik, die Frage der Gerechtigkeit, die Frage des Friedens, die Frage der rechten familiären, persönlichen und sozialen Verhältnisse, sind die Fragen des Menschen in seinem Dialog mit dem, der ihn liebt, der ihn kennt und der ihm hilft, sich selbst so zu erkennen, wie er in Wahrheit ist.

Er sagt nicht: ich habe gesündigt, ich bin schuldig geworden, sondern: »Gegen *dich* allein habe ich gesündigt« (Ps 51,6). Daß Schuld als etwas erkannt wird, das personalen Charakter hat, als etwas, das einem Du gegenüber persönlich zu verantworten ist, ist sowohl ein Akt tiefer Einsicht in die Wahrheit als auch ein Akt größter Klarheit. Das Eingeständnis des Menschen, der da spricht, der gelernt hat, so zu sprechen, hat nichts von einem deprimierenden und erniedrigenden Schuldkomplex... Er tritt ein in den geheimnisvollen Prozeß der Umwandlung des menschlichen Herzens, der den Menschen total verändert: Erschaffe mir, Gott, ein reines Herz, und gib mir einen neuen, beständigen Geist! – Die Umformung des Menschenherzens, die uns ein neues Leben ermöglicht, ist der Macht Gottes vorbehalten.

GÖTTLICHES HANDELN

»Erschaffe mir, Gott, ein reines Herz!« (Ps 51,12)
Das Verb »schaffen« ist das erste Tätigkeitswort in der Heiligen Schrift. – »Im Anfang *schuf* Gott Himmel und Erde« (Gen 1,1). Und die Bibel behält dieses Wort allein Gott vor – nirgends wird es für eine menschliche Tätigkeit gebraucht. Es steht ausschließlich für das göttliche Handeln, das aus dem Nichts ins Leben ruft, das etwas Neues hervorbringt.

Diese Bitte ist also eine Bitte um eine schöpferische Tat, um etwas Neues und Neuartiges, das allein Gott im Menschen hervorrufen kann.

Und die Worte »erschaffe in mir« haben eine Parallele in den Worten »mach mich wieder froh« (Ps 51,14). Im Hebräischen steht an dieser Stelle: »laß in mir die Freude wiederkehren« oder »laß in mir die Freude wieder aufbrechen«. Hier wird also nichts absolut Neues erbeten, sondern es geht darum, daß der ursprüngliche Augenblick des Geschaffenwerdens wiederkehren möge – und das ist die Taufe.

Das Sakrament der Versöhnung ist das sakramentale Zeichen dafür, daß der Mensch wiedereingetaucht ist in die schöpferische Kraft des Taufgeistes, es ist ein Neuerfahren der Taufe, das Wiedererleben einer Grundsituation, die wir durch unsere Schuld verloren hatten.

Das Sakrament der Versöhnung kann deshalb nur dann zu seiner vollen Wirkung gelangen, wenn wir die Botschaft des Evangeliums, die Kraft des Kerygmas, zutiefst erfahren und erlebt haben.

Wie könnte denn wiederhergestellt werden, was es gar nicht gab, oder was zwar da war, doch bloß in schwacher, lauter, unklarer Form? Wie sollte es möglich sein, die Kraft der Taufe wiederzufinden, wenn diese Kraft niemals in einem Akt eines persönlichen und wirklichen Bemühens erlangt wurde?

CHRISTLICHE FREUDE

Die Heilige Schrift bezeichnet die Freude als die Grunderfahrung des Christen, als die Erfahrung, die einem reinen Herzen entspricht, einem Herzen, das sich nicht anklagt, da es in die Güte des Vaters eingetaucht ist, da es verstanden hat, daß Gott es väterlich aufgenommen und vollständig wiederhergestellt hat.

Die Freude ist die Grunderfahrung, die uns durchdringen müßte... Der Raum für die Freude ist der Augenblick des Gebets, der Anbetung, des Schweigens, des Lobgesangs, des Gesprächs über die Frohbotschaft; es ist der Augenblick des Opfers, der Selbsthingabe, der Selbstverleugnung; es ist der Moment des inneren Gesangs; Augenblicke, in denen wir von Freude erfüllt und überrascht werden nicht als Frucht unserer Anstrengung, sondern als freies Geschenk Gottes.

»Erschaffe mir, Gott, ein reines Herz... mach mich wieder froh mit deinem Heil« (Ps 51,12.14). Es ist die Freude der Heilung durch Gott, der mich annimmt, der mich liebt und mich rettet.

Es ist die Freude der Ehebrecherin, von der im Johannesevangelium berichtet wird (8,1–11)... Der Text bagatellisiert scheinbar die Sünde, die Sünde, die sittliche Verfehlung. Wer ihn jedoch in diesem Sinn gelesen hat, hat das schöpferische Vergeben Gottes nicht verstanden, die erneuernde Kraft seines Geistes im Herzen des Menschen, die Fähigkeit Gottes, einen Menschen zu verändern, nicht als das Resultat guten menschlichen Willens, sondern durch die Schöpfungsmacht des Heiligen Geistes.

Die Freude, für die die Ehebrecherin kaum Worte findet, ist der Inbegriff der Freude, wie sie jeder empfinden muß, der durch ein vergebendes Wort Christi geheilt und gerettet wird.

DER GOTT DER GNADE

Ausgangspunkt für den Weg der Versöhnung, für die Umkehr des Herzens, ist die erbarmende Initiative Gottes: Gott ist immer der erste, der die Hand reicht; nach welcher Seite sich die Waagschale der Lebensbilanz neigt, bleibt stets seiner Güte überlassen...

Die Sünde ist eine grundlegende Verfehlung des Menschen, eine Verdrehung, ein Mißklang, eine Aufsässigkeit, ein Wille zum Widerspruch, zum Gegenentwurf, ein absichtlicher Versuch, dem göttlichen Wollen ein anderes, nämlich das eigene entgegenzusetzen...

»Gott, sei mir gnädig!« (Ps 51,3).

Gott wird gebeten, daß er uns Gnade erweisen möge, daß er sich dem, dem es schlecht geht, der in Not ist, zuwenden möge. Gott wird um Hilfe gebeten. Es ist die Erfahrung Marias, die sie singen läßt: »Meine Seele preist voll Freude den Herrn, mein Geist ist voll Jubel über Gott, meinen Retter. Denn er hat gnädig auf seine arme Magd geschaut« (Lk 1,46–48).

Gott ist absolut freies Geschenk, er schenkt sich, ohne daß eine Gegenleistung verlangt würde oder je möglich wäre, er ist das Wesen der Unentgeltlichkeit. Wenn wir sagen, Gott könne keinerlei Interesse daran haben, an uns zu denken, sich um uns zu kümmern, geben wir damit einen falschen Begriff von Gott zu erkennen, eine pharisäerhafte Vorstellung. Wir versuchen dann, Gott zu verstehen, indem wir mit Rechnung und Gegenrechnung operieren, also völlig ungeeignete Kategorien zugrunde legen.

Gott schenkt mir Freude, wo er schenken kann. Er schenkt, wo immer einer seine Unterstützung braucht, wo einer sich wertlos vorkommt und meint, ein Niemand zu sein. Gott will uns mit seinem Wert erfüllen und beurteilt nicht den unsern.

GOTT IST BARMHERZIG

»Gott, sei mir gnädig nach deiner Barmherzigkeit« (Ps 51,3a). Es ist interessant festzustellen, daß es heißt: »nach deiner Barmherzigkeit« und nicht »in deiner Barmherzigkeit« oder »weil du barmherzig bist«. Der Psalmist betont hier die unendliche Dimension der göttlichen Barmherzigkeit, die der Mensch intuitiv spürt, ohne sie verstandesmäßig erfassen zu können.

Der entsprechende Ausdruck im Hebräischen heißt *hésed,* es ist ein Wort mit einer langen und bedeutungsreichen Geschichte. Es bezeichnet praktisch die für Gott kennzeichnende Einstellung seinem Volk gegenüber, und zwar im Sinne einer tief verwurzelten Haltung von Güte, Redlichkeit, Verläßlichkeit, Treue, von Beständigkeit in der Aufmerksamkeit und in der Liebe. Man könnte auch »Liebenswürdigkeit« übersetzen, Liebenswürdigkeit geprägt von Feingefühl oder Zärtlichkeit, Liebenswürdigkeit, die sich nicht widerspricht und sich nie verflüchtigt.

Gott ist der, den ich nicht kenne, dem ich aber wichtig bin, für den – nach einem Wort Jesu – jedes Haar auf meinem Kopf wichtig ist. Nichts geschieht bei mir, ohne daß nicht Gott in seinem Zartgefühl davon wüßte.

Wir übersetzen *hésed* weiterhin mit »Barmherzigkeit«, weil die Liebenswürdigkeit Gottes um so zartfühlender wird, je schwächer, gebrechlicher, schuldiger, unbeständiger, entfremdeter wir sind. Vielleicht sind wir wenig anziehend und meinen uns geschähe recht, wenn Gott sich nicht unser erinnerte; Gott täte besser daran, uns allenfalls zu züchtigen – er bleibt uns immer zugewandt, treu und voller Liebe.

»Herr, laß deinen Geist über uns kommen. Er läutere unsere Herzen durch die Buße und mache uns zu einem Opfer, das dir wohlgefällt. In der Freude eines neuen Lebens wollen wir stets deinen heiligen Namen und dein Erbarmen preisen. Durch Christus, unseren Herrn.«

GOTTES LEIDENSCHAFT FÜR UNS

»Tilge meine Frevel nach deinem reichen Erbarmen!« (Ps 51,3b)

Das Wort »Erbarmen« müßte eigentlich »Liebe« heißen, »nach deiner großen *Liebe*«. Im hebräischen Text steht hier »*rahammîn*«, was soviel wie »Herz«, »Mutterschoß« bedeutet. Es ist ein zutiefst mütterliches Wort und bezeichnet die Fähigkeit, etwas inwendig mit sich zu tragen, sich so in eine Situation hineinversetzen zu können, als erlebte man sie am eigenen Leib. Dem Wortinhalt nach ist es das Vermögen, an der Not anderer so zu leiden und sich über die Freude anderer so zu freuen, als ob sie einem selbst widerführen, als ob es die ureigenste Angelegenheit wäre.

Dieses Wort, das hier auf Gott angewandt wird, meint etwas, das derjenige verstehen kann, der ein anderes Geschöpf rückhaltlos geliebt hat, mit allen Fasern seines Herzens, in grenzenloser Hingabe, voller Leidenschaft. Fast könnten wir übersetzen: »Nach dem Übermaß deiner Leidenschaft für den Menschen hab Erbarmen, o Gott!«

Diese Attribute Gottes lassen die Tonart anklingen, in der der Psalm 51 geschrieben ist. Er ist eine Hymne, ein Lobgesang, *Gott so zu begegnen, wie er ist.*

»Mein Herr und mein Gott! du hast mich zuerst geliebt und du liebst mich noch immer. Du gehst mir nach, du verlangst nach mir. Aber auch ich suche dich. Meine Seele dürstet nach dir. Du bist mein höchstes Gut. Wer sind die, Herr, die mir nach dem Leben trachten? (vgl. Ps 63,10) Was ist es, das meine Seele ins Verderben treibt und mich hindert, mich an dir zu freuen, aus deiner Quelle zu trinken? Was hindert mich, das Rufen aus der Tiefe meines Herzens zu vernehmen? Laß mich dies alles besser verstehen. Laß mich lernen aus dem Leben Davids, des gläubigen Sünders – eines Menschen, der zwar sündigte, aber dennoch glaubte!«

SICH DEM WORT GOTTES STELLEN

Die Psalmen 50 und 51 waren einmal eine Bußliturgie, die mit der ausführlichen Anklageerhebung Gottes und mit deren Bestätigung durch den Menschen begann. Hören wir die Anklage, die Gott im Psalm 50 erhebt:

»Siehst du einen Dieb, so läufst du mit,
du machst dich mit Ehebrechern gemein.

Dein Mund redet böse Worte,
und deine Zunge stiftet Betrug an.

Von deinem Bruder redest du schändlich,
auf den Sohn deiner Mutter häufst du Verleumdung.

Das hast du getan, und ich soll schweigen?« Vers 18ff.

Im Psalm 51 klingt deutlich als Antwort auf:

»... ich erkenne meine bösen Taten ...
Gegen dich allein habe ich gesündigt.«

Und dann folgt das Gebet:

»Entsündige mich mit Ysop, dann werde ich rein ...
Sättige mich mit Entzücken und Freude!«

Aus all diesen Worten der Heiligen Schrift können wir entnehmen, wie es das Wort Gottes ist, das den Menschen zurechtweist und ihn über seine Schuld befragt.

Gewissenserforschung – jetzt können wir es besser verstehen – bedeutet, sich dem Wort Gottes zu stellen, wobei das Wort Gottes kein ethisches Bezugssystem darstellt, sondern lebendiges Wort ist, das mit Fragen konfrontiert, das mit jener Kraft der Liebe tadelt, die ihm zu eigen ist, um das Leuchten des Heils und die Möglichkeit der Vergebung sichtbar werden zu lassen ...

Wenn wir uns vom Wort Gottes befragen und uns zurechtweisen lassen, begeben wir uns in die demütige, einfache und klare Lage, bekennen zu können: Ja, es ist wahr, das habe ich getan, Herr: Du hast recht, aber du erschaffst in mir ein neues Herz!

LÄUTERE MEIN HERZ!

Sinnen wir darüber nach, was Jesus für mich getan hat, also über das Erbarmen Gottes mir gegenüber und darüber, was er für mich und mit mir zu tun beabsichtigt. Um diesen Gedanken auszuweiten, sollten wir daran denken, daß das, was Gott mit mir vorhat, nicht nur mich betrifft, sondern dem Aufbau der Kirche dient.

Denken wir an unsere persönlichen Beziehungen zu Jesus (Was hat er für mich getan und was habe ich für ihn nicht getan?) und auch an unsere Mitverantwortung für die Gemeinschaft (Jesus wollte durch mich gegenseitiges Verständnis, Liebe, Schwesterlichkeit und Brüderlichkeit in die Gemeinschaft bringen, ich aber ließ es in meinem Verhalten gegenüber den anderen an Liebe, Hingabe und Verständnis fehlen und habe den Aufbau des Leibes des Herrn behindert).

Nicht nur in bezug auf persönliche Beziehung zu Jesus, sondern auch im Blick auf unsere Pflichten gegenüber der Gemeinschaft können wir wohl in aller Aufrichtigkeit den Schrei der Verwunderung ausstoßen: »Wie viel wollte Gott wirken und wie wenig habe ich, haben wir in unserer Kirche, in unserem Zusammenleben getan!«

»Herr Jesus Christus, Sohn Gottes, sei mir Sünder gnädig!

Herr Jesus am Kreuz, der du mich kennst und liebst, läutere mein Herz!

Nur du kannst mich erleuchten und retten,

wenn du mich auf dem Weg zu einer immer tieferen Gemeinschaft mit dir führst.

Laß mich dich wirklich und Tag für Tag neu erleben, damit ich in der Erkenntnis wachsen kann, dir und keinem anderen zu gehören,

und in dem Bewußtsein, ständig von dir gerufen und gesandt zu sein.«

FRÜCHTE DER HOFFNUNG

Das Fehlen von Hoffnung ist schlimm. Manchmal beziehen wir das sogar auf uns selbst: »Ich bleibe doch der, der ich bin. Ich kann mich eben nicht ändern, da ist nichts zu machen.« Dahinter steht wohl die Versuchung des Teufels, uns zur Verzweiflung zu treiben.

Im Psalm »Miserere« steht es anders: »Erschaffe mir, Gott, ein reines Herz, und gib mir einen *neuen, beständigen Geist.*«

Hoffnung ändert Zukunft. Das neue Herz, das erhofft wird, ist nicht mehr – wie in der Vergangenheit – unter der Last von Sünde, Hochmut und Nichtigkeiten des Lebens. Der Geist des Missionarischen wird beschworen. Der Welt wird die Botschaft vom »neuen Herzen« zugemutet. Nicht nur ich selbst werde aufstehen können. Ich kann dann auch anderen helfen, wieder auf die Füße zu kommen...

»Herr, wir wollen dir Früchte darbringen,
die unserer Buße entsprechen,
nicht nur für uns,
sondern für die gesamte Kirche,
für die ganze Menschheit,
für unsere ganze Stadt;
denn wir fühlen uns verantwortlich
für den Weg der Umkehr der ganzen Menschheit.
Mach unser Herz frei,
löse unsere Zunge und unsere Hände,
damit wir erkennen können,
was wirklich Zeichen eines neuen Weges ist,
was ein entschiedener Schritt zu dir hin ist.
Laß nicht zu,
daß wir in stumpfe Gewohnheit verfallen,
in Trägheit und Monotonie.
Mach uns in heiligem Sinn unruhig,
damit wir durch einen ernsten und echten Weg zu dir hin
in uns die Quelle der Freude finden können.«

PRÜFENDE ERKENNTNIS

Das Bußsakrament hat in dem Maß Sinn und Wert, in dem es den Menschen vom Bösen zum Guten und vom Guten zum Besseren fortschreiten läßt. All das sind Gedanken, auf die uns das »Ja« Mariä bringt.

Wer dieses »Ja« zu seinem Leitstern macht, sucht immer und in allem, was Gott gefällt, und verwirklicht, mit anderen Worten, die prüfende Erkenntnis.

Im Römerbrief folgt die prüfende Erkenntnis unmittelbar auf das Opfer: »Bringt euch ... als Opfer dar ..., damit ihr prüfen und erkennen könnt, was der Wille Gottes ist: was ihm gefällt, was gut und vollkommen ist« (12,1 f).

Die prüfende Erkenntnis ist alles andere als die skrupellose Genauigkeit dessen, der in legalistischer Verflachung lebt oder sich den Anstrich von Perfektionismus gibt. Sie ist ein Aufschwung der Liebe, der zwischen Gut und Besser unterscheidet, zwischen an sich angebracht und jetzt angebracht, zwischen dem erreichbaren Allgemeinwohl und dem, was dagegen augenblicklichen Einsatz verlangt.

Die prüfende Erkenntnis ist nicht nur unerläßlich für das Wirken der tätigen Ordensgemeinschaften, bei dem man sich unbedingt für das Bessere entscheiden muß und sich nicht mit einem guten Werk, einem guten Wort oder damit zufrieden geben darf, daß man ein guter Mensch ist.

Wenn es am Willen fehlt, zu prüfen und zu erkennen, was besser ist, macht das oft das geistliche Leben zum eintönigen Trott: man macht eine fromme Übung nach der anderen, wiederholt althergebrachte Zeremonien, ohne ihren Sinn recht zu verstehen, einmal, um einem Brauch treu zu bleiben, dann auch, um untadelig vor Gott dazustehen.

Heute ist besonders die Jugend geneigt, dynamisch zu prüfen, und man muß sie zum Geschmack am Besseren und nicht nur am Guten erziehen. Die Grundentscheidung zur vollen Verwirklichung der innigen Beziehung zum Vater durch den Sohn in der Gnade des Heiligen Geistes findet ihren konkreten Ausdruck in den Ordensgelübden.

KIRCHE SEIN AUS GNADE

Denken wir an all die Personen, die mit uns verbunden und für die wir in gewissem Sinn verantwortlich sind. Was für ein Gemeinschaftideal legt uns die Heilige Schrift, die Kirche vor? Womit fördern wir es oder womit verkürzen wir es, begraben wir es durch unser Verhalten? Wie Ignatius das tat, sollten wir uns nach jeder Begegnung mit einem Menschen fragen, wie wir ihn aufgenommen, ihn behandelt, ihm zugehört, wie wir uns um seine Anliegen bekümmert, wie wir in uns der Versuchung widerstanden haben, nicht auf ihn zu hören... Dann würden wir inne, wie sehr wir der Gnade widerstehen, die aus uns eine Gemeinschaft aus Brüdern und Schwestern aufbauen möchte.

In der Tat kann bloß die Übermacht der Gnade Gottes uns im Glauben voll gemeinschaftsfähig und teilnahmebereit machen, doch sie tut das nur dann, wenn wir unser Versagen, unsere Versäumnisse einsehen... Gewiß sollen wir alle psychologischen Mittel anwenden, aber im Wissen darum, daß einzig die Gnade Gottes uns den »Sprung« vollziehen lassen kann, der uns zur »Kirche« macht. Doch dazu gelangt man nicht ohne eine Analyse unserer Sündhaftigkeit, d. h. unserer Unzulänglichkeit und Unfähigkeit, eine wirkliche Gemeinschaft zu bilden...

Läutere mich, dann werde ich rein, wasche mich, dann werde ich weißer als Schnee. Schau nicht auf meine Sünden, tilge all meine Schuld. Erschaffe in mir ein reines Herz, gib mir wieder einen beständigen Geist, verwirf mich nicht von deinem Angesicht, und nimm deinen Heiligen Geist nicht von mir. Mach mich froh darüber, daß ich geliebt, immer noch dein und erlöst bin: im Gebet, in der Anbetung, in der Stille und beim Hören von Musik, im Gespräch über dein Wort und beim Klang meiner inneren Stimme. Laß das Geschenk deiner Freude in mir aufbrechen. Deiner Liebe und deiner Vergebung sicher, bitte ich dich, laß mich viel fester sein, als ich gewesen bin.

JESUS BEGEGNEN

»Dann brach er auf und ging zu seinem Vater.
Der Vater sah ihn schon von weitem kommen,
und er hatte Mitleid mit ihm.
Er lief dem Sohn entgegen,
fiel ihm um den Hals und küßte ihn« (Lk 15,20).

Bei der Erzählung vom Vater und den zwei Söhnen fällt als erstes auf, daß sich alles auf der persönlichen Ebene abspielt. Es geht nicht um das, was der verlorene Sohn gemacht hat, daß er das Geld verschleudert hat, wie er in diesem Land gelebt hat. Es wird kein Sündenregister von ihm erstellt.

Die Erzählung steht unter dem Endzeichen des Festes, der Freude. Eine Verbindung ist wieder zustande gekommen, eine Freundschaft ist wiederhergestellt, eine Hoffnung ist neu aufgebrochen.

Das sind einige charakteristische Elemente des Sakraments der Versöhnung. Es versetzt uns in eine persönliche Beziehung zu Gott dem Vater, die uns das Tor zur Vergebung öffnet. Wenn wir es nicht so erleben, wird es zu einer Last, zu einer Formalität, zu etwas, das man machen muß, und dient dann bloß zur Beruhigung des Gewissens.

Das Sakrament der Versöhnung will aber etwas ganz anderes sein: eine persönliche Begegnung mit Gott. Wir wiederholen dabei, was Johannes im Boot auf dem See ausgerufen hat: »Es ist der Herr!«

»Es ist der Herr!« – damit hat sich alles geändert. »Es ist der Herr!« – dadurch erhält alles neuen Glanz. »Es ist der Herr!« – und alles im Leben ist wieder sinnvoll. Jedes Stück meines Daseins erhält wieder Sinn.

Dieses Sakrament ist also in Freude zu empfangen, denn auch die Buße, die Läuterung, die Sühne öffnen uns auf eine neue Beziehung zu Gott hin.

DAS GRÖSSTE GESCHENK

Beachten wir, was Jesus an denen, die den Gelähmten bringen und vor Jesus hinunterlassen, belobigt: den Glauben. »Als er ihren Glauben sah...« (Lk 5,20). Worin haben diese Helfer Glauben gezeigt? Darin, daß sie sich etwas ausdachten, daß sie die Behinderung durch die Menschen, die sich um den Eingang drängten, überwanden. Sie haben ihn auch dadurch gezeigt, daß sie es auf sich nahmen, sich lächerlich zu machen, setzten sie sich doch in einer solchen Situation dem Spott aus, falls der Gelähmte nicht geheilt würde...

So also steht es um den Glauben, um das Risiko, dem sich diese Männer mit ihrer geringen Kenntnis von Jesus aussetzen, weil sie alle Bedenken in den Wind schlagen. Jesus sieht diesen Glauben, und er entspricht diesem Glauben mit dem größten Geschenk: »Deine Sünden sind dir vergeben«...

Jesus gibt zu verstehen – und das geht auch uns an –, daß die Vergebung der Sünden das gößte Geschenk ist und daß die körperliche Heilung nur eine Folge davon und ein Erweis dafür ist.

Bitten wir also den Herrn, er möge unser Inneres von Grund auf heilen: »Herr, vollbringe das schwierigste Werk! Gib mir nicht das, was ich vielleicht wünsche: Verstandesschärfe, Erfolgschancen, die Macht, andere zu beeindrucken, sondern heile von innen her mein Herz, weil ich dies am meisten wünsche; dies ist dann wirklich ein Geschenk von dir.«

Erbitten wir dieses schwierige Geschenk auch den anderen und seien wir uns in bezug auf uns und die anderen unserer Ohnmacht bewußt: Wer kann Sünden vergeben außer Gott? Wer kann einem Menschen die Last seiner Sündhaftigkeit, Kälte, Traurigkeit, Habsucht, Eifersucht, Feindschaft, Mißgunst abnehmen? .. Wir können bloß Zeugen dieser Wunder, dieser Heilungen des Herzens werden.

ZWEI ZEITEN DER VERGEBUNG

Das Neue Testament unterscheidet... verschiedene Momente der Heilsgeschichte, in denen Gott Gericht hält über den sündigen Menschen:

Ein erster Zeitpunkt ist der *Nachlaß aller Schuld in der Taufe*. Das ist die Vergebung, die dem Menschen widerfährt, der den ersten Schritt zum Eintritt in den Bund mit Gott tut, indem er die Taufe begehrt. Es ist die erste große Vergebung Gottes, die man präziser als einen »totalen« Erlaß bezeichnen kann. Gott beschließt in vollständiger Ungeschuldetheit, Gnade und Barmherzigkeit zu gewähren: er stellt keine Bedingung und verlangt auch nicht ein Mindestmaß an gutem Verhalten, weil alle gesündigt haben und seiner Barmherzigkeit bedürfen...

Der sündige Mensch wird in der Taufe mit einem grundlegenden Nachlaß von aller Schuld befreit und dadurch neu geschaffen; er wird zum Kind Gottes und tritt in den Bund mit ihm ein.

Ein zweiter Zeitpunkt ist der Moment der *Vergebung im Sakrament der Buße* bzw. der Zuspruch erlösender Vergebung im Dialog mit Gott.

Durch die Taufe tritt der Mensch in den Bund mit Gott ein; er wird neugeboren und als Christ in die Kirche eingegliedert. Wenn er gegen die Verpflichtungen des Bundes schwer verstößt, verletzt er Gott, Christus, die Kirche; und ihm ist angeboten, in einem Gespräch den erlösenden Spruch neu zu empfangen. Während vor der Taufe weder heilbringendes Gespräch noch Sündenbekenntnis notwendig ist, wird für den, der schon in den Bund eingetreten ist, zum erlösenden Urteilsspruch das Gespräch verlangt.

Das Wort Gottes weist den Menschen zurecht, der sein Vergehen eingesteht, sich als Sünder bekennt und darum bittet, neu geschaffen zu werden durch die Kraft des Heiligen Geistes (»Erschaffe mir, Gott, ein reines Herz«), und Gott erschafft das Herz des Sünders neu.

DAS BEFREIENDE GESPRÄCH

Die Zeit der Beichte, die wir oft als den lästigen und schwierigen Augenblick mißverstehen, bekommt Weite, wenn wir uns der Sünden bewußt werden. Die Vergangenheit ist niemals der Vergessenheit anheimgegeben, denn im Hier und Jetzt wird ja die Barmherzigkeit Gottes angerufen. Daraus erwächst Gewißheit für die Zukunft.

Daher ist es auch enttäuschend, daß so viele Menschen vor der sakramentalen Beichte Angst haben. Sie sind nicht bereit, eine Wegkorrektur vorzunehmen. Das bedeutet aber auch Verzicht auf die Weite jenes Geistes, der aus dem Vorgang der Reinigung kommt.

Beichte sollte man nicht als lästige, formale, drückende Pflicht ansehen. Sie hilft uns vielmehr, daß wir uns der zeitlichen Dimensionen unseres Lebens bewußt werden. Alle Traurigkeiten werden dadurch integriert, daß wir sie Gott sagen. So gesehen, ist Beichte ein Stück Befreiung und insofern notwendig.

Wer beichtet, sollte dem Beispiel des Psalmes 51 folgen und das Lob Gottes an die erste Stelle setzen. Wir sollten Gottes Güte bekennen, die Wundertaten preisen, die er in unserem Leben vollbracht hat.

Wenn sich so das Herz öffnet, sagen wir Gott einfach, was wir sind. Vergangenheit und Gegenwart kommen dann ins Spiel.

Der Glaube aber richtet sich schon auf die Zukunft, erhofft die Veränderung, die Gott vornimmt: »Erschaffe mir, Gott, ein reines Herz, und gib mir einen neuen, beständigen Geist! Verwirf mich nicht von deinem Angesicht, und nimm deinen heiligen Geist nicht von mir«, denn nicht die Größe meiner Reue schafft mich neu, sondern deine Liebe ist es, die mich umgestaltet.

Mit solchem Gebet gibt man sich ganz in die Hände des barmherzigen Christus, der uns diese seine Barmherzigkeit eben im Sakrament der Buße zuteil werden läßt.

NEU ANFANGEN

Jesus fällt nicht in Schrecken, wenn wir nach all den Jahren immer noch auf der Stelle treten, er erwartet von uns aber die Bereitschaft, heute wieder neu zu beginnen, als wäre es der erste Tag, als hätte ich heute die Botschaft des Engels empfangen. Und diese sichere Geborgenheit in Jesus findet ihren Ausdruck in der Reue, die immer wieder das Wunder unserer Taufe erneuert. Gottes Barmherzigkeit vergibt siebzigmal siebenmal.

Sie ist aber eine Barmherzigkeit, die unter keinen Umständen mit unseren Fehlern und Sünden paktiert. Das ist der Mittelweg, die Lösung der katholischen Askese oder Spiritualität, die an die Kraft der Vergebung und an die erneuernde Kraft der Gnade glaubt. Das geistliche Leben ist also dynamisch und heiligt sich in dieser Dynamik.

Nach dreißig Jahren mag es uns noch so vorkommen, als hätten wir immer noch unsere anfänglichen Fehler: in Wirklichkeit sind wir aber andere Menschen geworden, vom Glauben, von der Liebe, der Demut und der täglichen Buße verwandelt, wenn unser Temperament auch in einigen Äußerungen an der Oberfläche noch zu wünschen übrigläßt.

Der Weg der Buße – und des Bußsakramentes – bewahrt uns vor allen Haltungen, deren wir uns zu unserer Tarnung bedienen, und drängt uns durch den Geist zur vollkommenen und restlosen Hingabe unser selbst an den Vater in Christus.

Man kann zwar auch mit dem Bußsakrament Mißbrauch treiben – und aus diesem Grund ziehen wir uns oft von ihm zurück –, aber der beharrliche Wunsch, uns seiner trotz des Schweigens Gottes zu bedienen, bewahrt uns sicher vor der Herzensverhärtung und erweckt die neutestamentliche Tugend der Wachsamkeit wieder zum Leben, die denen eigen ist, die niemals aufgeben, in die Irre gehen oder den Mut verlieren.

APRIL

Leiden und Auferstehen

ICH HABE GESIEGT

Weshalb bedeuten die Versuchungen den Anfang des öffentlichen Lebens Jesu (vgl. Lk 4,1–12)? Meine Antwort ist die: Es handelt sich um einen programmatischen Beginn, einen typischen Beginn, der alles Folgende in sich enthält. Ich möchte dies an einem Beispiel erläutern.

In der Lebensbeschreibung des Thomas Morus hat mich eine Episode besonders beeindruckt: Thomas Morus wird vom König an den Hof beordert; er weiß, was auf ihn wartet (die Absetzung und all das, was auf sie folgen kann: die Prüfung, die Versuchung, die Folterung, der Tod). Doch er besteigt gehorsam das Boot und versinkt in tiefes Schweigen. Das Boot gleitet auf der Themse dahin, und man hört bloß das Geräusch des Ruderns, während Thomas nachsinnt. Doch auf einmal ruft er aus. »Ich habe gesiegt!«

Das will nicht heißen, daß für Thomas Morus darauf nicht doch noch die Prüfungen, Schmeicheleien, Lockungen und anschließend die Torturen folgen, damit er nachgibt. Doch als er in diesem Moment, ins Gebet versunken, vor all das Schreckliche gestellt ist, das auf ihn lauert, vertraut er sich Gott an, verspürt, daß ihm die Gnade Gottes zuteil wird und ihn stärkt, und ruft dann aus: »Ich habe gesiegt!«. Seine Versuchung ist überwunden.

In diesem Sinn können wir unseren Blick auf Jesus, den Urheber und Vollender des Glaubens richten, der als Erster für uns gesiegt hat, ob nun diese Versuchungen ein konkretes Ereignis im Leben Jesu darstellen, oder eine Zusammenfassung von all dem, was er dann im öffentlichen Leben durchmachen muß. Der ganze Kampf Jesu wird hier typisch, zusammenfassend dargestellt.

Jesus hat für uns gesiegt, indem er den rechten Weg wählte und trotz aller Lockungen nicht einen Abweg. Er traf diesen Entscheid, indem er sich aus Liebe zu uns persönlich der Versuchung stellte, um uns zu retten, um sich in uns einwurzeln zu können.

INNERE WIDERSTÄNDE

Man schließt etwas von vornherein aus, so wie die Jünger es getan haben: »Das darf nicht sein. Zum Messias sagen wir ja, aber nicht dazu, daß er eine solche Prüfung durchmachen muß.«

In unserem Leben geschieht das gleiche. Wir sind nicht aus eigener Kraft imstande, das Mysterium des Todes und der Auferstehung anzunehmen. Wir müssen, wie der Hebräerbrief (12,2) sagt, auf den blicken, der geprüft worden ist und so zur Herrlichkeit gelangt ist...

Beten wir darum, daß das Gotteswort uns erleuchtet und alles, was in uns unlauter ist, verbrennt. Wir können die Anbetung und Lobpreisung des Herrn, der uns rettet, und in sicherem Vertrauen auf seine Gnade den Widerstand ans Licht bringen, den er beheben muß, um uns dahin zu führen, wohin wir nicht möchten. Dort ist unser Friede, unser Leben, unsere Auferstehung.

»Herr Jesus, du weißt, daß auch wir, wie die Apostel, von uns aus geneigt sind, deine schwer begreifliche Botschaft zurückzuweisen. Wir folgen dir nicht, wie und bis wohin du willst, sondern legen uns eine Nachfolge nach unserem Geschmack zurecht, nehmen aber die Nachfolge, die du jeden Tag von uns erwartest, nicht an.

Herr, erhelle unsern Sinn, erwärme unser Herz, damit wir verstehen können, was du von uns willst: unsere armselige, stets neue Selbsthingabe an dich. Gib, Herr, daß wir uns von dir annehmen lassen und dein Wort vollständig annehmen.

Maria, du hast das Wort Gottes voll und ganz angenommen. Du ließest dich von ihm umgestalten und durchdringen, bis zu deiner vollständigen Hingabe unter dem Kreuz. Dir und den Aposteln wurde die Fülle des Geistes zuteil, der der Kirche geschenkt worden ist. Bitte für uns, daß auch wir in Wahrheit dem Leben deines Sohnes folgen.«

LEIDENSGEBET

»Ich bin erschöpft vom Seufzen, jede Nacht benetzen Ströme von Tränen mein Bett, ich überschwemme mein Lager mit Tränen. Mein Auge ist getrübt vor Kummer, ich bin gealtert wegen all meiner Gegner« (Ps 6,7–8).

So schüttet der Psalmist, ein äußerlich und innerlich geschlagener Mensch, Gott sein ganzes Herz aus. Er scheint am Ende zu sein, doch da wechselt unversehens der Ton: »Weicht zurück von mir, all ihr Frevler; denn der Herr hat mein lautes Weinen gehört. Gehört hat der Herr mein Flehen, der Herr nimmt mein Beten an«(Ps 6,9–10).

Das ganze Leidensgebet wird in diesem Augenblick zum dreifachen Ausruf, der Erhörung verkündet: ich bin sicher, daß der Herr mich erhört, mich annimmt und aufnimmt.

Der Mensch, der sich entmutigt und verzweifelt im Leidensgebet aufgerieben hat, ist zu der Gewißheit gelangt, daß Gott mit ihm ist. Und diese Gewißheit ändert seine Daseinsperspektive: Die Feinde sind keine Feinde mehr; alles, was ihm feind zu sein schien, sieht jetzt anders aus. Jetzt kann nichts mehr seiner Würde schaden, da er sich imstande fühlt, die Wirklichkeit mit neuen Augen zu sehen und die Schwierigkeiten mit neuem Schwung zu überwinden...

Er ist der leidgeprüfte Mensch, der innerlich neu geworden ist und nun nicht mehr selbstzerstörerisch seine Krankheit oder seine Einsamkeit betrachtet, sondern schöpferisch; er ist nun in der Lage, dem wieder einen Sinn beizumessen, was ihm vorher ausweglos zu sein schien.

Was können wir konkret tun, um die Kraft dieses Gebetes zu bekunden? Wollen wir bei unserem Gebet einmal von uns sprechen und das Leid der Welt in uns zu Wort kommen lassen?

Ich möchte auch eine Tat empfehlen, die dem Charakter dieses Psalmes entspricht: einen aufmerksamen Besuch bei Kranken und vereinsamten alten Menschen im Geist echter Anteilnahme.

KLAGELIED

Das Klagelied ist der Aufschrei des Menschen, dem das Leben entschwindet, der wahrnimmt, daß sein Leben unter ganz bestimmtem, qualitativem Aspekt abnimmt; d.h., als Gesundheit, als sein Lebensentwurf, als seine Liebesfähigkeit, als seine Würde. Wenn der Mensch spürt, daß es mit dem Leben abwärts geht, bricht er in ein Klagelied aus. Er weiß, daß das Gut des Lebens, d.h., das Gut des Seins, ein Geschenk der Nähe des lebendigen Gottes ist, und ruft laut: »Verlaß mich nicht, komm zurück, ich will dich wieder loben.«

Was der Mensch bei dieser Verkümmerung seines Lebens, die er fürchtet, spürt, nennt man den Zorn, den Unmut Gottes, Gott, der ihn verläßt. Dann ruft er aus: »Erbarme dich meiner, Herr, ich kann nicht mehr, mach mich wieder gesund; meine Seele ist ganz erschüttert, komm und befreie mich, rette mich durch deine Barmherzigkeit.« Die Klage ist sozusagen das Gegenstück zum Lob, d.h., zum klaren Bewußtsein des Menschen, daß Leben Gott loben ist. Und der Mensch, der spürt, wie sein Leben irgendwie beeinträchtigt wird durch Krankheit, Einsamkeit, seelisches Leid, Verlassenheit oder Furcht vor der Zukunft, ruft Gott, der das Leben ist, beklagt sich bei Gott, der das Leben ist, weil Gott ihm fern zu sein scheint, und fleht ihn an.

Das wird deutlicher, wenn wir uns einmal fragen, wer diejenigen sind, die in der Bibel so gebetet haben. Da kommt uns die Gestalt Davids in den Sinn. Ein großer Teil der Klagepsalmen wird David zugeschrieben, der Leid, Erniedrigung und Verlassenheit durchgemacht hat: er hat das aber als Glaubender durchlebt, d.h., er hat zu Gott gerufen. Er hat es nicht in der Verzweiflung dessen durchlebt, der sich einsam fühlt, sondern in der Klagehaltung dessen, der sich verlassen fühlt und weiß, daß sein Ruf bis zu den Ohren der Liebe dringt. Das hat David ganz konkret erlebt.

KLAGE UND LOB

Wenn ich den Zustand des Leidens und der Verlassenheit zu beschreiben versuche, steigt vor mir ein dramatisch bewegtes Bild auf. Vor einiger Zeit habe ich einen Besuch im »Pio Albergo Trivulzio« gemacht, wo so viele alte Leute sind, von denen täglich zwei oder drei sterben. Ein alter Mann hat mich tief erschüttert, als man mir von ihm sagte: »Er hat aufgegeben und will sterben, er ißt nichts mehr, er antwortet nicht mehr; er ist in einen Zustand der Niedergeschlagenheit und Einsamkeit geraten, aus dem man ihm nicht mehr heraushelfen kann.« Ein schmerzerfülltes und erschütterndes Bild vom Dahinschwinden des Lebens, der Hoffnung und der Zuversicht, wie es uns auch in der Klage des Beters in Psalm 6 begegnet: »Herr, ich sieche dahin, . . . meine Glieder zerfallen« (V. 2).

Der Psalm setzt Gott in seinem Licht voraus, den Herrn des Lebens, der uns in seiner Liebe das Leben schenkt, und das Lob, das Leben ist; die Klage ist dann der mühsame Versuch des Menschen, zum Gott des Lebens durchzudringen, den wir sozusagen als abwesend empfinden, wenn schmerzliches Leid auf uns lastet.

So können wir auch verstehen, wer die Feinde sind, von denen der Beter später spricht: »Ich bin gealtert wegen all meiner Gegner. In Schmach und Verstörung geraten all meine Feinde. Weicht zurück von mir, all ihr Frevler!« (V. 8). Es können Feinde sehr unterschiedlicher Art sein: Ausbeuter, unfaire Konkurrenten, Verfolger.

Die Feinde kommen in den Psalmen sehr oft vor, aber nie sieht man ihre Gestalt ganz deutlich, sie haben kein individuelles Gesicht, aber immer sind sie Menschen ohne Gott... An ihnen erkennt man, daß es kein Lob, kein Frohlocken und keine Wahrheit mehr gibt, und daß Gewalt und Fanatismus dort herrschen, wo man das Lob und mit ihm den Sinn für den Geschenkcharakter des Lebens und für das Sein und die Rechte anderer nicht mehr pflegt.

SCHWINDENDE BITTERKEIT

Der Beter (in Psalm 73), der in der Runde umhergeschaut hat, wirft einen Blick in sein Inneres und sieht sich den ganzen Tag in Bitterkeit wie verlassen: »Ich war alle Tage geplagt und wurde jeden Morgen gezüchtigt.« (V. 14). Bei Tagesanbruch halte ich Ausschau und sage: Auch das wird wieder ein Tag ohne Sonne.

Das führt ihn dann dazu, wie Ijob nach seinen langen Überlegungen, die das ganze Buch durchziehen, abschließend zu sagen: »Ich verstehe es einfach nicht! Ich sann nach, um das zu begreifen; es war eine Qual für mich, bis ich dann eintrat in das Heiligtum Gottes.«

Diese Qual, dieser Schmerz, weicht allmählich im Herzen eines Menschen, der trotz allem Gott treu verbunden geblieben ist: »Ich kann die Schar deiner Kinder nicht im Stich lassen; ich begreife nichts, ich sehe nichts, aber ich bin an dich gebunden!«

Das ist die Erfahrung des Dunkels, der Verlassenheit, in der man nichts sieht, aber sagt: »Herr, ich begreife nichts, aber ich bleibe dir treu, du wirst mich nicht verlassen.« Und wer das erfährt, erhält seinen Lohn: »Du wirst eintreten ins Heiligtum Gottes.«

Was geht somit in einem Menschen vor, der mit diesen Gedanken gerungen hat? Auf einmal faßt er den Entschluß – oder besser: es wird ihm die Gnade geschenkt –, nicht mehr umherzuschauen, als hinge alles von seinem Urteil ab, sondern zu Gott hinüberzuwechseln, in das Heiligtum Gottes einzutreten, die Dinge zu sehen, wie Gott sie sieht, von seiner begrenzten Sicht der Dinge zu lassen und in Gottes eigene Sicht einzutreten.

Das ist der Sprung, der Frontenwechsel, der Höhepunkt, mit dem die Bitterkeit schwinden und zur gelassenen Bejahung einer Gegebenheit werden kann, die man nun ganz anders sieht.

LEIDENSNACHFOLGE

»Während sie auf dem Weg hinauf nach Jerusalem waren, ging Jesus voraus. Die Leute wunderten sich über ihn, die Jünger aber hatten Angst...« So beginnt die dritte Leidensankündigung Jesu im Markusevangelium (10,32–34;), die weitläufiger ist als die vorausgehenden.

Anscheinend will Markus uns Mut machen, wenn er sagt, daß die Apostel ihre Zeit gebraucht haben, bis sie verstanden, worum es ging. Ihre Liebe gehörte Jesus, er war mitten unter ihnen, zog ihnen sogar voraus, und sie konnten nicht umhin, ihm zu folgen; sie fühlten sich sehr zu ihm hingezogen, doch bis sie das Geheimnis wirklich in seinem Kern verstanden, blieb noch ein weiter, äußerst mühsamer Weg.

»Da versammelte er die Zwölf um sich und kündigte ihnen an: Wir gehen jetzt nach Jerusalem hinauf; dort wird der Menschensohn den Hohenpriestern und den Schriftgelehrten ausgeliefert; sie werden ihn zum Tod verurteilen und den Heiden übergeben; sie werden ihn verspotten, anspucken, geißeln und töten. Aber nach drei Tagen wird er auferstehen.«

Wieder stehen wir hier vor dem Geheimnis. Dabei liegt der Nachdruck sichtlich auf dem Umstand, daß Jesus verworfen und geschmäht wird. Die Ankündigung wird also wieder zu einer Aufforderung an die Apostel, ihm zu vertrauen und das Geheimnis in seinem ganzen Umfang hinzunehmen; denn es gibt keine Auferstehung ohne den Durchgang durch das Leiden...

Wir sind dazu aufgerufen, Jesus auf dem Leidensweg in der Betrachtung wenigstens mit unserem Herzen und unserer Liebe zu folgen, um irgendwie zu verwirklichen, was selbst Petrus zunächst nicht gelungen ist, wie sehnlich er es auch gewünscht hatte: »Und wenn ich mit dir sterben müßte!« (Mk 14,31).

TEILHABE

»Wir hatten vorher in Philippi viel zu leiden und wurden mißhandelt, wie ihr wißt; dennoch haben wir im Vertrauen auf unseren Gott das Evangelium Gottes trotz harter Kämpfe freimütig und furchtlos bei euch verkündigt« (1 Thess 2,2). Das Wort für »mißhandelt« lautet im griechischen Urtext »hybristhéntes«, »verachtet«. Das zugrundeliegende Substantiv hybris besagt den ganzen heidnischen Stolz, der verächtlich von oben herabschaut.

Auch bei uns gibt es nicht wenige Situationen, in denen Menschen Ehre, Achtung, Ansehen, Vorteile und Chancen aus Liebe zu Christus (und nicht wegen Kämpfen um Interessen, Posten und Vorteile) verlieren. In diesem Sinn nehmen sie wirklich an den Leiden Christi teil.

Und es gibt Situationen, wo ein gewisser Stolz, eine heidnische Anmaßung, ein atheistisches Klima den Namen Christi und den, der im Namen Christi dasteht, verächtlich macht, zurückweist und verdrängt. Auch in diesem Fall handelt es sich um eine wirkliche Teilhabe am Leiden für das Evangelium.

Das Wissen um solche Situationen soll uns behilflich sein, sie nicht nur im Licht einer historisch-soziologischen oder moralischen Deutung zu erleben, sondern in der Grundhaltung der christlichen Urgemeinde: in Freude, Freimut, in großer Freiheit, in der Gewißheit, zu einer echten Verähnlichung mit dem Herrn Jesus gelangt zu sein.

Was zählt, ist also nicht die Frage nach dem Verfolgtsein und die mögliche positive Antwort in dem Fall, daß die geschilderten Situationen wirklich bestehen. Was zählt, ist vielmehr dies, daß man sie in einer evangelischen Haltung erlebt, in Freimut und Geradheit. Darin sollen wir uns aufmerksam und ernsthaft prüfen.

MIT EINEM LÄCHELN

Ich habe einmal die »Zehn Gebote« junger Menschen gelesen, die sich zu einer Gruppe zusammengeschlossen haben, um rund um die Uhr vor allem den Ärmsten zu dienen. Dabei fand ich eine Regel, die mir sehr gefällt: »Man muß viel Last unter einem Lächeln zu verbergen wissen«. Darin liegt etwas Großes, aber oft sind wir launisch, bringen Opfer nur so lange, als es uns paßt, und wenn sie uns nicht passen, werden sie für uns untragbar und zu einer Last. Das heißt nicht geduldig nach Jesus suchen, der sich noch am Ufer des Sees aufhält, ein wenig fern, man sieht ihn und sieht ihn nicht. Und er fordert Petrus auf, sich aufs Wasser zu wagen, etwas von sich selbst zu opfern (vgl. Joh 21,4–7).

Darum die Frage: Bin ich imstande, im Warten durchzuhalten, auch wenn es Opfer kostet? In der Familie, im Haus und in der Gruppe finden sich die besten Opfer dieser Art, denn hier sind Last, Unannehmlichkeiten, Verstimmungen, Widerwillen unter einem Lächeln zu verstecken.

Manchmal leben wir nahe beieinander, verstehen einander aber nicht und verhalten uns so widerborstig, daß wir einander ständig reizen. Macht sich dann jemand Gedanken darüber, verschlimmert er die Situation noch. Rafft er sich hingegen auf, mutig etwas zu tun, und sei es auch etwas noch so Einfaches wie ein Lächeln, ein gutes Wort, ein freundliches Zeichen; spielt er die Karte mit dem Herz-Blatt aus, und nicht die mit dem Pik-Blatt, hat er vielleicht einen wirklichen Schritt getan, um in seinem Leben Jesus zu erkennen.

»Herr, laß mich dich in meinem Leben erkennen. Laß mich deine Bitten erkennen, die mich von ferne, vom Ufer des Sees her erreichen; laß mich nicht Angst davor haben, mich irgendwie einzusetzen.« Beten wir, daß das in uns geschieht, damit auch wir voller Freude ausrufen können: »Es ist der Herr!« (Joh 21,7).

»WEIL ER ES SO WOLLTE«

Die Betrachtung der Pasion Jesu, wie sie in den Evangelienberichten dargestellt wird, ist immer sehr schwierig. Auch schon für die Urkirche war es schwer, die Frage zu beantworten, wie solch ein Geschehen historisch überhaupt möglich war... Die Passion ist ein langer Bericht, der ein unbegreifliches Geheimnis zum Inhalt hat und sich seinerseits auf Tatsachen stützt, die seinen Sinn erkennen lassen. Was sie als tiefsten Sinn zum Ausdruck bringen, steht beim Propheten Jesaja: »Quia ipse voluit – weil er es so wollte« (Jes 53,7). Die Passion ist kein Zufallsereignis, vielmehr hat Jesus selbst diese äußerste Erniedrigung bis zum letzten auf sich genommen. So gesehen, beginnt sie einen Sinn anzunehmen, denn sie wird zu einem menschlichen Akt Jesu.

Welche Begebenheiten machen das »Quia ipse voluit« besonders deutlich?

Die Salbung in Betanien, wo Jesus sagt: »Sie hat getan, was sie konnte. Sie hat im voraus meinen Leib für das Begräbnis gesalbt« (14,8); Jesus geht also dem Geheimnis der Entwürdigung des Menschen entgegen und nimmt es bewußt an.

Beim Abendmahl: »Der Menschensohn muß seinen Weg gehen, wie die Schrift über ihn sagt« (14,21); Jesus läßt sich also auf einen Plan ein, der der Plan des Vaters ist.

Weiterhin beim Abendmahl und noch deutlicher: »Das ist mein Blut, das für viele vergossen wird« (14,24). Die Eucharistie ist das Geheimnis, aus dem hervorgeht, daß Jesus von ganzem Herzen die Passion auf sich nimmt und an sich selbst schon vorwegnimmt.

Und schließlich in Getsemani: »... nicht, was ich will, sondern was du willst« (14,36).

Man muß also die ganze Passion bei der Betrachtung sozusagen mitten ins Herz des Herrn verlegen, der aus freien Stücken diesem tragischen Ereignis entgegengegangen ist.

ANNAHME DES LEIDENS

Jesus ist dem Tod entgegengegangen, weil er uns bis in die letzte Konsequenz hinein entgegenkommen wollte; er hat also vor keiner Konsequenz des »er hat unter uns gewohnt« ausweichen wollen und sich uns ganz anvertraut.

Er hat den Auftrag, bei den Seinen zu sein, erfüllt und sich sogar den äußersten, dramatischen Konsequenzen gestellt, die sich daraus ergaben, daß er sich vertrauensvoll, in guter Absicht und mit dem Wunsch, ihnen zu helfen, den Menschen überlassen hat.

Wenn wir das »weil er es so wollte« (Jes 53,7) so sehen, können wir daraus den Schluß ziehen, daß unsere eigenen Leiden nur sinnvoll sein können, wenn auch wir dahin gelangen, sie mit ihm zu akzeptieren. Und dies ist mitunter leicht in den Beschwerden, die wir als solche erkennen können, wie, z.B., in nicht zu ernstlichen Krankheiten, und die wir geduldig aus Gottes Hand entgegennehmen und für die anderen aufopfern können. Wenn aber die Leiden Teil unser selbst werden, Schwierigkeiten, die sich mit unserem Sein decken, wenn wir uns auf einmal in Situationen sehen, denen man nur äußerst schwer einen Sinn abgewinnen kann, dann wird solches Annehmen immer problematischer, weil wir uns ihnen gegenüber nicht frei und unabhängig fühlen. Wir können also jahrelang mit uns selbst uneins sein, uns in einem Zustand der Verkehrtheit, der, wenn vielleicht auch unbewußten, Unduldsamkeit und der inneren Auflehnung gegen Verhältnisse befinden, denen wir uns nicht beugen können. Es mag sogar vorkommen, daß es uns am schwersten fällt, mit uns selbst einverstanden zu sein.

Jesus lehrt uns, daß unsere Leiden wirklich sinnlos sind, solange wir es nicht fertigbringen, sie bewußt und frei anzunehmen. Sie erhalten Sinn, wenn wir ihnen gleichsam ins Gesicht geschaut haben wie er und sie mit ihm angenommen haben.

GOTTVERLASSENHEIT

Der Prophet Jeremia sprach: »Herr, wie ein versiegender Bach bist du mir geworden, ein unzuverlässiges Wasser: wenn ich nach Wasser lechze, das ich so sehr brauche, scheint mir der Bach ausgetrocknet zu sein; du bist mir in der Stunde der Not nicht zu Hilfe gekommen und hast nicht auf meine Worte gehört« (vgl. 15,18). Ijob geht noch viel weiter und verflucht sogar den Tag seiner Geburt, weil Gott ihm damit eine Falle gestellt hat, aus der er kein Entrinnen sieht (vgl. 3,3).

Das ist eine religiöse Erfahrung, die allerdings, meines Erachtens, fast bis an den Rand des Glaubensverlustes und an den Rand der Gottverlassenheit reicht.

Die Erfahrung dessen, der das Äußerste wagt. Es ist interessant festzustellen, daß die Heilige Schrift vor solchen Erfahrungen nicht zurückschreckt; sie macht uns vielmehr mit ihnen bekannt, berichtet und notiert sie, denn es sind die Erfahrungen von Menschen, die wirklich in der Freundschaft Gottes wandeln und alles eingesetzt haben.

Es ist klar, daß jemand, der nicht viel aufs Spiel setzt, solche Erfahrungen nicht macht; es sind die Erfahrungen von Menschen, die ihr ganzes Leben einsetzen. Oft machen die Heiligen diese Lebenserfahrungen bis zum äußersten, da sie wirklich alles eingesetzt haben.

Wenn wir einige Worte aus den letzten Lebensmonaten der heiligen Theresia von Lisieux lesen, als sie in den Qualen ihrer Krankheit lag und sich fast nicht einmal mehr mit ihrem eisernen Willen behaupten konnte, stellen wir fest, daß sie Äußerungen tut, die denen des Psalmes 73 gleichen und übrigens auch den Worten Jesu: »Mein Gott, mein Gott, warum hast du mich verlassen?«

Dieses aufwühlende Erlebnis ist das, was der Sohn Gottes durchgemacht hat; es ist die Erfahrung, die derjenige macht, der total liebt, der alles einsetzt und daher zu kosten bekommt, was Bedrängnis ist.

VOLLSTÄNDIGE HINGABE

Jesus rief am Kreuz mit lauter Stimme: »Mein Gott, mein Gott, warum hast du mich verlassen?« (Mk 15,34). Wir befinden uns hier vor dem Gipfel der Offenbarung: Der Gott, den das Evangelium uns zeigt, der Gott, dem alles möglich ist, der Gott, der alles in der Hand hat und dem wir uns restlos ausliefern, braucht nicht zu tun, was wir von ihm erwarten. Er kann uns auch äußerlich verlassen, wie er seinen Sohn verlassen hat. Gewiß ist in den letzten Worten Jesu am Kreuz auch ein Zeichen der Hoffnung spürbar, demnach dürfen wir nicht vergessen, daß es Worte totaler Selbstentäußerung und Hingabe sind. Gott hat Christus in bitterem Leid, nach außen hin in Trostlosigkeit, von den Menschen verstoßen, sich selbst überlassen, als hätte er ihn ein für allemal im Stich gelassen.

Deshalb ist jeder, der sich auf den Weg des Glaubens begibt, angehalten, ernsthaft zu bedenken: Gibt acht; der Weg, auf den du dich begibst, ist nicht leicht und kein Weg, auf dem Gott dich garantiert von Erfolg zu Erfolg führt, der so gelingt, wie du dir ihn zurechtgelegt hast; du begibst dich vielmehr in die Hände eines geheimnisvollen Gottes, der gut ist, der das beste mit dir vorhat, aber nicht so, wie du meinst.

Es geht hier um die totale Verfügbarkeit, die der heilige Ignatius zur Grundvoraussetzung der »Geistlichen Übungen« erhebt: das Geheimnis Gottes akzeptieren. Er ist anders als wir und wird uns oft unversehens dorthin bringen, wohin wir nicht gehen möchten (»Geistliche Übungen«, Nr. 5). So hat Jesus dem Petrus gesagt: »Man wird dich führen, wohin du nicht willst« (Joh 21,18). Das heißt, sich ganz dem Geheimnis Gottes überlassen mit all den Überraschungen, vor die er uns jeden Augenblick und in jedem Lebensalter stellen kann.

FÜR MICH

»Der Herr wandte sich um und blickte Petrus an. Und Petrus erinnerte sich an das, was der Herr zu ihm gesagt hatte: Ehe der Hahn kräht, wirst du mich dreimal verleugnen. Und er ging hinaus und weinte bitterlich« (Lk 22,61 bis 62).

Fragen wir Petrus, was ihm in diesem Augenblick aufgegangen ist und weshalb der Blick Jesu ihm die Augen geöffnet und ihm die wahre Situation aufgedeckt hat. Er hat wohl gedacht: »Er stirbt für mich, für einen Wurm, für einen Feigling.« Nun ist die Situation völlig geklärt: »Ich wollte weiß wer sein, nun aber stirbt er für mich, für mich armseligen Menschen, der irregegangen ist, so daß ich nicht einmal mehr weiß, wer ich bin. Herr, du hast mich besiegt; du bist gütiger als ich. Ich glaubte es schaffen zu können, etwas für dich leisten zu können, doch du hast mich mit deiner Güte überwältigt.«

»Er stirbt für mich, für einen Menschen, dessen ich mich selbst schäme.« Petrus sind die Schuppen von den Augen gefallen; er sah, daß er sich immer geweigert hatte, sich wirklich lieben zu lassen.

Wie schwer ist es doch, sich wirklich lieben zu lassen! Wir möchten immer, daß wir nicht zu Dankbarkeit verpflichtet wären; Petrus aber lernt, daß er sich gänzlich als Schuldner fühlen muß. Gott kommt mir zuvor und rettet mich aus Liebe.

Nun versteht er, daß Jesus für ihn stirbt, und daß er diese Liebe, auch wenn sie unglaublich ist, annehmen muß.

»Herr Jesus, du ließest Petrus viele Prüfungen durchmachen, damit in ihm die Wahrheit des Evangeliums aufstrahle, die er anderen verkündigen sollte. Mach, daß wir uns in unseren Prüfungen von dir lieben lassen. Laß uns deine Güte erkennen. Laß uns von deinem Kreuz bezwungen werden, damit wir dich als den erkennen können, der du bist, nämlich Gott, der uns liebt.«

BLUT UND WASSER

»Einer der Soldaten stieß mit der Lanze in seine Seite, und sogleich floß Blut und Wasser heraus« (Joh 19,34). In diese Stelle hat der Evangelist Johannes den Höhepunkt der Offenbarung und der Passion Jesu gelegt. Beim Anblick von Blut und Wasser, die aus dem Herzen Jesu fließen, gehen ihm die Augen auf, und er begreift, daß er vor dem Osterlamm steht, dem wirklichen Pascha des Volkes, und damit vor dem Inbegriff der ganzen Liturgie und des Kultes Israels, der nun zur Vollendung gelangt war...

Natürlich sind auch das Wasser und das Blut ein Gleichnis, ein Rätsel und ein Sinnbild. Vor allem ein Sinnbild des Lebens und des Todes: Johannes schaut im Tod die Auferstehung. Wahrscheinlich sind Wasser und Blut die Zweiheit von *Gnade und Wahrheit*, von der im Prolog des Johannesevangeliums Rede ist, und sie sind das Sinnbild der messianischen Fülle: Gnade über Gnade, Gnade und Wahrheit heißen bei den Propheten die Gaben des Messias.

Das Blut ist die Liebe, die sich bis zum Tod verströmt, die sich ohne Gegengabe verschenkende Liebe. Das Wasser ist das Symbol der lichten, klaren Wahrheit.

Wasser und Blut sind die Gnaden, die Gott über den Menschen ausgießt, wenn er vom Tod zum Leben hinübergeht.

Die durchbohrte Seite offenbart uns alles, was Gott für den Menschen ist, bis zu welchem Punkt er ihn liebt, und wie der Mensch aufgrund dieser Liebe mit Gnade erfüllt wird, wie der Mensch in der Schau Christi die Herrlichkeit des Vaters aufleuchten sieht und mit ihm eins wird.

Man kann also sagen, daß Jesus in dem Augenblick, in dem sein Herz von der Lanze durchbohrt wird, in höchster Vollendung Gleichnis des Vaters und Ausdruck der Liebe des geheimnisvollen und verborgenen Gottes zum sündigen, leidenden, einsamen und dem Gericht verfallenden Menschen ist.

DIE GEWISSHEIT SEINER LIEBE

Gott übt durch uns in paradoxen Situationen seine Herrschaft aus, besonders in der paradoxesten von allen, im Tod. Im Ernstfall des Todes sind wir aufgerufen, Gottes Herrlichkeit zu künden, nicht durch Worte, die dafür nicht ausreichen, sondern durch das Ereignis selbst, das eingeht in den Augenblick, in dem Christus sich für uns dahingegeben hat...

Was heißt »Reich Gottes« oder »Reich des Vaters«? Es heißt, daß Gott die Mitte aller Dinge ist, und daß, was da ist, unter Gottes Herrschaft seine vollkommene Harmonie besitzt.

Das ist das »Reich Gottes«, das Jesus durch sein Kommen aufrichten wollte. Nach der Lehre, die das Johannesevangelium darlegt, wird diese Herrschaft Jesus genau in dem Augenblick übergeben, in dem er den höchsten Dienst der Liebe und der Wahrheit zu Ende führt. Da erfüllt sich denn auch Jesu Wort von der »Anziehung«. Jesus herrscht nicht durch Unterwerfung, das heißt, indem er seinen Einfluß durch Gewalt von oben von Mensch zu Mensch ausdehnt, sondern durch Anziehung.

Jesus läßt an seiner Person Gottes Liebe zur verlorenen und verlassenen Menscheit aufleuchten und kann so alle an sich ziehen, die dieses Zeichen zu verstehen vermögen, das heißt, die in der Lage sind, mit Hilfe des Kreuzes aus der eigenen Armut und Verlassenheit – einer Situation, die ganz der des Sohnes gleicht –, die Gewißheit zu gewinnen, von Gott geliebt zu sein.

DIE REDE VOM KREUZ

Was ist die *Rede vom Kreuz,* die der heilige Markus in seinem Evangelium wiedergibt (vgl. 27,27–33) und die Jesus für so wichtig hält, daß er an ihr nicht die geringsten Abstriche machen läßt, nicht einmal um Petrus, den er doch so sehr liebt, einen Gefallen zu erweisen?

Es ist die Rede, in der es um unser Glück, unsere Freude geht. Jesus will unser Glück, und Gott tut alles, damit wir glücklich sind. Die Rede vom Kreuz ist also nicht so aufzufassen, daß sie einfach die Abtötung, den Verzicht, den Mißerfolg als solchen, die Niederlage, das Scheitern als eine Mystik des Verlierens an die erste Stelle setzen würde, sondern sie geht von der Liebe Gottes zu uns aus, von der Tatsache, daß Gott für uns den Weg des Lebens will und uns mit seinen Gütern erfüllen möchte.

Doch der Weg des Lebens ist durch den Weg des Todes bedroht, durch den Weg der Sünde, des Brudermörders Kains, der Menschen des Turmbaus von Babel, durch den Weg, der den Menschen von Gott und vom Mitmenschen trennt. Der Weg des Todes führt zur Zerstörung der Gesellschaft, zum kollektiven Niedergang und Verfall des Menschen, wie uns das in den ersten Kapiteln des Buches Genesis geschildert wird.

Der Weg des Lebens ist der Weg Jesu im Gegensatz zu den Zerstörungswegen der Sünde, des Hungers, der Ungerechtigkeit, des gesellschaftlichen und politischen Niedergangs. Er wird zum Weg des Glaubens, der Umkehr, des Kreuzes. Man übergibt sich Jesus mit geschlossenen Augen und vertraut sich seinem Heilsplan an. Man glaubt, daß er deswegen gestorben ist, weil er den Menschen bis auf den Grund liebt und weil die Heilsliebe Gottes zu uns unumstößlich ist. Man vertraut sich Jesus an, der uns nahe bei sich haben will, uns befähigt, mit ihm des Weges zu ziehen, und uns ein wenig an seinem Kreuz teilhaben läßt, das in Wirklichkeit der Weg zum Leben ist.

DER WEG DES KREUZES

Der Weg des Kreuzes ist der Weg zum Leben Gottes, den Jesus uns durchlaufen läßt quer zu den Pfaden einer ungerechten, zerstückelten, gespaltenen Menschheit, zu den Wirrnissen einer dekadenten Kultur und einer korrupten Gesellschaft.

Inmitten dieser Gesellschaft ist der Weg des Kreuzes der Weg zum Heil. Er ist der Weg des Auszugs aus der Sklaverei von Ägypten; er ist der Weg Abrahams; der Weg des Volkes, das aus der Verbannung zurückkehrt.

Christus durch alles hindurch nachzufolgen, ist in den oft tragischen Umständen des täglichen Lebens der Weg zum Glücklichsein. Es ist der Weg, der sich vor keinen Mißerfolgen, Schwierigkeiten, Isolierungen, Einsamkeiten fürchtet, weil dabei das Herz des Menchen von der Fülle Christi erfüllt wird.

Es ist der Weg zum Frieden, zur Freude, zur heiteren Gelassenheit, zur Herrschaft über sich selbst. Der einzige Weg, der die Menschheit wieder zur Gerechtigkeit bringt.

Wenn wir ihn bewußt unter die Füße nehmen, sind wir imstande, wahre Christen zu werden, all die Lebensbotschaften zu vernehmen, die trotz der Dunkelheit der Welt in der Geschichte ertönen, um sie miteinander zu verschmelzen. So kommt es zu einem großen Strom des Friedens und der Gerechtigkeit, der die Gottesstadt erfreut.

Das ist also die für das christliche Leben grundlegende Rede. Sie baut das Gerüst des Daseins wieder auf und läßt uns unversehrt durch das Feuer und die Flammen der Verderbnis und der Verfolgung schreiten. Sie ist die einzigartige, wesentliche christliche Rede, und die Kirche hält sie unablässig in der Eucharistiefeier, die mit Ostern das Zentrum des Kirchenjahres darstellt.

DIE FREUDE DER ERLÖSUNG

Die Freude des Evangeliums, das der heilige Paulus als »eine Kraft Gottes für jeden, der glaubt« (Röm 1,16) bezeichnet, ist die Freude, zu wissen, daß Gott sich mir mitteilt: Daß du, mein Gott, mich trotz allem liebst, daß du diese Menschheit liebst, sie erlösest, daß du uns liebst, indem du uns deinen Sohn schenkst, daß du uns nicht im Stich läßt, daß du mir Vater bist und dich mir in einem ununterbrochenen Gnadenstrom mitteilst.

Die Freude des Evangeliums ist die Freude über die gute Nachricht, daß Gott uns verzweifelte, verlorene, verirrte Sünder liebt und uns in ein inniges Verhältnis mit ihm zurückführt. Und diese Freude des Evangeliums gipfelt geheimisvollerweise im Kreuz.

Nicht zufällig betrachten wir das Kreuz, denn die gute Nachricht, daß Gott sich mir in nie nachlassender, barmherziger Liebe mitteilt, gipfelt im Kreuz.

»Herr, laß uns verstehen, daß gerade im Kreuz, in der Niederlage, in der Erniedrigung deine Herrlichkeit gütiger Liebe zum Menschen, deine innerste Natur zutage tritt. Du bis ja der, der sich genzenlos hingibt, und deine Hingabe äußert sich nicht im Donner, im Sturm, im Ungewitter, im Sieg über die Feinde. Sie zeigt sich schon ein wenig in der Heilung von Krankheit, sie zeigt sich im Wein von Kana und darin, daß der Lahme wieder gehen kann. Vor allem leuchtet sie darin auf, daß du, Herr, alles bis aufs Letzte gegeben hast, daß du nichts mehr hast, was du nicht für mich hingegeben hättest.

Darin besteht deine Herrlichkeit, auch wenn es uns nicht gelingt, das in treffende Worte zu fassen.«

DAS ZENTRALE EREIGNIS

Wir meditieren den Durchzug durch das Rote Meer, über den das Buch Exodus 14,5 – 15,20 berichtet. Es ist ein grundlegender Text, der österliche Haupttext.

Wenn wir uns an die Worte halten, wäre eigentlich Exodus 12 der österliche Haupttext, die Beschreibung des Osterfestes: »Dieser Monat soll euch der Anfangsmonat sein; er sei euch der erste Monat des Jahres.« In der früheren Osterliturgie wurde dieser Text gelesen. In der heutigen Osterliturgie dagegen bildet Ex 14,16 – 15,1 das zentrale Element (es ist die dritte Lesung der Ostervigil, die nie ausgelassen werden darf), auf welches das Lied Ex 15,1–6 und 17–18 folgt, das der Ostertext ist.

Obwohl also Ostern sich eigentlich in erster Linie auf das Fest der ungesäuerten Brote beziehen müßte, von dessen Einsetzung Ex 12 handelt, hat die christliche Überlieferung Ostern bis über den Durchzug durch das Rote Meer ausgedehnt, ja dieser übernahm die Rolle der Typologie, in der der Rest aufgegangen ist. Die Väter haben den Durchzug durch das Rote Meer ausführlich als das christliche Ostern kommentiert, als die Taufe, als das Zeichen unserer Weihe an Christus usw.

Auch im »Exsultet« kommt dieses Ereignis vor – ich habe jetzt immer die Ostervigil vor mir, den Augenblick, von dem alles übrige im christlichen Leben abhängt. Im »Exsultet« heißt es: »Dies ist die Nacht, die unsere Väter, die Söhne Israels, aus Ägypten befreit und auf trockenem Pfad durch die Fluten des Roten Meeres geführt hat. Dies ist die Nacht, in der die leuchtende Säule das Dunkel der Sünde vertrieben hat. Dies ist die Nacht, die auf der ganzen Erde alle, die an Christus glauben, scheidet von den Lastern der Welt, dem Elend der Sünde entreißt, ins Reich der Gnade heimführt und einfügt in die heilige Kirche.«

ER IST WIRKLICH AUFERSTANDEN

»Der Herr ist wirklich auferstanden und ist dem Simon erschienen« (Lk 34,34). »Er ist wirklich auferstanden« will sagen, daß die Auferstehung Jesu all dem, was unser Leben als Christen und als Kirche ausmacht, Gestalt und Inhalt gibt. Es bedeutet, daß das ewige Leben, das uns erwartet, wirklich ist, daß die Seligpreisungen des Evangeliums wahr sind.

Weil Christus wirklich auferstanden ist, haben die Werte des christlichen Lebens ihren Sinn: das Kreuz, der Tod, die Aufrichtigkeit, die Armut und die Reinheit, unser Wachen und Beten, das Verzeihen und die Feuer der Eucharistie ...

Sind wir uns wirklich bewußt, daß Christus auferstanden ist?

Wenn wir es nicht wagen, auf Gottes Wort hin unser Leben einzusetzen, sind wir noch nicht ganz überzeugt, daß Christus auferstanden ist, daß wir wirklich Kinder Gottes sind. Dann dürfen wir beten: »Ich glaube, Herr, hilf meinem Unglauben!« (Mk 9,23). Herr, du weißt alles, du weißt, daß ich dich lieben und an dich glauben will; ich bitte dich, vermehre meinen Glauben!

Wer wirklich glaubt, daß Christus auferstanden ist, vertraut ihm sein Leben an ... Ein solcher Glaube kommt aus dem ganzen Leben; er wird geweckt von der Gnade des Heiligen Geistes, der uns hilft, mit Liebe jener Wahrheit anzuhangen, die das ganze Universum durchzieht und allem Sinn gibt: die Auferstehung. Der Heilige Geist läßt uns rufen: »Christus ist wirklich auferstanden!« Er läßt uns mit vollem Recht zu Gott »Vater« sagen. Er hilft uns, das Leben im Licht der Auferstehung zu verstehen.

Dieser Geist ist die kostbare Gabe des Auferstandenen. Wir empfangen ihn in der Taufe, in der Eucharistie und in der Firmung, wenn wir gläubig mit der ganzen Kirche bekennen: »Christus ist wirklich auferstanden!«

ICH BIN BEI EUCH

Die Auferstehung des Herrn annehmen heißt glauben, daß Christus nicht mehr, wie vorher, entschwinden, die Seinen verlassen kann. Die Kirche muß sich an die neue, herrliche geistliche Gegenwart Christi gewöhnen. Wie Maria von Nazaret und Maria von Betanien sollen wir als Kirche sagen: »Ja, Herr, wir vertrauen auf dich; wir sind heute wie morgen von dir getragen, also bangen wir nicht um die Zukunft. Der morgige Tag wird seine Mühsal haben, doch wir verspüren, Herr, schon die Gnade des Heute, die als Gnade des Auferstandenen, der nie wieder stirbt, Gewißheit für morgen ist.«

Die Worte »Fürchtet euch nicht!«, die Jesus zu den beiden Frauen am leeren Grab sagt (vgl. Mt 28,10), deute ich im Licht der vorausgehenden Bemerkung: »Sie umfaßten seine Füße« (Mt 28,9) wie folgt: »Fürchtet euch nicht, ich bin immer mit euch; sagt den Brüdern, sie sollen nach Galiläa gehen, dort werden sie mich sehen. Vollbringt also das Werk der Kirche, die Verkündigung an die Brüder; macht, daß diese Botschaft weitergetragen wird; ich werde mit euch sein, ihr werdet mich im entsprechenden Moment sehen. Ich werde immer mit euch sein und mich jeweils im richtigen Moment zeigen.«

»Wir danken dir, Herr, für das tägliche Brot deiner Gegenwart, das du uns in der Eucharistie und in allen Geschehnissen der Kirche reichst.

Herr, mach, daß wir in der Unklarheit unserer Erfahrungen den Finger und das Auge dahin zu richten wissen, wo du dich uns in deiner Wahrheit zu erkennen gibst. Wandle uns, Herr, in diese Wahrheit um und laß uns in Liebe, schlichter Freundschaft, Demut und Hingabe nach dir suchen.«

JEDEM GEGENWÄRTIG

Wer ist der auferstandene Jesus? Es ist jener Jesus, der sich kleingemacht hat bis zum Tod, der sich unscheinbar gemacht hat bis zum Ärgernis, bis er zum Verachteten der Verachteten geworden ist. Deshalb verleiht Gott ihm die Fähigkeit, für jeden gegenwärtig und für alle zugleich universale Gegenwart zu werden.

Das ist der Auferstandene. Er ist nicht die Rückkehr Jesu ins Allgemeine, sondern die Macht Jesu, im Geiste jedem einzelnen und allen gegenwärtig zu sein ... Wie der heilige Paulus sagt: »Er hat mich geliebt und sich für mich hingegeben.« Jesus ist jedem gegenwärtig, als gäbe es nur ihn allein. Die Liebe Gottes besitzt die Kraft, dem geliebten Menschen ihre Gegenwart so zu schenken, als sei er in diesem Augenblick der einzige.

Der auferstandene Christus ist die in unserem Herzen durch den Geist offenbarte Liebe Gottes, im Herzen des einzelnen und aller und jedes einzelnen von allen. Dieses »jeder einzelne« individualisiert Jesus nicht; Jesus gehört der Kirche, er schenkt sich der Kirche, er schenkt sich der Welt, den Engeln, dem Universum: Jesus ist für alle da. Aber er ist für alle da auf eine solche Weise, daß er für jeden da ist und dadurch jeden zu einem Teil des Ganzen macht.

Das ist die Kraft, die dem verkürzten, dem kleingewordenen Wort auf Grund seiner Auferstehung innewohnt. Wer das Ärgernis des kleingewordenen Wortes akzeptiert, wird teilhaben an der Herrlichkeit der Universalität des kosmischen Wortes, das alles umfaßt, alles zusammenfaßt, in dem alle Dinge ihre Ordnung, ihre Fülle finden, in dem alles wieder zusammengeführt und zum Ganzen gefügt wird.

JESUS BEI DEN SEINEN

Die Ausdrücke, mit denen der Evangelist Johannes uns der Gegenwart Jesu versichert, lauten: »Jesus kommt«, oder »Jesus ist zu den Seinen gekommen«, denn er will ja zeigen, daß Jesus im Laufe der Geschichte dauernd in der Kirche ankommt, wo immer sich wieder Gelegenheiten bieten, ihm zu begegnen und ihn aufzunehmen. Und für die erste Gelegenheit, ihn aufzunehmen, ist ausschlaggebend, daß die Jünger sich versammelt haben, wenn sie sich auch im Griff der Furcht befinden...

Der Herr offenbart sie durch die Gaben seiner geistlichen Gegenwart: Friede und Freude. Genau das sind die Zeichen der Gegenwart des auferstandenen Herrn unter den Seinen.

Jesus ist da im Frieden und in der Freude, die zu einer Sendung werden: zu einer einzigen Sendung seitens des Vaters an die Welt, zur Sendung Christi, die nun die all derer wird, die in ihm sind. In ihm erhält also die Sendung jedes einzelnen ihre Bestätigung und schöpft sie seinen Mut. Nicht wir sind es, die sich in den Kopf setzen, um jeden Preis gewisse Ziele zu erreichen oder den Menschen gewisse Dinge einzuschärfen. Es ist vielmehr ein Auftrag, den wir erhalten, in dem wir uns eins sehen mit dem Herrn und mit ihm sehnlichst wünschen, der Menschheit in Liebe zu helfen.

Und es ist ein Auftrag, den man im Geist ausführt. Jesus »hauchte« sie an (Joh 20,22), eine Symbolhandlung, die vielleicht Gottes schöpferisches Handeln an Adam in Erinnerung rufen will. Der Auftrag, den wir erhalten, macht uns in der Kraft des Geistes zu neuen und anderen Geschöpfen. Eben dieses, unser Anderssein erlaubt uns, einander und den anderen die Botschaft zu bringen, daß die Sünde, das heißt die Last, die auf dem Menschen liegt, ihre bedrückende Schwere verlieren und sich in Nichts auflösen kann, wenn man nur bereit ist, in den Herrn einzugehen und so seine Vergebung erfährt.

JESUS UND THOMAS

Wenden wir uns kurz der Szene zu: Jesus und Thomas (Joh 20,24–29). Einerseits zeigt sie uns den Menschen, der sich dem Geheimnis verschließt. Es ist nicht leicht, die Zeichen der Gegenwart Gottes in der Welt auszumachen. Einige sehen sie gleich; das mögen die affektiven Begabungen sein. Doch gelingt es auch den intuitiven sowie den schwerfälligen und verhärteten. Schließlich sind da auch die Zweifler, die zuletzt dorthin gelangen, aber auch noch ankommen können. Niemand wird ausgeschlossen, wenn es ihm nur ernst und er im Grunde guten Willens ist. Allen offenbart sich Jesus in seiner Liebe, jedem nach seiner Art.

Anderseits hebt unsere Szene die Güte Jesu hervor, der die dem Thomas gemäße Art sucht, die anders ist als die bei Magdalena, Johannes und Petrus angewandte. Alle haben sie die Möglichkeit, sich der Gegenwart des Herrn zu öffnen. Für alle gibt es eine Methode und eine Stunde, die der Herr kennt. Ganz gewiß will der Herr sich allen offenbaren, auch denen, die am unzugänglichsten zu sein scheinen und ihn meistens abweisen.

Thomas sieht Jesus wieder, als er sich mit den »Seinen«, den andern Aposteln, trifft: als er demütig darauf eingeht, bei den andern zu bleiben, auch wenn er sie eigentlich nicht so recht versteht. Es ist offensichtlich, daß der Text gerade dies unterstreichen will. Dann schließt der Bericht mit einer Seligpreisung, einer der beiden einzigen Seligpreisungen bei Johannes: die »Seligpreisung des Glaubens« – die hier vorliegt – und die »Seligpreisung des danach Handelns« – »Selig seid ihr, wenn ihr das wißt und danach handelt« (13,17). Glauben und danach handeln. Selig sind wir, wenn wir unsre Augen für die Zeichen der Gegenwart Gottes in unserem Leben aufmachen – so, wie sie ist, und nicht, wie wir sie erträumt oder gewünscht hätten –, und an die Macht der Auferstehung Jesu glauben, der unter uns zugegen ist.

WIRKLICHE, ABER VERHÜLLTE GEGENWART

Daß Jesus sich irgenwie verhüllt, bildet in den Berichten über das Geschehen nach der Auferstehung keine Ausnahme. Daraus geht hervor, daß es nicht ebenso leicht ist, Jesus zu erkennen, wenn er sich uns als Auferstandener zeigt, wie ihn zu erkennen, als er ein Mensch unter Menschen war und man ihn nur zu berühren brauchte. Nun ist ein längerer Weg, eine ganze Strecke zurückzulegen. Es braucht Geduld, um Jesus zu erkennen.

Dieses Erkennen hängt nicht allein von den Augen ab, es ist keine physische Sichtbarkeit, sondern eine innere, auf die der Mensch zugehen muß.

Hier liegt auch das große Problem der Gotteserkenntnis. Wenn viele sagen, es gebe keinen Gott, und Atheisten werden und wenn wir alle irgendwie versucht sind, in den Atheismus zu fallen, dann liegt eben der Grund darin, daß die Erkenntnis Gottes nicht das gleiche ist wie die Wahrnehmung einer Blume oder eines Buches. Um Gott zu erkennen, hat der Mensch einen Weg zurückzulegen, auf dem er zu seinem wahren Selbst aufsteigt, und bei diesem Aufstieg erkennt er Gottes Gegenwart. Zu diesem Weg braucht es eine Triebkraft, ein geordnetes Sichentfalten der Wünsche, was auch das Feld der Erziehung berührt. Es genügt nicht, etwas vorzutragen und zu dozieren; man muß dem jungen Menschen helfen, den Weg zurückzulegen, auf dem man wirklich dazu gelangt, Jesus auf der eigenen Ebene, im eigenen Leben, entsprechend der eigenen Bildung zu erkennen.

Die Gegenwart Jesu ist verhüllt, rätselhaft; real, aber doch so, daß sie zur Suche nach ihm antreibt. Jesus will zum Suchen antreiben, weil es für den Menschen grundlegend ist. Die Läuterung der Welt der Wünsche ist entscheidend wichtig, denn nur so finden wir unser wahres Selbst.

LEBEN ALS GEMEINSCHAFT

Der Text (Joh 21,1–3) sagt, daß Simon Petrus, Thomas, genannt Didymus, Natanaël aus Kana in Galiläa, die Zebedäussöhne (Jakobus und Johannes) und noch zwei weitere Jünger, insgesamt sieben, zusammen sind. Sogleich stellt sich eine Frage: Weshalb sind es nur sieben und nicht alle? Weshalb sind es nur sieben Jünger und nicht elf (sehen wir von Judas ab)?

Der Grund liegt darin, daß diese Gemeinschaft, die Jesus nach seiner Auferstehung wiederhergestellt hatte, Mühe hatte, als Gemeinschaft weiterzuschreiten. Auch in der vorhergehenden Episode, als Jesus am Abend des ersten Tages nach dem Sabbat gekommen war, fehlte einer von ihnen, Thomas. Diesmal ist Thomas dabei, doch fehlen andere. Wo zum Beispiel steckt Matthäus; wo sind andere, die wir als Jünger kennen?

Wir sehen, daß es gar nicht so leicht ist, die Gemeinschaft der Glaubenden wieder zusammenzubringen. Jesus geht in Geduld vor und nimmt diejenigen, die jeweils gerade da sind, einen nach dem anderen. Das große Werk Jesu ist es, uns zu einer Gemeinschaft, zu einer Kirche zu machen. Doch er weiß, daß das schwierig und mühsam ist, und nimmt uns deshalb so, wie wir sind.

Hier nimmt er diese sieben – auch wenn zu bedauern ist, daß es nicht alle sind – und beginnt mit dem Wenigen, das da ist.

Wir alle streben nach einem Leben als Gemeinde, in Gemeinschaft, als Gruppe; wir wollen in der Kirche Gemeinschaft sein und beklagen uns oft, daß uns dies nicht gelingt. Es kommt darauf an, *von dem auszugehen, was da ist,* und nicht zu bedauern, daß nicht alles da ist. Wenn die sieben den anderen den Prozeß gemacht hätten, wären sie stehen geblieben, und Jesus hätte sich ihnen nicht gezeigt.

VON DER AKTIVITÄT IN DIE PASSIVITÄT

In ein zweites Ostern werden wir hineingestellt, wenn die Zeit dafür gekommen ist: das Ostern, das Mose in den letzten Tagen seines Lebens erfahren hat, nämlich der Übergang von der Aktivität in die Passivität. Wir alle müssen ihn auf die eine oder andere Weise durchmachen.

Wir wollen handeln, wir sind zum Handeln geschaffen, unser Denken ist auf Handeln eingestellt. Doch es kommt eine Zeit, da wir überwiegend zum Gegenstand des Handelns anderer werden. Es kommt die Krankheit, das Ostern der Krankheit, die früher oder später für alle kommt, das Vorspiel zum endgültigen Ostern, dem Tod. Das sind die beiden Ostern, die uns noch bevorstehen, in denen wir aber zum Teil auch schon drinnen stehen.

Diesen Übergang von der Aktivität in die Passivität vollziehen wir täglich. Umsonst hält man die Zeiger der Uhr an, umsonst reißt man das Kalenderblatt nicht mehr ab: wir gehen auf die Passivität zu. Und wir wissen – die einen klarer, die anderen weniger klar –, wie demütigend, wie läuternd diese Passivitäten sind.

Krankheit heißt passiv, mehr passiv als aktiv sein, es heißt nicht dienen, sondern bedient werden. Und wir wollen doch dienen. Aber es kommt die Zeit, da einer sich bedienen lassen und sich darein fügen muß, daß man ihm dient. So wird es auch uns gehen. Ein sehr demütigender Prozeß, besonders für Menschen, die immer mitten in Plänen steckten, die ein aktives Leben geführt haben, bis sie dann auf einmal anderen zur Last fallen, lästig sein müssen. Dabei kann man wirkliche innere Tragödien erleben bei Menschen, die sich nicht damit abfinden können, für andere eine Last zu sein, weil sie ihr ganzes Leben lang heroische Selbsthingabe geübt haben. Gerade ihnen fällt es schwer, von dem Geschenk zu leben, das andere ihnen machen.

WAS SOLLEN WIR TUN?

Paradoxerweise könnten wir uns vielleicht fragen, was uns zusagt, was wir wünschen. Der Herr läßt uns das machen, was uns am meisten zusagt, wozu wir Lust haben. Natürlich ist es gut, sich eine starke, strenge Disziplin anzugewöhnen, an der wir an einem bestimmten Punkt auch Geschmack, Ruhe, Frieden finden. Im Grunde hat all das den Zweck, in uns das Leben des Auferstandenen zu entwickeln, das grundlegend ist, d.h. das »Ama et fac quod vis!« des heiligen Augustinus: »Wenn du liebst, dann tu, was du wünschest, was dir am Herzen liegt.«

Dies ist die Freiheit des Auferstandenen, die natürlich in dem Sinn zu verstehen ist, wie Paulus sie versteht. Wer den Auferstandenen erfahren hat, kann z.B. zum Wunsch gelangen, verborgen den Ärmsten zu dienen, das Kreuz mit dem Herrn zu teilen. Bitten wir den Herrn, dieses paradoxe Neue in unser Leben hineinzubringen:

»Wir danken dir, Herr, denn du erneuerst uns beständig mit deinem Geist. Mach, daß wir uns diesem Geheimnisvollen Wind öffnen, von dem wir nicht wissen, woher er kommt und wohin er geht, der sich also nicht in unsere physikalischen, psychologischen und pädagogischen Berechnungen einfangen läßt, sondern deine Kraft in uns ist...

Herr, laß uns angesichts der Neuheit deiner Auferstehung über die Unkorrigierbarkeit unserer Sünde hinwegkommen. Laß uns angesichts der Neuheit dieses gefundenen Schatzes unsere Ohnmacht vergessen, sie deiner Güte überlassen und dein bedingungsloses Vergebungsangebot dankbar annehmen. Du willst uns als neue Menschen, Herr, und wir vertrauen uns dir an, damit deine Wahrheit in uns triumphiere.«

DAS OSTERN DER AUFERSTEHUNG

»Wir leben«, sagt der Apostel Paulus (vgl. Röm 8,11), weil »der Geist (des Auferstandenen) schon in uns lebt«. Wir sind also schon vom Tod ins Leben übergegangen; das Leben lebt in uns, und das hat für unser ganzes sittliches, aszetisches und geistliches Leben, für unsere Anthropologie überaus wichtige Konsequenzen.

Die christliche Anthropologie ist die eines Menschen, der auferstanden ist. »Der Geist dessen, der Jesus von den Toten auferweckt hat, wohnt in uns«, sagt Paulus; und wenn es so ist, »so wird er, der Christus von den Toten auferweckt hat, auch eure sterblichen Leiber lebendig machen durch seinen in euch wohnenden Geist« (Röm 8,11).

Wir leben in dieser Auferstehung, die schon angefangen hat und das Pfand der Hoffnung ist auf das, was uns aufgrund dessen, was wir besitzen, erwartet.

Daher die Konsequenz, die Paulus zieht: «So sind wir also, Brüder, dem Fleisch nicht schuldig, daß wir nach dem Fleische leben«, das den Tod bringt, sondern »wenn ihr mit dem Geist die Werke des Fleisches tötet, werdet ihr leben«. Im Brief an die Galater sagt Paulus, nachdem er die Werke des Fleisches aufgezählt hat, die zum Tode führen, welches die Werke des Geistes sind, nämlich »Liebe, Freude, Friede, Langmut, Milde, Güte, Treue, Sanftmut, Enthaltsamkeit« (Gal 5,19–23). Das also ist das österliche Leben des Christen . . .

MAI

Vater, Sohn, Heiliger Geist

EIN NEUER ANFANG

Das Suchen nach Gott in uns selbst besteht in einem mühsamen, läuternden inneren Wachstum, und wenn es bei vielen Menschen dazu kommt, daß sie nicht mehr an Gott glauben, dann nicht deshalb, weil sie dazu weniger Gründe als wir hätten, sondern weil sie des Suchens nach ihm müde geworden sind. Sie haben den Beruf des Menschen aufgegeben, sich der Wahrheit zu stellen.

»Vater, zu Beginn dieses Tages treten wir vor dich hin.

Wir wissen, daß jeder Tag ein neuer Anfang ist, und dieser Neubeginn ist für die einen leicht, verheißungsvoll und begeisternd, für andere aber schwierig, voller Ängste und Schrecken. Wir denken daran, wie dieser Tag zum Beispiel in der Stadt Beirut beginnt, wie man ihn an Orten großer Armut und großen Elends anfängt; mit welcher Angst dort die Menschen dem kommenden Tag entgegenblicken.

Herr, wir vereinigen uns mit ihnen allen; wir bieten dir die Freude des Neubeginns an, den du uns schenkst; wir opfern dir auch die Mühe und Last auf, die wir bei diesem Beginn verspüren können.

Herr, laß mich erkennen, daß nichtige Sorgen mich durch den ganzen Tag hindurch verfolgen. Mache mich bereit für die Befreiung, die du mir anbietest, und laß mich zur Herzensfreiheit und Gelöstheit gelangen!

Dieser Tag sei in deinem heiligen Namen begonnen und werde in der Kraft des Geistes gelebt; er möge uns dein Wort in uns aufnehmen lassen.

Wir bitten dich darum durch Jesus Christus, dein lebendiges Wort, das in unsere Mitte gekommen ist und hier lebt, in der Kirche lebt, und zusammen mit Maria, der Mutter deines Sohnes, der mit dem Heiligen Geist und dir lebt und herrscht in alle Ewigkeit. Amen.«

DER LETZTE GRUND

Mein Dasein hat so, wie es ist – und damit die ganze Situation des Menschen –, einen Grund, ein Warum, einen Sinn. Dieser letzte Sinn liegt in Gott.

Worauf beruht dieser letzte Sinn alles Wirklichen, aller Dinge, meiner menschlichen Situation? Er beruht auf der Abhängigkeit von Gott, einer Abhängigkeit, die man mit dem heiligen Ignatius in Lob und in ehrfürchtiger Ergebung anerkennen muß. Wenn der Seinsgrund aller Dinge ein schöpferisches Wort Gottes ist, dann ist dieses Gespür für die totale Abhängigkeit von Gott die Grundhaltung, auf der man die anderen aufbauen kann und ohne die sich überhaupt nichts Geistliches aufbauen läßt.

Bei Gott liegt nicht nur der letzte Grund des Seins aller Dinge, sondern auch der ihres »Hier- und Jetzt-«Seins. Das heißt: Alle Daseinssituationen, alles, »was geworden ist« und noch wird, hat in Gottes verfügender Weisheit einen Sinn. Die ganze Welt hat diesen Sinn.

Dieser Gedanke reicht sehr weit und schafft Klarheit; denn von ihm her gesehen, ist keine menschliche Situation sinnlos, mag sie anscheinend auch noch so seltsam sein. Meine eigene menschliche Situation, die Situation der Menschheit und der Welt, die Situation der Kirche: alle haben sie in Gottes verfügender Weisheit ihren Sinn. Nur wenn man darauf vertraut, kann die Heranbildung des gereiften Christen beginnen.

Fehlt dieses Vertrauen, so beginnt man mit Abscheu und bleibt Opfer des Grauens, das uns beim Anblick des grenzenlosen Chaos erfaßt.

Bei Gott liegt somit der Grund aller Situationen des Seins, der Grund dafür, daß die Welt heute so ist.

GOTT DENKT AN MICH

Als David noch als Krieger in Sauls Diensten steht, merkt er eines Tages, daß der König ihn hintergeht und seine Wachen ihm nachstellen. Da flieht er in die Wüste Juda. Hier sucht er Zuflucht, er läuft um sein Leben, als auf einmal die Nacht hereinbricht.

Das ist der Augenblick, in dem er aufschaut und über sich den Himmel entdeckt und das Sternenwunder sieht. Da steigt in David der Gedanke auf: »Wie groß ist doch Gott, wie unermeßlich! Und wie klein ist doch eigentlich mein Geschick. Ja, ich habe mich wichtig gemacht, ich habe geglaubt, jemand zu sein, und nun liegt mein ganzes Glück in Scherben. Aber was bin ich angesichts der Unermeßlichkeit des Alls? Angesichts der Unendlichkeit Gottes? Angesichts dieser Juwelen ohne Zahl, die Gottes Hand ins Himmelsgewölbe verwoben hat?« (vgl. Ps 8)

Und als David sich in diese Betrachtung versenkt, wird er immer ruhiger, vergißt er seine Bedrängnis; er verliert sich in diesen Aufblick zu den Werken Gottes und denkt schließlich: »Aber Gottes Liebe gilt doch mir! Dieser ganze Sternenhimmel ist doch letztlich für mich, Gott denkt an mich, Gott kann mich nicht vergessen, Gott kommt zu mir.«

So merkt der Mensch angesichts der Unermeßlichkeit von Gottes Schöpfung, die ihn für einen Augenblick in Selbstvergessenheit geraten ließ auf einmal, daß ihm eine große Liebe gilt, daß er in diesem riesigen Universum Gegenstand einer ganz besonderen Vorliebe ist, und er spürt, daß sich in ihm die Heilsgeschichte verwirklicht, die Heilsgeschichte, die sich verwirklicht, weil Gott seiner Verheißungen eingedenk ist. Gott läßt nie jemanden im Stich, er sucht vielmehr einen jeden auf und erfüllt im rechten Augenblick sein Herz.

DAS EVANGELIUM GOTTES

»Jesus ging wieder nach Galiläa; er verkündete das Evangelium Gottes« (Mk 1,14). Von ihm erfahren wir, daß Gott der Gott des Evangeliums ist. »Das Reich Gottes ist nahe« (Mk 1,15); also ist Gott der Gott des Reiches. Der *Gott* des Evangeliums: das ist der Gott, der dir eine gute Nachricht bringt, die deine Lage ändern wird. Der Gott des Reiches: es ist der Gott, der sich anschickt, die Dinge auf geheimnisvolle Weise in Ordnung zu bringen.

Gott tritt mit einer umwälzenden Botschaft in unser Leben ein, mit einer Botschaft voller Freude; er kommt, um unser Leben wieder in Ordnung zu bringen.

Eine andere geheimnisvolle, sehr indirekte Andeutung findet sich etwas weiter vorn (Mk 1,35): »In aller Frühe ging Jesus an einen einsamen Ort, um zu beten.« Hier erscheint Gott als derjenige, zu dem Jesus betet. Jesus Christus steht mit Gott in einem geheimnisvollen Einvernehmen; und wir befinden uns, auch ohne viel mehr über Gott zu wissen, ganz in einer Atmosphäre der Erwartung, der Scheu, der Ehrfurcht und der Spannung dem Geheimnis Gottes gegenüber, das sich uns in Christus offenbaren will...

Die heidnische Mentalität erfährt eine völlige Umkehr. Für sie stand Gott dem Menschen gleichsam zur Verfügung, konnte der Mensch die Hand auf ihn legen und ihn sich gewogen machen, indem er von ihm erbat und erhielt, was er wollte. Es war ein Gott, den der Mensch manipulieren konnte.

Jetzt hingegen ist der Mensch in eine Haltung völliger Passivität versetzt, in einen Zustand der Erwartung, des Hinhörens, der Ehrfurcht und der Scheu. Gott ist es, der sich zu handeln anschickt, der sein Reich zu verwirklichen beginnt.

HINGABE

Hingabe bedeutet, Gott spontan und frohen Herzens zu dienen. Somit geht es um eine sehr wichtige Komponente des geistlichen Lebens.

Wir alle kennen Menschen, die ihre Berufung – jedenfalls was den äußeren Anschein betrifft – mit Verdruß und ohne rechte Freude zu leben scheinen. Der Geist Gottes aber möchte uns zu frohen und großherzigen Menschen machen.

Hingabe heißt in hohem Maße, das Opfer eines jeden Tages und die Enttäuschungen des Alltags (auch im Blick auf unseren christlichen Einsatz!) zu bejahen; zuzulassen, daß sogar beim Beten innerlich keine rechte Hochstimmung aufkommen will. All dies kommt auch von Gott, ist von Gott zugelassen. Man kann Gott gehorchen, ohne es mit rechter Hingabe zu tun. Das heißt dann, es fehlt die »Leuchte«, das Licht. »O Gott, du bist meine Leuchte« (vgl. 2. Sam 22,29); Hingabe heißt, daß Gott mein Leben hell macht.

Oft sind wir der Ansicht, es komme nur darauf an, alles möglichst richtig und gut zu tun. Dies sei schon alles. In Wirklichkeit aber kann man gar nicht gut handeln, wenn es nicht froh und von Herzen geschieht...

In die Hingabe müssen wir uns einüben. Sie wächst nur durch unser Mittun. Von selber kommen Müdigkeit, Anspannung, Enttäuschung. Vielleicht heißt Hingabe schlicht, komplizierte Probleme ganz einfach zu sehen.

Um nun zur rechten Weise der Hingabe zu kommen, müssen wir viel beten, gesammelt das Wort Gottes hören und es meditieren. Aus unserem Gebet, das aus der Lesung der Heiligen Schrift erwächst, schafft der Geist Gottes in uns sein Leben. Im Gebet verharren bedeutet, die Gewißheit nicht aufzugeben, daß der Heilige Geist unser geistliches Leben, das oft so ausgetrocknet ist, immer wieder neu schaffen will.

DIE GRUNDBOTSCHAFT

Gott bietet mir, dem Sünder, in Christus das Heil als Geschenk an: Gott rettet mich, den Sünder, in Christus. Das ist, kurzgefaßt, die erste Stufe, das Grundevangelium, das schon alles Wesentliche enthält. Es genügt also nicht, zu sagen, daß Gott gut, daß Jesus auferstanden ist, wenn man damit nicht sagen will, daß Gottes Güte mir, dem Sünder, in Christi Tod und Auferstehung das Heil anbietet.

Zum Evangelium gehört auch die Erkenntnis meiner Sünde, meiner Unfähigkeit, mich selbst zu erlösen, und meiner Erlösungsbedürftigkeit, der Gott aus reiner Gnade und Barmherzigkeit durch Tod und Auferstehung Jesu entgegenkommt. Das zu erklären, ist dann Sache der Unterweisung; das Kerygama ist jedoch die Botschaft: »Im Gekreuzigten besteht dein Heil.« Hierauf beruft sich zum Beispiel auch der Zöllner im Tempel: »Gott, sei mir Sünder gnädig!« Das setzt voraus, daß man um Gott,um den Geschenkcharakter seiner Barmherzigkeit und um die Erlösungsbedürftigkeit des Menschen weiß.

Wenn wir in diesen Erkenntnishorizont das barmherzige Handeln Gottes einbringen, das in der Liebe Christi den Menschen wieder heil macht, haben wir die Grundform des Kerygmas vor uns, auf die man alle anderen Aussagen zurückführen muß.

Sehr bekannt ist auch der Ausdruck, den dieses Evangelium in einer Übung des ostkirchlichen Mönchtums findet: es ist das Stoßgebet, das dem »Jesusgebet« zugrunde liegt: »Herr Jesus Christus, Sohn des lebendigen Gottes, sei mir Sünder gnädig.« Es ist eine Kurzformel des Kerygmas, die voraussetzt, daß man sie angesichts des Kreuzes und der Auferstehung Christi spricht.

Praktisch ist diese erste Grundform des Kerygmas die Formel: Der barmherzige Gott nimmt mich Sünder im Blute Christi auf und befreit mich von meiner Sünde.

EINER IST DER MITTLER

Die einzige Mittlerschaft Christi anzunehmen ist etwas, was den Christen, die Juden waren, religiösen, guten, sehr eifrigen Leuten, zu schaffen machte. Sie verlangten nach vielfältigen sichtbaren Vermittlungen oder imagninären Mittlerschaften, von denen sie sich das Universum so voll dachten, daß der Gläubige nicht allein vor Gott steht und daß er vom direkten Kontakt mit Jesus, mit der Kraft seiner persönlichen Liebe abgehalten wird.

Das Wuchern der pseudoreligiösen oder mystischen Phantasie kann auch dem heutigen Menschen zu schaffen machen. Die Furcht vor dem schlichten Kontakt mit Christus, mit der Liebe, die mir alles abverlangen kann, läßt stets das Bedürfnis entstehen, sich mit Zwischensystemen abzusichern, über die der Mensch frei verfügen kann.

– Übertreibungen in aszetischer Richtung machen den Eindruck großer Strenge, handgreiflicher Heiligkeit. Paulus prangert es wiederholt als falsch an, die Religiosität auf die Verneinung des Leiblichen zu gründen im Bestreben, den Endzustand der Auferstehung schon vorwegzunehmen, indem man bereits auf dieser Erde vergeistigt werden will.

– Sämtliche Formen des Endzeitdenkens entstehen aus dem Vorhaben, die Pläne Gottes unseren Plänen entsprechend zurechtzubiegen. Wir können hier an die vielen Sekten denken, die heute überhandnehmen und ankündigen, das Ende der Welt stehe unmittelbar bevor. Die Zeugen Jehovahs sind z.B. eine dieser Formen.

Die Zeiten Christi und des Vaters werden nicht respektiert. Das ist eine Versuchung, die schon die Apostel befällt und die harte Antwort Jesu hervorruft: »Euch steht es nicht zu, Zeiten und Fristen zu erfahren, die der Vater in seiner Macht festgesetzt hat« (Apg 1,7).

DER WEG, DIE WAHRHEIT UND DAS LEBEN

»Wenn ich gegangen bin und einen Platz für euch vorbereitet habe, komme ich wieder und werde euch zu mir holen, damit auch ihr dort seid, wo ich bin. Und wohin ich gehe – den Weg dorthin kennt ihr. Thomas sagte zu ihm: Herr, wir wissen nicht, wohin du gehst. Wie sollen wir dann den Weg kennen? Jesus sagte zu ihm: *Ich bin der Weg und die Wahrheit und das Leben*; niemand kommt zum Vater außer durch mich« (Joh 14,3–6).

Diese Einstellung des Thomas gibt einen Einblick in die ganze Mühe, die man aufwenden muß, um zu der christologischen Synthese zu gelangen, zu der Johannes uns einlädt.

Wir verzetteln uns immer noch in Übungen und Methoden, wollen immer wieder wissen, was zu tun sei, welchen Weg wir einschlagen, welches Buch wir lesen sollen, usw. Jesus hingegen sagt: »Ich bin der Weg und die Wahrheit und das Leben.«

Gewiß geht es hier nicht darum, auf alle Übungen, Bücher und Methoden einfach zu verzichten. An einem bestimmten Punkt aber muß sich alles in der Person Jesu, der uns entgegenkommt, kristallisieren zu einer kontemplativen und einenden Schau: Sie allein vermag den Übungen, Methoden, Büchern, Situationen, Exerzitien, Formen der Erneuerung usw. ihren Wert zu geben.

Andernfalls wären wir ständig auf der Suche nach neuen Formen und neuen Methoden zur Erneuerung der Gemeinden, zur Erneuerung der Kirche und unser selbst, vergäßen dabei jedoch, daß Jesus »der Weg und die Wahrheit und das Leben« ist, d.h. der einzige Quell der Erneuerung, der sich unserem Zugriff entzieht, aber dessen Wirkweise wir uns öffnen müssen. Kurz, wir würden tausenderlei Nebensächliches treiben und das Wesentliche aus dem Blick verlieren.

JESUS IST DER HERR!

Das Wort »Jesus ist der Herr!« (Röm 10,9) ist der Inbegriff all dessen, was der Mensch anerkennen muß, um das Heil zu erlangen; es ist Heilswort, denn es ist die Verkündigung des zentralen Mysteriums des Christentums, des zentralen Mysteriums der Selbstoffenbarung Gottes an den Menschen.

»Es ist der Herr!« bedeutet: Der, der in unserer Mitte gelebt und Güte, Gerechtigkeit, Wahrheit verkündet hat, der, den wir ungerechterweise ums Leben gebracht haben, indem wir die Liebe zurückwiesen, ist der Sohn Gottes und kommt, um uns seine Vergebung anzubieten, um uns zu sagen, daß er uns liebt, daß unser Leben wichtig ist, daß er einen liebenden Plan für uns hat.

Der Herr ist derjenige, dem dein Leben gehört und dein Leben ins Hunderfache steigern möchte, der, der einen Plan mit dir hat, der dich zur vollen Selbstentfaltung führt, derjenige, der unsere ganzen tiefsten Wünsche klärt, entwirrt, ordnet, läutert und stillt.

Er ist der Herr des Lebens, der Geschichte, meines persönlichen Schicksals; er ist der Herr meiner Familie, der Schule, der Gesellschaft; er ist der, in dem alles seinen Sinn findet, der, der jedem einzelnen ein Projekt, eine Aussicht zu verschaffen vermag. Ohne ihn wissen wir nicht, wohin wir gehen, sind unsere Wege ungewiß, unsere Leistungen kurzlebig und trügerisch.

In ihm erhält unsere tiefste, unendliche Sehnsucht den Anhaltspunkt, den Zielpunkt, denn sie richtet sich dann auf eine Person, die sich maßlos lieben läßt. Denn Jesus enttäuscht uns nicht, frustriert uns nicht, sondern bereichert uns und lehrt uns lieben.

Ohne diese tiefe Einsicht bleiben alle unsere Taten ein wenig lahm, ein wenig schlaff. Haben wir aber begriffen: »Es ist der Herr!« (Joh 21,7), der Herr meines Lebens, der, den ich liebe, mein Freund, mein Alles, dann kommt alles Übrige in Ordnung, und der Friede kehrt in mich ein.

DIE GEWISSHEIT

Es gibt nichts Sinnloses mehr, alles hat seine Bedeutung für den, der den rechten Beobachtungspunkt eingenommen hat, der, so könnten wir sagen, Gottes eigenes Herz, das Herz Christi, ist; von daher gesehen zeigt sich die ganze Wirklichkeit mit ihrem rechten Gesicht, so daß man sich engagiert mit ihr identifizieren kann; denn wir wissen genau, daß uns nichts mangeln kann, wenn wir im Herzen Christi sind, wenn wir uns auf dem Weg über die Eucharistie den Kern jeglichen Erlebens der Gemeinschaft und jeglichen Erlebens der Geschichte zu eigen gemacht haben ...

Wir sind in Christus, in Christus wird uns Gottes Geheimnis kundgetan; und im Geheimnis Gottes hat alles, das Leben, der Tod, alles, was uns betrifft, alles, was in unserem Leben gelingt, und alles, was nicht gelingt, seine Bedeutung, und alles hat seine Erfüllung in Christus, weil wir immer bei ihm sind.

Wir können uns fragen: Empfinde ich in den Bewährungsproben meines Lebens so recht, daß Christus bei mir ist, daß er mich nicht im Stich läßt? Bin ich heute und jetzt bereit, mir das Wort zu eigen zu machen: »Christus ist immer bei mir; nichts kann mich von ihm scheiden; weder Tod noch Leben«, wie der Apostel Paulus sagt (vgl. Röm 8,38f.), »weder Mächte noch Gewalten können mich scheiden von der Liebe Gottes, die in Christus Jesus ist, unserem Herrn«? ...

Schließlich wollen wir uns fragen: Wie äußert sich diese Gewißheit in meinem Alltag? Sind meine Worte und meine Taten nur der Ausdruck meines Selbstvertrauens, des Vertrauens auf mein Können, auf das, was mein Recht, meine Macht und meine Rücksichtslosigkeit vermögen, oder sind sie Ausdruck der Gewißheit, daß Gott mit mir ist, daß Gott mit seiner Kirche und mit denen ist, die sich ihm anvertrauen?

DAS ALTE UND DAS NEUE

Glauben wir wirklich, daß Jesus auferstanden ist; glauben wir wirklich, daß es in unserem Leben und für unser Leben etwas »Neues« gibt? . . . »Was sucht ihr den Lebenden bei den Toten?« (Lk 24,5) – ist es das alte oder das neue Suchen nach Jesus, das Suchen nach dem von den Menschen Gekreuzigten oder das Suchen nach dem Auferstandenen? . . .

Immer noch auf die alte Weise nach Jesus suchen heißt, beständig und immer wieder in christlichem Moralismus nach Jesus suchen – ein Suchen, das nach dem alten Wein schmeckt und uns deshalb zusagt . . .

Ich sage nicht, dies sei ganz und gar falsch. Natürlich will niemand uns der Verpflichtung entheben, die das Matthäusevangelium in seinem Bestehen auf guten Werken, auf Barmherzigkeit, auf Bekehrung uns auferlegt, doch ich erblicke darin den Reflex eines moralistischen Suchens nach Gott.

Im Grunde interessiert uns mehr der Gekreuzigte als Bekundung der Macht Gottes, die uns in Ekstase versetzt und die uns selbst und alles vergessen läßt; der Gekreuzigte als Ansporn zu unserer Anstrengung, als Vorbild zur Ermutigung, unsere eigenen Kreuze zu tragen, Opfer zu bringen; der Gekreuzigte als der, der sich mit unserem Bemühen, unserer sittlichen Anstrengung verbündet und sie unterstützt.

Sehen wir jedoch, welche »Häresie«, welche Gotteslästerung in dieser Denk- und Sprechweise steckt: »Zuerst kommt meine sittliche Anstrengung und dann erst der Gekreuzigte, der mir vorwärtshilft. Ich stütze mich auf ihn, um vor Gott etwas Gutes leisten zu können.« Wenn wir reiflich überlegen, finden wir in uns oft diese Geisteshaltung verwurzelt. Wer das Evangelium erfaßt hat, wer sich durch den Tod und die Auferstehung des Herrn wirklich bekehren ließ, spricht anders.

GOTT MIT UNS

Das ganze Matthäusevangelium erzählt, wie Jesus der Gott-mit-uns gewesen ist: durch welche Selbstoffenbarung, auf welchem weiteren Weg über den Tod und die Auferstehung Jesus zum Gott-mit-uns geworden ist. Somit lehrt Matthäus uns auch erfassen, auf welchem Weg wir Gott in Jesus bei uns wissen, denn dieses Wissen wird uns nicht ohne weiteres geschenkt, sondern ist eine Erfahrung, die zu machen auch wir berufen sind, indem wir Jesus nacherleben, die Augen öffnen und in unserem Kirchesein ihn als Gott-mit-uns erfassen.

Ich wollte das Gewicht dieser Worte nachempfinden lassen, damit wir die ganze Spannung verspüren, die das gesamte Matthäusevangelium durchzieht von der ersten geheimnisvollen Verheißung »Man wird ihm den Namen Immanuel geben« an bis zum offenbarenden Wort Jesu: »Ich bin bei euch.«

Jesus ist mit der Kirche, die sein Werk weiterführt, die sich bewegt, die voranschreitet, die das, was sie in der Jüngerschaft Jesu erfährt, mitteilt.

Jesus ist mit uns jedesmal dann, wenn wir uns vom Evangelium bewegen lassen, wenn unser Leben das Evangelium ausstrahlt. Jesus ist mit uns, mit seiner Kirche, wenn wir in die Macht des Vaters, des Sohnes und des Geistes eintauchen. Also ist Jesus mit der Kirche, wenn sie den Menschen der Macht Gottes unterstellt, ihn in die sich entfesselnde Macht des Vaters taucht, der zu unserem Vater wird, des Sohnes, der uns sein Leben gibt und uns den Weg zu seiner Nachfolge zeigt, und des Geistes, der uns zu wahren Jüngern macht.

Jesus ist mit uns, mit der Kirche, wenn wir ihn in unserem Leben fortsetzen und als Salz der Erde unsere Umgebung erfahren lassen, was es heißt, Jesu Jünger zu sein. Jesus ist mit uns, wenn wir nach dem Evangelium leben; er ist mit uns in unserem Bemühen, es ins Leben umzusetzen. Also ist es eine tätige, anspornende Gegenwart.

KOMMT UND SEHT!

Das ist der große Wunsch Moses und der Psalmen: Gottes Antlitz zu schauen. Und Jesus antwortet: »Wer mich gesehen hat, hat den Vater gesehen« (Joh 14,9); Jesus ist Gegenwart des einzigen und uns unzugänglichen Gottes, nämlich Gott, der sichtbar geworden ist und sich uns zur Verfügung gestellt hat. Doch klingen diese Worte sehr banal, wenn man nicht durch das läuternde Feuer der vollkommenen Sehnsucht nach Gott gegangen ist: sie bleiben etwas, dessen tiefere Bedeutung man nicht erkennt. Und eben deshalb spricht einzig Johannes unter den Evangelisten vom Wort, das Fleisch geworden ist; die andern reden viel schlichter vom Menschen Jesus, der sich als Gottes Sohn erweist.

Was ist die Konsequenz dieses Wortes Jesu: »Wer mich gesehen hat, hat den Vater gesehen«? Sie besteht darin, daß Johannes sagen kann: »Wir haben seine Herrlichkeit gesehen, die Herrlichkeit des einzigen Sohnes vom Vater« (Joh 1,14). Wie immer also Jesus sich gibt, immer ist es eine Offenbarung des Vaters.

Somit können wir das ganze Leben Jesu betrachten und darin das Geheimnis des Gottes unter uns, des offenbar gewordenen Gottes anbeten... Jesus, der den Jüngern auf ihre Frage: »Wo wohnst du?« brüderlich antwortet: »Kommt und seht!«, ist der Ewige, er, den wir aus tiefstem Herzen ersehnen. Jesus, der die Situationen des Menschenlebens verwandelt – die Verlegenheit in Kana wie die völlige Hilflosigkeit des Gelähmten –, ist Gott, ist der Ewige, der Transzendente, der ein Herz für unser Elend hat und uns großzügig mit seiner Macht beschenkt. Jesus, der das Dunkel des Blindgeborenen aufreißt, ist Gott, der in seiner Güte unseren Weg erleuchtet. Mit einem Wort: Jesus ist der »Gott unter uns«, und in seinem Antlitz schauen wir die Liebenswürdigkeit Gottes selbst.

DAS VORBILD

Wir wollen unseren Blick beständig auf den auferstandenen Herrn ausrichten, und zwar als einzelne wie auch als Kirche. Dies ist das Entscheidende bei unserem Beten, bei unserem Dienst am Glauben und bei der Wahrnehmung sonstiger Aufgaben zum Wohle des Nächsten.

Nur der Blick auf Jesus bringt uns mit dem Endpunkt der Geschichte zusammen, in dem alle tiefen Bestrebungen der Menschen zusammenlaufen. Nur von Jesus her können wir verstehen, woher ein geschichtliches Ideal seine innere Struktur hat und wo der Stellenwert einer Berufung innerhalb des großen kosmischen Heilsplanes ist.

»Wir danken dir, Gott unser Vater, weil du deinen Sohn Jesus Christus für uns auferweckt hast. So hast du dieser Welt das neue Leben eingestiftet, das Raum gewinnt, während wir auf seine Wiederkunft warten.

Hilf uns, daß wir das Antlitz des Auferstandenen in und an deiner Kirche wahrnehmen können. Mache uns bereit für das Wirken deines Heiligen Geistes. Möge er bauen am Leib deines Sohnes, um dir ihn am Ende der Zeiten vorzustellen. Dann wirst du alles in allem sein!

Vater, in Jesus Christus hast du uns ein Ideal gegeben, das endgültigen und bleibenden Charakter hat. Jesus vermag in diesem Moment menschliches Leben hell zu machen. Er als Ideal kommt den tiefsten Wünschen und Bedürfnissen der Menschheit entgegen. Er steht in Beziehung zu den wirklichen Leiden von Frauen und Männern in unserer Zeit.

Wir bitten dich: Laß uns mit der Hilfe Christi selbst immer wieder auf ihn als Ideal schauen, damit wir noch mehr deinem Heilsplan dienen.«

AUF CHRISTUS SCHAUEN

Ich erinnere mich an einen schönen Text, der von den Wüstenvätern berichtet wird. Die Wüstenväter lebten im zweiten und dritten Jahrhundert in den Wüsten Ägyptens. Es waren Christen, die, damit nach den Märtyrern ein heldenhaftes Christsein weiterbestehe, als Mönche zu leben begannen. Im Urchristentum gipfelte ja das christliche Leben im Martyrium. Nach der Zeit der Verfolgungen entwickelte sich im Christentum das Mönchstum, das die Radikalität des Zeugnisses der Märtyrer weiterführen wollte. Diese Mönche hatten den Mut zu verkünden, daß es noch eine andere Lebensform gebe als das oberflächliche Dasein, das man in den großen Städten wie Alexandrien führte.

Ein junger Mönch kam eines Tages zu einem bejahrten, erfahrenen Mönch und sagte zu ihm: »Mein Vater, erkläre mir, warum so viele kommen, um als Mönch zu leben, und nur wenige ausharren, viele aber wieder aufgeben.«

Der Mönch antwortete: »Schau, das ist so, wie wenn ein Hund einen Hasen erblickt hat. Er jagt ihm nach und bellt laut. Andere Hunde hören den Hund bellen, der dem Hasen nachspringt, und auch sie beginnen zu rennen. Es sind so viele, daß sie miteinander laufen und bellen, aber ein einziger hat den Hasen erblickt, ein einziger verfolgt ihn mit den Augen. Und alle, die den Hasen nicht selber gesehen haben, und bloß rennen, weil einer ihn erspäht hat, werden einer nach dem anderen müde und geben erschöpft auf. Wer hingegen das Ziel persönlich in die Augen gefaßt hat, hält bis zum Ende durch und packt den Hasen.«

Und der Mönch sagte: »Schau, so ist das auch bei den Mönchen. Nur die, die ihre Augen fest auf die Person Jesu Christi, unseres gekreuzigten Herrn, gerichtet halten, gelangen ans Ziel.«

NACHFOLGE

Jesu Unterweisung an seine Jünger läßt sich in dem Satz zusammenfassen: Wer die persönliche Berufung in meine Nachfolge, in meine ständige Begleitung, angenommen hat, muß mich nehmen, wie ich bin.

Wie wird Jesu wahres Wesen und Handeln geschildert? Er macht klar, daß auch die andern sein müssen, wie und wo er ist. So sagt er, zum Beispiel:

Ich bin nicht gekommen, um mir dienen zu lassen, sondern um zu dienen; wer von euch also sein will wie ich, soll der Sklave aller sein (vgl. Mk 10,43–45).

Ich habe alles verlassen: der Menschensohn hat nichts, wohin er sein Haupt legen kann; also kann ich von euch verlangen, daß ihr Vater, Mutter, Äcker, Kinder und alles verlaßt (vgl. Mt 8,20; Mk 10,29).

Ich bin zu euch gekommen wie jemand, der nichts besitzt; also kann ich von euch verlangen, die Güter aufzugeben, die sich mit dem Himmelreich nicht vertragen (vgl. Mt 6,19 f.; Mk 10,21).

Ich trinke zuerst den Kelch des Leidens; also kann ich verlangen, daß ihr meinen Kelch trinkt (vgl. Mk 10,38).

Ich nehme Widerspruch hin, und daß der größere Teil meines Volkes mich verwirft; ich kann verlangen, daß auch ihr Widerspruch und Protest von gleich welcher Seite hinnehmt, weil der Menschensohn zuerst verworfen worden ist (vgl. Mk 13,13; Jo 15,20).

Mit andern Worten, Jesus fordert in den angeführten Texten dazu auf, sich mutig für ein Leben zu entscheiden, das dem seinen gleicht.

Wir müssen im Herzen zu dieser Entscheidung stehen, denn die äußeren Umstände hängen nicht von uns ab. Wohl kommt es für uns darauf an, daß wir uns im Herzen für ein Leben entscheiden, das seinem Leben unter den Menschen möglichst nahekommt.

LIEBE UND ERBARMEN

»Am Abend brachte man viele Besessene zu ihm. Er trieb mit seinem Wort die Geister aus und heilte alle Kranken. Dadurch sollte sich erfüllen, was durch den Propheten Jesaja gesagt worden ist: Er hat unsere Leiden auf sich genommen und unsere Krankheiten getragen« (Mt 8,16 f.). – Die Bedeutung der Wunder erschöpft sich nicht in der physischen Heilung: sie sind Zeichen der *Liebe* und des *Erbarmens* Jesu. Wir könnten sagen, sie seien »Gleichnisse« für seine Güte.

Jesus selbst – das ist der Glaubenssprung, den man nun tun muß – ist Zeichen, Gleichnis für die erbarmende Liebe Gottes zum verlorenen, kranken, schwachen und leidenden Menschen. Allmählich kommen wir dahin, Jesus als Gleichnis für die Barmherzigkeit des Vaters zu betrachten: er begnügt sich nicht damit, das Gleichnis vom barmherzigen Vater zu erzählen, sondern er bringt es in seinem ganzen Leben zum Ausdruck, stellt es symbolisch dar und verwirklicht es im Sinnbild.

Die Synoptiker liefern uns hier und da ein Stichwort zur Unterstützung unserer These, während der Evangelist Johannes sie absolut eindeutig zum Ausdruck bringt: »Philippus sagte zu ihm: Herr, zeig uns den Vater; das genügt uns. Jesus antwortete ihm: Schon so lange bin ich bei euch, und du hast mich nicht erkannt, Philippus? Wer mich gesehen hat, hat den Vater gesehen. Wie kannst du sagen: Zeig uns den Vater? Glaubst du nicht, daß ich im Vater bin und daß der Vater in mir ist? Die Worte, die ich zu euch sage, habe ich nicht aus mir selbst. Der Vater, der in mir bleibt, vollbringt seine Werke. Glaubt mir doch, daß ich im Vater bin und daß der Vater in mir ist; wenn nicht, glaubt wenigstens aufgrund der Werke!« (Joh 14,8–11)

»Schon so lange bin ich bei euch«, besagt: mich habt ihr handeln, reden, Kranke heilen und predigen sehen, und ihr hättet verstehen müssen, daß ich Zeichen, Gegenwart der Barmherzigkeit des Vaters bin!

FEINGEFÜHL

»Jesus sagte zu ihnen: ›Meine Kinder, habt ihr nicht etwas zu essen?‹ Sie antworteten ihm: ›Nein‹. Er aber sagte zu ihnen: ›Werft das Netz auf der rechten Seite des Bootes aus, und ihr werdet etwas fangen‹« (Joh 21,5 f.). Es sind nur ganz wenige, doch sehr bedeutsame Worte.

Die Anrede »meine Kinder«, mit der Jesus beginnt, findet sich im Evangelium sonst in dieser Form nicht. Es ist eine herzliche, väterliche Anrede, welche die ein wenig vergrämten Herzen sich etwas öffnen läßt.

Die Frage: »Habt ihr nicht etwas zu essen?« ist ein Meisterwerk an Feinheit. Jesus tadelt die Apostel nicht. Er hätte sie demütigen, foppen oder auch schelten können, weil sie sich in ihrer Berufung geirrt hatten. Doch er tut nichts von all dem und stellt die Frage wie eine Bitte: »Ich hätte von euch etwas nötig.«

Jesus macht ihnen die Vergeblichkeit ihrer Arbeit mit äußerstem Feingefühl bewußt und stellt sich dabei ein wenig auf ihre Seite.

Dasselbe tut Jesus auch mit unseren Wünschen, nicht mit solchen, die schon an und für sich zu verurteilen, die offensichtlich verwerflich sind, sondern mit dieser ganzen Menge von teils guten, teils halb guten, halb schlechten Wünschen, die sich in uns regen und das Leben, die Arbeit, die Wohnung, das Studium, den Erfolg, die Beziehungen, die Freundschaften, das Sich-Wohlfühlen in der Gemeinschaft, in der Gruppe oder auch das Zurücklegen eines gewissen Weges im Leben betreffen.

Jesus gibt uns keinen Stoß an den Magen, sondern er nimmt uns bei der Hand: »Vielleicht köntest du mit dieser Menge von Wünschen mir behilflich sein; wir könnten zusammenarbeiten.«

Jesus gibt uns Mut, spornt an, läßt uns nach Gutem streben.

WO JESUS IST

Es hängt von uns ab, daß wir im Herzen das Verlangen tragen, möglichst dort zu sein, wo Jesus ist...

Jesus übernimmt die Führung, geht mit gutem Beispiel voraus und lädt alle ein, wenigstens mit dem Herzen und mit dem Verlangen dort zu sein, wo er sich befindet; denn nur so kann man durch und durch verstehen, was das Evangelium will.

Diese Entscheidung ist äußerst wichtig, denn sie macht es möglich, über alle Theologien und Theorien hinaus das Evangelium von innen her zu verstehen.

Wenn man die Grundentscheidung, dort zu sein, wo Jesus ist – nicht nur in seinem im ersten Teil bei Markus geschilderten öffentlichen Wirken, sondern auch auf dem im zweiten Teil beschriebenen Weg, der zum Kreuze führt – nicht getroffen hat, wird es unmöglich, die anderen Wahrheiten des Evangeliums einzuordnen, ihnen den rechten Platz einzuräumen und sie in ihrer bereits erwähnten wahren Gestalt zu sehen, nämlich im Zusammenhang der Einzelheiten mit dem Ganzen, der alles an seinen Platz rückt.

Jede wirkliche Genesung, jede wirkliche geistige Vertiefung, jede Befähigung zum Erkennen der jeweiligen Situation, in der wir uns befinden – unserer Situation in der Welt, der gegenwärtigen Situation der Kirche –, beginnt bei der Erneuerung unserer Treue zum Wege Jesu, wie er uns im zweiten Teil des Markusevangeliums vor Augen geführt wird. Es ist das Geheimnis des Evangeliums, das uns ermöglicht, unseren Platz und den Platz der Kirche in der Welt zu verstehen; es ist das zentrale Anliegen der Forderungen Jesu.

DEM HERRN ANGEHÖREN

Wie kann ich mein Wirken in einen Zusammenhang bringen, Herr?...

Diene ich dem Herrn im freudigen Bewußtsein, ihm gänzlich anzugehören? Oder ist es vielleicht so, daß so viele Mühen, Lasten und Enttäuschungen, die mein Tagewerk begleiten, von daher kommen, daß ich mich nicht bis auf den Grund für Christus entschieden habe?

Was will es *heute* besagen, zu verkündigen, zu erklären, Zeugnis zu geben? Das ist sicherlich ein wirkliches Problem des geschichtlichen Daseins als Diener des Glaubens. Jedesmal, wenn unsere pastoralen Tätigkeiten im Verlangen, anderen unsere Grunderfahrung mitzuteilen, den starken Widerhall wie bei Paulus haben, erleben wir Freude.

Wenn es uns hingegen nicht gelingt, uns auf die richtige Wellenlänge abzustimmen, so ist unser Weg ungewiß, vage; dann füllen wir uns mit Problemen, die wir vielleicht als seelsorglich bezeichnen, die aber oft Scheinprobleme sind, weil sie nicht mit dem grundlegenden Wissen zusammenhängen, daß wir dem Herrn angehören.

Um echt zu sein, muß die Theologie aus der christlichen Umkehr hervorgehen, daraus, daß wir unser Erfaßtsein von der Liebe Gottes in Christus ins Zentrum gerückt haben.

Natürlich bedient der Herr sich unserer Enttäuschungen oft dazu, um uns aufgehen zu lassen, daß wir auf dem falschen Weg sind. In diesem Fall können wir durch Reue und Gebet uns wieder auffangen, indem wir uns ihm von neuem anvertrauen.

GEGENWART IM GEIST

Wenn Jesus sagt: »Ich gehe hinauf« (Joh 20,17), meint er: »Ich bin dabei, die Art und Weise meiner Gegenwart in der Welt zu ändern; gewöhnt euch an meine Gegenwart *im Geist*; sucht mich also nicht mehr hier oder da, sondern sucht mich in allen Lagen, in denen ich mich euch im Geist und mit dem Geist zeige.«

Außerdem sagt Jesus: »Ich gehe hinauf *zu meinem Vater und zu eurem Vater.*« Hier ist das ganze Werk Jesu wunderbar zusammengefaßt: »Sein Vater«, der, der ihn gesandt hat und für den Jesus lebt, auf den Jesus sich ganz verläßt, auf dem seine Sendung beruht und also auch sein Mut inmitten aller Widerstände, ist jetzt »unser Vater«. Und daher können wir, die wir uns dafür entschieden haben, in Jesus zu bleiben und uns in ihm wiederzufinden, uns jetzt genau wie er selbst ganz dem Vater überlassen und ihm vertrauen, uns in ihm unseres Auftrags in der Welt ebenso sicher fühlen wie Jesus selbst. Auch wir teilen mit ihm durch seinen Tod und seine Auferstehung das »vom« Vater »her« und das »für« den Vater sein.

In dieser Gemeinschaft geht uns auf, was auch wir durch den Glauben und die Taufe geworden sind: wir bleiben in ihm und sind daher zugleich mit ihm im Vater.

»Ich glaube, Herr, daß du in allem, was mir geschieht, auf meiner Seite stehst, daß nichts mich von dir wegbringen kann und daß jedes Ereignis, ob gut oder böse, dank deines Todes für mich einen Sinn hat.«

LEBEN IM GEIST

Vom leben im Geist spricht der heilige Paulus im 8. Kapitel des Römerbriefes: »Das Gesetz des Geistes, der Leben gibt in Christus Jesus, hat dich frei gemacht vom Gesetz der Sünde und des Todes... Wenn ihr nach dem Fleisch lebt, müßt ihr sterben; wenn ihr aber durch den Geist die Taten des Fleisches tötet, werdet ihr leben. Denn alle, die sich vom Geist Gottes leiten lassen, sind Söhne Gottes« (8,2.13f).

Das Leben nach dem Geist ist das Christenleben, insofern es vom Geist lebt, bewegt und angezogen wird, und daher insofern es Leben der Liebe, der Freude, des Glaubens, der Hoffnung, Leben nach den Seligpreisungen, Leben eines Sohnes Gottes, der Kindschaft, des Vertrauens ist, das in Liebe Gott auch in den leidvollen Situationen als Vater anruft. Das Leben nach dem Geist ist das Leben, das sich kraft der Unterscheidung der Geister eins weiß mit der Willensrichtung und den Neigungen Christi. Es hat seinen Ursprung in der Taufe und findet in der Eucharistie das Höchstmaß seiner Kraft und seine ständige Nahrung; in der Lesung und Betrachtung des Gotteswortes findet es für jeden Tag Licht und Kraft.

Wie wird dieses Leben nach dem Geist für die Welt zum gelebten Gleichnis, wie ist es für die Welt ein Gleichnis in Aktion?

Die Antwort steht an einigen Bibelstellen. Zwei davon befinden sich bei Matthäus: »Ihr seid das Salz der Erde« (5,13). In der Sprache des Gleichnisses wird uns hier gesagt, daß wir als Christen, die durch die Taufe geheiligt, durch die Eucharistie genährt und vom Geist getrieben sind, entweder Salz für die Welt oder aber nichts, weniger als nichts sind.

Und dann: »Ihr seid das Licht der Welt (5,14). Hier ist es klar, was das Leben im Geist als gelebtes Gleichnis besagt: es ist Licht und muß als solches die Menschen, auch die Ungläubigen, dazu bringen, aufgrund der guten Werke Gott zu preisen.

DAS NEUE LEBEN

Das neue Leben im Heiligen Geist besagt noch viel mehr für die Verkündung der Frohbotschaft: das neue Leben aus dem Gnadengeschenk der Barmherzigkeit Gottes, der nicht nur den reuigen Sünder rechtfertigt, sondern ihn in der Fülle des Lichtes und der Wahrheit des Menschen heiligt.

Das neue Leben im Geist besagt, daß der Mensch fähig ist, ganz Liebe zu werden, die Seligpreisungen und die Früchte des Geistes zu leben: Gerechtigkeit, Freude, Friede, Güte, Langmut, Freundlichkeit; sein Menschsein im Leben voll zu verwirklichen.

Es ist für den Menschen die ganze Heilsfülle in der Gnade des Geistes, der von Christus am Kreuz ausgeht; es ist demnach das Kerygma in einer anderen Gestalt, die den ganzen Reichtum des gelebten Christentums zum Ausdruck bringt. Es erweist das Christentum als Antwort auf die tiefsten Bedürfnisse des einzelnen Menschen wie der Menschheit: das Bedürfnis nach Liebe, nach Mitteilung, nach Wahrheit, nach Licht, nach Herzlichkeit.

Das Neue Testament bringt, angefangen beim Römerbrief (Kap. 8), wunderbare Schilderungen der neuen Menschheit, die aus dem Heiligen Geist geboren wird...

»Heiliger Geist, du Geist der Weisheit, der Wissenschaft, des Verstandes und des Rates, erfülle uns, wir bitten dich, mit der Kenntnis des Willens des Vaters, erfülle uns mit jeglicher Weisheit und geistlichen Einsicht.

Öffne unser Herz, damit wir das Mysterium zu erkennen vermögen, das sich in der Zeit enthüllt, aber von Ewigkeit her bereitet ist: die Herrlichkeit Christi im lebendigen Menschen.«

DIE NEUE MENSCHHEIT

Jesus ist für meine Sünden gestorben, ich kann das neue Leben im Geist führen, ich bin zur Teilnahme am Leben der Dreifaltigkeit berufen. Doch muß man diese Aussagen auch auf die Gemeinschaft als solche ausdehnen.

»Gott hat in Christus die Welt mit sich versöhnt« (2 Kor 5,19). Die Sünde der Welt wird vergeben und in das Kreuz Christi hineingenommen; die Welt wird mit dem Vater versöhnt; der Vater bietet der Menschheit die Versöhnung an.

Das neue Leben im Geist ist das Leben der Kirche. Die Kirche ist die neue Menschheit und in der Lage, wieder heile Beziehungen von Mensch zu Mensch herzustellen: Nächstenliebe, Eintracht, gegenseitiger Austausch (Apg 2,4). Als Vorbild für die Menschheit ist sie nach den Worten des Zweiten Vatikanischen Konzils »Sakrament oder Zeichen für die Vereinigung der ganzen Menschheit unter sich« (Dogmatische Konstitution über die Kirche, Lumen gentium, Nr. 1); sie zeigt also der Welt, daß sie hoffen darf, nicht Massenvernichtungsstätte zu sein, sondern Lebensgemeinschaft, die zur Eintracht berufen ist.

Jesus selbst hat gesagt: wir sind eins mit Christus im Vater; wir, ein einziger Leib. Und nicht nur ein einziger historischer oder sichtbarer Leib, sondern ein einziger Leib von nun an bis in Ewigkeit mit Christus im Vater.

Wir sind bereits Ewigkeit, der Anfang des Paradieses, und das, was wir sind, wird nie vergehen; nichts kann unsere Verbindung mit dem Vater unterbrechen, nicht einmal der Tod; sie bleibt für immer.

DAS WIRKEN DES GEISTES

Der Geist ist richtungweisende Kraft, einigende und auferbauende Kraft, Kraft der Neuheit und des Einfallsreichtums und Kraft des Trostes.

Vor allem ist der Geist *richtungweisende Kraft:* »Er wird euch in die ganze Wahrheit führen« (Joh 16,13; vgl. 14,26). Der Geist wird euch bei jeder rechten Regelung der Dinge nach Gottes Plan führen. Der Geist gibt uns die innere Ausrichtung, die Jesus eigen ist und die man in seiner zweifachen Bewegung des Ausgangs vom Vater und der Rückkehr zum Vater zusammenfassen könnte.

Hierin liegt gleichsam die Kurzformel für das, was in Christus die »Ordnung« ausmacht. Der Geist ordnet uns, er richtet uns aus, wie es der zweifachen Bewegungsrichtung Jesu entspricht. Und gerade solch eine Ausrichtung ist es, die sich mit der Finsternis und der Verwirrung nicht verträgt.

Der Geist ist *einigende und auferbauende Kraft:* »Die Frucht des Geistes ist Liebe, Freude, Friede, Langmut, Freundlichkeit, Güte, Treue, Sanftmut und Selbstbeherrschung« (Gal 5,22). Das ist es, was der Geist in der Kirche zeitigt. Wo diese Früchte sichtbar sind, dort ist der Geist, und demzufolge ist dort, wenn der Geist all dies wirklich in Gang gesetzt hat, Christus zugegen.

Darüber hinaus, daß der Geist diese einigende und auferbauende Kraft ist, die durch die Liebe, das Verständnis, die Geduld, das Wohlwollen und die Treue wirkt, ist er in der Kirche als *erneuernde und schöpferische Kraft* zugegen. Tatsächlich ist der Geist das lebendige Wasser, das sich ständig erneuert und immer wieder in den verworrensten Situationen den Weg zu den einfachsten Lösungen weist, und das so verblüffend neu und einfach, daß man eben daran die Gabe von oben erkennt. Man braucht nur an Papst Johannes XXIII. zu denken, an dem man vielleicht diese Vereinfachungs- und Verwandlungskraft des Geistes mit am besten ablesen konnte.

DER BEISTAND

Der *Geist* ist es, *der tröstet, der stützt* und in der Prüfung Beistand leistet. Die Ablehnung, die der Glaube in der Welt erfährt, ruft tiefe Traurigkeit hervor. Es gibt wohl nichts Traurigeres, als den Glauben anzubieten und verschmäht zu sehen oder sich gegen einschränkende Auslegungen des Glaubens, die sogar versuchen, uns um uns selbst und wieder »auf den Boden« zu bringen, verteidigen zu müssen. Allerdings hat Jesus die Jünger gewarnt: »Ihr werdet bekümmert sein« (Joh 16,20). So ist es wiederum der Geist, der uns tröstet und uns wieder das Gespür für Gottes Absicht gibt, das heißt die wirkliche Gegenwart von Gottes Liebe in der Welt, und also auch für seine Absichten in uns, in der Kirche und in der Menschheit. Deshalb sagt Jesus: »Euer Herz lasse sich nicht verwirren« (Joh 14,1).

Doch auch Jesus hat sich ein paarmal erschüttern lassen. Er war es in dem Augenblick, da er an das dunkle Drama seiner Passion dachte (Joh 12,27), und er war erschüttert angesichts der ablehnenden Haltung des Judas (Joh 13,21). So dürfen wir uns nicht wundern, wenn auch unser Herz einmal irritiert und erschüttert ist. Gleichwohl fordert Jesus uns auf, nicht Opfer unserer Erschütterung zu bleiben, hilft uns doch der Geist in einer Gegenbewegung, die die Dinge wieder zurechtzurücken und die wahre Bedeutung der Wirklichkeit wiederherzustellen vermag.

Die Zusammenfassung der Botschaft des Johannes lautet: »Tu deine Augen auf und schau auf Christus, der dir in deinem Lebensalltag entgegenkommt: in deinem sakramentalen Leben, in deinem kirchlichen Gemeindeleben und besonders bei deinem ganzen Tun, in dem du den Geist spürst, der dich bewegt, der die andern bewegt, der euch zusammenschließt und dem Leben in der Kirche Gestalt verleiht. Christus ist für dich da.«

DER TRÖSTER

Der Heilige Geist ist der wahre Paraklet, der Tröster schlechthin für den Menschen. Johannes Paul II. hat in seiner Enzyklika über den Heiligen Geist »Dominum et vivificantem« großartige Sätze über das Amt der Stärkung und Festigung geschrieben, das der Heilige Geist ausübt.

Der Mensch ist nicht von selbst imstande, den Blick fest auf seine Innerlichkeit gerichtet zu halten, sondern muß sie stets im Licht der Gnade neu entdecken. Der Geist wird uns von Gott in seinem Erbarmen geschenkt, um uns von unserer Oberflächlichkeit, unserer Leichtfertigkeit und Launenhaftigkeit, von der falschen Innenschau zu läutern und uns wieder das wahre, volle Bild von uns selbst zu schenken. »In der Selbstmitteilung Gottes begegnet der menschliche Geist ... dem ›Geist, der alles, auch die Tiefen Gottes ergründet‹ (vgl. 1 Kor 2,10). In diesem Geist, der das ewige Geschenk ist, öffnet sich der dreieinige Gott dem Menschen, dem menschlichen Geist« (Nr. 58).

Für die persönliche Meditation rege ich an, uns vor diesem Geist in Anbetung und Gebet zu versetzen und vielleicht mit Bedacht die Sequenz »Komm, Schöpfer Geist« zu beten, die das Grundthema entfaltet: Der Geist, der tröstet, der ermutigt, der stärkt, der das Innerste des Menschen kräftigt ...

»Heiliger Geist,
erfülle die Herzen deiner Gläubigen,
und entzünde auch in ihnen das Feuer,
das im Herzen Jesu brannte,
wenn er vom Gottesreich redete.
Laß uns dieses Feuers teilhaft werden.

Nur du, Heiliger Geist, kannst es entfachen,
und deshalb halten wir dir unsere Schwäche hin,
unsere Armut, unser erloschenes Herz,
damit du es wieder entfachst mit der Glut
eines heiligen Lebens und der Kaft des Reiches.«

GEBUNDEN DURCH DEN GEIST

In der Apostelgeschichte lesen wir: »Nun ziehe ich, gebunden durch den Geist, nach Jerusalem, und ich weiß nicht, was dort mit mir geschehen wird, außer daß der Heilige Geist von Stadt zu Stadt mir bezeugt, daß Fesseln und Drangsale auf mich warten« (20,22–23).

»Gebunden durch den Geist« ist eine sehr starke Aussage, die uns die Macht der Gefühle bei Paulus verstehen läßt. Er ist im Begriff, nach Jerusalem zu ziehen, ohne um den Beweggrund der Reise zu wissen, die ihn beunruhigt und vor der er zurückschreckt, aber er hat die Gewißheit, daß er sie unternehmen muß.

Das ist das Bewußtsein, aus dem die großen freien Berufungen hervorgehen, die das Leben bestimmen, das Bewußtsein dessen, der sich nach einer Prüfung der Lage zu etwas entscheidet trotz stürmischer Anzeichen, die dagegen sprechen. Es ist nicht das Bewußtsein dessen, der einfach einen Befehl ausführt.

Unsere persönliche Erfahrung und die anderer kann bezeugen, daß die Grundentscheide des Lebens eben so entstehen: nicht aus einer Laune, nicht aus einer Gemütsbewegung, sondern aus einer inneren Eingebung, die uns die Gewißheit verschafft, daß der Herr uns ruft.

Es sind Entscheide, die sich in den Gehorsam einer Ordensprofeß, in ein verborgenes Leben, in die Verrichtung der täglichen Aufgaben umsetzen und an deren Anfang doch dieses Bewußtsein steht.

Dem, was Paulus hier zum Ausdruck bringt, mag am nächsten das Beispiel von Pater Maximilian Kolbe stehen, der sich für einen anderen opferte: Er tritt im Konzentrationslager einen Schritt vor, verspürt dabei mehr Widerwillen als Lust, mehr Angst als Mut, fühlt aber, daß er den Vorschlag machen muß, an die Stelle des anderen zu treten.

DURCH IHN GEBUNDEN

Paulus hängt ganz von dem ab, der für ihn am Kreuz gestorben ist, er ist Sklave des Herrn Jesus. Er könnte viele Ausflüchte finden, um nicht nach Jerusalem zu gehen, wird aber von der Macht des Geistes, der aus dem durchbohrten Herzen Christi strömt, dorthin gezogen.

Ein so tiefes Berufungsgefühl ist ganz klar eine Gnade, denn von selbst würde es uns nie gelingen, uns an unsere Versprechungen treu zu halten. Wir müssen durch die Liebe Gottes gewonnen, gebunden werden, um an sie gebunden zu bleiben.

Für gewöhnlich bindet sich jemand nicht von sich aus, denn dann würde der Knoten sich leicht auflösen. Man läßt sich von einem anderen binden: Paulus ist durch den Herrn Jesus gebunden worden.

Auch wir müssen in unserer eigenen Erfahrung diese Freiheit gewahren. Niemand verpflichtet uns dazu, unseren Entscheid zu treffen. Wir haben ihn als etwas verstanden, das für unsere menschliche Person, die dazu geschaffen ist, sich frei zu schenken, konstitutiv ist. Diese Hingabe ist nicht oberflächlich, denn sie bindet uns, bestimmt uns, und wenn wir sie aufgäben, wären wir vor allem uns selber untreu; wir träten die echte geschichtliche Äußerung unseres Wesens mit Füßen.

»Herr, gekreuzigter Sohn Gottes, wir kennen dich nicht. Es ist so schwierig, dich in deinem Kreuz zu erkennen, dich in unserem Leben zu erkennen.

Wir bitten dich: öffne uns die Augen; laß uns den Sinn der schmerzlichen Erfahrungen erfassen, durch die du den Schleier unserer Unwissenheit zerreißt. Laß uns erkennen, wer der Vater ist, der dich beauftragt hat; wer du bist, der in der Schmach des Kreuzes uns den Vater enthüllt; wer wir sind, die in unserer Armut dich kennenlernen.

Wir bitten dich, Herr, laß uns dir in Demut folgen.«

SEINE ZEUGEN SEIN

»Zeugen dieser Ereignisse sind wir und der Heilige Geist, den Gott allen verliehen hat, die ihm gehorchen« (Apg 5,32). Das Zeugnis wird also im Geist gegeben. Der Auftrag in Apg 1,8, Zeugen zu sein »bis an die Grenzen der Erde«, erscheint somit weniger kühn und utopisch. Diesem Wort zufolge gibt es keine Situation, in der nicht die Anziehungskraft des Geistes wirkt. Die Kraft dieses Geistes kann jede Situation innerhalb der Grenzen der Erde, d. h. alles lebendig machen...

Wir müssen im Vertrauen und in der Gewißheit, daß Gott uns sendet, an unsere Aufgabe gehen. Er sendet uns, auch wenn wir armselig sind und wenig glänzen und uns in den unklaren, verzerrten, mißverständlichen Situationen befinden. Das Gotteswort hat vor nichts Angst. Der Geist entwirrt alles. Mit der Dynamik des Samens und des Sauerteigs schenkt der Geist, der in uns ist, uns die absolute Gewißheit, daß es keine Situation gibt, die unempfänglich wäre für diese Kraft Gottes, der den Menschen erschaffen und ihm schon am Anfang seinen Geist eingegossen hat.

»Herr, ich danke dir, denn du läßt uns den Geist erfahren und damit auch die Auferstehung. Ich danke dir, weil du in der Schrift, in der Eucharistie, in der Brüderlichkeit, im Guten, das wir empfangen, in den charismatischen Gaben und in all dem, was in der Kirche Leben ist, uns die Auferstehung erfahren läßt: in der Vergebung, Tröstung, gegenseitigen Ermutigung, in der Fähigkeit, Prüfungen zu bestehen, und in der Hoffnung, die du in verzweifeltsten Situationen weckst. Ich danke dir, Herr, weil du auch heute dich als Auferstandenen bezeugst.

Jesus, laß uns dich erkennen, öffne unsere Augen, damit wir dich erblicken können. Laß uns die Wahrheit, die wir erfahren, einfach und klar, aber auch mutig zum Ausdruck bringen, damit sie für die anderen klar, erhellend, befeuernd ist.«

DIE ORDNUNG DER LIEBE

Wie sieht die rechte christliche Einstellung zum Gesetz aus? »Das Gesetz des Neuen Bundes ist in erster Linie der Heilige Geist«, sagt Thomas von Aquin mit Bezug auf Röm 8,2ff. Dieser Geist schafft in uns die Grundbereitschaft von Söhnen, von Kindern. Sein Gesetz ist aktiv und schöpferisch. Unser Herz verbindet sich mit dem Herzen Jesu, seine Sohneshaltung lebt in uns. Wir sind Kinder in den Armen des Vaters, dem wir unsere Vergangenheit, unsere Gegenwart und unsere Zukunft anvertrauen. Theologisch gesprochen, geht es hier um Glaube und um Hoffnung: Wir glauben im Heute, weil der Vater uns heute zu seinen Kindern macht. Wir hoffen, das heißt, wir sind gewiß, daß uns auch in Zukunft nichts von der Liebe Christi, des Sohnes Gottes, trennen kann.

Der Geist treibt uns, so zu lieben, wie Jesus geliebt hat. Jesus hat zunächst die Seinen geliebt, aber darüber hinaus hat er alle geliebt, die er berufen hat, seine Kinder zu sein. »Alle, die vom Geist bestimmt sind, trachten nach dem, was dem Geist entspricht« (Röm 8,5). Das eine und große Gebot, das der Geist uns einstiftet, ist das *Gebot der Liebe*. Sie regelt die Beziehungen unter den Menschen. Das Leben Jesu ist für uns Modell und Beispiel, wie wir die anderen lieben sollen. Daß der Heilige Geist selber Gesetz ist, bedeutet, daß wir befähigt werden, so zu lieben, wie Jesus geliebt hat, und uns so lieben zu lassen, wie er vom Vater geliebt wurde.

Zu Recht wird gesagt, Jesus sei *der Mensch für die anderen*. Als der Sohn Gottes, als der menschgewordene Gott ist er der Gott für die anderen, der uns durch seine Gemeinschaft mit uns erlöst und heil macht. Das ist das Geheimnis des christlichen Glaubens. – Christliches Leben hängt von dem so beschriebenen Geheimnis ab. Gesetze und Anordnungen, Gebet und Sakramente, alles hat nur ein einziges Ziel: in der Gemeinschaft aller die Ordnung der Liebe aufrichten. Alles steht im Dienst der Liebe.

JUNI

Gemeinschaft mit Christus

IM VERTRAUEN AUF IHN

Die Israeliten wurden in Mose getauft, hat der heilige Paulus gesagt. Sie wurden in Mose getauft besagt, sie haben ihm vertraut. Im Vertrauen auf Mose sind die Israeliten ins Wasser, ins Meer gezogen: Gott hat zu ihm gesprochen, also vorwärts. Wir lassen uns von Mose führen, setzen unser Vertrauen auf ihn. In Mose getauft werden heißt, die Gefahr des Mose, die Unsicherheit des Mose auf sich nehmen. Denn auch nachdem das Rote Meer durchschritten ist, erheben sich, wie wir sehen werden, weitere Probleme: Was werden wir in der Wüste machen, was werden wir essen?

Im Lichte dieses Durchzugs durch das Rote Meer gesehen, bedeutet in Jesus getauft sein für uns, daß wir das Risiko Jesu auf uns nehmen, daß wir zu ihm sagen: Herr, ich werde dir folgen, wohin du auch gehst, ich will leben, wie du lebst, essen, wie du ißt, schlafen, wie du schläfst, alles riskieren, was du riskierst – kurz, es bedeutet, daß wir uns entschließen, ein österliches Leben, ein Leben nach dem Geist zu leben.

Indem die Israeliten Mose folgen, haben sie sich entschieden, alles Gott anheimzustellen, sich von ihm wie auf Adlersflügeln tragen zu lassen.

Wenn wir Jesus folgen, so wollen wir uns von ihm retten lassen. Wir setzen unser Vertrauen auf seine unbegrenzte Macht, auf seine Weisheit, auf seine Fähigkeit, uns zu führen, wir lassen uns von ihm überfluten. Wir streben nicht nach Selbstverwirklichung, die ja nur wieder ein pharaonisches Beginnen wäre: Ich will mich selbst verwirklichen, meine Persönlichkeit.

»Jahwe wird für euch streiten, ihr aber werdet euch still verhalten« (Ex 14,14), das besagt hier, daß er die grundlegende Entscheidung trifft, daß das Werk sein ist. In ihm getauft werden heißt, sich ganz von der Kraft des Geistes in Besitz nehmen lassen.

IN CHRISTUS VERWURZELT

Im zweiten Korintherbrief lesen wir: »Wir verkündigen nämlich nicht uns selbst, sondern Jesus Christus als den Herrn, uns aber als eure Knechte um Jesu willen. Denn Gott, der sprach: Aus Finsternis soll Licht aufleuchten!, er ist in unseren Herzen aufgeleuchtet, damit wir erleuchtet werden zur Erkenntnis des göttlichen Glanzes auf dem Antlitz Christi« (4,5–6).

Schon am Satzbau erkennt man die gedrängte Fülle der Gedanken und Gefühle, aus denen die Stelle besteht. Es handelt sich um einen Text, in dem man die Verwurzelung in der Taufe sehen darf...

Die Verwurzelung in der Taufe sehen wir natürlich nicht nur in der Taufe als Sakrament ohne Zusammenhang mit dem späteren Leben; denn dann hätten wir es nur mit unserer frühesten Kindheit zu tun. Wir sehen die Taufe als Sakrament der Bekehrung, die erst dann zur vollen Entfaltung gelangt, wenn der Erwachsene Christus als Herrn seines Lebens anerkennt.

Der Übergang geschieht mehr oder weniger allmählich. Es gibt sicher auch geistliche Frühreife, kraft deren man auch schon im frühen Kindesalter ein tiefes Gespür für Christus als den Herrn und die Absolutheit Gottes im Menschenleben besitzt. Normalerweise entwickelt sich dieses Bewußtsein aber mit dem Heranreifen des Menschen allmählich und nimmt mit der Erstkommunion oder der Firmung verantwortlichere und vernünftigere Formen an. Ein echtes, erwachsenes Bekenntnis zu Christus kommt aber wahrscheinlich nicht vor einem Alter von 18–20 Jahren zustande, wenn es um Berufsentscheidungen geht, bei denen diese Sicht eine Rolle spielt. Und erst mit 30 oder 40 Jahren vollzieht sich nach einigen Psychologen die Integrierung der Herrschaft Christi in die Gesamtpersönlichkeit und ihr Denken; dann bleibt sie praktisch lebenslänglich bestehen.

ER LEUCHTET IN UNS AUF

»Er ist in unseren Herzen aufgeleuchtet« (2 Kor 4,6). Dieses Licht, das nach Gottes Ratschluß die Geschichte aus dem Dunkel der sie verhüllenden Fragwürdigkeiten und der Sinnlosigkeit befreien soll, dieses Licht, das Christus ist, leuchtet im Herzen des Menschen auf, um zu einer Wirklichkeit zu werden, die sich mit der Geschichte deckt...

Mit den Worten: »Er ist in unseren Herzen aufgeleuchtet« deutet Paulus auf das Geschehen seiner eigenen Bekehrung hin, auf das Licht, in dem er den Auferstandenen geschaut hat.

Jedenfalls ist es die Tauferleuchtung eines jeden Christen, die Erleuchtung, die uns gnaden- und keimhaft im Sakrament der Taufe geschenkt wird und uns, solange wir leben, ein Freudenfest ist, weil sie sich mit unserem Leben deckt, je mehr wir in der Treue zu Christus, dem Herrn, wachsen.

Er ist aufgeleuchtet, *»damit wir erleuchtet werden zur Erkenntnis des göttlichen Glanzes auf dem Antlitz Christi«:* das soll die Erleuchtung im Apostolat bewirken. Der Satz ist gewichtig, und man müßte ihn Wort für Wort kommentieren.

Da ist das Antlitz Christi, ein menschliches, wirkliches Antlitz, das die Herrlichkeit des Vaters aufleuchten läßt, und so die Vergöttlichung sichtbar macht, zu der jeder Mensch berufen ist. Apostelleben und Missionseifer laufen doch darauf hinaus, durch die Umgestaltung des Herzens im Antlitz eines jeden Menschen das göttliche Sein aufleuchten zu lassen, das im Menschenantlitz Christi sichtbar wird.

Jeder Mensch kann also Ausdruck Christi in der Geschichte sein und sie durch seine Seins- und Handlungsweise vergöttlichen.

HERR MEINES LEBENS

Erkenne ich Christus an, den Herrn der Geschichte und des Lebens? Wie erkenne ich Christus als Herrn meines Lebens an? Vor allem dadurch, daß ich von Christus meine Berufung habe und Christus als den anerkenne, der mich ruft; der mich dazu beruft, mein Leben nach seinem Plan zu führen.

In Anlehnung an Psalm 8 können wir beten: »Herr, was willst du von mir? Herr meines Lebens, was soll ich nach deinem Willen aus meinem Leben machen, was soll ich nach deinem Willen aus meiner Zukunft machen? Der Vater hat dir, dem Auferstandenen, die ganze Welt zu Füßen gelegt. Ich ehre dich, Herr der Welt und der Geschichte, und möchte durch mein Leben deine Herrschaft über die Geschichte bekunden. Ich möchte das tun, indem ich meiner Berufung entspreche; und in meiner Umgebung, in der Wirklichkeit, mit der ich handgreiflich umgehe, möchte ich zum Ausdruck bringen, daß du der Herr dieser Wirklichkeit bist.«

Der Herr ist der eucharistische Christus, die Lebensmitte der Kirche. Und wie wir sagen: »Herr, ich bin nicht würdig, daß du zu mir kommst«, können wir sagen: »Herr, was sind wir, daß du an uns denkst, was sind wir, daß du im Sakrament der Eucharistie in unseren Kirchen bei uns weilst? Wie kann ich dir vergelten, daß du so an uns denkst? Durch die Anbetung, in der ich mich zu deiner Gegenwart bekenne.«

In dieser eucharistischen Sicht finden wir den auferstandenen und eucharistischen Jesus als Herrn der Welt und der Kirche; und wir bemühen uns, gerade diese Herrschaft Christi, der in der Eucharistie Mitte, Quell und Ursprung des Lebens der Kirche ist, in unserem Leben zu verwirklichen. Alles ist ihm zu Füßen gelegt, alles ist sein, alles kehrt auf dem Weg über die Eucharistie zu ihm zurück, und alles gelangt von ihm her in das Leben der Gemeinschaft.

DIE HÖHERE WIRKLICHKEIT

Im Gleichnis vom Festmahl (Lk 14,15–24), das Jesus erzählt, nehmen die *Armen* die Einladung an. Es sind diejenigen, die den Sinn für ihre Relativität als Person bewahrt haben. Sie halten sich nicht für das Zentrum, auf das alles zu beziehen ist; sie nehmen es hin, daß sie auf das, was sie beim überreichen Mahl werden, bezogen sind. Die Armen sind darüber hinaus die Menschen, die bereit sind, auf den Ruf zu hören, denn sie sind sich bewußt, daß der letzte Grund für ihre Entscheide nicht in ihnen selbst liegt.

Wenn ich unseren kürzlich restaurierten Dom in Mailand ansehe und an die notwendigen Ausgaben denke, um ihn noch herrlicher zu machen, frage ich mich manchmal: War das wirklich notwendig? Hätte man nicht diese ganzen Schätze verkaufen und den Erlös den Armen geben können?

Wenn ich jedoch an die Generationen von Menschen denke, die in den Sinnbildern des Doms den Sinn für ihre Relativität gegenüber einer Wirklichkeit, die höher ist als der Mensch, gefunden haben, so meine ich, daß auch die Restauration einer Kathedrale, einer Kirche einen Dienst an den Armen darstellt, an Hunderttausenden von Menschen, die durch diese Sinnbilder, die auf etwas Höheres verweisen, gestärkt, gestützt, erfreut werden.

Aus eben diesem Grund vielleicht sind die weniger Begüterten eher bereit, zum Bau oder zur Renovierung eines Gotteshauses beizusteuern.

Und als ich die armen Völker Afrikas und Lateinamerikas besuchte, konnte ich sehen, wie sehr sie sich darüber freuen, an gemeinsamen Unternehmungen mitbeteiligt zu sein, sind sie sich doch bewußt, daß die großen kollektiven Symbole ein Reichtum sind und auf Wirklichkeiten verweisen, die – wie das Festmahl im Gleichnis – dauernd zu sättigen vermögen.

WER MICH ISST

Vielleicht erinnern wir uns noch, wie vor Jahren allenthalben asketische Richtlinien verbreitet waren, die sich an den Worten inspirierten: »Wer mich ißt, wird durch mich leben« (vgl. Joh 6,54) und auf die häufige, wenn nicht gar auf die tägliche Kommunion hinzielten, die gewiß ein sicheres Mittel zur Heiligung ist...

Jesus faßt das »wer mich ißt« nicht auf als »wer kommuniziert«, sondern vielmehr als »wer mich unter dem sakramentalen Zeichen gläubig empfängt, das heißt, wer im Sinn der Kirche die Gabe meines Todes und meiner Auferstehung mit allen Konsequenzen im Gehorsam gegenüber meinem Wort annimmt.«

Wenn man das Wort Jesu: »Wer mich ißt, wird durch mich leben« nicht in diesem Sinne auslegt, sondern es stofflich auffaßt, taugt solch ein Rat von sich aus gar nichts zur Umgestaltung eines Menschen. Das gilt ebenso für die Gebete und Frömmigkeitsübungen, die – mögen sie auch auf einem rein stofflich genommenen Wort des Evangeliums beruhen – zu magischen Formeln werden.

So glaubt man zum Beispiel manchmal, der Mensch werde schon durch die Tatsache gerettet, daß Christus Mensch geworden ist: man brauche also nur Mensch zu sein, um gerettet zu werden, da Christus im Menschen sei. Christus ist jedoch Mensch geworden, indem er von Anfang bis zum Ende den Weg des Gehorsams gegangen ist und eine unmißverständliche Botschaft der dienenden Liebe gebracht hat.

Im übrigen sagt uns gerade Jesus: »Der Geist es ist, der lebendig macht; das Fleisch nützt nichts. Die Worte, die ich zu euch gesprochen habe, sind Geist und sind Leben« (Joh 6,63).

Man muß also die Worte Jesu nach geistlichen Gesichtspunkten interpretieren, im Licht der Gegenwart des Geistes, der verwandelt.

IN DIE LIEBE EINGEGLIEDERT

Der heilige Augustinus definiert das christliche Opfer als *jede Handlung, die man setzt, um mit Gott eine Verbindung kindlicher Liebe einzugehen*: das Opfer ist demnach ein Pascha, ein Einzug in das Land Gottes.

Worum es bei der augustinischen Auffassung, die der ganzen Väterzeit eigen ist, geht, ist nicht die Handlung, sondern ihr Ziel. Auch das Opfer ist dann eine Gnade des Heiligen Geistes, der im erlösten Menschen und auf der Grundlage des Glaubensgeistes die Opfergesinnung weckt.

Wir können also mit anderen Worten sagen, daß das Opfer, objektiv gesehen, der Mensch selbst ist, der unter dem Antrieb der Liebe von der Hinwendung zu der Vielzahl der Dinge zur einen und ausschließlichen Hingabe seiner Existenz an Gott gelangt und so sein Leben zu einem Akt der Liebe macht: das ist das Opfer schlechthin.

Weiter: um es *christlich* nennen zu können, muß man den Gedanken zu Ende denken, d. h. zum grundlegenden und eigentlichen Opfer kommen, dem Opfer von Kalvaria, in dem Christus sich darbringt, um die ganze Kirche als seine Braut in der Auferstehung mitzunehmen in die Herrlichkeit des Vaters.

Bei der Eucharistiefeier steht das Opfer des Altares im Zusammenhang mit dem Opfer von Kalvaria und gliedert jeden, der in Liebe mitfeiert, in das Pascha, den Hinübergang Jesu ein.

Unser ganzes Leben steht also als christliches Opfer im Zusammenhang mit der Eucharistiefeier, die ihrerseits mit dem Kreuz, dem vollkommenen Opfer, zusammenhängt, der Ganzhingabe des Menschen Christus an den Willen und die Liebe des Vaters, mit dem Kreuz, das alle Menschen an sich ziehen kann.

DIE GRUNDENTSCHEIDUNG

Wie findet das Opfer Eingang in unseren Alltag? Durch die »richtige Herzenseinstellung«, die man früher die »gute Meinung« nannte: in ihr ist die ganze christliche Askese enthalten. Ein Mensch, der den Vorsatz, Gott allein gefallen zu wollen, zum Inbegriff seiner ganzen Existenz gemacht hat, geht ein in das Opfer Christi und damit in das Reich des Vaters; er hat teil an der Fülle Gottes und läßt auch an ihr teilhaben, was er durch die richtige Herzenseinstlellung heiligt...

Die richtige Herzenseinstellung heißt in ihrer eigentlichen Gestalt Grundentscheidung. Eine Entscheidung, die man jedoch dynamisch auffassen muß: es genügt nicht, sie nur einmal zu fällen. Sie ist vielmehr ein lebhaftes, liebendes Verlangen, das sich nach dem Geschmack Gottes, des Vaters, richtet, nach dem, was ihm wohlgefällt, und eine Haltung ist, die das ganze Leben bestimmt.

Die Grundentscheidung, die man im Gebet und vor allem bei der heiligen Messe immer wieder erneuert, ist wie eine lebendige Flamme, die allen Gewissensentscheidungen Kraft und Gestalt verleiht und sie zu christlichen Entscheidungen werden läßt.

Es ist wichtig, die Moral mit lebendiger Dynamik zu erfüllen, als ständiges Streben nach dem Guten und nach dem Besseren, als ein völliges Aufgehen im Plane Gottes, in dem der Mensch voll und ganz Kind wird und seine wahre Verwirklichung findet.

Ohne die dynamische Grundentscheidung verliert man das Ganze und den wahren Sinn des menschlichen Daseins aus dem Blick, das ein rauschender Wasserfall, aber kein stehendes Gewässer ist.

TUT DAS ZU MEINEM GEDÄCHTNIS

Die Feier der Eucharistie ist ein wirkliches Tun der Kirche: und die Versammlung der Gläubigen, ihr Zu-Tisch-Gehen, das Sprechen der Worte Jesu und das Brotbrechen sind nicht nur Zeichen, sondern lassen das erhabenste Ereignis der Geschichte, das Pascha – Kreuz, Tod und Auferstehung – geschehen ...

»Tut das zu meinem Gedächtnis« als Gedächtnisfeier; »tut das zu meinem Gedächtnis« im Leben. Die eigentliche Frucht der Eucharistie ist ja die caritas, die Liebe: sie selbst ist die Gegenwart des Kreuzes, aber ihre Frucht ist die Liebe, die Hingabe des Lebens in höchster Vollendung. Die Eucharistie schenkt uns nicht nur die wirkliche Gegenwart Jesu zur Anbetung, darüber hinaus legt sie in die Herzen derer, die mitfeiern, die Dynamik der Liebe. Man kann auch sagen: eigentliche Frucht der Eucharistie ist der Heilige Geist als einigende Kraft der Liebe in einer Gemeinschaft, als einigende und ausgreifende Kraft und Ausstrahlung der Liebe.

In der Eucharistie empfangen wir die Gabe des Heiligen Geistes als Feuer der Liebe. Gerade weil die Liebe das ureigenste Sein Gottes ist, seine Definition, das Höchste, was es überhaupt gibt, die höchste Vollendung des Menschen, gerade deshalb steht die Eucharistie unter den Sakramenten an höchster Stelle, gipfelt in ihr das christliche Leben und auch – wie das Zweite Vatikanische Konzil sagt – die Glaubensverkündigung. Sie ist ihr Gipfel, weil sie die vollkommene Liebe Gottes zum Menschen in der Liebe Christi verkündet, der sich am Kreuz dahinschenkt, und weil sie kraft der wirklichen Gegenwart Christi die Umwandlung der versammelten Gläubigen in eine Gemeinschaft der caritas, der Liebe bewirkt.

LEIB CHRISTI

Dies sind die beiden Grundkoordinaten des christlichen Daseins: der Bezug auf Jesus und der Bezug auf die Gemeinschaft, auf die Liebe, auf die ganze enge Verwandtschaft, die sich zwischen denen bildet, »die an ihn glauben«.

Im Blick auf diese beiden Koordinaten erfassen wir, was in der Kirche wesentlich ist: die Verbindung mit Christus, die zur brüderlichen Gemeinschaft führt, und die brüderliche Gemeinschaft, die in der Verbindung mit Christus gründet.

»Wir danken dir, loben und preisen dich, Herr, denn du hast dich nicht nur in der Sinnfülle und Kraft deines Lebens und Todes zu erkennen gegeben, in deinen Worten und Wundern, in deinem Leiden und deiner Auferstehung, sondern du bekundest dich weiterhin im Mysterium deiner Kirche.

In ihr lebst du, Herr, du beseelst sie mit deinem Geist und deinem Wort, in ihr stärkst du und heilst du die leidenden Menschen; in ihr und durch sie schaffst du dir einen sichtbaren Leib, der Licht für die Geschichte, Zeichen und Mittel der Einheit für das ganze Menschengeschlecht ist.

Wir betrachten gern dein Leben und deinen Tod, dein Leiden und deine Herrlichkeit, Herr, bitten dich aber auch: Laß uns das Mysterium deines Leibes in Gestalt der Kirche schauen, laß ihn uns schauen als deine Wirklichkeit!

Herr, du schenkst dich uns in der Eucharistie und baust uns durch sie als deinen geschichtlichen Leib in der Zeit auf; laß uns dich schauen im Mysterium der Eucharistie und der Kirche. Laß uns erkennen, wie großartig die Hoffnung ist, zu der du uns berufst durch das Leben, den Dienst, das Amt in diesem deinem Leib, der die Zeit mit deinem Glanz erhellt im Harren auf die Fülle der Herrlichkeit.«

CHRISTLICHE GEMEINSCHAFT

Der Geist Gottes ist die Kraft, der die Menschen mit Christus zu einer einzigen Wirklichkeit zusammenzuführen vermag.

Worin besteht konkret die Vereinigung der Menschen mit Jesus, die der Heilige Geist herbeiführt? Die Kirche, die der Geist je neu in der Geschichte hervorbringt, ist diese Gemeinschaft Jesu mit den Menschen.

Gottes Wille und Absicht zielt auf das Werden von Kirche.

Genauerhin ist zu sagen, daß der Heilige Geist die christliche Gemeinde am Ort hervorbringt. Sie ist die genau umrissene Gemeinschaft, die Menschen untereinander und mit Christus haben.

Gottes Wille für mich heißt also zunächst einmal, daß ich zur Kirche gehöre und mich dort dem Anstoß des Geistes Gottes öffne, damit ich das meine zur Ausbreitung der Kirche beitrage. Diese wird auf diese Weise immer mehr Gemeinschaft der Menschen mit Gott. Der Geist Gottes treibt mich aber auch, mich immer mehr in die Gemeinschaft mit Jesus Christus einzubinden. Nur so kann ich Werkzeug der Vereinigung der Menschen mit ihm sein.

Alles, was ich sonst noch tue (Lektüre, künstlerische Betätigung, wirtschaftliche Aktivität usw.), ist dieser Suche des göttlichen Willens für mein Leben untergeordnet, wie sie sich als Aufgabe aus meiner Mitgliedschaft in der Kirche ergibt. Es ist der Kern dessen, was man *Berufung* nennt...

Durch unser Schweigen und unser Hören auf das Wort Gottes bejahen wir neu den Plan Gottes für unser Leben, der darin besteht, unsere Treue zu Christus und unsere Verbindung mit der Kirche immer wieder Wirklichkeit werden zu lassen. Das ist es und nichts anderes, was Gott von uns verlangt.

GEGENWÄRTIG IN WORT UND TAT

Im Johannesevangelium zeigt Jesus Formen seiner Gegegenwart und seines Heilswirkens, die der erleuchtete Christ, zumal der Älteste – der darin ja schon Erfahrung besitzt –, in den Gesten und Handlungen wiedererkennt, die man in der Gemeinde auf Jesu Weisung ausführt. Es läßt uns hinter den Gesten, Verhaltensweisen und Taten Jesu, die es uns vor Augen führt, in Wirklichkeit Gesten, Verhaltensweisen und Taten erkennen, die das Leben der Gemeinde betreffen. Sein Inhalt ist also nichts anderes als die Gegenwart Jesu, wie man sie an diesen Ausdrucksformen des Gemeindelebens ablesen und erschauen kann . . .

Jesus verkündet eine Reinigung durch sein Wort (Joh 15,3) und für die, denen sie vergeben werden, eine Vergebung der Sünden (Joh 20,33), worin sich ein Heilswirken fortsetzen soll, das Werk, das Jesus vollbracht hat, als er zu dem Gelähmten sagte: »Deine Sünden sind dir vergeben« (vgl. Mk 2,5). Auch der Samariterin sagt er das und verkehrt so die menschlichen Verhältnisse in ihr Gegenteil, indem er sie aus der Finsternis ans Licht bringt.

Das Leben Christi ist somit in der Gemeinde gegenwärtig, indem es sich in der sakramentalen Ordnung auf vielerlei Weise entfaltet. Was dem Gelähmten, dem Blindgeborenen, der Ehebrecherin widerfahren ist, geschieht heute im Kontakt mit dem sakramentalen Zeichen. Dies ist also eine der vorrangigen Formen der Heilsgegenwart des fleischgewordenen Wortes unter uns.

Doch noch weiter: Im Bericht von der Kreuzigung Jesu ist die Rede vom Wasser und vom Blut, die aus seiner durchbohrten Seite austreten (Joh 19,34). Wasser und Blut stehen für die sakramentalen Zeichen, die die Wiedergeburt aus dem Wasser der Taufe und das Trinken des eucharistischen Blutes Christi sind: sie sind die Gegenwart des Gottes für uns in unsrer Mitte, Christi, der für uns sein Leben hingibt.

EIN EINZIGES GESETZ

Jesus sagt, er sei gekommen, »um die versprengten Kinder Gottes wieder zu sammeln« (Joh 11,52). Er betet für die, die durch das Wort der Apostel an ihn glauben werden, damit sie eins seien wie er mit dem Vater, »so sollen sie vollendet sein in der Einheit« (Joh 17,20–23). Jesus sorgt und betet wirksam für diese Einheit der Gläubigen.

Damit wirkt Jesus in uns und wirkt auch immer weiter durch sein Eintreten für uns beim Vater. Aber nicht nur als heilende und verwandelnde Kraft am Individuum, wie er mit dem Gelähmten und dem Blindgeborenen gehandelt hat, sondern als Kraft, die die Gemeinde eint.

Zwei andere Texte lassen sich in diesem Zusammenhang noch anführen: »Frieden hinterlasse ich euch, meinen Frieden gebe ich euch« (Joh 14,27), und »meine Freude sei in euch« (Joh 15,11). Jesus ist in unserer Mitte als Element, das Einheit, Liebe, Freude und Frieden stiftet, indem er uns, die ihn im Glauben angenommen haben und durch die sakramentale Ordnung zum Heil gekommen sind, zu einer einzigen Gemeinschaft macht. Jesus ist die Kraft, die diese Einheit schafft, denn mit seinem Gebet und seinem Wirken in den Sakramenten stiftet er sie immer wieder neu.

Fragen wir uns nun, welchen Gesetzen dieses Zusammenleben mit Jesus folgt. Das Johannesevangelium verkündet sie als bleibende Gesetze der Gemeinde, die seine fortwährende Gegenwart in unserer Mitte gewährleisten.

Das erste Gesetz wird in der Erläuterung zur Fußwaschung genannt (Joh 13,12–17): es ist das Gesetz des gegenseitigen, demütigen und entsagungsvollen Dienens.

Das zweite Gesetz, das sich nur formell vom ersten unterscheidet, ist das »neue Gesetz«: »Liebt einander, so wie ich euch geliebt habe« (Joh 15,12); einer muß sich dem andern schenken, um den Preis seiner Selbst.

Diese Gesetze – im Grund nur ein einziges Gesetz – sind es, denen die Einheit der Gemeinde folgt.

LEIDEN FÜR DAS EVANGELIUM

Wir sind gewohnt, von der Passio Domini nostri Jesu Christi, vom Leiden unseres Herrn Jesus Christus, zu hören und darüber nachzusinnen. Wenn wir uns fragen, wie Christus in seiner Kirche lebt, müssen wir jedoch auch die Passio Ecclesiae apostolorum, das Leiden der Kirche der Apostel betrachten. Dieses nimmt im Buch der Apostelgeschichte einen wichtigen Platz ein. Es gehört zur geschichtlichen Physiognomie der Urkirche, in der sich auf mancherlei Art das Antlitz Christi widerspiegelt.

Die Apostelgeschichte geht hingegen nicht auf das Leidensproblem als solches ein; sie befaßt sich nicht mit der Frage, weshalb Gott Leiden zuläßt. Sie sieht bloß auf das spezifische Leiden für das Evangelium, das in einem gewissen Sinn das absurdeste und tragischste ist, weil es, im Unterschied zu den natürlichen Leiden – Unglücksfällen, Naturkatastrophen, Krankheiten –, aus dem Widerstand gegen die Liebe Gottes kommt...

Wenn man die Leiden, die nicht direkt für das Evangelium erduldet werden, mit dem Evangelium in Beziehung bringt, erhalten sie einen neuen Sinn, einen Sinn, der über das hinausliegt, was die Frage nach dem ›Warum‹ des Leidens in der Welt und die Rede über das Böse mühsam in es hineinzubringen suchen...

Mit der Gnade Gottes vermag der Mensch einzusehen, wie alles, was an und für sich aus der Leiblichkeit und Sterblichkeit hervorgeht, mit dem Gottesreich in Beziehung steht.

Von Krankheit schon schwer gezeichnet ging die heilige Theresia von Lisieux mit vieler Mühe im Kreuzgang auf und ab, aus Gehorsam gegenüber dem Arzt, der dies verordnet hatte. Sie opferte ihr Leiden für die Missionare auf, die weite Strecken zurücklegen müssen, um das Evangelium zu verbreiten. Ihr körperliches Leiden ging dadurch, daß es dargebracht wurde, in die Ordnung des Evangeliums ein.

DAS ZIEL DER KIRCHE

Das Ziel der Kirche läßt sich nicht einfach in einem einzigen Satz umreißen, da es sich dabei nicht nur um die Kirche in ihrer Vollendung, d. h. um das voll verwirklichte Gottesreich handelt, das von Christus dem Vater übergeben wird, sondern um die Kirche im Entwurf, die Kirche im Werden. Und diese Kirche im Entwurf, im Werden, weist viele verschiedene Züge auf.

Die Apostelgeschichte legt uns auf jeder Seite ein Bild vom Ziel der Kirche vor, ein Bild, das dramatisch aufgebaut ist, voller Krisen und Beschwerden und doch ein absolut zuverlässiges Bild.

Es ist wie der Same des Evangeliums, der, einmal ausgesät, während der Nacht von selbst keimt und sprießt, und sich unfehlbar im Lauf der Geschichte verwirklicht.

In der Apostelgeschichte finden sich manche Episoden, die sehr unterschiedlich aussehen, doch eine Einheit bilden im Gedanken, daß Christus das Ziel der Kirche ist.

Christus prägt sich in der Geschichte aus, indem ein Volk in verschiedenen Formen und Kulturen sein Leben wiederaufnimmt und auf entsprechende Art neu zum Ausdruck bringt. Wenn wir nicht den Wunsch im Herzen tragen, das Ziel der Kirche zu erfassen, kann uns die Apostelgeschichte lediglich als eine Abfolge von Ereignissen erscheinen, die mehr oder weniger chronologisch aneinandergereiht sind...

Indem die Kirche auf Maria blickt, sieht sie auch ihren Weg und den Abschluß ihres Weges. In Maria steht uns das Ziel der Kirche klar vor Augen. Im Geheimnis der Verkündigung sehen wir, wie sie als Einzelperson zum vollen Menschsein gebracht wird; wir sehen sie in ihrer »korporativen Persönlichkeit«, in ihrer Verantwortung als universale Mutter und somit als Sinnbild der ganzen Menschheit, die dem Ziel, der Vollendung entgegengeführt wird.

EINE KIRCHE DER FREUDE

Maria sagt im Magnifikat: »Meine Seele preist die Größe des Herrn, und mein Geist jubelt über Gott, meinen Retter« (Lk 1,46 f.).
Maria versteht zu jubeln, sich zu freuen, sich von der Tröstung durch den Heiligen Geist ganz durchdringen zu lassen.

Wir können gleich erahnen, daß das Kirchesein vor allem im Sich-freuen-Können besteht, im Jubeln-Können, im Aufnehmen der Tröstung durch den Heiligen Geist.

Die endgültige und darum mustergültige Seinsweise der Kirche ist die Freude über das ihr zuteilgewordene Geschenk Gottes.

Versuchen wir, darüber nachzudenken, ob wir in unseren Zusammenkünften, Versammlungen und Begegnungen von der Kirche ein richtiges Bild geben: das Bild einer Kirche, die über den ihr geschenkten Gott glücklich ist, einer Kirche, die zwar die Last der Sorgen und Leiden trägt, aber doch in Jubel zu leben weiß. Ich habe den Eindruck, wir geben von der Kirche oft ein falsches Bild: das Bild einer verwirrten, ängstlichen, unter den Lasten und über die Dunkelheiten stöhnenden Kirche, einer Kirche, die nicht immer die Berufung wahrnimmt, das zu sein, was Maria war und ist.

Wenn wir die Apostelgeschichte lesen, gewahren wir sogleich, daß darin die Freude zu den Schlüsselworten des christlichen Lebens gehört. Die Urgemeinde bezeugt in Freude den Auferstandenen.

Die Kirche ist dazu berufen, Kirche zu sein, die sich freut, die über die Fülle des Gottesgeschenkes jubelt nicht erst an ihrem Endziel, sondern schon jetzt im Mysterium der Schlichtheit und Verborgenheit, worin das Mysterium Marias bestand. Auch wenn zu diesem Jubel die Leiden, Ängste, Bedrängnisse, der Verfolgung hinzukommen.

SIE FREUTEN SICH DARÜBER

Als Grundzug der verfolgten Kirche hebt die Apostelgeschichte die Freude hervor.

So im Bericht darüber, daß die Apostel auf Befehl des Hohen Rates, der für sie der politische, gesellschaftliche, kulturelle Bezugspunkt war, ausgepeitscht wurden:

»Sie aber gingen weg vom Hohen Rat und freuten sich, daß sie gewürdigt worden waren, für seinen Namen Schmach zu leiden. Und Tag für Tag lehrten sie unermüdlich im Tempel und in den Häusern und verkündeten das Evangelium von Jesus, dem Christus« (Apg 5,41–42). Welch paradoxer Kontrast: »Sie freuten sich darüber, daß sie gewürdigt worden waren«, daß sie also die Ehre hatten, »für Jesu Namen Schmach zu leiden«!

Wer hat den Aposteln diese unglaubliche Freude beigebracht? Sicherlich der Heilige Geist, denn es gibt sonst keinen anderen Anlaß zu Freude in Bedrängnis. Die Apostel setzen die von Jesus verkündigten Seligpreisungen in die Tat um: »Selig seid ihr, wenn ihr um meinetwillen beschimpft und verfolgt und auf alle mögliche Weise verleumdet werdet. Freut euch und jubelt: Euer Lohn im Himmel wird groß sein« (Mt 5,11–12 a). Wir haben diese Worte schon so oft gehört, und doch vergessen wir sie so leicht.

Von dieser Freude berichtet eine weitere, eine der schönsten Stellen der Apostelgeschichte: die über das Verhalten des Paulus und des Silas im Kerker zu Philippi: »Da erhob sich das Volk gegen sie, und die obersten Beamten ließen ihnen die Kleider vom Leib reißen und befahlen, sie mit Ruten zu schlagen. Sie ließen ihnen viele Schläge geben und sie ins Gefängnis bringen; dem Gefängniswärter befahlen sie, sie in sicherem Gewahrsam zu halten. Auf diesen Befehl hin warf er sie in das innere Gefängnis (das zum Ersticken war) und schloß zur Sicherheit ihre Füße in den Block. Um Mitternacht beteten Paulus und Silas und sangen Loblieder; die Gefangenen hörten ihnen zu« (Apg 16,22–25).

JESUS ERFAHRBAR WERDEN LASSEN

Wie läßt sich die Auferstehungswirklichkeit auf der Erfahrungsebene der Kirche noch heute nachvollziehen? Jesus hat so oft gesagt: »Macht eure Augen auf!« Der Herr ist doch auferstanden, der Herr lebt; aber wo? Er lebt bei Gott und lebt mitten unter euch. So ergeht die Aufforderung an uns, einen Blick für die lebendige Gegenwart Jesu in unserer Erfahrung zu haben.

Jesus ist in unserer Erfahrung immer zugegen, wenn sie sich mit der Erfahrung deckt, die das Evangelium beschreibt. Jesus lebt in den Zwölf und in denen, die ihre Verkündigung weitergeben; er lebt in allen, die sich den Zwölf angeschlossen haben, um mit Jesus einen Leib zu bilden. Er lebt somit überall im Leben der Kirche, in all ihrer Heiligkeit und in ihren Sakramenten. Er lebt sogar in unserer Berufung. Denn immer, wenn ein Mensch sich darauf einläßt, ein Leben aus dem Glauben zu führen, geschieht etwas Unbegreifliches und Geheimnisvolles. Jeder lebendige Christ ist eine außerordentliche, menschlich unerklärliche Offenbarung der Auferstehung des Herrn.

Darüber hinaus sollen wir Jesus nicht nur als den sehen, der lebt, sondern als den, der kommt.

Er kommt jedesmal, wenn wir wiederholen, was er getan und gesagt hat, jedesmal, wenn wir das Brot brechen, jedesmal, wenn wir tun, was er uns aufgetragen hat, und das Leben führen, in dem er uns unterwiesen hat.

Das ist also eine Einladung, Jesus in der Kirche leben zu sehen, insofern in ihr Demut, Dunkelheit und Dinge zum Ausdruck kommen, die vielleicht nach außen hin nicht sehr deutlich und verständlich in Erscheinung treten, die aber, wenn man sie mit dem rechten Herzen von innen her sieht, die lebendige Gegenwart der Auferstehung des Herrn bekunden.

DIE ENTSCHEIDENDEN BEZUGSPUNKTE

Irrtümer schleichen sich in jeder Zeit und in jeder Kultur ein, wenigstens keimhaft; deshalb ist es notwendig, beständig auf Christus und die Kirche zu achten. Das sind die beiden wesentlichen Bezugspunkte, um unser Leben und unseren Dienst stets von neuem um die Mitte kreisen zu lassen, so daß er sich nicht von anscheinend geistlichen Reden, die jedoch nicht richtig, sondern zerstreuend, ablenkend oder krumm sind, blenden und auf Abwege bringen läßt.

Auf Christus achten: Entscheidend ist sicherlich, in aufmerksamer Liebe zu wachen, vor allem in innigem, intensivem Gebet, in Anbetung, damit der Sinn für die Zugehörigkeit zu Jesus gepflegt und auch Freude über diese Zugehörigkeit geweckt wird.

Die Konzentrierung auf Christus ist sehr heilsam gegenüber allen Formen künstlicher, zusätzlicher Vermittlungen. Sie wird auch unterstützt durch die Schriftlesung, die uns Jesu in seiner Einmaligkeit und in der Fülle der Gottheit zeigt, die leiblich in ihm wohnt. Gott ist uns in Jesus gegeben, und Gott genügt uns.

Auf die Kirche achten: Wir müssen die Ortskirche, unseren Abschnitt der Kirche, unsere Gemeinde lieben.

Paulus ermahnt uns, denen zu mißtrauen, die uns andere Heilswege zeigen und uns von unserer Kirche lösen wollen, und er lädt uns ein, sämtliche Hilfen, die wir in der Kirche zur Verfügung haben, gern zu nutzen.

»Erleuchte uns, Herr, und halte unsere Augen offen und wachsam, damit sie inmitten der Phantasiegebilde der Nacht, in den Morgennebeln dich wahrnehmen und deine Gestalt von all den vielfältigen Trugbildern zu unterscheiden vermögen. Wir bitten dich darum, gestützt auf die Fürbitte des Paulus, der uns Vorbild ist.«

DIE AUGEN AUFTUN

»Euch ist das Geheimnis des Reiches Gottes anvertraut; denen aber, die draußen sind, wird alles in Gleichnissen gesagt, denn sehen sollen sie, aber nicht erkennen; hören sollen sie, aber nicht verstehen, damit sie sich nicht bekehren und ihnen nicht vergeben wird« (Mk 4,11 f.; vgl. Jes 6,9 f.).

Über diesen Vers hat man lange diskutiert, um festzustellen, ob Gott überhaupt den Willen haben könne, sich nicht verstehen zu lassen. In Wirklichkeit handelt es sich hier um eine Ausdrucksweise, durch die deutlich gemacht werden soll, wie es dem ergeht, der seine Augen verschließt.

Der Vers ist überaus aufschlußreich, wenn wir ihn umkehren und von seiner positiven Seite sehen, wenn wir uns also die Frage stellen: Wie sieht der Weg des Glaubensschülers aus? Es ist der Weg dessen, der seine Augen aufmachen will, um zu sehen.

Viele richten ihren Blick auf die Angelegenheiten der Kirche, aber sie sehen sie nicht, sie begreifen ihren Sinn nicht. Viele, die heute der Kirche gegenüber kritisch Stellung beziehen, tun das oft in der Haltung des Hinschauens und Nicht-Sehens, des Hinhörens und Nicht-Verstehens. Man muß vielmehr vom Hinschauen zum Begreifen, vom Hinhören zum Verstehen kommen, um sich zu bekehren und Vergebung zu erlangen. Das ist, positiv gesagt, der Weg, den die Worte von Vers 12 zeichnen.

Man versteht das noch besser, wenn man über die Aufforderung meditiert, die Augen aufzutun, zu hören und zu verstehen. Sie kommt im Markusevangelium immer wieder vor.

Ziel der ganzen Katechese des Markus ist, aus einer Situation des »Draußen«, in der man das Geheimnis des Reiches unter soziologischen oder phänomenologischen Gesichtspunkten sieht, aber seinem Wesen nach nicht begreift, in die Situation des »Drinnen« hinüberzuführen.

NICHT WIE SIMON

»Als der Pharisäer, der ihn eingeladen hatte, das sah, dachte er: Wenn er wirklich ein Prophet wäre, müßte er wissen, was das für eine Frau ist, von der er sich berühren läßt; er wüßte, daß sie eine Sünderin ist. Da wandte sich Jesus an ihn und sagte: Simon, ich möchte dir etwas sagen...« (Lk 7,39 f)

Wer ist Simon? Wir alle sind Simon, wenn wir die Verhältnisse nicht verstehen, sie formalistisch beurteilen und uns nicht die Mühe machen, ihnen auf den Grund zu gehen. Wir alle sind Simon, wenn wir die anderen erbarmungslos richten und dadurch viel Leid verursachen...

Dieser Gerechte – er ist ja ein Gerechter, über jeden Vorwurf erhaben –, der Jesus eingeladen und dadurch Mut bewiesen hat, ist ausgerechnet Jesus gegenüber schwer von Begriff...

Aber Simon ist, wie gesagt, nicht tot, sondern er lebt in uns, er lebt in unserer Mitte mit seinen Tugenden, seinen Talenten, seiner Ehrbarkeit, aber auch mit seiner gar nicht evangeliengemäßen Begriffsstutzigkeit, mit der er sich dann sogar erkühnt, Jesus Vorschriften machen zu wollen: Wenn er wüßte, wenn er wirklich ein Prophet wäre!

Es gibt gewiß viele, die von hoher Warte mit erhobenem Zeigefinger sagen: Wenn die Kirche sich ihrer Verantwortung bewußt wäre, müßte sie begreifen, was sie da tut!

Wir sind Simon in all den Fällen, in denen wir, statt uns die Schuld zu geben und uns zu fragen, wo wir etwas falsch machen, Hals über Kopf das Urteil über andere sprechen – auch über Jesus, auch über die Kirche –, ohne unsere Unbeugsamkeit und das reine Gewissen abzulegen, mit dem wir einzeln oder als Gruppe von unserer Tadellosigkeit überzeugt sind.

EINHEIT AUF DEM WEG

Die Kirche von heute befindet sich in einer Aufwärtsbewegung, sie ist eine Kirche, die wach, mit wahrer Leidenschaft und Mut, der vollkommenen Einheit der Herzen entgegenschreitet. Die Zusicherung, auch wir würden uns bekehren, wenn alle in der Kirche einander liebten, ist eine ebenso faule Ausrede wie das Wort: Herr, entschuldige mich, ich muß den Acker besichtigen, den ich gekauft habe, ich muß mir die Ochsen einmal anschauen.

Wenn man die Einheit des Weges intensiv lebt, ist sie ein Zeichen, das die grundlegende Einheit und die Einheit als Ziel krönend zusammenfaßt. Schleppt sich aber der Zug müde und lustlos dahin, bringt nur die Hinnahme des Unabänderlichen ihn weiter, so ist er ein Anti-Zeichen, und die Zuschauer am Weg dürfen mit Recht sagen: diese Menschen lieben einander nicht nur nicht, sie versuchen es nicht einmal!

»Herr, gib uns die Gnade, Zeichen dieser Liebe zu sein, sie vor allem im brüderlichen Miteinander zu leben.

Laß die Einheit in unserem Leben in Gebet, Anbetung und betrachtender Schau deiner selbst fruchtbar werden.

Herr, laß uns, die wir dich gemeinsam anbeten,
dir gemeinsam dienen.
Gib uns die Kraft,
Zeichen deiner Einheit zu sein
durch das Zeugnis der brüderlichen Liebe,
der Vergebung, des Verstehens
und der Liebe zur ganzen Menschheit.«

DIE VERSUCHUNG

Menschen in der Kirche – also auch wir! – können der Versuchung von Macht verfallen. Dies ist dann der Fall, wenn wir davon besessen sind, sofort die Früchte und Ergebnisse unserer Arbeit sehen zu können. Die anderen sollen doch wahrnehmen, wie gut unsere Vorhaben sind. Wir schätzen das, was Gott tut, fast mit den Maßstäben ab, wie sie im Geschäftsleben, bei internationalen Konzernen in Gebrauch sind.

Weil es diese Einstellung gibt, gibt es in der Kirche Spannungen. Der Teufel tut sein Werk, aber man wird immerhin fragen dürfen, warum er dabei ein so leichtes Spiel hat. Ein Grund dafür liegt meiner Ansicht nach darin, daß viele in der Kirche ihre ganz persönliche Tätigkeit, ihr Werk als Werk Gottes ansehen. Von daher kommen Streitigkeiten, Spaltungen und schließlich Trennungen.

Die angedeuteten Versuchungen können auch in kirchlichen Einrichtungen vorkommen, zum Beispiel im Gefüge von bestimmten Gruppierungen, in katholischen Schulen und Institutionen. Alles beginnt damit, daß man zu zählen beginnt: was man so alles vermag, wie erfolgreich man ist. Damit meint man, in der Mitte der Kirche zu leben, während man doch die anderen in der Kirche verachtet! Die Absicht ist anfangs gut, aber dann dringt Böses ins Herz ein.

Die bleibende Absicht müßte doch sein, der Kirche zu dienen, nicht der Gruppe oder dem »Firmenschild«. Viele Gruppen stellen sich dem Bischof gegenüber so dar, als seien sie bzw. besäßen sie Allheilmittel zur Rettung der Kirche. Sie verstehen nur schwer, daß auch andere für dieses oder jenes Problem den passenden Schlüssel haben können; daß man also die verschiedenen Unternehmungen in einen größeren Rahmen integrieren muß. Die Diözese ist der Rahmen, in den all die kleineren Aktivitäten eingefügt werden müssen.

SORGE UM DIE EINHEIT

Beim Abschied von seinen Jüngern betet Jesus: »Alle sollen eins sein: Wie du, Vater, in mir bist und ich in dir bin, sollen auch sie in uns sein, damit die Welt glaubt, daß du mich gesandt hast... So sollen sie vollendet sein in der Einheit, damit die Welt erkennt, daß du mich gesandt hast und die Meinen ebenso geliebt hast wie mich« (Joh 17,21.23).

Das persönliche Zeugnis des Christen ist sicher ganz wichtig: man braucht nur an die bleibende Wirkung des Lebens der Heiligen zu denken.

Doch spricht Jesus vom Zeugnis der Kirche als Kirche, der Seinen, die einander lieben, der Seinen, die eins sind. Da erhebt sich unwillkürlich die Frage: wie können wir ein Zeugnis von Einheit und Liebe geben, wenn wir so uneins sind? Manchmal schmerzt uns diese Spaltung so sehr, daß sie uns innerlich aufreibt, und das zu Recht...

Es gibt kein größeres Ärgernis als die Spaltung unter Christen, die Spaltung unter Getauften. Deshalb gehört die Sorge um die Einheit der Kirche zur gleichnishaften Spannung des Lebens nach dem Geiste. Es stimmt ganz genau, daß die Einheit der Christen der entscheidende Punkt ist, und daß die bei ihrer Taufe berufene Menschheit zum Teil dem Gebote Christi gegenüber versagt hat.

Wir könnten sagen, wir katholischen Christen seien eins und seien die wahre Kirche. Es gibt aber Getaufte, die auch in Christus eingepfropft und sogar der Eucharistie teilhaftig und von uns getrennt sind. Man muß sich also die ökumenische Arbeit allen Ernstes und mit Umsicht sehr angelegen sein lassen, besonders in den Ländern, in denen die Spaltung großes Aufsehen erregt. Wir müssen imstande sein, anzubeten, uns zu erniedrigen, zu beten, zu seufzen und zu flehen wie Jesus im Garten von Getsemani.

BEGEISTERUNG FÜR DIE VERKÜNDIGUNG

Begeisterung ist für die Verkündigung des Evangeliums wesentlich, vor allem heute, da der »Pluralismus«, wenn er zum philosophischen, kulturellen und religiösen Pluralismus wird, irgendwie die Begeisterung für die Verkündigung des Evangeliums zu dämpfen scheint.

Es gibt sogar Leute, die den Sendungsauftrag Jesu: »Geht zu allen Völkern, und macht alle Menschen zu meinen Jüngern« (Mt 28,19) durch die Aufforderung: »Geht, und lernt bei allen Völkern« ersetzen und korrigieren möchten, weil es überall Wertvolles gibt; und es heißt, es komme nicht so sehr darauf an, die Botschaft zu verkünden, als demütig auf das zu hören, was die andern uns zu sagen haben. Und so riskiert man, die Unruhe zu verlieren, die uns zur Verkündigung des Evangeliums vom Frieden antreibt.

Es gibt eine Lösung für diese Schwierigkeit, die jedoch gewiß nicht in der Abschaffung des Pluralismus besteht. Ich glaube sogar, daß mit der Zunahme des Dialogs auch das Leben nach dem Evangelium an Tiefe gewinnen muß. Wenn beides zusammen wächst, ist es möglich und leicht, große Achtung gegenüber allen Kulturen, Rassen und Werten mit einem ebenso großen Eifer für die Verkündigung des Evangeliums zu verbinden, das ja kein Angebot wie alle andern und mit keinem anderen Wert vergleichbar ist, aber alle zum Leuchten bringen und verwandeln kann.

Dieses Rüstzeug, diese Bereitschaft ist also überaus wichtig zur Abwehr der Atmosphäre, die ihrerseits eher dazu angetan ist, alle Werte einzuebnen. Den Eifer für das Evangelium mit der Hochachtung vor den Werten anderer zu verbinden, ist das wunderbare Werk, zu dem die Kirche von heute berufen ist, wenn sie ihren missionarischen Elan bewahren will.

DER WERT DES ANDEREN

Der Wert der anderen Religionen, die Dialoge zwischen den Religionen – das sind wichtige Themen. In der Heiligen Schrift wird der Gedanke von der Universalität des Heils nur langsam entfaltet. Ausgangspunkt ist das Heil Israels. Immer wieder finden wir »universale« Passagen, immer wieder aber auch solche, die das Heil eher einschränken wollen auf Israel ...

Natürlich schafft ein solcher Dialog auch Probleme. Warum soll man das Evangelium predigen, wenn man Gott doch in jeder Religion finden kann? Wer so denkt, kann den apostolischen Eifer verlieren, denn der Einsatz so vieler Mittel erscheint unnütz.

»Wer hat, dem wird gegeben, und er wird im Überfluß haben« (Mt. 25,29). Dieses Wort hilft mir sehr, das Problem klarer zu sehen. Wenn ich nichts vom Schatz des Evangeliums empfangen und begriffen habe, ist es besser, den »universalen« Weg (hin zu den anderen Religionen) nicht zu gehen. Wir werden das wenige verlieren, was wir haben.

Wer hingegen etwas vom Geheimnis Jesu Christi, des Königs und Herrn der Geschichte, der Menschheit und meines eigenen Lebens begriffen hat, braucht nichts zu befürchten, denn er erkennt alles entsprechend dem Wert, den es tatsächlich hat.

Wer, vom Alten Testament herkommend, das Geheimnis des Messias ein wenig besser verstanden hat, des Sohnes Gottes und des Menschensohnes, das Geheimnis dessen, der die Zusammenfassung aller menschlichen Wege, Wünsche und Hoffnungen ist, der vermag auch den Wert der anderen Religionen recht einzuschätzen. Er ist in der Lage, den Dialog demütig und unerschrocken zu führen. Er begreift die Wahrheit in den anderen Religionen, weil er alles von Jesus her sieht, dem Urheber und Vollender des Glaubens.

ER IST DAS ZIEL

In ihrer Ausdauer, das zu sein, was sie ist, erreicht die Kirche schon ihr Ziel, ist sie ihrem Wesen treu. Die Kirche muß standfest sein, darf die Arme nicht sinken lassen, sondern soll beharrlich weiterfahren, ihrem Wesen gemäß zu handeln.

»Wir bitten dich, Herr: Laß unser Herz das Ziel der Kirche erahnen. Dieses Ziel bist du selbst in deiner Fülle, es ist das dir übergebene Gottesreich. Und deine Fülle, Herr der Herrlichkeit und der Geschichte, zieht uns unwiderstehlich an.

Wir haben dich allzuoft vergessen und sind deshalb nicht würdig, dich zu empfangen. Wir haben uns mit täglichem Kleinkram begnügt, mit dem täglichen Bemühen, die Dinge ins Gleichgewicht zu bringen, und ließen uns nicht zu dir ziehen, zum Ziel der Kirche, das uns beständig aus dem Gleichgewicht bringt, weil es uns aus uns herausversetzt. Doch wir bekennen, Herr, unsere Sünde.

Wenn du unserem Herzen dieses Ziel eingibst, werden wir im Frieden sein und den Sinn dessen verstehen können, was an uns herankommt. Wir werden ersehen können, was in dem, was auf uns zukommt, uns dem Ziel der Kirche näherbringt und was uns im Gegenteil davon abhält.

Wende deinen Blick uns zu und sieh unser Verlangen. Sei in unserem Herzen, in unserem Geist, auf unseren Lippen und in unseren Händen, damit sich das Ziel der Kirche auch durch uns verwirkliche.

Wir bitten dich darum durch Maria, deine und unsere Mutter, welche die Ikone, das Bild des Ziels der Kirche ist. Amen.«

DEM GOTTESREICH ENTGEGEN

Wer das Ziel im Blick behält, der gewinnt mehr und mehr Klarheit über die Wege, die dorthin führen. Trotz der täglichen Mißerfolge, traurigen Erlebnisse, Mühen, Kritiken, trotz aller Angriffe und Schwierigkeiten wird er unterscheiden können, was diesem Ziel entspricht und was nicht, er wird erkennen, in welcher Weise er selbst an diesem Ziel teilhat.

Bitten wir den Herrn um die Gnade, das Ziel der Kirche als des Leibes Christi, der sich in der Zeit aufbaut, zu sehen.

Bitten wir ihn um die Gnade, die Voraussetzungen und Etappen dieses Ziels zu erfassen, um uns selbst, um die Art und Weise, wie wir diesem Ziel nachleben, besser zu erkennen, um uns zu fragen, wie wir den Versuchungen der Einsamkeit und der Entmutigung widerstehen sollen, von denen auch Paulus nicht verschont geblieben ist.

Maria sei darin unsere Geleiterin. Blicken wir immer wieder auf sie, das Bild des Ziels der Kirche und aller geschichtlichen Ausdrucksformen dieses Zieles.

Fragen wir uns:
– Welche Gefühle bringe ich für gewöhnlich der Kirche und ihrem Sein in der Geschichte entgegen?
– Sind diese Gefühle von der Schau, der Freude, der Offenheit eines Paulus beseelt? Oder von Entmutigung, Mißtrauen, vom Eindruck, für eine verlorene Sache einzustehen?

Für die, die sich treu an Jesus halten und mit Vertrauen sein Kommen erwarten, wandert die Kirche durch die Zeiten sicher auf ihr Ziel, das Gottesreich, zu.

PETRUS LIEBEN

Die Berufung (des Petrus) ist Antwort auf die Frage: »Liebst du mich? Liebst du den Herrn ganz tief und bist du bereit, kraft dieser Liebe... Verantwortung für andere zu übernehmen?«...

Wer Petrus liebt und ihn als Geschenk des Herrn begreift, legt den Sinn seiner Anordnungen in Freiheit des Geistes richtig aus, sieht, wie sich in ihnen die Förderung der Liebe vollzieht, und gehorcht daher in Liebe. Und wie man zur richtigen Auslegung der Bibel Mühe, Aufmerksamkeit, Klugheit und Unterscheidungsgabe braucht, da man sich sowohl durch ein Zuviel wie auch durch ein Zuwenig irren kann, so ist dieselbe Haltung auch zur Auslegung einer Entscheidung des Lehramtes oder eines Konzils oder anderer Verfügungen der kirchlichen Autorität erforderlich. Denn wie man sich vor einem unbeweglichen Geist – der alles unkritisch oder blind hinnimmt, ohne Absicht und Anlaß dessen zu erfassen, was angeordnet wird – hüten muß, müssen wir uns vor einem lauen – der nur nach dem greift, was ihm gefällt, und ablehnt oder ignoriert, was ihm nicht paßt – in acht nehmen. Gerade in der heutigen Zeit sollten wir inständig um ein offenes, wahrhaft freies Herz beten. Dies setzt eine Sicht des Glaubens voraus, die uns bis zu Jesus selbst hinführt und uns zu der Treue anhält, die wir ihm schulden.

Das Petrusamt bringt Prüfungen mit sich. Daraus folgt für die Gemeinde, die diesem Evangelium Gehör schenkt, daß sie Petrus in Zeiten der Schwierigkeiten nicht verlassen darf. Halten wir bei ihm aus, damit auch hier Jesu Wort an die Seinen in Erfüllung geht: »In all meinen Prüfungen habt ihr bei mir ausgeharrt« (Lk 22,28). Denken wir daran, wie in der Urkirche, als Petrus in Haft war und seine Verurteilung durch ein menschliches Gericht erwartete, »die Gemeinde inständig für ihn zu Gott betete« (Apg 12,5).

DAS NEUE JERUSALEM

Im letzten Kapitel der Offenbarung heißt es: Der Engel »zeigte mir die heilige Stadt Jerusalem, wie sie von Gott her aus dem Himmel herabkam, erfüllt von der Herrlichkeit Gottes« (Offb 21,10). Warum also kommt in dieser Schlußversion Jerusalem vom Himmel, von Gott herab? Will dies nicht besagen, daß all das, was Jerusalem ausmacht, Werk Gottes ist und nicht von Menschenhänden stammt? Gott selbst bildet die heilige Stadt. Hier wird die große geschichtliche Arbeit unserer Hände, der Hände der Kirche, vergessen oder übergangen. Dies ist nicht bloß ein große Mysterium, sondern auch eine Erschütterung unserer Sicht, die unwillkürlich immer ein wenig progressistisch und evolutionistisch ist: das Bild einer Menschheit, die zu Gott aufsteigt.

Das Werk stammt von Gott; er leitet es; die Ehre daran kommt ihm zu. Die Geschichte stirbt, weil jeder von uns stirbt, und wir werden das himmlische Jerusalem erreichen, das vom Himmel herabkommt und nicht von der Erde aufsteigt. Die erneuerte Menschheit kommt von Gott; sie wird nicht aufs Mal umgewandelt, sondern sie macht den Tod durch und es wird vor ihr von Gott die Fülle des Lebens wiedergeschenkt. Wir können also auf dem geschichtlichen Weg der Kirche bereits den Moment des Todes, des Kreuzes erahnen, die Stunde der blinden, totalen Übergabe in die Macht Gottes, der Christus auferweckt hat und seiner Kirche auferweckt in der Fülle der Zeiten.

Jede Eucharistie ist ein Jerusalem, das vom Himmel her in unsere Mitte herabkommt, ein Geschenk, das Christus seiner Kirche macht. Es geht wohl durch unsere Hände, muß aber zu Gott aufsteigen, um wieder zu uns heruntergzusteigen. Empfangen wir es in Freude, Demut, in der Gewißheit, das Christus mit der gleichen Zuverlässigkeit, mit der er seiner Kirche die Eucharistie schenkt, sie auch in Fülle zu seinem verherrlichten Leib machen wird.

JULI

Gott in meinem Leben

DURCH SEIN WORT

Im zweiten Korintherbrief lesen wir: »Denn Gott, der sprach: Aus Finsternis soll Licht aufleuchten!, er ist in unseren Herzen aufgeleuchtet« (4,6).

Wer ist dieser Gott, von dem Paulus spricht? Nicht einfach eine Gottheit, sondern der Vater als der Absolute, der Anfang von allem, der Ursprung, die letzte Instanz, der, von dem alles abhängt und der von allem unabhängig und zugleich der Vater Jesu Christi ist. Er ist, wenn es um das Göttliche, um den einzigen Gott geht, der Ursprung, die Wurzel der Wurzeln, das Licht, von dem jedes Licht ausgeht.

»Der sprach« – er der gesprochen hat. Es ist interessant, daß Paulus, für den Gott der schöpferische und absolute Ursprung schlechthin ist, derjenige, über den hinaus das Vorhandensein einer weiteren Instanz undenkbar ist, Gott nicht als denjenigen definiert, »der schuf«, sondern als den, »der sprach«. So wird die initiatorische Rolle des Wortes unterstrichen – im Anfang das Wort –: Gott ist derjenige, der durch die verständliche und liebende Mitteilung seiner selbst, durch sein Wort, alles erschaffen hat.

Das heißt also: unser Leben, unser Sein beruht auf Gottes Wort, nicht einfach auf einem allgemeinen Seinswillen, es beruht auf einer Person, die sich personal und sinnvoll in Richtung auf die von ihr erschaffene Person hin ausspricht. Die führende Rolle des Wortes besagt, daß die personale Initiative der Liebe Gottes zum Menschen im Dialog die führende Rolle spielt...

So wird darauf hingewiesen, daß Gott den Anstoß gibt. Damit wird unser Tauf- und Sendungsbewußtsein einzig und allein auf Gott zurückgeführt, dem gegenüber nur aufnahmebereites Hören möglich ist und sonst nichts...

Ich kann in mir ein geschaffenes, geliebtes, persönlich angesprochenes Menschenwesen erkennen, das mit dem Menschen in jedem Mann und jeder Frau, die mir begegnen, identisch ist.

MARIA UND ELISABET

Das Geheimnis der Heimsuchung ist das Geheimnis der Verständigung zwischen zwei Frauen unterschiedlichen Alters, unterschiedlichen Milieus und unterschiedlichen Wesens und ihrer von gegenseitiger Hochachtung getragenen Herzlichkeit.

Zwei Frauen: jede von ihnen ist Trägerin eines Geheimnisses, das sich der Mitteilung versagen möchte, des intimsten und tiefsten Geheimnisses, dessen eine Frau auf der Ebene des natürlichen Lebens innewerden kann: der Erwartung eines Kindes.

Elisabet fällt es schwer, davon zu reden, weil sie schon so alt und alles so neu und ungewohnt ist.

Maria fällt es schwer, weil sie niemand in die Worte des Engels einweihen kann...

Wir können uns leicht den Jubel und das Erstaunen Marias vorstellen, als sie sich, ohne auch nur ein Wort gesagt zu haben, verstanden, aufgenommen, anerkannt, geliebt und hochgeehrt sieht.

»Wer bin ich, daß die Mutter meines Herrn zu mir kommt?« (Lk 1,43) Elisabet weiß alles, hat alles begriffen: Sie hat sich auf den Gruß Mariä eingelassen und sie dank dieses Grußes begriffen und voller Freude bei sich aufgenommen: »Selig ist die, die geglaubt hat, daß sich erfüllt, was der Herr ihr sagen ließ« (Lk 1,45).

Maria sieht sich gelobt für etwas, das eigentlich ihre ureigenste Angelegenheit war: sie hatte dem Wort Glauben geschenkt, sie hatte sich ganz in ihr »Fiat« gegeben und darin ihr Leben zusammengefaßt, sie hatte die Furt des Glaubens bewältigt und sich ganz dieser neuen Seins- und Lebensweise überlassen. Da findet nun ihr Glaube, der für andere unerklärlich war, auf einmal anerkennende Bestätigung.

Das Geheimnis der Heimsuchung hat also ein sich gegenseitiges Durchdringen zweier Seelen zum Inhalt, ein aufeinander Eingehen von äußerstem Takt.

WIE DAS SAMENKORN

Bedenken wir, wie das Samenkorn des Evangeliums jahrzehntelang lautlos Frucht bringt im Herzen Marias, die schon von Anbeginn hundertfältig fruchtbar ist; es bringt Frucht im demütigen Herzen Josefs; es wird ausgesät in die einfachen Seelen der Hirten, Simeons und Annas und anderer Armer Jahwes, die auf den Trost Israels warteten. Dieses Samenkorn – trifft auch auf die Dornen des Herodes, die es ersticken wollen; es sucht Zuflucht auf dem guten Erdreich einiger Menschen außerhalb Israels, so bei den Weisen aus dem Morgenland, die von gutem Willen und aufrichtiger Geradheit beseelt sind...

Versuchen wir, dankbar unser Leben in der Kirche so zu leben, wie es ist; das heißt, den Schatz in unserem Acker zu heben und Gott über alles zu danken, daß er uns mit ihm ein verborgenes Leben führen läßt, das nicht frei ist von Widersprüchen, Schwierigkeiten und Dunkelheiten, das aber gerade darin die lebendige Gegenwart des Samenkorns aus dem Evangelium bekundet.

Im Grunde besteht der wichtigste Vorsatz, den wir immer wieder fassen müssen, darin, Gottes Werk in unserem Leben zu rühmen, wie es konkret ist mit all seinen Zweideutigkeiten, Unsicherheiten und Schwächen; denn in diesen Schwächen, Unsicherheiten und Zweideutigkeiten zeigt sich die Macht des Auferstandenen.

Unser alltägliches Leben enthält nämlich schon in seiner scheinbaren Bedeutungslosigkeit – da jedes Leben, aus der Nähe und in seinen Einzelheiten betrachtet, einem sehr einfach, arm und dem Geheimnis Gottes unangemessen erscheint – und gerade darin die Zeichen der Auferstehung des Herrn. Es kann zur herrlichen Offenbarung dessen werden, was der Sohn Gottes in der Demut vermag: wie das Samenkorn, das in die Erde gelegt und in ihr verborgen wird, durch Gottes Macht und das Vertrauen, das man auf sein Wort setzt, zum Leben ersteht.

WER BIN ICH?

Die Frage des Psalmisten ist die Frage schlechthin: »Wer ist der Mensch, daß du an ihn denkst... du hast ihn nur wenig geringer gemacht als Gott« (Psalm 8,5.6).

Wer bin ich in diesem persönlichen Geschick? Wer bin ich in all meiner Kleinheit und meiner Armut?

Wir sind aufgerufen, im Gebet zu bekennen: »Herr, ich bin nichts im Vergleich zu dir, aber wie groß bist du, daß du an mich denkst!« Und daher äußert sich der Arme, der ich bin, im Lob und in dankbarer Anerkennung; denn Gott hat Großes an mir getan, hat mich mit Herrlichkeit und Ehre bedacht. So muß ich denn vor allem die Hochschätzung der Gaben, die Gott mir verliehen hat, zum Ausgangspunkt nehmen.

Wehe uns, wenn wir uns zu gering einschätzen und uns gemein machen; jeder von uns ist groß, nur wenig geringer als die Engel. Der hebräische Text scheint sogar zu lauten: »wenig geringer als ein Gott«, der von Herrlichkeit und Ruhm gekrönt ist: das bin ich.

Diese anthropologische Überlegung ist eine dankbare Würdigung dessen, was ich bin, und was ich bin, ist auch jeder andere Mensch: des Ruhmes und der Ehre würdig. Das wäre dann die Folgerung aus der Lektüre in anthropologischer Sicht: Ehre dem Menschen!

Verstehe ich es, wirklich alle Menschen zu ehren?

Ehre ich eigentlich die Menschen, die Gott mir beigegeben hat? Ehre ich eigentlich jeden Menschen aus Achtung vor der Seele des Nächsten und vor seinem Leib? Ist für mich der Nächste jemand, der mir nahesteht, jemand, den ich kenne oder liebe, ein Mensch, den ich ehre, oder ist für mich die Seele, das Leben, der Leib dessen, der mir nahesteht, nur Gegenstand der Begierlichkeit, maßloser, brennender Gier, egoistischer Bedürfnisse und der Sinnenlust?

HERRLICHKEIT GOTTES – FREUDE DES MENSCHEN

Die Herrlichkeit, von der die Schrift wiederholt spricht, ist der Glanz Gottes, das Überfließen seiner Macht, ist der Reichtum, die Güte, die Zärtlichkeit Gottes, der in die Geschichte eintritt. Darin besteht die Herrlichkeit: im göttlichen Glanz, der in die Geschichte eindringt und sichtbar wird...

Wir werden das Mysterium der Herrlichkeit des Herrn verstehen, wenn wir von der Szene von Kana ausgehen und das ganze Evangelium als eine Abfolge kleiner Zeichen der großen Herrlichkeit Gottes auf Kalvaria neu lesen.

In Kana vermehrt Jesus großzügig den Wein für die Freude der Menschen. Und kurz darauf heilt er den Lahmen, vermehrt er Brot, schenkt er einem Kranken die Gesundheit, dem Blindgeborenen das Augenlicht und auferweckt er Lazarus.

Die Herrlichkeit Gottes besteht somit darin, daß der Mensch lebt, daß er nicht stirbt, daß er sich freut, daß er nicht Trauriges erleidet. *Die Herrlichkeit Gottes besteht in der Freude des Menschen.* Gott ist der, der sich um unserer Freude willen bis aufs letzte verschenkt, sich ganz hingibt; er ist der, welcher, um uns aus unserer Traurigkeit zu befreien, unsere Schmerzen auf sich nimmt, sie sich voll und ganz auflädt und dem Erweis seiner Liebe zu uns, zu einem jeden von uns keine Grenzen setzt.

Darum können wir etwas vom Mysterium der Herrlichkeit erahnen, wenn wir auf Jesus schauen, der am Kreuz stirbt.

Der Gipfelpunkt der Herrlichkeit Gottes, der Augenblick, in dem sich seine Herrlichkeit strahlend, unumstößlich enthüllt, ist dann da, als Jesus freiwillig den Tod auf sich nimmt aus Liebe zum Menschen, um diesem den Geist mitzuteilen, um ihn aus der Sünde zu retten, ihm wieder Frieden und Leben zu geben.

ZEICHEN SEINER HERRLICHKEIT

Die Herrlichkeit Gottes bekundet sich in der ganzen Betätigung Jesu als Lebensspender, kommt jedoch im Kreuz am stärksten zum Ausdruck.

Kana ist die erste Ankündigung. Darin, daß der Herr die Aufforderung Marias gütig aufnimmt, zeigt sich schon, daß ihm am Menschen gelegen ist, daß er ihn zärtlich liebt, obwohl die Stunde des Kreuzes noch nicht gekommen ist. Kana ist Offenbarung der Herrlichkeit, denn es zeigt die Liebe Gottes zum Menschen.

Die Herrlichkeit Gottes erweist sich in großen, jedoch in den Augen der Welt nicht auffälligen Dingen. Sie zeigt sich in einem Übermaß an Liebe und Güte. Ein unglaubliches, unüberbietbares Übermaß an Liebe und Güte liegt darin, daß Gott im Moment des Todes seines Sohnes am Kreuz alles für uns hinzugeben, alles zu verzeihen weiß.

Die Herrlichkeit Gottes tritt jedoch auch in kleinen Dingen, in alltäglichen Geschehnissen zutage, wie in Kana. Die gleiche Herrlichkeit, die im Kreuz aufscheint, ist in der alltäglichen gütigen Hingabe lebendig.

Jede noch so geringe Tat der Güte von uns ist Ausdruck der Herrlichkeit des Herrn: »Und wie du, Jesus, dadurch, daß du in Kana deine Herrlichkeit zeigst, erreichst, daß die Jünger an dich glauben, so werden auch wir jedesmal dann glaubwürdig, wenn wir in Taten gütiger, echter Hingabe deine Herrlichkeit freudig bekunden.«

Darin, wie wir hier und heute beten, und darin, daß wir einem Menschen freundlich begegnen, ihm die Hand drücken, uns für ihn interessieren, ihm Beachtung schenken, und darin, daß wir an der Not von Mitmenschen nicht gleichgültig vorbeigehen, sind wir Zeichen der Herrlichkeit Gottes.

So werden wir mehr und mehr fähig, sie auch in besonderen Prüfungen, in schweren Momenten unseres Daseins zu offenbaren.

BIS ANS ENDE

Gott hat mich gewollt und erwählt. Er liebt mich. Das ist die fundamentale Wahrheit meines Lebens, ist die Definition des Menschen. Hätte er mich nicht zuerst geliebt, wäre ich nicht hier. Was immer mir auch zustoßen mag – bis hin zum Verlust meiner Berufung, der Gnade, des Glaubens –, wahr ist und bleibt, daß Gott mich liebt. Über diesem Fundament kann ich in jedem Moment alles neu aufbauen ...

»Gott, du mein Gott, dich suche ich.« Dieser Vers aus Psalm 63 wird nun klarer. Das Heil, das Gott mir schenkt; die Barmherzigkeit, die er mit anbietet; ja, die Zärtlichkeit, mit der er mir begegnet – Gott tut bei allem den ersten Schritt. Und er bewirkt auch in mir das Verlangen, ihn zu suchen.

Wenn wir über unser Leben nachdenken, stellen wir fest, daß es sich um ein Zusammenspiel von vielen Umständen handelt. Ich hatte Hans Urs von Balthasar zu seiner Erhebung zum Kardinal gratuliert. Seine Antwort darauf traf wenige Tage nach seinem Tod bei mir ein. Er schrieb: »Man wollte mich ehren, aber man hätte auch irgend jemand anderen nehmen können« ...

Gott hat uns in verschiedenen Situationen immer wieder seine Liebe, sein Handeln an uns deutlich gezeigt ...

Gottes Liebe ist in jedem noch so kleinen Vorgang unseres Lebens gegeben. Sein Plan für uns erschließt sich Schritt für Schritt. Alles mag als eine Summe von unverbundenen Zufällen erscheinen, wie es wahrscheinlich auch David wahrgenommen hatte. Dennoch, da dürfen wir ganz sicher sein, wirkt und handelt Gott bis in unsere Todesstunde, damit sich sein verborgener Plan, seine Barmherzigkeit an uns verwirkliche. Wenn das so ist, muß man eigentlich trotz allem ein großes Vertrauen ins Leben haben.

FÜR MICH

Wir sollen uns nicht nur Jesu erinnern, der Mensch geworden ist, sondern Jesu, der *für mich* Mensch geworden ist, das heißt, Jesu – dabei beziehe ich mich unter den verschiedenen Texten hauptsächlich auf Joh 15,3 –, der *sein Leben hingibt für die Seinen.* Dieser Worte bedienen wir uns noch nicht im Sinne der Passion – Jesus, der für die Seinen den Tod auf sich nimmt –, sondern wir betrachten sie vor allem im Sinn der Menschwerdung und des Lebens.

Er gibt sein Leben hin, das heißt, er lebt für uns, seine Freunde. So offenbart er uns nicht nur das Antlitz des Vaters, das Antlitz Gottes – jenes Gottes, den wir schauen wollen –, sondern er tut uns Gott kund, der für uns Gott ist, Gott, der für uns lebt – wenn wir so sagen dürfen –, Gott, der für uns sein Teuerstes dahingibt: Gott, der die Welt so geliebt hat, daß er seinen Sohn dahingibt, nicht nur in der Stundes des Kreuzes, sondern als Leben unter uns.

Hier enthüllt sich uns ein ganz neuer Sinn der Wirklichkeit: ein zugleich tiefer und sehr einfacher Sinn. Was ist der Sinn unserer menschlichen Situation, den Jesus uns enthüllt, der Gott unter uns und für uns ist? Daß wir von Gott geliebt sind. Von Gott geliebt, wie dunkel und unbedeutend auch immer unsere augenblickliche Situation sein mag.

Das ist letztlich die Bedeutung der ganzen Wirklichkeit, aller Dinge, aller Situationen: Wir sind von Gott geliebt, wie verlassen wir uns auch vorkommen mögen.

Das ist die verwandelnde Botschaft, die, ändert sie äußerlich auch nichts, in Wirklichkeit doch die Bedeutung meines Seins umkehrt: Mag ich mich auch verlassen und verloren fühlen in einer sinnlosen Welt, in der Zufall und eherner Zwang zu herrschen scheinen, ich bin von Gott geliebt: Gott gibt sich für mich hin und gibt für mich das Teuerste, was er hat. Das ist Jesu Botschaft, die eigentliche Botschaft seiner Gegenwart unter uns.

ALLES IST GESCHENK

Jeder von uns gelangt nur dann ganz zur Wahrheit, zum Lob und zur Danksagung, wenn er von Herzen anerkannt hat, daß er Geschöpf, daß er vom Sein schlechthin gesandt ist, nur dann, wenn er existentiell anerkannt hat, daß alles ihm als Geschenk gegeben, daß das Sein Geschenk ist.

Das Gottesverständnis und das Verständnis unserer Geschöpflichkeit sind das, was dem heidnischen Bewußtsein des Menschen am meisten fehlt, sind die Wahrheit, gegen die man sich am meisten zur Wehr setzt. Es ist die Urversuchung Satans, das Von-Gott-geliebt-Sein, das Von-ihm-abhängig-Sein nicht zu akzeptieren. Das ist letztlich die Wurzel der gestörten Ordnung in uns selbst, in der Gesellschaft und in der Geschichte und die Verweigerung, die der Sinnlosigkeit des Lebens Tür und Tor öffnet.

Hier ist jeder von uns zu einer grundlegenden Umkehr aufgerufen; denn das Heidentum, das sich seine eigenen Götter macht und die Götter von Menschenhand liebt, erhebt sich in uns instinktiv immer wieder. Es gibt weder Kultur – und mag sie äußerlich auch christlich sein – noch Tradition, die uns vor dieser Urversuchung bewahren können. Sie schleicht sich in all unser Tun ein. Nur die Gottesliebe, in der wir den Heiligen Geist anerkennen, schauen und bei uns aufnehmen, ermöglicht, daß wir siegen. Der Sieg über die Welt ist im Grunde der Sieg über die Furcht davor, vom Vater geliebt zu werden.

Bitten wir also den Herrn, daß er uns bis zu den tiefsten Wurzeln dieser Wahrheit und zu der Einsicht gelangen läßt, daß sehr viele Beschwerden und psychische Leiden, die die Psychoanalyse zu erklären versucht – und das oft mit großem Unvermögen und wenig Erfolg –, in diesem wesentlichen Punkt ihren Ursprung haben; nicht von ungefähr hat Johannes, der der Evangelist des Wesentlichen ist, das mit großem Nachdruck unermüdlich immer wieder herausgestellt.

ICH BLEIBE BEI DIR

Wenn er zu Gott hinüberwechselt, entdeckt der Glaubende, daß er einen Schatz besitzt, der über alles andere erhaben ist: Gott ist mit ihm, Gott ist sein Freund.

»Ich bleibe immer bei dir,
du hältst mich an meiner Rechten.
Du leitest mich nach deinem Ratschluß
und nimmst mich am Ende auf in Herrlichkeit.«

(Psalm 73,23.24)

Psalm 73 beschreibt in den Schlußversen in den wärmsten Farben die persönliche Freundschaft des Menschen mit Gott, eine Wirklichkeit, die der Mensch allein von sich aus nicht erkennen konnte und die ihm offenbart wird: »Ich bleibe immer bei dir.« So sagt es der Vater dem älteren Sohn im Gleichnis vom Verlorenen Sohn: »Aber du bist immer bei mir; wenn du begriffest, was das heißt, wäre alles andere so einfach.«

Und nach der Offenbarung: »Ich aber bleibe immer bei dir«, wird die Freundschaft mit Gott großartig beschrieben, und das in einem Augenblick, in dem Gott sich noch nicht mit dem Antlitz Jesu, dem Freundesantlitz, gezeigt hat, sondern noch im Geheimnis verhüllt bleibt.

Dieser vom Geist erleuchtete Mensch hat in Gott einen Freund gefunden: »Du hältst mich an meiner Rechten. Du leitest mich nach deinem Ratschluß und nimmst mich auf in Herrlichkeit.« Das sind drei Aspekte der Verwirklichung der Freundschaft mit Gott, die alle Schwierigkeiten löst. Was dieser Mensch innerlich gelitten hat, wird nicht durch einen Disput behoben, sondern durch die Tatsache, daß er sich zutiefst geliebt weiß, überaus geliebt.

Das ist die Überraschung, von der Johannes Paul II. in der Enzyklika »Redemptor Hominis« spricht: »Die Überraschung des Menschen, der entdeckt, daß er von Gott überaus geliebt wird; und wenn er das innerlich begriffen hat, stellt sich ihm die Welt ganz anders dar, in positivem Licht.«

MEIN GOTT UND MEIN ALLES!

»Du hältst mich an meiner Rechten, du leitest mich, du nimmst mich auf« (Ps 73,24), das heißt, meine Gegenwart und meine Zukunft sind in deiner Hand. Und dann ruft die Liebe aus: »Was habe ich im Himmel außer dir? Neben dir erfreut mich nichts auf der Erde« (Ps 73,25).

Großartigere Worte der Liebe gibt es kaum. Man kann sie vergleichen mit der Antwort des Petrus auf die Frage Jesu: »Wollt auch ihr weggehen?« Er sagt nämlich: »Herr, zu wem sollen wir gehen? Du hast Worte des ewigen Lebens« (Joh 6,67 f.).

Schon Jahrhunderte zuvor hat unser unbekannter Glaubender gesagt: »Was habe ich im Himmel außer dir? Neben dir erfreut mich nichts auf der Erde« (Ps 73,25). »Auch wenn mein Leib und mein Herz verschmachten« (Ps 73,26), d. h., mein Leben kann mich verlassen, ich kann dem Tode nahe sein, »Gott ist der Fels meines Herzens und mein Anteil auf ewig« (Ps 73,25–26).

Man glaubt, die Heiligen sprechen zu hören, einen heiligen Franz von Assisi, der in seiner Entrückung immer wieder sagte: »Mein Gott und mein Alles.« »Gott ist der Fels meines Herzens und mein Anteil auf ewig, Gott nahe zu sein ist mein Glück. Ich setze auf Gott, den Herrn, mein Vertrauen.«

Psalm 73 schließt also mit einer Betrachtung, die sich sogar ganz in den guten und barmherzigen Gott versenkt. Das ist die Erfahrung, in der allein der Mensch die Glaubenskraft erwirbt, die das Leben zur Einheit führen kann.

GOTT IN ALLEN DINGEN FINDEN

Es ist viel leichter, Gott ganz und gar als Gott in seiner Abstraktheit gelten zu lassen als im persönlichen Leben, das nicht immer so verläuft, wie wir es gern möchten.

Wir sind Gott gehorsam, wenn wir akzeptieren, daß er sich ganz konkret in *diesem* gekreuzigten, erniedrigten Jesus offenbart, in *dieser* armen, schwachen Kirche hier, in *dieser* Gemeinschaft, in *meinem* Geist, der so schwer von Begriff ist, in *meinem* Leib mit seinen Krankheiten, in *meinem* geistlichen Leben mit seiner Mühsal. Wir möchten Gott immer anderswo finden und verpassen so die Pointe, um die es in unserem Leben hier und jetzt geht. Nur wenn wir uns eingestehen, daß unsere Suche eine überflüssige Aufregung, aber keine wahre Suche ist, geht uns auf, daß wir eigentlich schon haben, was wir suchten.

So sind wir aufgerufen, Gott in der Welt, Gott in den Dingen, in den anderen, in den Situationen zu finden, aber wir werden das nie können, wenn wir nicht von der unmittelbaren Situation, in der wir stehen, die die unsere ist, ausgehen. In jeder unmittelbaren Situation, in jedem kleinsten Dienst, stehen wir in Berührung mit dem Dienst überhaupt, in jedem Bruchteil stehen wir in Berührung mit dem Ganzen, das Gott ist, der sich offenbart.

Beten wir mit den Worten des heiligen Ignatius von Loyola zur Erlangung der Liebe:

»Nimm hin, o Herr, meine ganze Freiheit. Nimm an mein Gedächtnis, meinen Verstand, meinen ganzen Willen. Was ich habe und besitze, hast du mir geschenkt. Ich gebe es dir wieder ganz und gar zurück und überlasse alles dir, daß du es lenkst nach deinem Willen. Nur deine Liebe schenke mir mit deiner Gnade. Dann bin ich reich genug und suche nichts weiter.«

JESUS BEGEGNET MIR

»Was wollt ihr?« hatte Jesus die ersten Jünger gefragt (vgl. Joh 1,38); und nun Magdalena: »Warum weinst du? Wen suchst du?« (Joh 20,15) Jesus holt sie mit seiner Frage dort ab, wo sie sich befindet, um sie für das zu erleuchten, was sie von sich aus begreifen muß; dann offenbart er sich...

Was dies angeht, so können wir überlegen, wie es uns auf der Suche nach den Zeichen von Gottes Gegenwart in unserem Leben ergeht. Betrachten wir uns einmal im Spiegel dieser Erzählung von der Erscheinung Jesu vor Magdalena, könnten wir sagen, daß auch wir kraft unseres Glaubens sicher sein müssen, den Herrn in unserer Nähe zu haben, und daß man nur die Augen zu öffnen braucht, um ihn in der gegenwärtigen Situation zu erkennen, die der Herr mit der Verlängerung und Ausweitung seiner Menschwerdung erreicht.

Oft sagen wir: Wenn die Dinge anders lägen, wenn ich intelligenter wäre, wenn ich mehr Zeit zum Beten hätte, wenn ich anders veranlagt wäre, wenn mein Verhältnis zur Gemeinschaft anders wäre. Johannes aber sagt uns: Da, wo du bist, ist für dich auch der Herr, und du kannst ihn mit deinem Glauben und deiner Liebe aktiv als gegenwärtig erkennen.

Deshalb liegt die Hauptlehre, die wir aus dieser Erzählung des Evangeliums ziehen können, darin, daß man sozusagen in den verschiedenen Aussageweisen und Zeiten, die Johannes uns erklärt, die Konjugation des gegenwärtigen menschgewordenen Wortes beherrschen muß. Dann können wir es in unserer Nähe finden und auch die unermeßliche Freude dessen empfinden, der sieht, wie eine anscheinend dunkle Stunde unverhofft von innen her verklärt wird kraft der Gegenwart des für uns gekreuzigten und für uns auferstandenen Herrn.

GOTT ZEIGT SICH

In den verschiedenen menschlichen Situationen bietet sich Gott uns vor allem als Geschenk dar. Denken wir an die Situation des Sakramentes: Gott ist es, der sich schenkt; oder an eine Begegnungssituation: es ist Gottes Gabe, die mir in der Wirklichkeit dieses Augenblicks gegenübersteht.

Mehr noch als bloßes Geschenk, zeigt sich uns Gott bisweilen als Licht oder als Wegführer. Denken wir nur daran, wie Gott in der Bibel als Licht zugegen ist; an die wegweisende Gegenwart Gottes im Lehramt der Kirche. Bisweilen zeigt Gott sich in gewissen Situationen als innere Erleuchtung oder als Ansporn und als Anregung von außen. Manchmal zeigt er sich als Aufruf, der uns zur Brüderlichkeit ruft, zum Verständnis, zur Hilfeleistung, zum hingebungsvollen Eifer. Er zeigt sich uns auch im Dunkel, in das es Licht zu bringen, oder in der Lüge, die es zu widerlegen gilt. Kurz, alle Situationen des Dienens und der Nächstenliebe, in denen sich zum Besten der Welt das Wirken des Vaters und Schöpfers und des Sohnes fortsetzt, sind Situationen, in denen wir je nach ihrer Art Gottes Gegenwart betrachten und verkosten können...

Wenn wir unser Leben und unsere Erfahrung ausweiten, ohne uns Phantastereien hinzugeben oder Luftschlösser zu bauen, sind wir tatsächlich ständig in Kontakt mit Gottes Gegenwart in dem, was wir tun müssen und tun – in den Menschen, die uns immer wieder bereichern, und in denen, denen wir unsrerseits die Gaben weiterzuschenken versuchen, die wir besitzen.

So wollen wir beten und darüber nachsinnen, was es konkret bedeutet, Jesus zu erkennen, ihn zu lieben und ihm nachzufolgen; was für uns der Weg des Glaubens ist und was er von uns fordert, und welche Horizonte er uns auftut angesichts all dessen, was uns umgibt.

GEGLÜCKTES MENSCHSEIN

Selig der Mann,
der nicht dem Rat der Frevler folgt,
nicht auf dem Weg der Sünde geht,
nicht im Kreis der Spötter sitzt,
sondern Freude hat an der Weisung des Herrn,
über seine Weisung nachsinnt bei Tag und bei Nacht.
Er ist wie ein Baum, der an Wasserbächen gepflanzt ist,
der zur rechten Zeit seine Frucht bringt
und dessen Blätter nicht welken.
Alles, was er tut, wird ihm gut gelingen (Psalm 1,1–3).

Dieser Psalm, der den Psalter eröffnet, ist kein Gebet, sondern ein *Ausruf*, eine *Seligpreisung*: »Selig der Mann«. Um ihn als Ausruf, d. h. als Ausdruck einer starken inneren Bewegung, recht zu verstehen, müssen wir festzustellen versuchen, aus welcher Wurzel er stammt, aus welcher Einsicht er hervorgeht. Er ist eine Seligpreisung – »Selig der Mann, der nicht dem Rat der Frevler folgt« –, die zu den Seligpreisungen dessen paßt, dem das Himmelreich gehört: »Selig, ihr Armen, selig, die hungern und dürsten nach der Gerechtigkeit«. Man muß sie auch mit der Seligkeit Marias sehen: »Selig, die du geglaubt hast« (Lk 1,45), oder mit der von Jesus verkündeten Seligkeit derer, »die das Wort Gottes hören und es befolgen« (Lk 11,28).

Dieser Psalm stellt einen Ausruf dar, der aus einer tiefen Menschenkenntnis herrührt. Er ist eigens als Vorbemerkung allen Gebeten des Psalters vorangestellt worden, um zu zeigen, was der Mensch ist und wie ein betender Mensch aussieht. Wir müssen uns also bei der Lektüre die Frage stellen: *Wie sieht der Mensch aus, wie das Menschenbild, das hier als glücklich, d. h. als geglückt, hingestellt wird?* Natürlich ergibt sich daraus sofort die Frage, ob wir dieses Menschenbild auf uns anwenden können, ob unsere Gesellschaft, ob unser Leben den Vergleich mit diesem Menschenbild aushält.

ETWAS TUN

Wer in Rom lebt, hat beim Verlassen des Zuges im Bahnhof Termini sicherlich schon Clochards bemerkt, Leute, die auf den Bänken, unter den Säulengängen schliefen. Und er wird sich gewiß auch gesagt haben: »Was kann man da tun? Es gibt nun einmal Leute, die so leben, da kann man nichts machen...« Und dann ging man nach Hause, dachte vielleicht, es wäre schön, wenn man etwas unternehmen könnte, aber... Niemand von den Millionen von Römern, die in den vergangenen Jahren des Nachts in der Stazione Termini ausstiegen, hat je versucht, hierin etwas zu unternehmen.

Was noch mehr zu denken gibt, ist dies: daß in Rom zahlreiche karitative Institute und Organisationen bestehen, die gerade für den Dienst an den Armen da sind, doch sie haben sich dieses Problems nicht angenommen. Es war eben schon immer so. Wir fahren fort, das gleiche zu tun, immer die gleichen Werke zu verrichten. Es mußte erst Mutter Teresa von Kalkutta von sehr weit her kommen, bis man sich bewußt wurde, daß man etwas tun müsse. Nun setzen sich viele Leute in Bewegung. Vorher hatte niemand erfaßt, daß man etwas unternehmen müsse; es schien zwecklos.

Dies mag ein Beispiel für das sein, was ich die Macht der Gewohnheit, der Routine nenne. Sie wirkt auch bei gottgeweihten Menschen, deren Ziel die Nächstenliebe, der Dienst an den Armen ist. Sie haben ihr fixfertiges Rezeptheft, so daß es ihnen nicht in den Sinn kommt, daß man für solche Leute etwas anderes tun könnte und sollte...

Solch ein Reagieren trifft die typische Situation desjenigen, der in der Gerichtsszene sagt: »Herr, ich habe nicht gesehen, nicht bemerkt, nicht gedacht, daß man etwas tun könnte.« Dies erscheint mir als eine erste Antwort, die Jesus gibt: Paß auf, daß die Gewöhnung an das, was du tust, das Geleise, auf dem du fährst, dich nicht zu sehen hindert, ob nicht etwas mehr oder etwas anderes zu tun ist.

WAS IST WICHTIG?

Bedenken wir: »Wer die Sünde tut, ist Sklave der Sünde« (Joh 8,34).

Wer sich nicht dem echten Sein öffnet, ist Sklave aller Wechselfälle des Alltags. Und überprüfen wir einmal unseren Tag, besonders wenn wir im aktiven Leben stehen, so werden wir uns sicherlich nicht dem Eindruck entziehen können, vielfach Sklaven unserer Dinge zu sein: nicht nur Sklaven unserer Leidenschaften – seien sie offenkundig oder verdeckt –, sondern auch unserer Aufgaben, unserer Tagesordnung, unserer Termine, der Dringlichkeiten, des Drucks, des Telefons. Dabei weiß man oft eigentlich nicht, womit wir bei alledem wirklich beschäftigt sind und wozu. Wir wissen, was dringend ist und was die anderen von uns erwarten, doch wir denken nie darüber nach, ob das wirklich wichtig ist, oder ob es gar noch Wichtigeres zu erledigen gäbe, etwas was vielleicht sonst niemand tut.

Das also ist das Durcheinander – Ignatius nennt es »Unordnung meines Tuns« –, das so oft unser tägliches Leben aushöhlt und unseren Tag so mühsam macht, eben weil das Wesentliche fehlt. Wenn diese Versklavung sich dann, wie so oft, ausweitet zu einer Abhängigkeit von äußeren, oft nicht ganz durchschaubaren Faktoren wie der öffentlichen Meinung, dem Tagesdenken, Antipathien oder Sympathien, Redensarten, Schlagwörtern, dann spüren wir, wie sehr das Fehlen wirklicher Bezugspunkte uns zu Marionetten macht, die von tausend unserer Herrschaft entzogenen Dingen abhängen, die aber unsere ganze Existenz bestimmen, uns ermüden und aufreiben. Dabei kommt für uns nicht einmal viel heraus, denn der Grund dieses unseres Handelns liegt nicht bei Idealen, für die wir uns gern hingeben, sondern darin, daß wir in ein Räderwerk geraten sind, von dem wir oft nicht einmal sagen können, was es in Gang setzt.

DIE BEIDEN GEGENSÄTZE

Wer ist der Pharao?

Der *Pharao* bedeutet ein *Leben nach dem Geist der Welt*. Es findet sich überall, so zum Beispiel jedesmal, wenn wir aus der Kirche eine Sekte, aus einer religiösen Gemeinschaft eine Gruppe machen, deren wichtigste Aufgabe darin besteht, zu überleben, als sei sie ein Wert in sich, jedesmal, wenn wir aus dem, was uns anvertraut ist, etwas machen, das seinen Ruhm in sich selber trägt.

Darin besteht der Geist der Welt, das pharaonische Leben, daß man seine Hoffnung schon vom Wort Gottes wegverlegt hat in das Werk, das einem anvertraut worden ist und das um jeden Preis gelingen muß, das von keinem Mitbruder und keiner Mitschwester berührt werden darf, weil er sie ja doch nicht verstehen – und das gilt auch vom Werk unserer Heiligung.

Weil wir nicht genug Vertrauen in die Hoffnung gesetzt haben, die Gott allein uns gibt, versuchen wir, sie in etwas zu konkretisieren, was uns verkörpert, mit dem wir uns identifizieren können, um darin unsere Sicherheit zu finden. Der Geist des Pharao ist schon am Werk, wenn wir unsere Sicherheit in etwas setzen, was wir vor uns haben.

Was haben wir dagegen unter *Mose* zu verstehen? Er symbolisiert ein *Leben nach dem Evangelium*, ein Leben, in dem die Hoffnung sich einzig und allein auf Gott gründet und keine Kompromisse zuläßt. Das sind die beiden Gegensätze.

EINE LEHRE

Im zweiten Kapitel des Markusevangeliums stoßen wir auf die Begebenheit, bei der die Apostel am Sabbat Ähren rupfen.

Was hier gerügt wird, ist die *Unkenntnis der wahren Freiheit der Kinder Gottes.* »Habt ihr nie gelesen, was David getan hat, als er und seine Begleiter hungrig waren und nichts zu essen hatten – wie er in das Haus Gottes ging und die heiligen Brote aß?« (2, 25f) Es handelt sich hier eindeutig um eine Rüge von seiten Jesu: Habt ihr die Schrift nicht gelesen? Versteht ihr sie nicht?

Verurteilt wird die typische Haltung dessen, der sich abmüht, von draußen zum Kern des Geheimnisses vorzudringen, aber sich immer noch an die Gesetze, an die Normen, an die Sitten und Gebräuche klammert, als seien sie höchst wichtig, als wäre nur durch sie das Heil zu erlangen.

Jesus läßt durchblicken, daß einer, der diese starre Haltung vertritt, das Geheimnis des Reiches noch nicht begriffen hat.

Da das Geheimnis des Reiches sich einem solchen Verhaftetsein an die äußerliche Beobachtung des Gesetzes nicht erschließt, rügt Jesus sie als Fehler und Irrtum und weist darauf hin, daß David anders war und zu unterscheiden wußte zwischen dem, was wichtig und was nebensächlich war, hatte er doch das Stadium einer nur äußerlichen Gesetzestreue überwunden.

In diesem Abschnitt des Evangeliums wird den Aposteln mit der Aufforderung, über den äußeren Anschein, über die bloße Gesetzesbeobachtung hinauszugehen, eine tiefgreifende Lehre erteilt.

DER VORRANG

»Ihr Unverständigen! Hat nicht der, der das Äußere schuf, auch das Innere geschaffen?« (Lk 11,40)

Unvernunft, Torheit ist hier jedes gespaltene Bewußtsein, das sich um Äußerlichkeiten sorgt, die augenfällig sind und uns in schlechtes Licht bringen können, während ihm die innere Haltung gleichgültig ist.

Man kann selbst auch in diesen Zustand geraten, weil man leicht wichtig nimmt, worum sich alle sorgen, dabei aber vernachlässigt, was wenig ausposaunt oder angepriesen wird, vor Gott aber ernster und wichtiger ist.

Ebenfalls Tadel für eine Torheit finden wir im zwölften Kapitel bei Lukas am Ende des Gleichnisses vom reichen Mann, der vor einer Rekordernte steht und deswegen eine neue Scheune bauen will. Der Herr sagt zu ihm: »Du Narr! Noch in dieser Nacht wird man dein Leben von dir zurückfordern« (Lk 12,20).

Auch hier wird angeprangert, daß man den äußeren Dingen zu großen Wert beimißt. Gewiß müssen wir alle im Leben auch Leistungen im äußeren Bereich erbringen: wir haben zu tun, zu bauen, zu verwalten... Man müßte, so legt uns das Evangelium nahe, das alles mit dem Zeigefinger oder dem kleinen Finger der linken Hand erledigen; denn mögen auch Verantwortung, Verpflichtungen oder gar Menschen dabei eine Rolle spielen, am wichtigsten ist doch das Reich Gottes.

Ein weiterer Fingerzeig in derselben Aufzählung gilt der Haltung derer, die Gott, wie Maria uns im Magnifikat (Lk 1,51) sagt, in alle Winde zerstreut: sie glauben wer weiß wer zu sein. Es ist die Haltung des Hochmuts, die die Erkenntnis des Reiches verhindert und uns den Blick für die tiefe Wahrheit des Evangeliums trübt.

ZWEI WEISEN, ZU DIENEN

Die eine kann man als *Dienst am Gottesreich* bezeichnen: sie ist gut und unentbehrlich. Alle Getauften sind aufgerufen, sich für die Sache des Gottesreiches einzusetzen und sich ihr mit Leib und Seele zu verschreiben. Die Weihe an Gott durch die Profeß verpflichtet sodann ganz besonders zu diesem Dienst. Mit ihm ist notwendigerweise eine Unzahl konkreter Tätigkeiten verbunden, die an sich gut sind, solange sie im Rahmen des Dienstes am Gottesreich bleiben. Schulunterricht, Hausputz, Küchenarbeit, Studium, Krankenpflege, Jugendarbeit, Gebetsunterweisung, Sprechstunden für Menschen, die mit ihren Sorgen zu uns kommen, usw., alles ist notwendig.

Allerdings gibt es in all diesen Tätigkeiten eine zweite Weise, für die sie nur den Ausgangspunkt bilden und in der sie zur Einheit zusammenfinden: den Dienst am König, an Jesus persönlich.

Der Fortschritt im geistlichen Leben richtet sich nach dem Maß, in dem unsere Fähigkeit, die vielen Aufgaben auf den gemeinsamen Nenner der Anbetung und des liebevollen Dienstes an dem Einen zu bringen, ständig wächst. Zwar folgt man Jesus in Liebe von Anfang an, aber unsere psychische Spannkraft für den Arbeitstag richtet sich unweigerlich nach der Vielzahl unserer Aufgaben; und ohne Mühe, ohne innere Zucht und ohne besondere Gnade gelangt man nicht zu der Sammlung, deren wichtigstes Anliegen darin besteht, vor allem dem Herrn zu dienen, ihn anzubeten, zu lieben, zu preisen und auf sein Wort zu hören.

Auf diese zweite Ebene kommt es an. Auf ihr erhält alles andere seinen Sinn. Sie bewirkt und weckt die Haltungen der Freundlichkeit, des Friedens und der Freude, die Frucht des Heiligen Geistes sind.

AUF CHRISTUS BEZOGEN

Unter christlicher Jungfräulichkeit, deren innerstes Geheimnis in der Gestalt Marias von Betanien aufleuchtet, versteht man die Ganzhinwendung zum Herrn...

Christliche Jungfräulichkeit ist nicht einfach Verzicht auf die Ehe – wäre sie das, so könnten wir sie mit den Worten »niemand gehören, um allen zur Verfügung zu stehen« definieren –: sie ist vielmehr *bräutliche Jungfräulichkeit*, ein »dem Herrn gehören«...

Wenn man sie nicht einfach als Geschlechts- oder Leibbezogenheit definieren will, sondern eher als Personbezogenheit, können wir sagen, daß die *Brautschaft darin besteht, auf jemand bezogen zu sein*, ein Selbstverständnis zu besitzen, das sich auf jemand bezogen weiß. So definiert, wendet sie sich vom Innersten her an das Geheimnis der Person und deutet sogar das Geheimnis der allerheiligsten Dreifaltigkeit an. Ist der Vater doch derjenige, der auf den Sohn bezogen ist; der Sohn derjenige, der auf den Vater bezogen ist; der Geist derjenige, der auf den Vater und den Sohn bezogen ist.

Diese geheimnisvolle bräutliche Begabung kann eine große Rolle in den innersten Bereichen der Personstruktur spielen, sie erklären und ihren Lebenshorizont bestimmen.

Christliche Jungfräulichkeit besteht also darin, daß man sich nicht nur als in sich und für sich existierend auffaßt, sondern sich kraft eines frei gesetzten gegenseitigen Aktes auf Christus bezogen weiß. So dringt die christliche Jungfräulichkeit umfassend und tief in das persönliche Leben ein.

ANGENOMMEN, WIE WIR SIND

»Danach offenbarte sich Jesus den Jüngern noch einmal. Es war am See von Tiberias, und er offenbarte sich in folgender Weise. Simon Petrus, Thomas, genannt Didymus (Zwilling); Natanaël aus Kana in Galiläa, die Söhne des Zebedäus und zwei andere von seinen Jüngern waren zusammen. Simon Petrus sagte zu ihnen: Ich gehe fischen. Sie sagten zu ihm: Wir kommen auch mit. Sie gingen hinaus und stiegen in das Boot« (Joh 21,1–3).

Nicht immer gibt das Evangelium die Namen der anwesenden Personen so genau an. Dieses Mal werden sie fast vollständig namentlich aufgeführt, und wir fragen uns, was das zu besagen hat.

Simon Petrus ist da; Simon ist der Geburtsname und Petrus der Taufname. Ferner sind Thomas, genannt Didymus, Natanaël aus Kana in Galiläa und die Zebedäussöhne anwesend. Warum muß man erwähnen, daß Thomas Didymus genannt wird, daß Natanaël von Kana in Galiläa kommt, daß Jakobus und Johannes die Zebedäussöhne sind? Was hat das mit dem Ziel des Evangeliums zu tun? Der Evangelist Johannes will daran erinnern, daß jeder dieser Menschen eine Geschichte hat, einen Charakter, daß er eine Persönlichkeit, ein besonderer Typ ist mit seinem ganz eigenen Temperament...

Die Vielfalt der Temperamente weist darauf hin, daß jeder Mensch eine kirchliche Berufung hat. Keiner kann sagen, er habe ein Temperament, das sich dazu nicht eigne. Der Ruf ergeht an Feuerköpfe und Energische wie an Stille und Behutsame, er richtet sich an alle. Es kommt nicht darauf an, wo wir sind und wer wir sind. Zwar müssen wir wissen, wer wir sind, um unseren Weg zu sehen, doch dabei so gelassen sein wie Jesus, der mich so annimmt, wie ich bin, und mich liebt, so wie ich bin. Auch wenn mich andere kritisieren, Jesus kritisiert nicht, sondern nimmt mich so, wie ich bin und ruft mich.

VIELE WÜNSCHE

Der Mensch wird von Wünschen bewegt. Wir sind ein Bündel von Wünschen, eine Zentrale, die Wünsche produziert. Und diese Wünsche sind gewaltig; sie sind so weit, so unermüdlich, daß sie an kein Ende kommen. Wenn wir uns selbst wirklich kennen, wissen wir, daß wir ein Herd von Wünschen sind...

Um wirklich wir selbst zu sein, damit es uns wirklich glückt, der zu sein, der wir sind, um wirklich lieben zu können, müssen wir uns dieser Wünsche bewußt werden, Ordnung in sie bringen, sie klären, sie in der Hand halten und nicht unterdrücken. Sie auszulöschen wäre der Tod, der zivile menschliche Tod. Zuweilen begegnen wir Menschen, die ihre Wünsche vollständig ausgemerzt haben: für sie ist alles egal, sie sind gegenüber allem skeptisch. Eines der schlimmsten Übel der Droge besteht im Grunde darin, daß sie sämtliche Wünsche mit Ausnahme einer einzigen Begierde auslöscht.

Andererseits dürfen wir den ungestümen Wünschen nicht einfach freien Lauf lassen, da sonst die Gefahr besteht, daß sie für uns und andere zerstörerisch werden.

Deswegen müssen wir uns wie gesagt unsere Wünsche bewußt machen, müssen wir uns über unsere Gefühle, unsere Gemütsregungen, unsere Absichten, unsere Liebesfähigkeiten bis auf den Grund klar werden. Was wir als »Liebesfähigkeit« bezeichnen, ist gleichsam die Synthese dieser Wunschmacht, die im Menschen liegt. Das Wunschleben zu ordnen ist eine der wichtigsten Aufgaben jedes einzelnen.

Deshalb ist das Gebet ein grundlegendes Tun des Menschen. Das Gebet ordnet die Wünsche, greift sie auf und richtet sie auf das Gute. Es ist uns behilflich, die Wünsche nicht auszulöschen, was lebenswichtig ist, denn ohne Wünsche, Gefühle, Gemütsregungen wäre unser Tun schwach wie ein Spinnengewebe, würden wir nie etwas leisten, nie etwas aufbauen.

AUSSCHAU NACH IHM

Wonach verlange ich zutiefst; wonach läßt Gott mich tief verlangen in diesem Moment meines Gebets, in diesem Moment meines Lebens? Was läßt er mich für mich selbst und für die anderen wünschen? Wir können uns auch fragen: Wovor habe ich Angst, was liegt mir nicht, an was möchte ich am liebsten nicht denken, weil es mir falsch oder unbegreiflich erscheint?

Wir müssen bei dieser Besinnung bereit sein, Gott in uns wirken zu lassen. Und vor allem müssen wir diese Situation des Verlangens, der Furcht, des Fragens in Gebet und Glauben durchleben und versuchen, sie in einen Anruf an Gott zu fassen. Wiederholen wir einige Verse aus dem Psalm des Verlangens:

Gott, du mein Gott, dich suche ich,
meine Seele dürstet nach dir.
Nach dir schmachtet mein Leib
wie dürres, lechzendes Land ohne Wasser.
Darum halte ich Ausschau nach dir im Heiligtum

– und halte ich Ausschau nach dir, Herr, in meiner jetzigen Lebenssituation –,

um deine Macht und Herrlichkeit zu sehen.
Denn deine Huld ist besser als das Leben;
darum preisen dich meine Lippen...
Meine Seele hängt an dir,
deine rechte Hand hält mich fest... (Ps 63,2–4.9)

Schließen wir mit einer Anrufung, um in unserem Leben den Willen Gottes zu erkennen:

Herr, laß mich deinen Willen erkennen!
Herr, zeige mir dein Leben!
Vater, erhelle unsern Pfad!

DIE GABE DER FREUDE

Maria fordert uns auf, die Kraft des Evangeliums in uns aufzunehmen, uns nach der Freude zu fragen, uns auf sie zu stützen. Sie lädt uns ein, uns dem gekreuzigten Christus anzuvertrauen, der uns mit seiner Freude erfüllen will ...

Denken wir in unserem Herzen an irgendeinen Schritt, der zu tun ist, denken wir gleich jetzt daran, nicht erst morgen! Diese Schritte gehen ja vor allem im Herzen vor sich, und wenn wir dann einmal einen Entschluß fassen, blüht die Freude in uns auf.

Ich möchte eine Anregung machen. Jeder von uns erlebt um sich herum – zu Hause, in der Schule, bei der Arbeit, bei den Gefährten, bei den Menschen, mit denen wir befreundet sein sollten – die eine oder andere unbehagliche Situation. Eine Situation, die uns bedrückt, eine Person, die wir nicht annehmen, etwas, das uns mißfällt.

Stellen wir uns dieser Situation und sagen wir: »Herr, ich danke dir, denn durch diese Situation, die für mich ein wenig unangenehm, unbehaglich und schwierig ist, gibst du mir eine providentielle Gelegenheit, das Evangelium von der Freundschaft, von der Vergebung, von der Ergebung, vom Opfer, vom Verzicht, vom Frieden ins Leben umzusetzen.«

Wenn wir diesen Schritt vollziehen und den Entschluß fassen, so zu beten, locken wir die Freude des Evangeliums an, die Freude des Gekreuzigten, die sich in unser Leben ergießt.

»Maria, öffne unser Herz, damit wir für dieses dein Wort ›Sie haben keinen Wein mehr!‹ hellhörig werden. Öffne unser Herz, damit wir uns von dir tadeln lassen, wie wir es verdienen, und so die Gabe der Versöhnung und der Freude erhalten können, die Jesus uns bereithält.«

GEDULD UND VERTRAUEN

Jesus fordert uns zu Geduld, zu Ausdauer auf. Wir dürfen weder in unserem Innern noch in unserer Gemeinschaft noch in der Gruppe in die defaitistischen und pessimistischen Stimmen einstimmen, aus denen der Feind spricht...

Heute tönt es so: »Es ist nichts zu machen – weder für mich noch für meine Gemeinschaft; es ist doch nichts zu machen für die Pfarrei, für die Gruppe, für die Kirche; es ist doch nichts zu machen für die Welt von heute; jeder muß sich darein schicken; ›Rette sich, wer da kann!‹; jeder hole so viel heraus als möglich.«

Darin besteht die defaitistische Haltung, die Weigerung, zu wachsen, die Weigerung, zuzugeben, daß man Gott erkennt, wenn man vertraut und liebt und sich nicht kalt verschließt...

Zu der praktischen Erkenntnis Jesu kommt es im Leben dann, wenn man sich auf Zeichen verläßt und sich deshalb engagiert, sich darauf einläßt und das Netz weit auswirft, weiter als vorher, mit mehr Vertrauen als vorher, aufmerksamer als bisher.

Das ist der Weg. Von den traurigen, vergrämten, entmutigten Jüngern konnte Jesus nicht erkannt werden; er mußte Stück für Stück wieder ein wenig Begeisterung, ein wenig Energie aufbauen, denn der Mensch erkennt Gott erst dann so recht, wenn er beginnt, er selbst zu sein, d. h. wenn er in sich die Quellen der Begeistung, der Hoffnung, der Bereitschaft, der Liebe wieder sprudeln läßt, wenn er einem anderen Vertrauen zu schenken beginnt.

Jesus verlangt das gleiche Vertrauen, das er von Petrus gefordert hat, nachdem er von dessen Boot aus gepredigt hatte: »Wirf das Netz aus!«, und Petrus hatte geantwortet: »In deinem Namen werde ich es auswerfen«. Geduld schenkt Vertrauen.

CHRISTLICHE WEISHEIT

Es gibt eine Weisheit, die der heilige Paulus verkündigen will: »Und doch verkündigen wir Weisheit unter den Vollkommenen...« (vgl. 1 Kor 2,6ff). Sie ist dem Jünger eigen, der vor Eifer glüht und erleuchtet ist. Diese Weisheit gibt es also, und sie steht uns zu Gebote, insofern Gott sie uns schenken will.

Diese Weisheit ist nicht von dieser Welt. Man kann sie auch nicht durch Lektüre, durch Gespräche, durch Studien und Forschungen erwerben, da sie nicht Frucht menschlicher Tüchtigkeit ist. Sie ist nicht von dieser Welt und wirft für diese Welt nichts ab. Sie ist also auch keine Weisheit, die wir erwerben könnten, um dann vor den Menschen gut zu sprechen: zu predigen, geistliche Unterweisung zu geben... Sie ist vielmehr eine Weisheit, die jenseits aller Berechnungen liegt, zu denen wir uns versucht fühlen können. Sie ist eine Weisheit für uns, aber eine Weisheit nicht von dieser Welt, noch von den Machthabern dieser Welt, das heißt von all den Mächten – des Gewinns, des Erwerbs und der Tüchtigkeit –, die sie gern in uns sähen, damit wir sie uns zunutze machen wie all die anderen Dinge, deren wir uns bedienen können...

Sie liegt jenseits all dieser Dinge: eine geheimnisvolle und verborgene Weisheit; doch Gott bietet sie uns in unserer Armut an.

Es gibt somit eine christliche Weisheit, aus der jegliche Lebensfülle hervorströmt: die Abgeklärtheit des Geistes, die Fähigkeit, in schwierigen Lagen zu entscheiden, der Mut zu einem christlichen Leben unter widrigen Umständen. Diese Weisheit, die Gott vor allen Zeiten vorausbestimmt hat zu unserer Verherrlichung und die er selber uns sendet, wird uns von seinem Geist offenbart.

WOZU WIR GESCHAFFEN SIND

Wir bitten dich, Herr, gib uns deinen Geist und erneuere unser Ich von innen her.

Ignatius von Loyola sagt:

»Der Mensch ist geschaffen dazu hin, Gott Unseren Herrn zu loben, Ihm Ehrfurcht zu erweisen und zu dienen und damit seine Seele zu retten. Die andern Dinge auf der Oberfläche der Erde sind zum Menschen hin geschaffen, und zwar damit sie ihm bei der Verfolgung des Zieles helfen, zu dem hin er geschaffen ist.

Hieraus folgt, daß der Mensch dieselben so weit zu gebrauchen hat, als sie ihm auf sein Ziel hin helfen, und sie so weit lassen muß, als sie ihn daran hindern. Darum ist es notwendig, uns allen geschaffenen Dingen gegenüber gleichmütig zu verhalten in allem, was der Freiheit unseres freien Willen überlassen und nicht verboten ist.

Auf diese Weise sollen wir von unserer Seite Gesundheit nicht mehr verlangen als Krankheit, Reichtum nicht mehr als Armut, Ehre nicht mehr als Schmach, langes Leben nicht mehr als kurzes, und folgerichtig so in allen übrigen Dingen. Einzig das sollen wir ersehnen und erwählen, was uns mehr zum Ziele hinführt, auf das hin wir geschaffen sind« (Geistliche Übungen, Nr. 23).

Wenden wir uns von neuem im Gebet an Gott:

»Gott, unser Vater, du hast den heiligen Ignatius zur Erkenntnis des Heilsmysteriums berufen. Du ließest ihn sehen, wie alle Dinge zuerst mit dir in Beziehung stehen. Laß uns nach unserem Platz in der Kirche von heute suchen. Gib uns die Gnade, deinen Heilsplan zu erkennen, ihn anzunehmen und darin unseren Platz zu finden. Wir erbitten dies von dir, Vater, durch Christus, unseren Herrn. Amen.«

AUGUST

Miteinander verbunden

DER WERT JEDES EINZELNEN

Gott setzt sich auch für einen einzigen Verlorenen ein. Nicht nur für die Verlorenen ganz allgemein, sondern auch für einen einzigen. Die ersten beiden Gleichnisse bei Lukas 15 übertreiben ein wenig. Jesus läßt als Hirt die neunundneunzig Schafe in der Steppe zurück und begibt sich auf die Suche des verlorenen. Normalerweise spielt sich das nicht so ab, denn der Hirt kümmert sich lieber um die Sicherheit der neunundneunzig und läßt das verirrte laufen...

Im Gleichnis von der verlorenen Drachme (Lk 15,8–10) sehen wir, wie sehr die Frau sich abmüht und dann mit ihren Nachbarinnen und Freundinnen ein Freudenfest feiert, und das alles für nur eine wiedergefundene Drachme von zehn. Plausibel ist das nicht; man könnte es verstehen, wenn sie neun verloren hätte, aber es geht zu weit, was sie für eine einzige anstellt.

Die beiden Gleichnisse tragen widersinnige Züge und weisen dadurch auf das Geheimnis Gottes hin, der sich auch für einen einzigen unbedeutenden und wertlosen Verlorenen einsetzt, ohne davon etwas zu haben...

Sich des Wertes eines Menschen bewußt zu sein, spiegelt Gottes eigene Haltung wider: Gott setzt sich auch für einen einzigen Verlorenen ein. Ein einziger bedeutet für ihn soviel wie neunundneunzig, soviel wie alle. Aus dieser Wahrheit ergibt sich die Würde der menschlichen Person, an die die bürgerliche Gesellschaft sich noch nicht gewöhnt hat. Vielleicht verkündet man sie mit großen Worten; doch allgemein hat man, auch in den Gemeinwesen von höchstem Rang, nur einen Blick für die Gesamtheit, das Ganze und die Gruppe, und für den einzelnen unternimmt man keine besonderen Anstrengungen.

Im Handeln und in den Gleichnissen Christi liegt also eine Offenbarung des lebendigen Gottes vor und zugleich auch eine Offenbarung des dem Menschen eingeprägten Gottesbildes, der Würde eines jeden Menschen.

JEDER EIN GESCHENK

Ich denke an all die jungen Menschen, denen ich begegnet bin und die mir schreiben. All das ist ganz und gar Geschenk: es sind Menschen, mit denen ich beschenkt worden bin, Menschen, die der Vater mir gegeben hat...

Wirklicher Umgang heißt *wesentlicher* Umgang, und es gibt in der Regel keine Beziehung, die wesentlicher wäre als die andere. Der Kontakt, den man mit einem Angestellten aufnehmen kann, mit einem Hotelportier, den man am Eingang trifft, wenn man zu einem offiziellen Empfang geht, hat dasselbe Gewicht wie der, den man vielleicht mit jemanden aufnimmt, mit dem man über sehr wichtige Fragen verhandelt. Da besteht kein Unterschied: denn jeder Mensch ist ein Geschenk.

Was ich als Bekenntnis vorausgeschickt habe, soll zu der Überlegung einladen: Wer sind für mich die Leute, und was werden sie für mich sein?

Ich glaube, als Antwort gilt hier, was man grundsätzlich jedem sagt, der sich zur Nachfolge Jesu bekennt, nämlich: »Die Leute« sind nicht die, die ich mir aussuche. Die Ehe regeln strenge Gesetze, die tief im Evangelium verwurzelt sind, und sie erfordert große Heiligkeit: doch gehört zu ihr nach Gottes Absicht und im Namen seiner Liebe auch, daß man seinen Partner wählen und Vorausentscheidungen treffen kann. Der Zölibat hingegen besteht darin, daß ich mich bei der Auswahl der Leute, die eine echte Beziehung zu meinem Leben aufnehmen und daher auch Zuneigung zu mir fassen, ganz und gar Gott anvertraue; damit überlasse ich mich Gott, der sich allen schenkt und werde in jeder Hinsicht für Gott verfügbar, so daß ich jeden Kontakt ernst und wichtig nehme, weil die einzige grundlegende Beziehung, die ich mir ausgesucht habe, die Beziehung zu Christus und seiner Liebe zum Vater ist.

MIT IHM IM VATER

Wir sind von Gott geliebt, wie verlassen wir uns auch vorkommen. Mag ich mich auch verlassen und verloren fühlen in einer sinnlosen Welt, in der Zufall und eherner Zwang zu herrschen scheinen, ich bin von Gott geliebt. Das ist Jesu Botschaft, die eigentliche Botschaft seiner Gegenwart unter uns.

Diese Botschaft reicht offensichtlich noch weiter...

Jesus ist nicht nur Gott unter uns, sondern ruft uns auf, in ihm zu sein. Also ist jeder einzelne nicht nur von Gott geliebt, er wird gesucht, wird aufgenommen, wird gerufen, wird ersehnt in seiner Einsamkeit, wo niemand uns helfen kann. Sogar und gerade die menschliche Situation der Verlassenheit – die man in der letzten Stunde erfährt, die uns aber auch als eine der Möglichkeiten unseres Daseins begleiten kann –, wird nicht nur durch den Gott unter uns und mit uns und für uns zur Rettung, sondern sie wird auch noch zum Nährboden, der unsere Gemeinschaft in Jesus hervorbringt. Hier denke ich an die Johannes-Stelle 11,51–52: Jesus ist gekommen, »um die versprengten Kinder Gottes wieder zu sammeln«, nämlich, um uns spüren zu lassen, daß wir nicht nur als einzelne in unserer Verlassenheit von ihm geliebt werden, sondern auch als Gruppe von versprengten und wieder zur Einheit versammelten Menschen.

Wir sind somit von ihm geliebt und zugleich aufgerufen, in ihm zu leben. Wir in ihm und, wie dann Johannes 14,20 und 17,21–23 sagt, er im Vater. Und da wir in Gott sind, erweist sich unser Leben auf Erden mit einem Mal als Leben unter Brüdern und Schwestern: da wir uns als von Gott geliebt erkennen, können wir einander lieben. Anders ausgedrückt: Das Werk des Wortes unter uns ist eine Gemeinschaft derer, die aus ihrer Vereinzelung, aus ihrer Verlassenheit gerettet worden sind: eine Gemeinschaft von Personen untereinander und mit ihm im Vater, die vornehmlich in der Kirche Gestalt annimmt.

FREUNDSCHAFT

Freundschaft ist eine Gabe Gottes. Sie ist ein Geheimnis. Man kann sie weder einfordern noch im strengen Sinn programmieren. Diese Gabe kommt von oben. Uns bleibt nur, uns dafür bereitzuhalten. Das tun wir, indem wir in uns das Wohlwollen den Mitmenschen gegenüber grundsätzlich wachhalten.

Freundschaft ist schön. Sie gibt dem Leben Würze, macht es reich, verändert die Menschen. Deshalb ist sie ein sehr großer Wert.

Freundschaft meint Treue bis in den Tod. Das macht uns die Geschichte von Jonatan und David klar. Das zeigt uns auch der Jünger, den Jesus liebte: Er verharrt unter dem Kreuz, obwohl das sehr gefährlich war. Man hätte ihn töten können. Jesus sagt uns ausdrücklich, daß Freundschaft damit zu tun hat, das Leben hinzugeben. Daher ist wahre Freundschaft eher selten. Sie ist nicht dasselbe wie Kameradschaft.

Freundschaft reicht über den Tod hinaus. Jonatan bittet den David, er möge ihm über den Tod hinaus treu sein. David beweist diese Treue darin, daß er sich dem Sohn Jonatans gegenüber außerordentlich großzügig verhält. Der Tod ist nicht das Ende wahrer Freundschaft.

Das kann man auch am Beispiel Jesu ablesen. Die Eucharistie ist in besonderem Maße Zeichen der Freundschaft Jesu, die sich in seinem Sterben zeigt und darüber hinaus. Immer, wenn wir Eucharistie feiern, feiern wir den Tod Jesu, den er aus Liebe zu uns gestorben ist. Zugleich erinnern wir uns, daß der Tod aus Liebe den Tod selbst besiegt. Die Eucharistie ist dichtester Ausdruck von Freundschaft, von Jesu Freundschaft. Sie hat zu tun mit Treue und mit Beständigkeit, mit Leben und mit Liebe, die in die Ewigkeit hinüberreicht.

ALLEIN DIE LIEBE

Jesus fragt Simon Petrus: »Liebst du mich?« (Joh 21,15) Sehen wir etwas näher hin, wie Jesus den Petrus nach seiner Liebe fragt. Er fragt ihn dreimal, wie um zu sagen: »Da ist *die* Frage, ich habe keine anderen...« Wenn er nämlich drei verschiedene Fragen stellen würde: die eine nach der Liebe, eine weitere nach dem Organisationstalent, eine dritte nach der Klugheit im Handeln, könnten wir sagen, er entwerfe ein Anforderungsprofil. Er stellt jedoch dreimal die ganz gleiche Frage, um zu bekräftigen, daß allein dieser Punkt zählt...

Er fragt, ob sich Petrus im Kreis der Freundschaft und in dem der Hingabe bewegt: »Petrus, wie verhältst du dich in der Sphäre der Freundschaft und liebenden Hingabe?«

Es ist eine gewaltige Frage, eine Frage, die zu denken gibt, denn wir alle wissen, daß wir hierin uns oft verfehlen.

Ich kenne viele Zeugnisse, die zeigen, daß man sich der Wichtigkeit dieser Frage bewußt ist. So, wenn mir einer auf die Frage: »Wo fühlst du dich am wohlsten?« zur Antwort gab: »Am wohlsten fühle ich mich da, wo es mir gelingt, grenzenlos zu lieben, und wo ich mich geliebt fühle«.

Wir alle ahnen, wie entscheidend wichtig diese Haltungen sind, aber wir sind uns bewußt, daß wir hierin oft versagen. Darum ist es notwendig, danach zu fragen und bis auf den Grund zu gehen: »Bewegst du dich in der Sphäre einer loyalen, dauernden, echten, selbstlosen Freundschaft? Bewegst du dich in der Sphäre der Selbsthingabe, worin du dich selbst vergißt und dich schöpferisch den anderen hingibst, ohne erst darauf zu warten, daß sie liebenswert sind und dir etwas Gutes erweisen?«

DIE FRAGE DER FRAGEN

Was tut Jesus für mich? Jesus schenkt uns Tag für Tag von neuem Vertrauen.

Er stellt uns drei Fragen:

– Erstens die Frage nach meiner Liebe. Er fragt mich: Sind für dich Freundschaft, Liebe, Treue wirklich die höchsten Werte? Bist du bereit, diesen Werten dein Eigeninteresse, deinen Egoismus, dein Vergnügen zu opfern?

– Zweitens fragt er mich: Bringst du in deinem Leben diese Liebe und Freundschaft auch mir persönlich entgegen: im Gebet, in der Anbetung, in der Eucharistiefeier; darin, daß du oft an mich denkst?

– Drittens fragt er mich: Bringst du in deinem Leben diese Werte auch anderen, meinen Schafen, denen, die ich liebe, entgegen?

Das also ist die Grundfrage nach der Liebe, die zu der Übernahme von Verantwortung überleitet. Jesus fragt mich nach der Liebe, danach vertraut er mir jemanden an.

Jesus will mich darauf vorbereiten, daß mir jemand anvertraut wird, sei es in der Ehe eine Person im Blick auf noch weitere Menschen; sei es im apostolischen Einsatz eine Gruppe; seien es andere Menschen, mit denen ich am Arbeitsplatz bei den täglichen Aufgaben zusammenarbeite; sei es im gottgeweihten Priester- oder Ordensleben ein Teil der Herde des Herrn.

Die Hauptverantwortung liegt im Familienkreis der Brüder, Schwestern, Eltern. Sie sind einander anvertraut, um in einer von Freundschaft und selbstloser Liebe beseelten Beziehung zu leben. Das erweist sich oft als schwierig, und wir können dabei versagen. Doch auch unsere Angehörigen sind uns von Christus anvertraut, und wir müssen aus Liebe zum Herrn treu zu ihnen stehen.

EINANDER ANVERTRAUT

Gott sendet seinen Sohn nicht mehr direkt zu uns, sondern in unseren Brüdern und Schwestern, das heißt er vertraut uns einander an.

Der gleiche Gott, der den Sohn der Freiheit, der Rücksicht, dem Verständnis der Menschen anvertraut hat, vertraut jetzt jeden Menschen unserer Freiheit an. Wir können mit allen unseren Brüdern und Schwestern machen, was wir wollen, können unsere Freiheit gröblich mißbrauchen. Es ist ein schrecklicher Gedanke, daß der Gebrauch der menschlichen Freiheit gegenüber anderen keine Grenzen hat. Gott vertraut jeden Bruder und jede Schwester uns an und uns den anderen.

Hier kommt es zur Schlußfrage des Endgerichts: »Habt ihr einander erkannt? Welchen Gebrauch habt ihr von der gegenseitigen Freiheit gemacht? Habt ihr mich aufgenommen, habt ihr einander aufgenommen? Oder habt ihr, wie Judas es mit Jesus getan hat, den anderen als Gegenstand der Rache benutzt, als Ventil für euer brennendes Verlangen, jemand zu sein?« Wie oft läßt die frustrierte Sehnsucht, wer zu sein, die Wut an einem anderen aus!

Diese Zusammenhänge sind auch auf sozialer und politischer Ebene von Bedeutung. Bei allen Konflikten des nationalen und internationalen gesellschaftlichen und politischen Lebens sind Rachegelüste, Ressentiments und persönliche Neigungen mit im Spiel. Sie stellen die Kräfte dar, die die Menschen gegeneinander aufhetzen und einige dazu antreiben, vielleicht unter dem Deckmantel humanitärer Anliegen, stets aber zum Schaden der anderen, ihrem Stolz freien Lauf zu lassen. Darum erstreckt sich das Gericht Christi auch auf die Nationen, auf jede Gesellschaftsgruppe, jede Klasse: »Welchen Gebrauch habt ihr von eurer Kraft, eurer Macht, vom Vertrauen, das andere Menschen, andere Gruppen auf euch setzten, gemacht?«

PILATUS UND WIR

Pilatus ist ein Bürokrat, der an seinem Sessel klebt. Seinen Posten nicht zu verlieren, ist für ihn das Wichtigste. Wir haben es hier mit einem Menschen zu tun, der alles retten will: den Posten, die Huld des Kaisers, die guten Beziehungen zu den jüdischen Behörden und die Gunst des Volkes. Als schlauer Fuchs sucht er nach Kniffen, um alle zufriedenzustellen ...

Fragen wir uns, was von Pilatus in uns steckt, was uns hindert, frei zu sein. Welches sind unsere Ängste, welches sind unsere Gewänder und Masken, die wir in der Öffentlichkeit tragen und deretwegen wir kein Risiko eingehen? Dem konkreten Fall gegenüber kommt alles Widersinnige an uns zum Vorschein: Daß wir fähig sind, Mitmenschen keine Beachtung zu schenken und sie mit Füßen zu treten, um den Schein zu wahren, um das Gesicht oder die wichtige Stelle oder das gute Urteil der Leute, unsere Ehrenhaftigkeit, unseren Ruf und unser Ansehen zu retten.

Der Herr lädt uns ein: »Sprich mit mir; laß dich befreien; wisse, daß es dir in jedem Moment passieren kann, andere mit Füßen zu treten, um eine Welt zu verteidigen, die du dir erbaut hast, oder dich in eine ausweglose, nie wieder korrigierbare Situation zu versetzen.«

Damit, daß Gott sich uns anvertraut, daß er verwundbar ist, gibt er uns zu verstehen: »Ich will euch aufklären über das, was ihr seid, und über das, was ihr sein könntet, wenn ihr mich anerkennen würdet.«

»Herr, unser Gott, du hast uns deinen Sohn in der Armut eines Menschen zu erkennen gegeben. Enthülle uns, was wir sind.

Jesus, laß das Blut deiner Wunden nicht vergeblich für uns geflossen sein; laß uns durch deine Wunden geheilt werden. Kraft dieses Blutes finde jeder von uns zu der Freiheit zurück, zu der er bestimmt ist. Amen.«

WAS KANN ICH FÜR DICH TUN?

Habe ich eine verkehrte Vorstellung von meinem Nächsten? Was kann ich tun, um sie zu korrigieren? Die falsche Vorstellung, die wir vielleicht von Gott haben, wiederholt sich in unserer Vorstellung vom Nächsten. Nicht dann, wenn wir ihn kritisieren, denn an unserem Nächsten gibt es manchmal etwas zu kritisieren (an wem von uns denn nicht!), sondern dann, wenn wir uns dauernd über irgend jemanden beschweren, wenn uns an irgendeinem Menschen oder irgendeiner Situation ständig etwas nicht paßt. Daran zeigt sich doch, daß wir nicht die richtige Einstellung haben, nämlich die Einstellung, die Gott uns gegenüber hat. Seine Haltung uns gegenüber ist verständnisvoll, schöpferisch, von der Fähigkeit bestimmt, etwas mit ganz neuen Augen zu sehen, feinfühlig und wohlwollend.

Oft entstehen gefühlsmäßige Sperren zwischen den Menschen; dann ist alles verkehrt, was der andere tut... Hätten wir eine richtige Vorstellung von Gott, würde sich das bei uns auswirken, nicht zuletzt dadurch, daß wir die Fehler unserer Mitmenschen mit anderen Augen betrachten könnten, daß wir positiv auf sie zugehen, sie in einer schöpferischen Sicht betrachten – so wie das Gott mit uns tut.

Warum sollten wir Gott nicht nachahmen und bei ihm in die Schule gehen? Anstatt sich immer wieder zu fragen, warum der andere uns so behandelt und uns dies oder jenes angetan hat, könnten wir uns eigentlich besser fragen: Was kann ich für ihn tun, wie kann ich das Herz, die Einstellung, das Leben, das Lächeln dieses Menschen ändern?

UMGANG MIT DEN MITMENSCHEN

Für Jesus sind die Leute eindeutige Namen: Petrus, Jakobus, Johannes, Andreas, Maria von Magdala, Marta, Bartimäus – oder namenlos, dafür aber durch ein Attribut näher bezeichnet: 10 Aussätzige, 2 Blinde, der Gelähmte, die blutflüssige Frau.

Mit den Leuten hat man keinen Umgang, es sei denn in der Person ganz bestimmter Menschen. Sie ist die letzte, endgültige Instanz, macht Etikettierungen, Kategorien und bloße Vorstellungen überflüssig und bringt uns oft mit recht viel Banalität, Armut, Mühsal und Menschlichkeit in Berührung. Denken wir nur einmal daran, was es heißt, sich durch einen arabischen Markt zu drängen und den Geruch der Leute in die Nase zu bekommen! Die Menschen sind so, wir sind so, das ist die Menschheit, deren Dasein äußerst armselig ist.

Nur Jesus kann uns Wahrheit und Lauterkeit im Umgang mit den Menschen schenken, und wir müssen gestehen, daß wir uns erst am Anfang dieses Weges befinden und noch sehr weit gehen müssen, bis wir die Menschen, die der Herr uns gegeben hat und gibt, wirklich mit offenen Armen aufnehmen.

Jeder Schritt muß aber ein Schritt nach vorn sein, und das wird er auch, wenn wir in unserem Alltag offen und ehrlich sind, angefangen bei den Menschen an unserer Seite. Denn auch sie sind Leute: der Mensch, der uns einen Dienst erweist, der das Brot oder die Milch bringt, die leibhaftigen Menschen unserer Umgebung. Wenn das Mittelbare zum Unmittelbaren wird, erweist sich, wer ich wirklich bin, und nicht, was ich in meinen Phantasievorstellungen und Träumen bin.

Bitten wir Jesus, daß er uns vom Kreuze her eintaucht in die Liebe und das Erbarmen, die er den Leuten entgegenbringt, den Sündern, unter denen ich, wie der heilige Paulus gesagt hat, an erster Stelle stehe.

HERRLICHKEIT IN DEMUT

»Jesus wußte, daß ihm der Vater alles in die Hand gegeben hatte und stand vom Mahl auf« und begann zu dienen (Joh 13,3). Hier liegt der Ausgangspunkt für eine ganze Reihe von Überlegungen, die sich aus der demütigen Erscheinung Gottes unter uns ergeben.

Ignatius hat den Zusammenhang der Herrlichkeit des Gottes unter uns mit der Demut der menschlichen Erscheinung Jesu ganz klar erfaßt. Demut, die Johannes an sich nicht zum Lehrgegenstand erhebt, es sei denn hier im Kapitel 13 und dann in der Leidensgeschichte, sonst ist wirklich alles Handeln bei Johannes ein Handeln in Herrlichkeit: das Handeln des herrlichen Gottes unter uns, der heilt, erleuchtet, Streitgespräche führt und siegt.

Wenn wir allerdings näher zusehen, wie sich diese Herrlichkeit Gottes darstellt, entdecken wir, daß Johannes uns praktisch ein kleines Leben vorführt, unter kleinen Leuten voller Armseligkeit und Streitereien, das schließlich mit einem unrühmlichen Tod zu Ende geht.

Trotzdem sagt er: »Ich habe die Herrlichkeit Gottes gesehen.« Genau hier hat das Geheimnis des Dienens seinen Ort – des Verborgenseins: der Gott unter uns offenbart sich als verborgener Gott und als Diener. Hier erschaut man die Herrlichkeit Gottes, hier erblickt unsere Sehnsucht, die ruft: »Zeig mir dein Antlitz, Herr, zeig mir deine Herrlichkeit«, einen Menschen, der mit einfachen Leuten verkehrt in einer Situation, die gesellschaftlich belanglos und politisch wahrhaft anstößig ist. Es gibt nicht nur das Ärgernis des Kreuzes; das ganze Leben Jesu ist ein Ärgernis: »Aus Nazaret? Kann von dort etwas Gutes kommen?« (Joh 1,46)

DASEIN FÜR DIE ANDERN

Es ist klar, daß das Füßewaschen – auch wenn es der allerniedrigste Dienst von Sklaven ist –, nicht ausreicht, um sagen zu können, daß Jesus »bis zur Vollendung« liebt. Um so mehr können wir feststellen, daß dieser Dienst Jesu ein »prophetisches Zeichen« darstellt, ein geheimnisvolles Tun, das den Schlüssel für sein ganzes Leben und seinen nahen Tod bietet. Es bringt tatsächlich sein »Annehmen der Knechtgestalt« zum Ausdruck, wie der heilige Paulus im Philipperbrief sagen wird, wobei er das Echo der urkirchlichen Liturgie aufklingen läßt. Dieses Tun gibt zu erkennen, daß Jesus, der der Sohn Gottes ist und dem der Vater alles in die Hand gegeben hat, unter uns Menschen Knechtsgestalt annimmt und sich den Menschen uneingeschränkt zur Verfügung stellt, sich ganz ihren Händen ausliefert bis zum Ende. Er entzieht sich ihnen nicht einmal angesichts der letzten Konsequenzen dessen, was die Menschen mit ihm tun. In diesem Mysterium ist der ganze Sinn seiner Menschwerdung enthalten – Leben, Leiden, Tod und Auferstehung – und damit auch der Sinn der Eucharistie: Jesus stellt sich uns ganz zur Verfügung, gibt sich in unsere Hand als unsere Speise, um Gott unter uns zu sein, mit uns und für uns.

Jesu Tun ist also ein Offenbaren, das uns nicht nur sagt, was Jesus getan hat, sondern was Gott ist. Und hier stehen wir vor einem paradoxen Geheimnis: Jesus offenbart Gott »als einen«, der dem Menschen zu Diensten steht. Wenn aber Gott das ist, was er uns von sich zu erkennen gibt, insofern als er in unseren Dienst tritt, und wenn der Logos, der der letzte Seinsgrund aller Dinge ist, sich als der offenbart, der uns ganz und gar zur Verfügung steht, dann wird uns damit auch der eigentliche Sinn unserer Existenz enthüllt, nämlich, ganz und gar für die andern da zu sein.

ANNEHMEN LERNEN

Als Jesus zu Petrus kam, um ihm die Füße zu waschen, sagte dieser zu ihm: »Niemals sollst du mir die Füße waschen!« (Joh 13,8)

Petrus steht für unser Widerstreben, jemandem etwas schulden zu sollen. Es fällt schwer, freien Herzens und spontan Geschenke anzunehmen. Noch schwerer ist es zuzugeben, jemandem etwas zu schulden, bringt uns dies doch in eine gewisse Abhängigkeit, die wir fürchten. Hier liegt bisweilen der Grund der Spannungen zwischen Eltern und Kindern, so gut sie einander auch sein mögen: sie haben sich nichts Ernsthaftes vorzuwerfen, aber man findet gegenseitige Abhängigkeit und Verpflichtung, die man nur schwer akzeptiert. Jemandem für etwas danken zu müssen, belastet uns. Immer sind wir eher geneigt, uns selbst Dank zu sagen als den andern.

Wenn wir der Schilderung des Johannes folgen, spürt Petrus intuitiv, wie das Füßewaschen durch Christus offenbart, daß er ihm alles verdankt. Petrus muß sich so von der Liebe des Vaters im Sohn durchdringen lassen, daß er ganz von Gott abhängig ist – wie der Sohn vom Vater – und ganz in dieser Abhängigkeit der Liebe und Dankbarkeit leben muß, für die das Menschenherz sich ungern öffnet, weil wir alle eben eher bestrebt sind, uns aus eigener Kraft zu erlösen.

Es ist schwer, die Liebe Gottes anzunehmen, es ist schwer, Jesus anzunehmen, der uns dienen will, und es ist schwer, andere dazu zu bringen, von uns einen Dienst anzunehmen, wenn wir nicht vorher anerkennen, daß auch wir selbst von Gott empfangen haben.

LIEBE, DIE HANDELN LÄSST

Indem er uns Gott erkennen läßt, gibt uns Jesus das, was die Theologen »unser Selbstverständnis« nennen. Anders ausgedrückt: mit der Offenbarung des Wortes, das durch die Hingabe seines Lebens in den Dienst der Menschheit tritt, wird uns eröffnet, was wir selbst sind: von Gott erschaffen und von Gott geliebt. So können wir uns also dazu bestimmt erkennen, im uneingeschränkten Dasein für die andern uns selbst zu verwirklichen – wir selbst zu sein. Das ist der Sinn des Wortes Jesu: »Ich habe euch ein Beispiel gegeben«; nicht, damit ihr diesen Dienst hier tut, den ich euch erwiesen habe, sondern damit auch ihr so handelt, wie ich es in meinem ganzen Leben getan habe, das eine Offenbarung Gottes ist. Das sei das ganze »Tun« eurer Existenz.

Der durch die Liebe des Vaters erlöste Mensch muß aus sich herausgehen, seine tiefsten inneren Hemmungen hinter sich lassen und mit Freude anerkennen, daß es diese Liebe ist, die ihn zum »Geschenk für die andern« macht und erklärt. Wenn er sie bejaht, muß sich für ihn daraus die Bereitschaft ergeben, auch seinerseits für andere da zu sein.

Deshalb schließt Jesus mit den Worten: »Selig seid ihr, wenn ihr das wißt und danach handelt« (Joh 13,17). Hier besteht das Evangelium nicht mehr auf dem Verstehen, Sehen, Erkennen, Glauben, wie im ersten Teil, sondern auf dem »Handeln«.

Allem christlichen Tun liegt ein kontemplatives Geheimnis zugrunde: Es hat seinen Ursprung in der uneingeschränkten Bereitschaft Jesu, uns zu dienen, aus der sich unsere uneingeschränkte Bereitschaft zum Dienst an den andern ergibt. Indem Gott uns liebt, werden wir selbst fähig, uns den andern zur Verfügung zu stellen, ihnen froh zu dienen.

DAS OSTERN MARIAS

Ich glaube, es gibt ein Mittel, das uns zu einer Betrachtung über das Ostern Mariens helfen kann. Als ich mich beim Marienheiligtum in Ain Karim aufhielt, dem Ort der Begegnung Marias mit Elisabeth, sind mir einige Texte in den Sinn gekommen; aus ihnen kann man das Wesentliche über das Scheiden Mariens aus diesem Leben und ihr Eingehen in die Herrlichkeit herauslesen. Denn das ist Ostern: das Scheiden aus diesem Leben und das Eingehen in die Herrlichkeit.

Vom Scheiden aus diesem Leben spricht Paulus im Brief an die Philipper (1,23): »Es zieht mich nach beiden Seiten hin. Ich habe das Verlangen, aufzubrechen und mit Christus zu sein; denn das wäre weitaus das Bessere.« Das drückt für mich das aus, was Maria empfand: ihre Sehnsucht, mit Christus zu sein, befreit zu werden aus dieser irdischen Erfahrung, damit sich die endgültige Erfahrung in ihr offenbaren könne; das Verlangen nach der Fülle der Schau...

Was mag wohl der Herr gesagt haben, als Maria in ihre Herrlichkeit einging? Denken wir an Mt 25,34–35: »... Komm, du Gesegnete meines Vaters, nimm das Reich in Besitz, das dir seit Grundlegung der Welt bereitet ist. Denn ich war hungrig, und du hast mir zu essen gegeben, ich war durstig, und du hast mir zu trinken gegeben.«

Maria hat als erste verstanden, daß das Wort Gottes sich in einer so winzigen Wirklichkeit wie einem Kind verbergen kann und daß man das Wort Gottes in seiner Ganzheit, in seiner ganzen Fülle, erreichen kann, indem man dieser winzigen Wirklichkeit dient.

Indem Maria dem kleinen Jesus diente, indem sie der kleinen Gruppe der ersten Christen diente, hat sie der ganzen Menschheit gedient. Sie hat ein Herz gehabt, das fähig war, sich der ganzen Menschheit zu öffnen.

DAS NEUE GEBOT

Jesus gibt uns sein Gebot: »Liebt einander, wie ich euch geliebt habe!« (Joh 15,12)

Gehen wir etwas naher auf dieses Gebot ein. Sein eigentliches Anliegen ist, meines Erachtens, die innerkirchliche Bruderliebe, also die gegenseitige Liebe derer, die Jesus erkannt und an ihn geglaubt haben, nun seine Freunde sind und einander lieben, wie Jesus sie geliebt hat. Wir könnten uns die Frage stellen, ob in diesem Stück auch das Gebot der Liebe schlechthin enthalten sei. Ich glaube, darum geht es nicht in erster Linie. Und das mag erstaunen, denn eigentlich stützt man sich auf diesen Text, wenn man feststellt: Das Christentum ist die Liebe zum Menschen, zu allen Menschen. Das stimmt ganz sicher; hier indes wird eine besondere Form der Liebe zum Gebot erhoben, nämlich die innerkirchliche gegenseitige Liebe derer, die im Namen Jesu das Heil erlangt haben. Selbstverständlich umfaßt dann auch das Johannesevangelium alle Menschen mit seinem Blick; heißt es hier doch, daß »Gott die Welt so sehr geliebt hat, daß er seinen einzigen Sohn hingab« (Joh 3,16). Also ist auch die Liebe der Jünger auf die ganze Welt gerichtet. Gleichwohl bleibt es dabei, daß dieser Text eigentlich unsere Liebe zueinander innerhalb der Gemeinde im Auge hat. Das ist es, worauf der Herr besteht...

Jetzt können wir verstehen, daß diese nachdrückliche Forderung Jesu uns erschreckt und richtet: handelt es sich doch nicht einfach um eine allgemeine Liebe schlechthin, sondern um eine Liebe, die etwas ganz Bestimmtes erheischt.

Wenn man diese innerkirchliche Bruderliebe lebt, so entsteht aus ihr die Liebe zu den »versprengten Kindern Gottes« (11,52) und somit die Kraft, für Gott Freunde zu gewinnen und sie, wo immer man sie antrifft, auf ihrem Weg zu Gott zu erkennen.

MIT-LEIDEN

Als Jesus die Scharen sah, hatte er Mitleid mit ihnen; denn sie waren müde und erschöpft wie Schafe, die keinen Hirten haben« (Mt 9,36).

Das ist die anonyme Masse, die danach verlangt, Herde zu werden, das heißt die Mensch um Mensch gekannt und geliebt sein möchte; die Menge ist es, die spürt, daß sie aus der mythischen und unterschiedslosen Anonymität dahin gelangen muß, daß man sie beim Namen ruft...

»Herr Jesus, gewähre mir Zugang zu deinem Mitleid. Du willst die Leute zu einer Herde sammeln, willst die Leute zu einem Weg aufbrechen lassen. Du liebst uns nicht nur aufgrund dessen, was wir sind, sondern aufgrund dessen, wozu wir berufen sind: du siehst in uns, in den Leuten, daß wir zum Leben und zur Liebe bestimmt sind. Das ist die wahre Liebe, das ist deine Hirtensorge, und nur du kannst uns Anteil daran geben.«

Die Liebe Jesu zu den Menschen ist nicht statisch, sie hegt keine Idealvorstellungen: sie ist dynamische Liebe, die sich der Leute in ihrem Elend, in ihrer Anonymität, in ihrer Verlassenheit annimmt und schlicht und einfach den Zug vor Augen hat, zu dem sie die Menschen aufrufen muß.

Wir müssen die Menschen lieben, wenn wir an die Wegstrecke, wenn wir an das Ziel denken, das Himmlische Jerusalem, die Fülle der Gottesstadt, die Stadt, die Gott gebaut hat. Wir müssen die Menschen lieben aufgrund dessen, was sie sind, weil darin schon geheimnisvoll enthalten ist, wozu sie berufen sind, das Geheimnis der vollen Bewußtheit und Freiheit der Kinder Gottes.

MIT-SORGE

Das Neue Testament kennt verschiedene Kategorien von Leuten, die der Liebe Jesu Gegenwartbezug und seiner Hirtensorge Konkretheit verleihen.

Es gibt eine ganze Reihe solcher Benennungen, von denen einige öfter vorkommen: die Sünder, die Armen, die Kranken und die Kleinen . . .

Die Sünder sind für Jesus eine äußerst wichtige Kategorie. Der Evangelist Markus charakterisiert ihn sogar in seinem Sendungsbewußtsein mit den Worten: »Nicht die Gesunden brauchen den Arzt, sondern die Kranken. Ich bin gekommen, um die Sünder zu rufen, nicht die Gerechten« (Mk 2,17). Die Kranken sind hier ein Symbol für den Menschen in seiner Hilfsbedürftigkeit, und Jesus bekundet, daß er sich dem Menschen zuwendet, weil er hilfsbedürftig und schwach – nicht stark und tüchtig – ist, dem Menschen, der seinsmäßig arm und in der Sünde ist: das ist die Situation der Menschen, und ihr gilt Gottes liebendes Erbarmen.

Jeden Tag wird uns bei der Meßfeier ins Gedächtnis gerufen, was Jesus eigentlich mit uns Sündern verbindet: »Das ist mein Blut, das Blut des Bundes, das für viele« – ein Wort für »Leute« – »vergossen wird zur Vergebung der Sünden« (Mt 26,28).

Die Eucharistie ist der Leib und das Blut, die hingegeben werden für all die vielen Menschen zur Vergebung der Sünden. Die Kategorie der Sünde ist bezeichnend für die Leute, die nicht zu ihrem wahren Selbst gelangt sind, die im Zwiespalt, in Unzufriedenheit, in Nervosität ein Leben fristen, das keinen Sinn hat und im grauen Alltag untergeht: sie ist bezeichnend für jeden Menschen, in dem die Herrlichkeit Gottes noch nicht offenbar geworden ist. Und diese Kategorie ist Gegenstand der Liebe und der Hirtensorge Jesu.

DIE ARMEN

Die *Armen* sind diejenigen, denen das Evangelium verkündet wird: »Blinde sehen wieder, und Lahme gehen; Aussätzige werden rein, und Taube hören; Tote stehen auf, und den Armen wird das Evangelium verkündet« (Mt 11,5). Also ist Jesus von Natur aus für die Armen da, ist die Kirche von Natur aus für die Armen da.

Hier erheben sich natürlich viele Fragen: in der Kirchengeschichte hat das Thema »Arme – Armut« viele Kontroversen ausgelöst, angefangen von den mittelalterlichen Kontroversen um die Armut unter den Jüngern des heiligen Franz von Assisi bis hin zu den modernen Befreiungstheologien ...

Die Armen, von denen Jesus spricht, sind diejenigen, die nicht zählen und auch wissen, daß sie aus vielerlei Gründen nicht zählen: weil es ihnen an Geld, an Macht und Ansehen fehlt. Sie genießen im Evangelium eine Vorzugsstellung, da das Evangelium Gottes Kraft ist, der der Mensch sich dann wirklich öffnet, wenn er den Stolz auf die eigene Kraft ablegt.

Wer glaubt, daß es einzig und allein auf ihn selbst ankommt, vertraut sich nicht Gott an. Der Arme ist hingegen ein Mensch, der weiß, daß er nicht zählt, und gerade deshalb ist er für die Kirche wichtig. Die Kirche hat in ihrem Sendungsbewußtsein immer eine geradezu wahre Leidenschaft für die Menschen empfunden, die in den Augen der Welt nicht zählen, und durch diese Leidenschaft erneuert und verjüngt sie sich ...

Deshalb ist z. B. die Betreuung von Strafgefangenen eine ganz dringende Aufgabe. Sie setzt Charakterstärke, Liebe und sehr großen Mut zum Evangelium voraus.

DIE KLEINEN

Noch eine Kategorie von Menschen erinnert an die Hirtenliebe Jesu: *die »Kleinen«*. »Amen, ich sage euch: Was ihr für einen meiner geringsten Brüder getan habt, das habt ihr mir getan« (Mt 25,40). Zu den »Kleinen« gehören auch die Kinder, die man oft so sehr verwöhnt und doch in ihrem Eigentlichen so vernachlässigt.

»Kleine« sind auch die Menschen, denen das Gespür für den rechten Augenblick fehlt, die uns auf die Nerven gehen; und mit ihnen hat der Priester wer weiß wie oft zu tun!

Die Geisteskranken brauchen viel Geduld und fühlen sich gerade deshalb mehr zum Priester hingezogen als zu anderen Menschen, weil sie instinktiv spüren, daß er sich nicht über sie lustig macht!

»Kleine« sind auch die Menschen, die unter Behinderungen aller Art leiden, die unsere Fürsorglichkeit auf den Plan rufen, uns aber auch sehr aufliegen... Der Priester lernt diese »Kleinen« kennen, wenn er wirklich auf sie eingeht. Man könnte sicher die Befürchtung haben, die mich als Bischof manchmal überkommt: lernt man sie wirklich kennen? Ich glaube, das hängt sehr von uns ab. Es kommt darauf an, daß ich es ehrlich meine, daß ich in der Lage bin, eine echte Beziehung aufzunehmen!

Wenn wir uns dabei ertappen, daß wir träge, egoistisch und unaufrichtig sind, müssen wir uns unsere Armut und die Notwendigkeit eingestehen, uns von Christus erlösen und echte Nächstenliebe beibringen zu lassen. Doch liegt auch dann eine echte Beziehung vor, wenn sie mich in Verlegenheit bringt und mir Unbehagen bereitet, weil ich sehe, daß ich nicht helfen kann: wenn ich mich in Demut und Schmerz dieser Erfahrung meines Unvermögens beuge, ist das der erste Schritt zu echten Beziehungen.

ICH MÖCHTE SEHEN

Herr, wann habe ich dich je arm, müde, krank, eingekerkert ganz nahe bei mir gesehen und habe mich davon rühren lassen? Wieviel öfter hingegen habe ich die Sorge für Notleidende als erschöpfend oder als allzu große Gefahr empfunden; ich hatte das Bedürfnis, mich abzuschirmen, klare Distanzen zu setzen, meine Rechte geltend zu machen. Sieh, hier ist unser ganzes Leben, denn unser ganzes Leben spielt sich da ab, in der Beziehung zu den anderen...

Wenn wir unser Alltagsleben ehrlich durchgehen, wird der Herr uns eingeben, uns in diese demütige Haltung zu versetzen, und sie wird sich einstellen, wenn wir sehen, wie es sich mit uns in diesem Punkt verhält. Dann kann auch das Fragen weitergeführt werden, so daß man sagt:

»Herr, es tut mir wirklich leid, aber ich habe dich nicht gesehen, dich nicht verspürt; warum eigentlich?...

Herr, ich habe Augen und sehe nicht, habe Ohren und höre nicht. Ich gehe durch die Welt, als ob du nicht da wärest. Oder ich sage: Du bist hier, hier und dort, und das genügt mir, ich habe schon allzuviel getan.

Ich sehe dich nicht da, wo du wirklich bist, sondern wo ich dich gerne sehen möchte, da, wo die Gewohnheit, die Tradition, der Brauch mich dich sehen lehren, das genügt; doch für das Übrige habe ich kein Gespür, und kann es nicht haben.

Herr, lehre mich einsehen, warum ich dieses Gespür nicht habe, warum ich dich nicht erkenne. Oder warum ich dich, sogar gern, zwar in einigen Situationen erkenne, doch in vielen anderen nicht?

Herr, ich möchte dich nicht nur da sehen, wo ich dich sehen möchte, sondern da, wo die anderen um Hilfe schreien. Warum bemerke ich das nicht, begreife ich es nicht, öffne ich nicht die Augen?«

MARIA KÖNIGIN

Die königliche Würde Mariä, die die Kirche am heutigen Tag liturgisch feiert, ist ganz auf das Königtum Jesu hingeordnet. Alles, was Maria besitzt und besagt, bezieht sich auf Christus, und auch die Worte der ersten Lesung erinnern an die Worte des Verkündigungsengels, da sie ja das »Kind, das für uns geboren ist... und auf dem Thron Davids über sein Reich herrscht«, in den Mittelpunkt der Aufmerksamkeit rücken.

Maria steht als Königin für die Frau, die zur Fülle dessen gelangt ist, was sie verkörpert, für die höchste Form der Sendung jeder Frau in der Gesellschaft und in der Geschichte. Wenn wir sie als Königin ansehen, können wir verstehen, wieso die Frau dazu berufen ist, auch dahin zu gelangen...

Maria ist Königin, weil sie das Menschsein um das unentbehrliche »Mehr« bereichert, um die Überfülle der Freude, des Miteinanders, der Zufriedenheit, des Aufatmens der Natur und des Herzens. Daß sie Königin ist, bedeutet, daß sie alles, was man unbarmherzig muß, mit einer Krone schmückt: ohne sie bleibt alles blaß, verschwommen, flach, farb- und reizlos.

Dieses unentbehrliche »Mehr« zeigt sich vor allem im Bereich der menschlichen Beziehungen, in dem man am ehesten das für sie typische Vorhandensein oder Nicht-Vorhandensein von Menschlichkeit spürt. Da denke ich daran, wieviel Kontaktunfähigkeit es heute in der Gesellschaft gibt und wieviel Frustration daraus entsteht! Ich denke an die Familien – und das sind nicht wenige –, in denen es kein echtes Einvernehmen, keine wechselseitige Herzlichkeit und kein Miteinander im Gespräch gibt.

EIN GRUNDÜBEL

Auf der Liste der Grundübel, die aus dem Menschenherzen kommen, steht auch der Neid: »Ehebruch, Habgier, Bosheit, Hinterlist, Ausschweifung, Neid, Verleumdung, Hochmut und Unvernunft. All dieses Böse kommt von innen und macht den Menschen unrein« (Mk 7,22). Da es von innen kommt, sitzt es unweigerlich in uns allen, auch im Innern der Glieder, aus denen sich die Kirche zusammensetzt...

Je mehr wir uns der unermeßlichen Gabe bewußt sind, die Gott uns geschenkt hat, um so eher sind wir bereit, sie auch in den andern anzuerkennen. Wenn wir lernen, in unzähligen Ereignissen unseres Lebens und unserer Wirklichkeit nicht unser Verdienst, nicht das Verdienst unserer Bemühungen und unserer Tradition zu loben und anzuerkennen, so werden wir um so eher dazu gebracht, es auch anderswo anzuerkennen, denn es ist das Geschenk desselben Herrn. Je mehr wir aber uns etwas persönlich zu eigen machen, als gehöre es so uns, daß es uns nicht entgehen darf, daß es absolut unser persönlicher Besitz ist und die Frucht unserer Bemühungen, um so eher werden wir dazu veranlaßt, andere zu beneiden, die vielleicht sogar mit weniger Mühe mehr bekommen zu haben scheinen.

Der Herr empfiehlt uns also als Heilmittel gegen den Neid die Betrachtung der unendlichen Barmherzigkeit und Liebe Gottes, der uns so mit Gütern überhäuft, daß wir niemanden um etwas zu beneiden brauchen. Gott könnte uns, wenn er will, weiser machen als den heiligen Thomas, bußfertiger als den heiligen Aloisius Gonzaga, glühender als den heiligen Franz Xaver. All diese Gaben hält er für uns bereit, und wir können ihm nur danken für die, die er uns gegeben hat und die er uns noch geben wird, und ihn loben in den Gaben unserer Brüder.

GERECHTIGKEIT, BARMHERZIGKEIT, TREUE

Wir können uns ein Wort des Propheten Sacharja in Erinnerung rufen: »So spricht der Herr der Heere: Haltet gerechtes Gericht, jeder zeige seinem Bruder gegenüber Güte und Erbarmen; unterdrückt nicht die Witwen und Waisen, die Fremden und Armen, und plant in eurem Herzen nichts Böses gegeneinander!« (7,9–10).

Der Sinn des Gesetzes liegt in der Beachtung des Menschen, der Person, des Leidenden: des Armen, Benachteiligten, Eingekerkerten, Fremden. Die Verantwortlichen in der Kirche müssen diesem Punkt Aufmerksamkeit schenken, wenn sie glaubwürdig sein wollen.

Wenn die Wörter »Gerechtigkeit«, »Barmherzigkeit« und »Treue« einerseits uns verurteilen, weil wir ihnen leider nur beschämend wenig nachkommen, so ermutigen sie uns andererseits. Sie sind nicht nur das Herzstück der christlichen Nächstenliebe, sondern betreffen auch die Liebe Gottes. Es sind Schlüsselwörter für das Handeln Gottes: Er ist gerecht gegenüber dem Menschen, weil er ihn aus der Sünde rettet; er ist barmherzig gegenüber dem Menschen, weil er ihn auch in seiner Schwäche, Armut und Gebrechlichkeit liebt; er ist treu gegenüber dem Menschen, trotzdem der Mensch ihm nicht treu ist.

Wer in der Kirche Verantwortung trägt, soll einsehen, wie schwach er ist, wie weit er noch von der Liebe entfernt ist, die das Wesen des Gesetzes ausmacht. Und zugleich soll er in der Botschaft des Evangeliums das eigene Heil erfassen: Gott ist stets bereit, uns wieder aufzunehmen, um uns in der Fülle seiner Liebe umzugestalten.

Der gerechte, barmherzige, treue Gott nimmt uns auf, erneuert unser sündiges Herz und gibt uns ein neues Herz, das dem Nächsten gegenüber gerecht, barmherzig und treu ist... Wir handeln dann nicht mehr aus einer formalistischen Haltung, sondern aus einem Überschwang an Liebe, die der Heilige Geist uns ins Herz gegossen hat.

ER TRÖSTET UNS

Das Amt des Mitleidens besteht einfach darin, daß man jemand bei einer Prüfung beisteht: »Deine Prüfung trifft auch mich; sie kommt mir wie meine eigene Prüfung vor; ich verstehe, was du durchmachst; wenigstens versuche ich, es zu verstehen und dir nahe zu sein.« Doch das Amt des Tröstens setzt noch mehr voraus: eine frohe Kunde, die zu übermitteln ist. Es scheint mir von Paulus treffend beschrieben im zweiten Korintherbrief 1,3 ff, wo er sagt, dieses Amt des Tröstens habe er den Leiden zu verdanken, die er durchgemacht habe, nicht so sehr den Leiden als solchen, sondern mehr dem Trost, den er in diesen Leiden erhalten habe: »Gepriesen sei der Gott und Vater Jesu Christi, unseres Herrn, der Vater des Erbarmens und der Gott allen Trostes. Er tröstet uns in all unserer Not, damit auch wir die Kraft haben, alle zu trösten, die in Not sind, durch den Trost, mit dem auch wir von Gott getröstet werden.«

Um Trost spenden zu können, muß man also zuerst von Gott Trost erhalten.

Der Trost ist Gabe Gottes; wir können ihn nur so weit übermitteln, als er uns geschenkt wird, und in dem Maß, als wir ihn empfangen. Wie uns die Leiden Christi überreich zuteil werden, so wird uns durch Christus auch überreich Trost zuteil. Nicht das Leiden selbst bringt den Trost hervor, sondern im Leiden zeigt sich die Macht des tröstenden Christus. Das Leiden als solches befähigt uns nicht schon zum Trösten (es läßt uns höchstens verstehen), sondern einzig die Kraft Gottes tröstet. Und dies ist eine Auferstehungserfahrung, die wir auch eine Kreuzeserfahrung nennen, aber insofern das Kreuz als Liebe Gottes verstanden wird. Nicht also Kreuzeserfahrung als Erfahrung der durchgemachten Bedrängnis, sondern als Macht Gottes, die uns so sehr liebt.

DIE WAHRHEIT IN LIEBE SAGEN

Verstehe ich, daß das Wort Gottes nicht nur Ansporn und Trost ist, sondern auch Tadel, kräftiger und liebevoller Tadel? Und nichts ist schwieriger, als jemanden voller Liebe wirklich zu tadeln!

Deshalb weichen heute viele Leute lieber davor aus, ziehen es vor zu schimpfen, mit vorgehaltener Hand oder hinter dem Rücken zu kritisieren, allgemein und selbstgefällig anzuklagen.

Nur wenige haben die Kraft, einen Tadel auszusprechen, und sich dabei an das Vorbild des Wortes Gottes zu halten, so daß der Tadel wahr ist, gerecht ist, eindringlich, dazu angetan aufzurütteln und doch zugleich voller Liebe, geeignet, einen Dialog der Hoffnung einzuleiten, ein einsichtsvolles Erkennen und Bekennen, durch das der Betreffende wieder auf den richtigen Weg geführt wird.

Zur Zeit des Alten Testaments war die Praxis gegenseitiger brüderlicher Korrektur sehr verbreitet. Das setzte sich dann auch in der Kirche fort, scheint aber heute ziemlich in Vergessenheit geraten zu sein: »Wenn dein Bruder sündigt, dann geh zu ihm und weise ihn unter vier Augen zurecht. Hört er auf dich, so hast du deinen Bruder zurückgewonnen« (Matth 18,15).

Wie oft handeln wir gerade nicht so! Wie oft bringen wir unserem Bruder nicht die Liebe entgegen, mit der wir ihm helfen könnten!

Wir haben Angst, so zu lieben, wie Gott uns liebt.

»Herr, öffne uns die Augen,
damit wir den Reichtum deiner Worte erkennen
und ihm Ausdruck geben können,
wie du es möchtest.
Gib, daß wir uns wieder deiner Gegenwart erfreuen!
Führe du uns zur Wahrheit zurück,
und gib uns die Kraft, teilzuhaben
an deinem Wort, das liebt, tadelt und rettet.«

DIE FEINDE LIEBEN

Schließlich sagt Jesus: »Euch ist gesagt worden: ›Du sollst deinen Nächsten lieben‹, doch dazu muß es dir gelingen, den ersten Schritt zu demjenigen zu tun, der dich ausnutzt, dich mißbraucht, d. h. zum Feind.«

Es ist leicht, vom Feind im abstrakten Sinn zu reden, doch im Grunde gilt mir jeder als Feind, der mir Schaden zufügt, und ich suche immer, ihn mir möglichst weit vom Leibe zu halten. Das Geheiß, die Feinde zu lieben, kommt uns als widersinnig vor und wir können es nur im Blick auf das Kreuz irgendwie begreifen.

Jesus will von uns sicher nicht verlangen, auf unmögliche Weise zu leben. Er stellt ein ideales, doch realisierbares Muster eines humanen Verhaltens vor uns hin, und zwar so, daß es uns einen Streich versetzt und uns sagt: »Du behauptest, du könntest den Nächsten lieben, Gemeinschaft halten. Wenn du es aber nicht auch ein Stück weit über dich bringst, mit dem zusammenzuleben, der dir auf die Nerven geht, der dir feind ist, brauchst du gar nicht von Nächstenliebe zu reden, sondern sollst du zugeben, daß du es nicht fertig bringst, Gemeinschaft zu halten.« Hier kommt die heilbringende, heilsame Krise der Gemeinschaft zum Vorschein, in der der Mensch sagt: »Herr, du allein bist das Heil.«

»Herr, ich kann tun, was ich will, ich weiß, es wird nie vollkommen sein; es wird mir nie gelingen, gerechte Beziehungen zu haben. Vielleicht glückt es mir, wenn alles mich in Ruhe läßt, ähnlich wie bei ruhigem Meer fast alle fähig sind, ein Boot zu steuern.« Doch das Leben ist nicht ein ruhiges Meer, und so wird in diesem oder jenem Moment der konfliktauslösende Widerspruch, der in uns ist, explodieren. Der Herr möchte, daß wir diesen inneren Widerspruch im Bußgebet vor ihm eingestehen: »Herr, ich bedarf deines Erbarmens.«

DER PFAD DES FRIEDENS

Wird die Einsicht, daß die Herrlichkeit Jesu sich am Kreuz zeigt, in das Herz des Menschen aufgenommen, so führt sie zu einer Praxis großmütiger tätiger Gewaltlosigkeit, die den Sieg des Kreuzes in die Welt hineinträgt. Die evangeliumsgemäße christliche Gewaltlosigkeit überträgt die Herrlichkeit des Kreuzes in die bange Spannung unserer Gesellschaft.

»Herr, du rufst uns dazu auf, uns von der Herrlichkeit des Kreuzes heranbilden zu lassen, um durch die Entseuchung und Entgiftung, welche durch Taten des Friedens, der Gewaltlosigkeit im Alltagsleben bewirkt werden, eine Gesellschaft umzuerziehen, die unter Spannungen, Aggressivität und Kriegen leidet.«

Jeder Verzicht auf Aggressivität, Rachsucht, erbitterten Argwohn, eitlen Starrsinn ist Entseuchung von Angriffslust, ist Sieg des Kreuzes Jesu, ist ernste, fortschreitende Heranbildung der Menschheit zur Herrlichkeit des Friedens.

»Maria, Königin des Friedens läutere unsere Herzen von allen Angriffsgelüsten, von denen sie verfinstert werden, und laß uns Tag für Tag Taten der Vergebung vollziehen.

Herr, laß uns das Mysterium deiner Freude, deiner Herrlichkeit und deines Kreuzes verstehen. Laß mich erfassen, wie viel an Angriffslust, an Widerstand gegen die anderen, an Mißtrauen und Angst in mir steckt. Befreie mich, Herr; helle in mir all das auf, was mich anderen entgegensetzt. Laß mich auf dem Pfad deines Friedens schreiten.«

DIE KRAFT DER WEHRLOSIGKEIT

Das Wort: »Wenn sie tödliches Gift trinken, wird es ihnen nicht schaden« (Mk 16,18) geht darin in Erfüllung, daß man imstande ist, Schwierigkeiten, Widrigkeiten, Zurücksetzung, Kritik und auch Spott friedlich und mutig zu ertragen.

Und darin, daß man fähig ist, sich den verwickelten gesellschaftlichen und kulturellen Situationen von heute ohne Minderwertigkeitsgefühle und furchtlos zu stellen in der Gewißheit, daß Gott stets bei uns ist, kommt es zum »Anfassen von Schlangen« (vgl. Mk 16,18). Man hat keine Angst vor Situationen, die an und für sich verwirrend sind...

Ein gewaltiges Zeichen in unserer Zeit ist deshalb die *Berufung, Werkleute des Friedens zu sein*, sich zur Sanftmut des Evangeliums zu entschließen, Böses nicht mit Bösem zu vergelten und diejenigen, die uns beleidigen oder beleidigen könnten, nicht selbst zu kränken. Darin äußert sich das neue Leben in Christus. Es ist ein Zeugnis dafür, daß Jesus der Herr der Geschichte ist und eine Generation neuer Männer und Frauen hervorbringt, deren Kennzeichen nicht Aggressivität und Polemik ist, sondern die Fähigkeit, zu verzeihen, auch schon in den unbedeutendsten Lebensumständen.

Das sind Signale einer Prophetie des Friedens, eines Handelns, das Kriege neutralisiert; Signale einer Prophetie der Abrüstung, welche die Nichtigkeit der Waffen zeigt; Signale eines Vertrauens in die Kraft einer nicht kriegerischen, sondern friedenstiftenden Wahrheit, einer Heilung der Herzen von den Giften der Gewalttätigkeit.

Obwohl wir also zugeben, daß wir nicht den Mut aufbringen, Schlangen anzufassen oder Gift zu trinken, wissen wir, daß wir durch die Wehrlosigkeit Christi, durch die Kraft seines Kreuzes gestärkt worden sind.

ZEICHEN DER CHRISTUSLIEBE?

Wir können uns nach den Zeichen fragen, welche diejenigen begleiten, die an Christus glauben:

Vergelte ich Böses mit Bösem, Kränkung mit Kränkung, Kritik mit Kritik? Nehme ich einen Menschen, der gegen mich bissig ist, auf die Hörner? Bin ich aus Angst, zuerst angegriffen zu werden, aggressiv? Verschaffe ich mir eine Stellung, damit ich nicht den kürzeren ziehe und den anderen beherrschen kann.

Oder gehe ich durch die Welt im Vertrauen auf die Kraft der Liebe, der Vergebung, des Friedens, des Erbarmens, der evangelischen Milde, des Mitleids Gottes mit dem Menschen? Bin ich – indem ich die Hände der Liebe, der Güte, der Dienstbereitschaft auflege – imstande, um mich herum die durch Gewalttaten beigebrachten Wunden zu heilen, die in unserer Gesellschaft Verheerungen anrichten, indem sie Generationen von frustrierten, verbitterten, verschlossenen, aggressiven Menschen schaffen? Bin ich imstande, Frieden zu bringen, diesen Kranken die Hände aufzulegen und sie zu heilen?

Wenn wir feststellen dürfen, daß trotz unserer Schwäche und Gebrechlichkeit uns etwas von diesen Zeichen geschenkt ist, sollen wir sagen:

»Du, Herr, herrschest über uns und gibst uns die Gnade, dein Evangelium zu verkünden, von deiner Herrlichkeit Zeugnis zu geben.«

WAS TUE ICH FÜR DICH?

Habe ich gelernt, von der Analyse meiner Situation, vom Nachdenken über mein Leben her das Evangelium zu befragen?

Wir bemühten uns, anhand von Abschnitten des Evangeliums zu ersehen, auf welchen Wegen uns der Herr zu einem wahren Christen heranbildet, welche qualitativen Sprünge dieser Weg mit sich bringt, welche Umkehr der Herr von uns verlangt, welche Momente eines neuen Spurts er für uns vorgesehen hat und vorsieht. Wir sind innegeworden, daß es uns nur durch gewisse mutige qualitative Sprünge und wiederholte Anläufe gelingt, die Kraft seiner Sendung zu erfassen und diese Sendung von der Urkirche zu übernehmen, um sie in unserer Zeit voranzutragen.

Stellen wir uns die prüfende Frage: verlangt Jesus in diesem Moment von mir?

»Herr, was tue ich für dich und deine Kirche? Welche Anstrengung willst du von mir, damit ich für den Frieden arbeiten und mich instandsetzen kann, an deine Gegenwart in meinem Leben zu glauben?

Jesus, laß uns den Moment des Schweigens in enger Gemeinschaft miteinander und mit dir verbringen, indem wir deinen Auftrag Wort für Wort wieder aufgreifen, von neuem durchgehen und dich fragen, indem wir durch die Fürbitte Mariens, der Jungfrau des Glaubens, Licht erflehen. Herr, laß uns aus deinem Evangelium die Freude schöpfen, aus dem Glauben zu leben, zu dem du uns durch unseren Weg in der ›Schule des Gotteswortes‹ führen wolltest.«

SEPTEMBER

Beten

ZEICHEN DER ZURÜCKGEZOGENHEIT

Im Leben Jesu gab es stark einsiedlerische Momente, Zeiten der Zurückgezogenheit. Es stimmt nicht, daß Jesus sich Tag und Nacht mit dem Volk abgegeben habe, wie manche es sich vorstellen. Jesus flüchtete oft, suchte einsame Orte auf, zog sich zurück, und die Leute mußten nach ihm suchen und ihn zu sich bitten. Jesus hat sich zuweilen sehr harte Trennungen auferlegt. Die eine oder andere Stelle bei Lukas betont dies, beispielsweise Lk 5,15f: »Sein Ruf verbreitete sich immer mehr, so daß die Menschen von überall herbeiströmten. Sie alle wollten ihn hören und von ihren Krankheiten geheilt werden. Doch er zog sich an einen einsamen Ort zurück, um zu beten.« Jesus verbarg sich also zuweilen, und zwar, wie der Evangelist Lukas uns sagt, nicht bloß deshalb, weil er der Popularität ausweichen wollte, sondern auch, weil er beten wollte.

Dieser Drang Jesu, in die Einsamkeit zu gehen, um zu beten, hat für uns etwas Überraschendes. An einer anderen Stelle schreibt Lukas: »In diesen Tagen ging er auf einen Berg, um zu beten. Und er verbrachte die ganze Nacht im Gebet zu Gott« (6,12). Er verließ die Leute also nicht bloß für eine Stunde, sondern er trennte sich wirklich von ihnen, er ging weg und verweilte in inbrüstigem Gebet.

Die Apostel fragten sich wohl oft, was Jesus bei diesem Beten tat, und auch wir fragen uns dies und sind noch mehr darüber verwundert, da wir wissen, wie vollkommen er sich mit dem Mysterium Gottes vereinigen, wie schnell er sich nach dem Willen des Vaters richten konnte. Warum also verbrachte Jesus eine so lange Zeit im Gebet? Gewiß können wir dieses Geheimnis nicht durchdringen und in Worte fassen, die Tatsache aber, daß es dieses Geheimnis gibt, macht uns deutlich, daß dieses Sich-Zurückziehen zum Gebet für unser Leben entscheidend wichtig ist.

LOBEN IN CHRISTUS

Der Psalter endet mit der Auffordung zum Gotteslob: »Lobt Gott in seinem Heiligtum, lobt ihn in seiner mächtigen Feste! Lobt ihn für seine großen Taten, lobt ihn in seiner gewaltigen Größe!« (Psalm 150,1 f)

Die Stätte des christlichen Gotteslobes ist nicht mehr der Tempel in Jerusalem, sondern Christus, der Tempel des Vaters. Wir loben in Christus. Christus ist die mystische, aber wirkliche Stätte unseres Lobes. »Durch ihn und mit ihm und in ihm ist dir, Gott, allmächtiger Vater, alle Herrlichkeit und Ehre.«

In Christus entdecken wir die Stätte des vollkommenen Gotteslobes. Und wir, die wir in Christus Kirche sind, sein mystischer Leib, die sichtbare Wirklichkeit Christi in der Geschichte, wir sind die Stätte des vollkommenen Gotteslobes und ehren mit ihm, durch ihn und in ihm auf vollkommene Weise den Vater.

Und wenn man die Stätte des Lobes voraussetzt, die Christus ist, die die Kirche, sein Leib, ist, dann wird auch das Gotteshaus Stätte des Lobes, nicht als sein Haupt- und Ursprungsort, sondern abbildlich als Stätte, die auf uns angewiesen ist, aber auch als Stätte das Lob bezeugt.

Wieviele Jahrhunderte hat man im Mailänder Dom das Gotteslob gesungen! Unser Lob setzt also die Gesänge fort, die unsere Vorgänger seit Jahrhunderten in diesem Dom beim Gotteslob gesungen haben; es setzt das Gotteslob des heiligen Karl Borromäus und seiner Nachfolger fort und das Gotteslob des Montini-Papstes. Wir sind an diesen Strom des Lobes und der Vollkommenheit angeschlossen, der sich in Christus und in unserer Kirche, in diesem Gotteshaus aus Stein, an den höchsten Gott wendet.

BETEN IM GEIST

Was macht das christliche Gebet aus? Welches ist das charakteristische, unterscheidende Element des christlichen Betens?...

Das wahre, das einzig echte christliche Gebet geht aus dem Geist Gottes im Herzen des Menschen hervor und in der Wahrheit, d. h. angesichts des Heilplans, der mir vom Gotteswort konkret mitgeteilt wird. Ein solches Gebet ist spezifisch christlich, und nicht jüdisch, denn es ist dem Neuen Testament eigen, das Gebet mit dem Geist Gottes in Zusammenhang zu bringen.

Zu der Frage, wie der Geist Gottes das Gebet bestimmt, hier ein paar Hinweise:

Der Geist regt zum Beten an, er ist dessen Urheber; folglich ist das christliche Gebet Gnadengabe. Wie Paulus sagt (Röm 8,26), sind wir selbst nicht imstande, zu beten, »denn wir wissen nicht, worum wir in rechter Weise beten sollen; so nimmt sich der Geist unserer Schwachheit an«. Wir sind demnach zu kraftlos, zu schwach, um zu beten; wir sind nicht imstande, uns in den Zustand des richtigen Betens zu versetzen. »Der Geist selber tritt jedoch für uns ein« (ebd.); er arbeitet mit uns zusammen, ist in uns als freien, aktiven Menschen tätig, und wenn wir uns ihm öffnen, bringt er in uns das Gebet in Gang. Der Geist wirkt jedesmal, wenn wir uns auf ihn verlassen; nicht nur dann, wenn wir in Begeisterung sind, sondern auch bei geistlicher Trockenheit, Dürre und im Schweigen. Der Geist lebt und regt sich, wirkt eng mit uns zusammen »mit Seufzen, das wir nicht in Worte fassen können« (ebd.). Wie geheimnisvoll ist dieses Seufzen des Geistes! (nach P. Mollat).

Der Geist gibt unserem Beten Herzlichkeit, eine gesunde, tiefe Herzlichkeit und Zärtlichkeit. Er ruft in uns »Abba, Vater!« (Gal 4,6). Er ruft es, er schreit es und bringt uns so dazu, uns ganz dem Vater zu überlassen.

GEMEINSCHAFTLICHES BETEN

Schließlich ist der Geist Urheber und Lenker unseres Gebets auch in dem Sinn, daß er uns zusammenbringt, uns als Leib der Kirche belebt und uns gemeinsam beten läßt... Im christlichen Gebet geht man im gemeinschaftlichen Gebet auf und läßt sich von ihm tragen.

Wir haben in dieser Beziehung noch viel zu lernen, denn wir sind beim gemeinsamen Gebet oft bloß Einzelpersonen, die ihre Gebete zusammentun. Doch dies ist kein wahres, volles christliches Beten, solange wir uns nicht in die Bewegung der Gemeinschaft hineingeben, die uns trägt.

Das gilt auch von der Eucharistiefeier. Solange wir nicht merken, daß wir nur ein Gebetselement des ganzen Volkes sind und somit alle seine Ängste, Sorgen und Leiden teilen, sind wir noch nicht in den wahren Sinn der Eucharistie eingedrungen. Wir müssen uns in die Leiden der anderen hineingeben, uns in sie verwickeln lassen. Es ist nicht damit getan, daß der Priester die Messe würdig feiert; damit allein hat man noch nicht das gemeinschaftliche Gebet des Lebens, im Bewußtsein, daß alle von ein und demselben Geist beseelt sind. Wenn man in eine zum Gebet versammelte Gemeinschaft kommt, verspürt man gleich, wie es um sie und um ihr Gebet steht; man merkt ohne weiteres, ob es sich bloß um eine Summierung individueller Gebete handelt oder ob die Herzen wirklich zu einer Einheit verschmolzen sind.

Hier haben wir noch viel zu tun, eine Umkehr vorzunehmen, einen Weg zu machen, denn um uns in das gemeinsame Gebet hineinzugeben, braucht es stets einen mutigen Sprung. Wir müssen aus uns selbst, aus unserem Individualismus herausgehen, um uns gemeinsam retten, gemeinsam vom Geist heimsuchen zu lassen.

HEILSWEG

Der Geist ermöglicht uns, aus uns herauszugehen und nicht mehr privat zu beten; er macht, daß das Gebet der Gemeinschaft lebendig ist.

Dies nimmt dem persönlichen Gebet nichts von seiner Gültigkeit. Jesus selbst hat gesagt: »Geh in deine Kammer!« Dieser einzigartige, unaufgebbare persönliche Kontakt mit Gott muß erhalten bleiben, wird aber in seiner Wahrheit in ein noch würdevolleres Gebet hineingenommen: in das Beten des Leibes Christi. Die Apostelgeschichte spricht davon ganz klar: »Sie alle verharrten dort einmütig im Gebet, zusammen mit den Frauen und mit Maria, der Mutter Jesu, und mit seinen Brüdern« (1,1). Das wahre christliche Beten legt unser Leben in die Hände Gottes, läßt uns in Gott ersterben. Wir übergeben uns darin der Macht Gottes und folglich auch der Kirche...

Zu diesem Gebet sollen wir gelangen, denn dann beten wir wirklich in der Wahrheit, d. h. in Gott, der in Christus zu uns kommt. Und Christus bringt uns zum Vater zurück. In diesem Sinn ist für mich das christliche Beten das christliche Leben; es ist Heilsweg... Das Beten rechtfertigt sich von selbst: weil es Heil gibt, gibt es auch ein Gebet, das dieses Heil zum Ausdruck bringt.

»Wir bitten dich, Herr, gibt uns die Gnade des Gebets: Wir bitten dich darum, weil wir sie nötig haben. Wir wissen, daß wir zum Beten nicht fähig sind, deswegen bitten wir dich um das Geschenk, wirklich uns selbst sein zu können.

Herr, mach, daß wir gern beten, auch wenn unser Gebet noch so gering, armselig, schlicht und schmucklos ist und nicht große Worte macht. Laß unser Gebet wahr sein, Herr. Es bringe zum Ausdruck, wer wir sind: arme Sünder vor dir, und auch das, was wir kraft deiner Gnade sind.

Laß uns dich loben, Herr. Ehre sei dem Vater und dem Sohn und dem Heiligen Geist, wie im Anfang, so auch jetzt und in Ewigkeit. Amen.«

CHRISTLICHES BETEN

Unser Gebet ist christlich, weil es von Christus ausgeht. In bestimmten Momenten wird es gleichsam athematische Formen annehmen können: Der auferstandene Christus ist gegenwärtig, auch ohne daß ich ihn mit den Augen der Phantasie anschaue. Im Grunde aber – und ich betone das – wird die christliche Meditation vom Heiligen Geist bewegt und hängt sie stets mit Christus Jesus zusammen, ja sie ist Beteiligung am Beten Jesu zum Vater.

Hier stellt sich das interessante Problem der Beziehung zwischen dem christlichen Gebet und dem der anderen Religionen.

Zweifellos gibt es viele Formen echten Betens, von denen wir lernen können. Sie sind jedoch sehr schwierig auszuwerten, so lange wir nicht den Weg des christlichen Betens ernsthaft und eine große Strecke weit gegangen sind, so lange wir noch nicht die kostbare Perle entdeckt haben, die das Mysterium Jesu ist.

Erst wer in beharrlicher Übung und vor allem dank der Gnade des Herrn – denn das Gebet ist eine Gnadengabe – diese Erfahrung gemacht hat, wird in der Folge all das wahrnehmen können, was an Richtigem und Echtem im Gebet anderer Religionen vorhanden ist.

Das christliche Gebet besteht in Hingabe, in Handeln, im Gekreuzigtsein mit Christus, im Hingegebensein an die Ärmsten.

Sind wir des Lichtes Christi beraubt, so sind die wenn auch schönen Gebetsformen der anderen Religionen gefährlich und drohen sie, zu einer inneren Selbstrechtfertigung zu werden, zu einem Gefangensein in den eigenen Entschlüssen, zu einer Selbstlegitimation. Und es gibt auf dem Weg der Aszese oder auf dem – in Anführungszeichen – »geistlichen« Weg nichts Schlimmeres als diese Selbstbespiegelung in der Genugtuung über sich selbst.

WAS FÜR EIN GEBET?

Herr, was für ein Gebet willst du von mir?
Auf diese Frage will ich keine endgültige Antwort geben, doch meine ich, daß das Gebet, das wir anstreben, in dem wir uns bewahrheiten müssen, das Gebet des Zöllners ist. Dieser schreibt sich nichts zu, nicht einmal die Fähigkeit, zu beten, sondern überläßt sich ganz der Macht und dem Erbarmen Gottes. In einer solchen Haltung fühlen wir in uns den Lobpreis auf das Erbarmen Gottes, nicht ein erzwungenes Lob, sondern das Lob dessen, der sich begnadet fühlt.

So entsteht die vollkommene Gleichförmigkeit mit dem Willen Gottes. Das Gebet wird zu einem Akt, durch den man sich Gott nachgestaltet, zu einem Aussich-Herausgehen, um sich in die Hände Gottes zu verlieren und in ihnen zu ersterben. Es wird zu einem Sich-ans-Kreuz-schlagen-Lassen.

Dies ist dann wirklich eine Gebetserfahrung. Und wenn es uns gelingt, sie öffentlich, gemeinsam zu machen, wenn wir nicht bloße Gesten vollziehen, sondern uns voll hineingeben, dann erfahren wir immer mehr, daß wir im Gebet von Gott gepackt werden. Wir sind dann beim Beten nicht mehr an uns selbst, an unsere Ideen, unsere Stimmungen gefesselt, die wir in einer Darstellung, die endlos dauern kann, Gott vorführen. All dies hat überhaupt keinen Wert, wenn ich mich nicht in seine Hände lege, mich nicht seiner Macht ergebe.

Bitten wir also den Herrn, uns mit seiner Macht zu pakken, uns beten zu lehren, weil wir nicht zu beten wissen. Der Herr gebe uns jene Geistesfülle, die uns aus uns hinausreißt und uns im Gebet den Tod, d. h. das Herausgehen aus uns erleben läßt. Unser Gebet werde der Moment, in dem wir uns ganz Gott übergeben.

DIE PSALMEN

Die Psalmen sind Gebete in denen das Gottesvolk singend das Herz zu Gott erhebt; sie stellen eine Methode dar, mit der Gott uns beten lehrt. Und sie sind gesungene Gebete, d. h., man spricht sie nicht einfach mit den Lippen, sondern der ganze Mensch schwingt bei diesem Beten mit in seiner Gefühlswelt, in der Phantasie und seinem Vorstellungsvermögen.

Die Psalmen sind also Gedichte und daher reich an Bildern und Rhythmen; man muß sie wenigstens mit dem Herzen singen, wenn man ihr Anliegen erfassen will.

Sie sind also Gebet, gesungenes Gebet, und zwar gesungenes Gebet des Gottesvolkes. Daher tragen wir sie nicht einfach vor wie ein Gebet aus alter Zeit, das im Lauf der Jahrhunderte etwas von seiner Wärme und seinem reichen Inhalt bewahrt hat, sondern als Gebet des Gottesvolkes, das heute unterwegs ist: sie sind das Gebet, das Gott heute seinem Volk in den Mund legt.

Sie sind Gebete der Kirche von heute, und sie lehren uns, worum die Kirche von heute Gott bitten muß, wonach sie sich sehnen und was sie erhoffen muß. Versuchen wir also, die Psalmen zu betrachten und den Gedicht- und Gebetsrhythmus aufzunehmen, den sie im Namen Gottes und unter dem Hauch des Geistes originalgetreu in uns aufklingen lassen wollen.

»Herr, du konfrontierst uns mit deinem Wort, mit dem Wort, das du deinen Propheten eingegeben hast: laß uns ehrfürchtig, wachen Sinnes und demütig diesem Worte nahen; laß uns dieses Wort nicht unbesehen abtun, sondern mit allem aufnehmen, was es uns sagen will. Wir wissen, daß unser Herz oft unzugänglich und nicht in der Lage ist, dein Wort in seiner Einfachheit zu begreifen. Sende uns deinen Geist, damit wir es wahrhaft und schlicht aufnehmen können.«

CHARISMATISCHE SPONTANEITÄT

Als ich im Juli 1970 in den Vereinigten Staaten war, machte ich die Bekanntschaft von Pfingstgruppen, die kurz zuvor, 1968/69, entstanden waren. Ich muß sagen, daß dies für mich und für nicht wenige andere in mancher Hinsicht etwas Neues darstellte. Ein Aspekt erscheint mir besonders wichtig: die Wiederentdeckung des spontanen, freien, frohen Lobgebets. Dieses wurde zuweilen in etwas tumultuöser Form zum Ausdruck gebracht, doch trat darin zutage, was Ignatius von Loyola zu Beginn der »Geistlichen Übungen« sagt: »Der Mensch ist zum Lob Gottes erschaffen«, d. h. er findet im Gotteslob seine Freude, sich selbst, sein ganzes Wesen.

Diese Haltung hatte vorher in unser persönliches Gebet nicht großen Eingang gefunden. Mir kam sie als eine neue Öffnung vor, und mir ging dabei der Sinn für die Beteiligung des Leibes und des Gemütes beim Beten auf, der vorher wohl schon vorhanden war, dem man aber noch nicht freien Lauf ließ. Doch besitzt der Mensch auch einen Sinn für das Mysterium... Die Pfingstbewegung ist gleichsam eine Revolte des Irrationalen gegen die Kodifizierung, die alles für schon verstanden ansieht und meint, was der Gläubige in der Liturgie mit dem Ohr aufnehme, genüge.

Doch es gibt innere Eruptionen des Glaubens, die sich nicht in Formeln pressen lassen. Im Grunde kamen sie in der früheren Liturgie wegen deren mystagogischem Charakter eher zum Zuge. Wenn man alles nach der Vernunft richten will, verspürt man in der Folge, daß etwas fehlt; man versteht zwar alles, ist aber unbefriedigt.

Aber das genügt meines Erachtens nicht. Man muß dem Umstand Rechnung tragen, daß sich in einem logischen Diskurs nicht der ganze Mensch zum Ausdruck bringen kann. Ich halte es deshalb für wichtig, daß dieses charismatische Salz, dieser Pfingstgeist gekommen ist und die gewisse Flachheit der neuen Liturgie und das mehr psychologische Verständnis des religiösen Phänomens verlebendigt.

STAUNEN UND LOBEN

Der Psalter endet mit der Aufforderung: »Alles, was atmet, lobe den Herrn!« (Psalm 150,6)
Das Lob ist das Staunen darüber, daß wir nicht der Mittelpunkt der Welt sind, die Freude darüber, daß es jemanden gibt, der größer ist als wir, der uns grenzenlos liebt, jemanden, der jeden Menschen liebt...

Jeder Mensch ist also zu diesem Lob berufen aus Staunen über sich selbst angesichts des Geheimnisses Gottes und angesichts der Schönheit, der Neuheit und der Kraft der Botschaft des Evangeliums.

Ist der Mensch von heute fähig, Gott zu loben? Können wir von uns behaupten, daß wir uns als Menschen von heute leicht zum Lob und zur Bitte bewogen sehen, den beiden tragenden Elementen der Psalmen? Oder sind wir dem Wechsel anderer Empfindungen unterworfen, wie sie dem Menschen, der den Sinn für Gott verloren hat, eigen sind?

Wenn ein Mensch nicht mehr fähig ist, zu loben oder im Leiden und unter Tränen zu beten, steigert er sich in eine sinnlose Wut oder er verfällt in einen Skeptizismus, der zersetzerisch und mit jeder vordergründigen Ersatzbefriedigung seiner Bedürfnisse zufrieden ist. Dem biblischen Begriffspaar Lob–Klage, das die Lage des Menschen, von Gott her gesehen, beschreibt, entspricht das Begriffspaar Wut–Skeptizismus, das den nicht mehr in Gott verwurzelten und des Lobes unfähigen Menschen beschreibt.

Da wird dann die Frage persönlich: Bin ich fähig zu loben? Bin ich fähig, die Welt entschieden positiv zu sehen? Denn um zu loben, muß man eine Entscheidung treffen, muß man einen Schritt nach vorn tun, muß man entschlossen loben wollen und das Lob zu seiner Grundhaltung machen, und man darf sich nicht für Wut oder Resignation entscheiden, sondern für die Liebe, die Gott für sein Wirken in der Welt lobt.

GANZHEITLICHES GOTTESLOB

Die beste christliche Übersetzung des Psalmwortes: »Lobt ihn für seine großen Taten, lobt ihn in seiner gewaltigen Größe« (Ps 150,2), ist die Präfation des eucharistischen Hochgebets. »In Wahrheit ist es recht, dich, Herr, zu loben durch Jesus Christus für seine Gaben, für die Gaben, mit denen du deine Kirche und deine Heiligen beschenkt hast, und für die Großtaten, die im Laufe der Geschichte offenbar geworden sind.« Die Präfation, mit der das eucharistische Hochgebet beginnt, ist eine neutestamentliche praktische Anwendung des Gotteslobs der Psalmen. Die Präfation ist »Eucharistia«, Lob und Dank an Gott in Christus...

Jeder könnte einmal überlegen, wie seine Präfation lauten würde, wenn er eine verfassen müßte: Es ist in Wahrheit würdig und recht, schön und heilsam, dich, Gott und Vater, zu loben durch meinen Herrn Jesus Christus, durch Christus, der mich in meiner Taufe zum Glauben gerufen hat, durch Christus, der mich bis hierhin geführt hat...

Werfen wir noch einen Blick auf das Instrumentarium des christlichen Gotteslobes. Da ist zunächst der menschliche Leib. Wie der heilige Paulus im Brief an die Römer schreibt, besteht der »wahre und angemessene Gottesdienst« darin, daß wir uns selbst »als lebendiges und heiliges Opfer« darbringen (Röm 12,1). Den Anfang machen wir dabei mit unserem Leib, mit unserem Mund, unseren Händen, den Dingen, dem Werk unserer Hände. Alles, was wir durch unsere Arbeit schaffen, kann zum Instrument für das Gotteslob werden; aber wenn wir bei uns selbst beginnen, so kann es in Christus zum vollendeten Gotteslob werden. Denn wir sind eigens zu Instrumenten des Gotteslobes geweiht worden durch Taufe und Firmung, die uns dazu befähigen, Gott in unserem durch die Einwohnung des Geistes geheiligten Leib zu loben, in unserem Leib, der dazu noch durch die Gegenwart der Eucharistie geheiligt wird.

Freitag, 2. August 1991

Der Weg zur Besserung ist zwar beschwerlich, aber nicht an und für sich, sondern deshalb, weil wir so lange den Lastern fröhnten, die uns den Weg zur Beßrung verlegen. Wir leiden unter diesem Kampfe in dem Grade, in welchem unsere Laster in uns Wurzel fassen konnten. Wir können nicht glauben, Gott wäre an der Notwendigkeit dieses Kampfes schuldig, weil, wenn wir keine Laster hätten, wir auch keinen Kampf zu bestehen hätten. Also ist die Ursache des Kampfes — unsere eigene Gottlosigkeit. Indessen liegt in diesem Kampfe unser Heil, und wollte uns Gott von diesem Kampfe frei machen, wir Unglücklichen würden bei unseren Lastern bleiben.

Blaise Pascal

August ♈

SA 4.45 SU 20.10
MA 21.42 MU 11.15

Donnerstag

1

Alfons Maria v. Liguori Ordensgr., Bisch., Kirchenl., † 1787, Ged.; Weiß
Les: Ex 70,16-21.34-38/Ev: Mt 13,47-52
MZ, SP: **Petrus Faber,** Ordenspr., † 1546
Ulrich v. Ursberg, Fides, Caritas
Priesterdonnerstag

Euer Licht soll vor den Menschen leuchten, damit sie eure guten Werke sehen und euren Vater im Himmel preisen. (Ruf v. d. Evgl.)

LOB UND LEBEN

Der *Lobgesang* hat in der Bibel nur einen einzigen Gegenstand: Gott. Das Verb *»lobsingen«* hat in der Bibel kein anderes Objekt als *Gott*; so ist denn der Lobgesang die Verhaltensweise, mit der der Mensch einzig Gott zugetan ist. Und zwar mit einem Lobgesang, wie man ihn im Häbräischen versteht als Jubel, enthusiastischen Aufschwung des Herzens, Ehrfurcht und Staunen vor dem Wirken Gottes. Das ist der biblische Lobgesang, der Lobgesang des Magnifikat: »Meine Seele preist die Größe des Herrn, und mein Geist jubelt über Gott, meinen Retter« (Lk 1,46 f); das ist die Grundhaltung des Lobgesangs.

Der Lobgesang ist also für die Bibel Ausdruck von Leben, er ist Ausdruck des Seins, Staunen vor dem Sein.

Beim Propheten Jesaja heißt es: »Die Lebenden loben dich, wie ich am heutigen Tag« (38,19); es ist das Leben, das Gott lobt, es ist der Lebende, der Gott lobt. Lob ist die Dimension des sich seiner selbst bewußt gewordenen Seins, d. h. des Menschen, der sich als lebendig erfährt und den Urheber des Lebens lobt. Für die Bibel, für die Psalmen, sind Loben und Leben dasselbe. Dann ist aber Nicht-Loben ein Nicht-Leben, ist Nicht-Loben der Tod.

Der Tod ist ein Nicht-Lob Gottes, da Nicht-Loben dasselbe wie Nicht-Leben ist, ein Nicht-Leben des Lebens, das Gottes Gabe ist, die man im Lob vor ihn hinträgt. Der Tod in seiner negativen Bedeutung, wie die Bibel ihn auffaßt, nicht in der Bedeutung, in der wir ihn oft auffassen, d. h. als Übergang zu einem höheren und anderen Leben, sondern der Tod als Verneinung des Lebens ist Nicht-Lob.

Das Nicht-Lob ist das *Nicht-Leben*, ist das Nicht-Sein, ist der Tod. Lob ist Leben, Loben ist Leben, Nicht-Leben ist Nicht-Loben; Lob und Leben entsprechen einander.

Der Mensch erfährt sich als lebendes Wesen und spürt in sich das Pulsieren des Lebens voll Freude, voll Jubel und weiß genau, was er tut, wenn er, wie in den Psalmen, lobsingt.

ZUM LOBEN GEBOREN

Habe ich schon einmal im eigenen Herzen erlebt, daß Lob und Leben dasselbe sind, habe ich schon einmal die Freude erlebt, mich frei in spontanes Lob zu verlieren, in das Lob, in dem der Mensch irgendwie die Gott eigene Freiheit wiedererlangt? So gesehen, übertrifft das Lob die Danksagung, denn die Danksagung entspricht gewissermaßen der Gabe und könnte fast als eine Art Tauschgeschäft aufgefaßt werden. Das Lob hingegen verströmt sich ins Unendliche: »Wir loben dich, Gott, ob deiner großen Macht und Herrlichkeit, wir loben dich, weil du in dir selbst groß bist; wir loben dich, Herr, weil du Gott bist.« Oder: »Dir, allmächtiger Herr, gebührt das Lob, die Herrlichkeit, die Macht und der Segen.«

Ein Mensch, der sich in diese Gebete verliert, findet sich, d. h., er spürt, daß er zum Loben geboren ist, er spürt, daß er in diesem Akt der freien und konstruktiven Hingabe zu seiner wahren Natur findet, zum Sinn des eigenen Seins, das dazu geschaffen ist, zu lieben und sich ganz einfach im Akt des Lobens zu verschenken.

Versuchen wir es doch einmal, und wir werden es erleben, wie wir innerlich aufatmen und frei werden, wenn wir aufrichtig und ernstlich in das große Lob einstimmen.

»Zu Gott, dem Vater des Erbarmens, dem Licht und dem Quell alles Guten, dem Herrn der Geschichte und des Alls, dem Ziel des ganzen menschlichen Lebens, erheben wir unseren Lobgesang.

Dir, Vater, sei Lob in der Kirche und in der Welt, auf Erden und im Himmel.

Loben sollen dich die Engel..., loben sollen dich die Heiligen, loben sollen dich unsere Verstorbenen und alle, die uns begegnen, denn wir alle können uns zusammenfinden in einem Danklied für die Fülle der Herrlichkeit, die dein Sohn uns vermittelt hat in der Gnade des Heiligen Geistes, der unsere Herzen lebendig macht. Amen.«

DER WEG DES KREUZES

Wie wird uns der Geist, die Herrlichkeit Gottes, die Freude des Evangeliums zuteil? Nicht einfach durch einen mystischen Kontakt mit dem Göttlichen, nicht durch ein gewisses Eindringen in das Mysterium Gottes mit der Armseligkeit unseres Lebens, sondern *durch das Kreuz*. Das Kreuz ist der genaue, konkrete Weg, auf dem uns Gott die Freude des Evangeliums schenkt. Die Herrlichkeit Gottes offenbart sich nämlich, bricht sozusagen in der Geschichte aus im Tode Jesu am Kreuz. Am Kreuz teilt sie sich uns als Gabe und Leben mit, so wie das Blut und das Wasser, die der Seite des gekreuzigten Jesus entströmen, die Welt benetzen.

Zum Wein der Freude des Evangeliums gelangt man einzig auf dem Weg der Liebe des Gekreuzigten, der uns bis zum Ende geliebt hat und für uns auferstanden ist. Hier also können wir sie holen. Wenn wir sagen, Jesus löse alle unsere Probleme, er sei unser Leben, müssen wir dabei stets an den gekreuzigten und auferstandenen Jesus denken. Die Worte: »Ich bin der Weg, die Wahrheit und das Leben; niemand kommt zum Vater außer durch mich« (Joh 14,6) werden von Jesus auf mich selbst bezogen. Er ist für uns gestorben, rettet uns vom Kreuz her und offenbart in diesem unglaublichen Mysterium der Schwäche, der Armseligkeit, der Schmach die Gnade, das unendliche Erbarmen des Vaters. Hier haben wir die Herrlichkeit des Kreuzes, von der her die Kirche die Freude des Evangeliums erhält.

Wenn es uns gelingt, zum gekreuzigten, auferstandenen und verherrlichten Jesus zu sagen: »Du bist mein Plan«, dann tritt die Herrlichkeit des Kreuzes in uns ein und dann verändert, belebt die Freude uns und unsere Gemeinschaft, unsere Kirche, die Menschheit.

LEHRMEISTERIN DER LIEBE

Als Jesus am Kreuz erhöht und verherrlicht ist, erhält Maria die endgültige Bestätigung ihres Ja: »Mir geschehe!« Wir können über dieses Ja nachdenken und sehen, wie weit dieses anfängliche Ja Maria gebracht hat. Welch außerordentlichen, für Maria nicht voraussehbaren Verlauf haben die inneren Geschehnisse genommen! Marie hätte nie dieses mühselige Ringen erwartet, Mutter zu sein und sich vom Sohn trennen zu müssen, ihn den Händen der Menschen überlassen zu müssen, damit sich in ihm die Liebe Gottes bekunde. Sie hätte nie gedacht, es hinnehmen zu müssen, daß die Liebe Gottes zu den Menschen so groß ist, daß sie den Sohn dahingeben muß und daß er auf diese Weise leidet. Maria lernt in ihrem Leib das Wissen darum, daß die Liebe Gottes zu der Menschheit grenzenlos ist. In ihr kommt dies zum Ausdruck, deshalb verehren wir sie als die, die uns in diese Liebe einführen kann, deren Glut sie erfahren hat.

»Maria, du hast die Macht der Liebe Gottes zu uns erfahren. Du hast erleben müssen, wie sehr dein Sohn sich unseren Händen überlassen und sich deinen Händen entzogen hat. Du hast erfahren müssen, wie schlecht wir gegenüber deinem Sohn sind, und hast seine Güte, seine wehrlose Hingabe mitvollzogen. Du hast seine unendliche Fähigkeit erlebt, uns zu lieben und sich uns hinzugeben.

Bitte für uns, damit auch wir diese Macht der Liebe Christi erfahren, und wie du von ihr erfaßt werden. Und obwohl dieses Mithineingenommensein tiefes Leid über uns bringen kann, laß es uns annehmen, laß uns die Loslösung und Läuterung hinnehmen, die dein Sohn in uns wirkt, die Lösung von uns selbst, von unseren Werken, unseren Hoffnungen, unseren Plänen. So wird die Liebe Gottes sich uns und den anderen frei bekunden können.«

WACHSEN IM GEBET

Läßt uns jedwedes Gebet innerlich wachsen? Braucht man bloß zu beten, länger zu beten, intensiver zu beten, inbrünstiger zu beten? Nein, ganz sicher nicht, denn man kann auch falsch beten, wie z. B. der Pharisäer im Tempel. Jeder muß sich fragen: Bete ich wie der Pharisäer oder wie der Zöllner? Ist es ein Gebet, das mich zur Entfaltung bringt, mich im Glauben wachsen läßt, oder ist es ein Gebet, das mich blockiert?

Ein Gedanke zu diesem Thema hat sich mir aufgedrängt, als ich in einem Buch der Mystikerin Adrienne von Speyr las, einer engen Mitarbeiterin von Hans Urs von Balthasar. In ihren Hinweisen auf das Gebet findet sich die Stelle, die mich besonders angesprochen hat und die ungefähr so lautet: »In unserem Gebet gleichen wir manchmal einer Frau, die den Mann und die Kinder bloß mit den eigenen Sorgen und mit dem Verdruß, den sie während ihres Alleinseins gehabt hat, unterhält. Es ist ein Gebet, in dem oft nicht Gott, sondern der Mensch die Hauptrolle spielt.«

So verhält es sich manchmal mit unserem Gebet: Wir projizieren oder drängen uns selbst in es hinein, so daß wir den Herrn nicht zu Wort kommen lassen.

Darum müssen wir uns zur Lebenserneuerung die entscheidende Frage stellen: »Bringt mich mein Gebet zum Wachsen; ist es Glaubensantwort und Hinführung zum Glauben?« Es geht nicht sosehr darum, ein wenig mehr zu beten, die Betrachtung zu machen, das Stundengebet zu verrichten (gewiß auch das!), sondern wir haben uns zu fragen: »Wie sieht mein Gebet aus? Ist es ein Gebet des Glaubens oder ein Gebet, das sich sozusagen noch nicht ins Freie gewagt hat, so daß ich mich dabei aufs Spiel setzen, mich den Händen Gottes ausliefern würde?« . . .

»Herr, lehre mich beten! Lehre mich die richtige Haltung, die ich nicht von selbst finden kann, denn von mir allein aus kehre ich immer wieder zum egoistischen Beten zurück, worin ich endlos mich selbst bespiegele.«

GEDULDIGES BETEN

Wir müssen auf das Gebet vertrauen. Wenn ich alles und zwar sogleich erhalten will und dann überdrüssig werde, habe ich kein Vertrauen. Ich gleiche den Aposteln, die nach der ersten Hälfte der Nacht nach Hause gehen. Beim Beten müssen wir vertrauensvoll Geduld aufbringen, weil der Mensch dadurch die Haltung annimmt, in der Gott sich ihm bekundet.

Im Buch von Ignazio Larrañaga »Mostrami il tuo volto«, das über das Gebet handelt, gibt es eine Stelle, die mich sehr beeindruckt. Der Verfasser spricht hier von der Notwendigkeit, geduldig zu warten, die Geduld aufzubringen, um Jesus zu erkennen:

»Für die, die sich auf das Abenteuer des Glaubens eingelassen haben, ist es das Schwierigste, mit Gott Geduld zu haben. Der Herr verhält sich zu denen, die sich ihm hingeben, sehr oft irritierend; seine Reaktionen scheinen keiner Logik zu entsprechen, denn unsere Anstrengungen, sein verhülltes Gesicht zu entdecken, und die Ergebnisse dieser Bemühungen stehen in keinem Verhältnis zueinander. Dabei verlieren viele die Geduld und geben entmutigt alles auf. In der Dynamik der Heilsordnung Gottes gibt es nur eine Richtung: die des Gebens. Niemand kann von ihm etwas fordern; niemand kann ihn verhören und ihn zur Rede stellen.«

Das ist das Drama Ijobs, der Gott gegenübertritt: »Ich will, daß du mir gibst; ich verlange es.« Und am Schluß wird er inne, daß Gott ein Geschenk sein will und sich nicht auf Forderungen hin, sondern auf Vertrauen und Zuversicht hin gewährt.

Gott antwortet, nachdem er die Geduld des Menschen geprüft hat. Fragen wir uns, wie unser Gebet ist: ob es beharrlich oder aber sprunghaft, launenhaft, unstet ist.

AUSDAUERNDES BETEN

Von einer jungen Frau, die an Einkehrtagen zum Thema »Gebet« teilgenommen hatte, habe ich einen Brief erhalten, in dem sie eine Parallele zieht zwischen ihrer Gebetserfahrung und dem Sport, den sie ausübt.

Was sie schreibt, ist sehr köstlich, und ich führe daraus einige Zeilen an, weil sie uns ermutigen, unserem Weg eifrig zu folgen.

»*Der Anfang.* Jemand sagte zu mir, ich könnte mich daranmachen, Sport zu treiben. Auch wenn ich nicht gewandt sei, könne mir das für die Zukunft eine Hilfe sein. Und ein anderer sagte zu mir, Beten sei etwas Wunderbares und könne mir zum inneren Wachstum verhelfen.

Die ersten Schritte. Zu Beginn war das Sporttreiben hart. Es entsprach nicht immer meinen Erwartungen. Ich meinte, der Sport bringe mir nichts, außer etwas Muskelkater. Auch als ich mit Beten begann, war dies hart und mühsam. Es machte mir Mühe, dazustehen, mich zu sammeln, zu konzentrieren, meine Gedanken in Gott zu sammeln. Es kam mir als eine verlorene Zeit vor; es schien mir nichts zu bringen.

Nach einiger Zeit. Nach einiger Zeit des Trainings beginnt der Körper zu reagieren; man hat weniger Mühe; es gelingt einem besser, sich in Bewegung zu setzen, über die Ermüdung hinwegzukommen. Die Anforderungen von früher kommen einem nun leicht vor. Ja, du kannst das Leistungspensum ein wenig steigern. So ist es auch beim Gebet. Nach einiger Zeit macht es dir keine Mühe mehr, dazustehen oder sitzend nach dir selbst zu suchen, nach dem Gespräch mit Gott. Dann fühlst du, daß jemand in dir spricht. Es gelingt dir, länger auszuharren; die Zeit verstreicht rasch ...«

DIE QUELLE

Zwar ist das Gebet eine Gnade, die man vom Herrn erbitten muß, eine Gabe, die unentbehrlich ist, will man nicht der Gleichgültigkeit, der Gottlosigkeit oder dem Heidentum verfallen oder in unserem Aufgabenbereich zum bloßen Funktionär werden, doch die innere Bereitschaft zum Empfang dieser Gabe hängt von unserem guten Willen ab. Wir müssen uns daher bemühen, die (physischen, geistigen und geistlichen) Voraussetzungen wiederherzustellen, unter denen die Quelle aufgebrochen ist oder aufbricht.

Für einige oder für viele besteht das auslösende Moment z. B. in demütiger Anbetung, besonders in der stillen Anbetung im Anschluß an die Eucharistiefeier oder in einem Akt der Demut vor dem Beten.

Für andere oder unter anderen Umständen ist es ein einfaches Zwiegespräch mit dem Herrn, das von seinem Wort ausgeht, sogar von nur einem einzigen Wort, das uns besonders getroffen hat, oder das von einer Begebenheit unseres Lebens ausgelöst wird, über die wir uns im Zwiegespräch klar werden wollen, in einem Zwiegespräch, das anfangs vielleicht ein wenig mühsam ist und nicht viele Worte findet, das uns aber nach und nach im Geheimnis Gottes aufatmen läßt.

Für wieder andere wird es eine Gewissenserforschung sein oder ein Nachsinnen über ein so geläufiges Gebet wie das Vaterunser oder einfach ein beschaulicher Spaziergang in der Natur in einem Augenblick ruhiger Abgeklärtheit, die unsere Gedanken wieder ins Gleichgewicht bringt.

Jeder ist da anders veranlagt, aber auf allen lastet die schwere Verantwortung, die kostbare Quelle nicht zu vernachlässigen, sich selbst kennenzulernen und ausfindig zu machen, durch welche, auch leiblichen – wie Körperposition – und geistigen Dispositionen – wie Stillschweigen, Lesung, Anbetung, inneres Singen – der Herr uns ruft, mit ihm ins Gespräch zu treten.

HINFÜHRUNG

Ich würde drei Dinge nennen, die den Gebetszustand einleiten; sie sind verblüffend einfach:

Zuerst eine entsprechende Körperhaltung: Suchen wir in Schweigen, Sammlung, Aufmerksamkeit herauszufinden, welche leibliche Gebetshaltung wir im betreffenden Moment spontan einnehmen möchten. Ist es die Haltung der Darbringung, der Anrufung, des Lobpreises, die Haltung der Anbetung, der Ehrfurcht? In unserer Körperhaltung sollte sich unser tiefes Verlangen ausdrücken; sie sollte uns also behilflich sein, das, was in uns vorgeht, zu begleiten. Wir haben dieses Gebet noch nicht in uns, sondern müssen es erst noch finden: Gott vollbringt es; Gott läßt es uns finden.

Ein zweites Mittel besteht in einer Anrufung, die mein Verlangen zusammenfaßt, in einer Antwort auf die Frage, die erste Frage, die Jesus im Johannesevangelium (1, 38) stellt: »Was sucht ihr?«. Wonach verlange ich? Wenn ich in mir Schweigen schaffe, welche Gebetsanrufung steigt dann in mir auf und formt sich langsam zu einem Wort? Wir könnten Jesus anrufen: »Jesus, Sohn Gottes, sei mir Sünder gnädig!«, oder: »Herr, ich danke dir, weil du mich in meiner Armut annimmst«; »Herr, gib mir in dieser unerfreulichen, schwierigen Situation Licht!«; »Herr, ich schaffe es nicht«; »Herr, stärke meinen Glauben!« Es gibt ganz schlichte Gebete, die wir im Rhythmus des auch von Jesus praktizierten Herzensgebetes wiederholen; wir fühlen, daß sie das, was wir im betreffenden Moment sind, zum Ausdruck bringen... das, was der Heilige Geist jetzt in uns erbittet.

Zum dritten fragen wir uns: Wenn ich angeben müßte, welche Szene der Bibel, des Evangeliums mir in diesem Moment am meisten sagt, mich selbst am besten zum Ausdruck bringt, welches Wort, welche Stelle des Evangeliums würde ich dann wählen, um einem anderen zu sagen, was mir am Herzen liegt?

DIE GEBETSVERFASSUNG

Was ist die Gebetsverfassung? Ich will versuchen, diesen Begriff empirisch zu definieren: Ich würde sagen, die Gebetsverfassung besteht in zwei Dingen oder, besser gesagt, man findet sie auf zwei Weisen.

Vor allem wird die Gebetsverfassung durch die geeignete *Körperhaltung* herbeigeführt. Es handelt sich also wirklich auch darum, daß der Körper die richtige Stellung findet. Wenn ich meinen Körper sich entspannen lasse, werde ich spüren, wie er nach und nach jene Haltung einnimmt, die meiner Verfassung entspricht. Es mag die Haltung eines Flehenden sein oder die eines Lobpreisenden, die eines Menschen, der mit zur Erde geneigtem Gesicht anbetet, oder eines Menschen, der zuhört oder sitzend nachsinnt usw.

Wenn man sich entspannt, nimmt man diese Haltung sozusagen instinktiv ein, und dann kommt der Geist in uns und vermag uns zu bewegen. Es hat also keinen Sinn zu sagen: Ich bin gewöhnt, auf- und abgehend zu meditieren, deshalb gehe ich auf und ab, ohne daß man sich fragt, welche Haltung im nicht gewöhnlichen Fall die richtige wäre. Das ist wahrer Gehorsam gegen den Geist, wenn man die im gegebenen Augenblick geeignete Haltung wählt, denn der Geist sucht den körperlichen Ausdruck.

Es ist also durchaus verständlich, daß der heilige Ignatius einen ganzen Zusatz mit vielen näheren Erklärungen geschrieben hat: auf den Knien oder auf der Erde ausgestreckt, auf dem Rücken mit dem Gesicht nach oben, sitzend oder stehend. Und der negative Satz: »Wenn ich kniend das finde, was ich will, werde ich nicht weitergehen«, läßt sich so umdrehen: »Wenn ich kniend das nicht finde, was ich will, muß ich suchen.« Ich darf mir nicht Gewalt antun, sondern ich muß eine andere Stellung ausprobieren.

EINSTIMMUNG

Wenn ich eine geeignete Körperhaltung einnehme, in mir Stille eintreten lasse und horche, dann werde ich in einem bestimmten Augenblick einen Ruf aus meinem Inneren aufbrechen hören, der ganz verschieden sein kann.

Es kann ein Satz aus dem Evangelium sein: »Ich danke dir, Vater, weil du mich allezeit erhörst«, »Sei mir Sünder gnädig, Herr«, »Jesus, Sohn Davids, erbarme dich meiner«, »Herr, der, den du liebst, ist krank« oder irgendein anderer Satz oder auch nur ein kurzer Ausruf wie: »Mein Gott, mein alles.«

Gewöhnlich drückt sich die dem Augenblick entsprechende Gebetsverfassung in einem Aufschrei aus, der mir, wenn ich ihn richtig zu hören und aufzunehmen verstehe, den Ton für mein Gebet angibt. Er versetzt mich in den Zustand, in dem Gott mich haben will, wo ich zum Beispiel die Geschichte des Mose tiefer erfassen kann. Doch läßt sich das nicht dadurch erreichen, daß ich durch irgendeine beliebige Tür eintrete, sondern ich muß durch die richtige eintreten, die für mich die Tür der Anbetung des Mysteriums sein kann, oder jene, durch die ich mich in der unendlichen Barmherzigkeit Gottes verlieren kann, oder auch die Tür der Zerknirschung oder jene der Fürbitte für die Personen, die mich belasten und bedrücken.

Häufig kommen wir deshalb nicht ins Gebet hinein, weil wir nicht die richtige Türe gefunden haben und mit den Fäusten an die Wand trommeln. Dann werden wir uns zwar Verdienste erwerben, aber nicht ins Gebet eintreten. Das Gebet ist Freude, und auch wenn es mühsam ist, so bleibt am Schluß ein Fundus von Freude, von Gelassenheit, von Entspannung.

STIMMUNGEN

Bleib, wo du bist. Natürlich meine ich damit nicht, daß man krampfhaft die Zähne zusammenbeißen soll. Im Gegenteil, ich will damit sagen: Bleib, wo du bist, trachte, dir im Glauben deine wahre gegenwärtige Situation bewußtzumachen, versuche, sie zu verstehen, vielleicht indem du dich fragst: Wo bin ich? Ich sitze hier. Was tue ich? Ich versuche zu beten. Sprich darüber auch zum Herrn: Schau, Herr, ich habe versucht zu beten, aber es gelingt mir nicht, so steht es jetzt mit mir, ich bin in großer Bedrängnis, in großer Angst.

Und dann sich fragen: Warum fühle ich diese Beklommenheit, diese Angst? Woher kommt das? Vielleicht kann ich sie auch lokalisieren. Ich habe starke Kopfschmerzen, eine Art von Nervosität beschleunigt meinen Herzschlag. So habe ich den Ort meiner Angst festgestellt. Ich bin dort, wo ich bin, ich suche meinen richtigen Ort; indem ich ihn suche, lebe ich ihn in der Transparenz des Gebetes: Herr, ich habe schreckliche Kopfschmerzen. Ich bringe sie dir dar, ich kann sonst nichts tun, ich bringe kein Wort, kein Gebet zustande, aber ich bringe dir dieses Kopfweh dar, so wie es ist, schließlich ist es nicht der Tod, ich werde es überleben.

»Herr Jesus, du siehst, wie in unserem Gebet die Stimmungen miteinander so sehr abwechseln wie die Wetterlage draußen in der Natur und in unserem Innern. Wir bitten dich: Lehre uns beten! Laß uns wissen, wie es um unser Gebet steht, mach, daß wir auch beim Beten wahr sind und so beten, wie wir vor dir dastehen.

Laß uns in Freude und Begeisterung, aber auch bei Müdigkeit und Erschlaffung den Weg zum Beten finden. Gib uns deinen Geist, der uns beten lehrt.

Du, der du mit dem Vater und dem Heiligen Geist lebst und herrschest von Ewigkeit zu Ewigkeit.«

HERR

nimm mich
wie ich bin
mit meinen
Fehlern
mit meinen
Mängeln
doch laß
mich werden
wie DU mich
haben willst

Papst Johannes Paul I.

HINDERNISSE

Man kann einen Zustand von Nervosität oder Angst sozusagen filtern, indem man ihn aufsteigen, herauskommen und zu Gebet werden läßt. Auch ich versuche es manchmal auf diese Weise, wenn ich merke, daß es mir nicht gelingen will, ins Gebet einzutreten: Herr, ich wollte beten, aber ich war so müde. Zuerst habe ich es nicht bemerkt, ich habe versucht, das eine oder andere zu lesen. Jetzt weiß ich, dieses Schlafbedürfnis war das Hindernis. Und da du mich das hast einsehen lassen, gehe ich schlafen.

Es ist nämlich viel besser, man schläft, als man zwingt sich und wird nervös. Das ist nicht Flucht, denn wenn ich im Glauben erfasse, daß ich eine Anstrengung mache, die meine Kräfte übersteigt, daß ich meinem Körper, meinem Geist, meinem Gemüt etwas abverlange, was ich vernünftigerweise nicht verlangen sollte, weil ich zu müde bin und gegenwärtig einfach nicht die Kraft aufbringe für diese Betätigung, so bedeutet das, daß der Herr sie nicht von mir verlangt, denn er verlangt nichts, was ich ihm nicht mit Freude und Gelassenheit zu geben vermag. Und darum unterbreche ich das Gebet.

Wenn wir den Dingen auf den Grund gehen, so reduziert sich alles, wenn auch unter den verschiedensten Formen, Bereicherungen und Vorbereitungen, auf das eine: Bleib, wo du bist, trachte zu sein, was du bist, stelle es vor Gott hin, und glaube, daß er dich so annimmt, auch wenn du in diesem Augenblick nicht beten kannst. Oder es kann sein, der Herr fordert dich in einem bestimmten Augenblick auf, in vollkommenem Schweigen zu verharren. Warum mußt du dich zwingen, Worte zu sagen oder Gedanken anzuhäufen? Vielleicht ist das Schweigen deine beste Gebetsverfasssung. Natürlich spürt man dabei, daß es sich um ein reiches Schweigen handelt, nicht um das Schweigen eines Menschen, der nicht weiß, was sagen oder tun. Dieses Schweigen ist Fülle.

UNSERE SCHWACHHEIT

Wenn wir das rechte Beten verlernt haben, kommt der Moment, in dem wir unser Unvermögen bekennen – so, wie Paulus sagt: »Wir wissen nicht, worum wir in rechter Weise beten sollen« (Röm 8,27). Einmal haben wir also gewußt, was rechtes Beten meint. Jetzt sind wir nicht mehr in der Lage, Gott die tiefsten und geheimsten Wünsche unseres Herzens zu sagen. Jedenfalls ist das Bekennen dieses Sachverhaltes ein guter Beginn, das Beten neu zu lernen.

Paulus fährt fort: »So nimmt sich auch der Geist unserer Schwachheit an« (Röm 8,26). Wir sind schwach, ähnlich wie Menschen, denen die körperliche Gesundheit fehlt. Wir möchten zwar beten, haben aber weder die Kraft noch den rechten Mut, auszuharren. Immer wieder lenken uns unsere Gedanken ab: Wir überlegen, was wir alles zu tun haben. Verletzungen werden uns bewußt, die man uns zugefügt hat. Manche Bitterkeit steigt in uns auf. Wir wissen nicht mehr recht, wo und wie anfangen mit dem Gebet. Solche *Schwäche* ist eine Komponente menschlicher Hinfälligkeit überhaupt. Das griechische Wort, das Paulus hier verwendet, kommt aus derselben Wurzel wie jenes, das in Röm 5,6 auftaucht: »Christus ist schon zu der Zeit, als wir noch *schwach* und gottlos waren, für uns gestorben.«

Zunächst muß uns also klar werden, daß wir in der Tiefe unseres Herzens unrein sind. Gedanken steigen immer wieder in uns auf, die nicht nach dem Herzen Gottes sind. Das einzugestehen, ist ein guter Anfang, es mit dem Beten neu zu versuchen. In einem Akt tiefster Anbetung sollen wir zu Gott sagen:

»Herr, ich bin nicht würdig und nicht fähig zu beten. Ich bin vor dir wie ein Nichts. Mache mein Licht hell, o Gott, denn ich selbst kann mein Beten nicht in eigener Kraft gestalten, neu gestalten. Nur dein Heiliger Geist weiß, was rechtes Beten ist.«

VERTRAUEN AUF DEN GEIST

Noch einmal betrachten wir die Stelle aus dem Römerbrief: »So nimmt sich auch der Geist unserer Schwachheit an ... der Geist selber tritt für uns ein mit Seufzen, das wir nicht in Worte fassen können« (Röm 8,26). Es sind sehr geheimnisvolle Worte! Was bedeutet: »auch«? – Wir müssen ein paar Verse zurückgehen: »So bezeugt der Geist Gottes selber unserem Geist, daß wir Söhne Gottes sind« (Röm 8,16). Der Geist, der bezeugt, daß wir Kinder Gottes sind, tritt für uns ein mit Seufzen, das wir nicht in Worte fassen können. Die Exegeten sind unterschiedlicher Meinung, was Letztgenanntes bedeutet.

Entscheidend ist, daß es sich um eine ganz tiefe Erfahrung handelt: Der Geist betet in uns und für uns, tritt für die Heiligen ein, und Gott, der die Herzen erforscht, kennt die Absicht des Geistes. Die Absicht des Geistes (im Griechischen, die Gesinnung, Haltung des Geistes) ist die Gesinnung Jesu Christi. Der Geist »tritt so, wie Gott es will, für die Heiligen ein« (Röm 8,27). Er betet richtig.

Wir können nicht wissen, ob unser Beten richtig ist oder ob es monologisch um uns selbst kreist. Deshalb müssen wir uns dem Heiligen Geist anvertrauen, wenn wir richtig beten wollen. Das rechte Beten ist seine Gabe an uns. Auch wenn wir müde sind und uns ganz leer fühlen, können wir uns doch noch vor dem Allerheiligsten niederlassen, ohne daß wir uns abquälen, irgendwelche Aussagen zu formulieren. Wir wissen ja, daß der Geist recht in uns betet ...

Dieser Geist ist der Geist Jesu und somit Inbegriff des göttlichen Willens. Er ist uns gegeben, damit wir dem Sohn gleichgestaltet werden, der »für uns eintritt« (Röm 8,34). In uns ist also das Beten Jesu.

Natürlich liegt es an uns, uns wirklich Zeit für das Gebet zu nehmen und darin auszuharren. Dann werden wir auch ganz langsam wahrnehmen, wie der Geist in uns betet.

MIT FREUDE BETEN

Gebet hat mit Freude zu tun. Recht beten bedeutet auch, sich an Gott zu freuen, Lust an ihm zu haben. Vor kurzem habe ich mit den Bischöfen der Lombardei selbst Exerzitien gemacht. Der Theologe, der sie leitete, erzählte uns, als Kind und auch später im Seminar habe er das Gebet immer als Pflicht empfunden. Nach vielen Jahren der Erfahrung habe er gelernt, daß das Beten mit Freude zu tun hat. Vor allem in den Psalmen begegnen wir auf Schritt und Tritt der Freude. Es ist die Freude Davids und die Freude Jesu, die wir mit diesen Gebeten verbinden dürfen. Die Psalmworte sind jene Worte, die wir selber gerne vor Gott aussprechen möchten.

Solche Zusammenhänge gehen uns erst mit der Zeit auf. Diese Entdeckung bedeutet freilich nicht, daß es beim Beten keinerlei Anstrengung geben dürfe. Freude hat mit der Tiefe des Geistes zu tun, Gott zu »schmecken«, im Herzen Jesu zu Hause zu sein.

Die Hingabe ist der Ausdruck einer solch einfachen und doch geheimnisvollen Freude an Gott. Ein Funke davon zählt mehr als alle Güter der Welt. Hat man einmal solche Freude verspürt, vergißt man sie im ganzen Leben nicht.

»Jauchzt vor dem Herrn, alle Länder der Erde! Dient dem Herrn mit Freude! Kommt vor sein Antlitz mit Jubel!

Erkennt: Der Herr allein ist Gott. Er hat uns geschaffen, wir sind sein Eigentum, sein Volk und die Herde seiner Weide.

Tretet mit Dank durch seine Tore ein! Kommt mit Lobgesang in die Vorhöfe seines Tempels! Dankt ihm, preist seinen Namen!

Denn der Herr ist gütig, ewig währt seine Huld, von Geschlecht zu Geschlecht seine Treue« (Psalm 100).

DER VORRANG DES BETENS

Jesus befindet sich manchmal abseits, in der Ferne, und das Volk muß ihn fast mit Gewalt herbeiziehen. Ein herrliches Beispiel für diese Haltung ist Franz von Assisi mit den Pausen, die er einlegt, wo er die Brüder im Stich läßt, alle Probleme Probleme sein läßt und vierzig Tage lang wegbleibt. Dies ist für die Freiheit Jesu bezeichnend. Wer von uns würde es wagen, sämtliche Probleme auf sich beruhen zu lassen und zu sagen: »Jetzt habe ich Wichtigeres zu tun; nun können meinetwegen die anderen drei Tage lang warten, telefonieren, aufbegehren, nervös herumlaufen; ich habe etwas Wichtigeres, Dringlicheres zu tun.«

Noch etwas anderes haben zu wir zu lernen: den Mut, wir selbst zu sein und uns zu sagen: Das Gebet ist wichtiger als ein Besuch beim Zahnarzt, für den man doch auch alles andere aufschiebt und die anderen warten läßt. Ich muß dem Gebet diesen Stellenwert geben und mein Recht behaupten, mich von den Leuten zurückzuziehen, auch wenn sie dann protestieren, schreien und aufbegehren. Jesus hielt dies so. Stellen wir uns vor, wie enttäuscht und aufgebracht Kranke waren, wenn er sich von ihnen wegbegab, obwohl sie vielleicht zwei, drei Tagesreisen weit zu ihm gekommen waren. Doch Jesus ging weg, trennte sich mutig, denn er legte auf das Gebet wenigstens gleich viel Gewicht wie auf den Kontakt, die Liebestätigkeit, das erbarmende Wirken.

»Du, Herr, bist meine Leuchte! Dann aber brauche ich mir um mein Beten überhaupt keine Sorgen mehr zu machen. Die Gewißheit, daß du meine Leuchte bist, die Sonne meines Lebens, überstrahlt ja alles. Herr, ich möchte das Geheimnis des Gebetes besser verstehen, das Geheimnis geistlicher Sammlung, das Geheimnis menschlicher Hingabe. Das alles kann ich besser verstehen, wenn dein Licht mich erleuchtet.«

BETEN, DAS VERDORRT

Was geschieht, wenn wir im Gebet nicht ausharren, die Sakramente der Versöhnung und der Eucharistie nicht aufmerksam feiern und keine opferbereite Liebe aufbringen, die Forderungen, welche die kleinen Dinge des Alltags an uns stellen, unbeachtet lassen?

Dann geschieht es, daß wir im Wissen um uns nicht wachsen, daß unsere Sehnsüchte zerbröckeln und sich abstumpfen und daß auch Gott sich in einem gewissen Moment »verflüchtigt«.

»Wenn man das Gebet lange Zeit vernachlässigt (und unter ›Gebet‹ verstehen wir auch die anderen Weisen, Gott Vertrauen zu schenken: Liebe, Versöhnung, Opfer, Selbstüberwindung ...), stirbt Gott schließlich, nicht er selbst, denn er ist von Wesen aus der Lebendige, der Ewige, der Unsterbliche, aber er stirbt im Herzen des Menschen. Gott stirbt wie eine verdorrende Pflanze, die keine Feuchtigkeit mehr aufsaugt« (Ignazio Larrañaga).

Gott ist dann nicht mehr eine konkrete, packende Realität, die nächste Wirklichkeit. Auch wenn wir dann noch sagen, er bedeute uns etwas, aber so leben, als ob Gott nicht existierte, ist er in uns nicht mehr jene österliche Kraft, die uns aus den Schlupfwinkeln unseres Egoismus herausreißt, um uns in einen ewigen Exodus nach einer Welt der Freiheit, Demut, Liebe, Hingabe zu versetzen.

Ein unzweideutiges Anzeichen dafür, daß Gott in uns am Sterben ist, liegt vor allem dann vor, wenn der Herr in unserem Herzen keine Freude mehr auslöst. Er ist zwar noch da, man handelt äußerlich durch ihn, aber als Quelle der Freude gibt es ihn nicht mehr.

WIR WOLLEN BITTEN

Vater, laß uns beten und bitten,
wie es wirklich unserem Sehnen entspricht.

Laß unsere Bitten
vor allem Ausdruck des Verlangens nach dir sein,
des tiefsten Verlangens,
das wir in uns tragen,
Ausdruck
des Verlangens nach deiner Herrlichkeit,
deiner Liebe, deiner Wahrheit,
deinem Reich, deiner Gerechtigkeit.

Laß uns schon, wenn wir unsere Bitten stellen,
ins Gespräch kommen mit dir
und die Antwort erhalten,
in der du dein Leben mitteilst.

Laß es nicht nur Bitten für uns selbst werden,
sondern Bitten der Kirche,
Bitten derer, die wir lieben,
damit man an ihnen erkennt,
daß die Kirche auf dich schaut,
der du die vollkommene und absolute Wahrheit bist,
ohne die alles dunkel ist,
und von der her alles Licht empfängt,
auch die Abgründe der Welt.

OKTOBER

Berufen und gesandt

DA, WO WIR SIND

Am See. Markus betont diesen besonderen Umstand ausdrücklich und wiederholt dies sogar dreimal. »Als Jesus am See von Galiläa entlangging, sah er Simon und Andreas ... « (vgl. Mk 1,16, 19; 2,13).

Was besagt diese Angabe, der »See«, in der Darstellung des Markus? Der See ist der Ort, an dem die Menschen in Galiläa wohnen und arbeiten: Jesus sucht und findet die Menschen in ihrer eigenen Umgebung. Markus zeigt uns Jesus, der auf den Straßen der Welt einhergeht und die Menschen dort abholt, wo sie gerade sind.

In welcher Situation beruft Jesus?

Der Evangelist gibt darüber genau Auskunft: am jeweiligen Arbeitsplatz. Dieser Umstand gilt für jeden einzelnen: Er sah sie, als sie »auf dem See ihr Netz auswarfen; sie waren nämlich Fischer« (1,16). Sie sind also am See und gehen ihrer Tätigkeit nach. Jakobus und Johannes sah er ebenfalls »im Boot ihre Netze herrichten« (1,19). Es fällt auf, wie nachdrücklich der Evangelist feststellt, daß sie sich bei ihrer alltäglichen Arbeit befinden.

Im zweiten Kapitel heißt es ebenso präzis: »Als er« am See »weiterging, sah er Levi, den Sohn des Alphäus, am Zoll sitzen« (2,14). Somit ist auch hier nicht nur von seinem Beruf die Rede – er ist Steuereinnehmer –, vielmehr sitzt er da am Zoll bei seiner Alltagsarbeit.

Markus will damit sagen, daß Jesus die Menschen dort in seine Nachfolge beruft, wo sie sich befinden, in ihrer jeweiligen ganz konkreten Situation, sei es bei einer alltäglichen, unverdächtigen und achtbaren Tätigkeit wie der der Fischer, oder bei einer eher verrufenen und moralisch bedenklichen wie der des Zöllners. Jesus geht zum einen wie zum andern und beruft sie.

Gott hat auch uns dort gefunden und berufen, wo wir waren, und uns zum Glauben und zur Nachfolge Christi eingeladen.

DIR VERTRAUE ICH

Wie ruft Jesus?

Hier muß die ausgesprochen persönliche Art und Weise hervorgehoben werden: Jesus beruft in einer einfachen Unterhaltung. Er sieht, wie das Markusevangelium berichtet (vgl. 1,16f), Simon und Andreas, geht zu ihnen hin, spricht mit ihnen und beruft sie. Er sieht Jakobus und Johannes, geht einfach zu ihnen hin, spricht mit ihnen und beruft sie. Er sieht Levi, den Sohn des Alphäus, geht auch eigens zu ihm, spricht mit ihm und beruft ihn.

Jesus tritt an jeden Menschen heran und läßt ihn dort, wo er ist, das Wort der Hoffnung des Vertrauens vernehmen, das die Berufung in seine Nachfolge ist.

Wozu beruft Jesus?

Das wird nicht näher gesagt, es sei denn ganz allgemein, dabei allerdings global: zu seiner Nachfolge: »Kommt her, folgt mir nach« (Mk 1,17); oder: »Folge mir nach« (Mk 2,14).

Jesus ruft also dazu auf, ihm nachzufolgen, seinen Weg zu gehen, und verlangt daher vor allem, daß man ihm über alle Maßen vertraut. Was er weiter sagt, ist geheimnisvoll: »Ich werde euch zu Menschenfischern machen« (Mk 1,17) und bleibt unter dem Schleier der Zukunft.

Hier und jetzt muß man sich Jesus restlos anvertrauen. Diese vertrauende Hingabe an Jesus hat die Glaubensunterweisung der Urkirche als unabdingbar verstanden. Ohne sie ist es nicht möglich, den Weg zu gehen, der zur Erkenntnis des Geheimnisses führt. Absolutes Vertrauen, völlige Hingabe an die Person Jesu, nicht aber an eine Sache, sind verlangt. Denn Jesus sagt nicht: ›Komm, und tu dies oder jenes‹, sondern: ›Vertrau dich ganz mir persönlich an!‹

SENDE DU UNS!

Jesus kennt allen Jammer, alles Elend, er hat es ganz aus der Nähe erlebt: »Und Jesus zog umher durch alle Städte und Dörfer, lehrte in ihren Synagogen, verkündete die frohe Botschaft vom Reich und heilte jegliche Krankheit und jegliches Gebrechen« (Mt 9,35).

Das Matthäusevangelium fährt fort: »Als er aber die Volksmassen sah, wurde er von Mitleid mit ihnen ergriffen. Denn sie waren erschöpft und hingestreckt wie Schafe, die keinen Hirten haben. Da sagte er zu seinen Jüngern: ...«

Hier hätten wir erwartet, Jesus würde zu seinen Jüngern sagen: geht, aber er sagt: betet. »Bittet daher den Herrn der Ernte, daß er Arbeiter in seine Ernte sende« (Mt 9,38). Diese überraschende Taktpause ist sehr wichtig. Jesus will sagen: Glaubt nicht, ihr müßt euch in die Arbeit stürzen, als sei sie die eure. Das Werk gehört dem Herrn, dem Vater. Maßt euch nicht an, euch hineinzustürzen. Laßt euch von Gott senden. »Betet..., daß er Arbeiter sende« will nicht heißen, Herr, schicke andere, sondern: mach uns würdig, gesandt zu werden, so daß wir an dieses Werk gehen können, nicht weil es das ist, was uns gefällt, was wir für uns geplant haben, sondern weil es das Werk ist, das Gott uns gibt.

»Und er rief seine zwölf Jünger zu sich und gab ihnen Vollmacht über unreine Geister, sie auszutreiben und jegliche Krankheit und jegliches Gebrechen zu heilen« (Mt 10,1). Dann nennt er die Namen der zwölf Apostel und sagt: »Geht also und verkündet: ›Das Himmelreich ist nahe gekommen.‹ Heilet Kranke, erwecket Tote, macht Aussätzige rein, treibt Dämonen aus. Umsonst habt ihr empfangen, umsonst sollt ihr auch geben« (10,8). Jesus sagt: Das ist mein Werk, mein apostolisches Mitleid, ich übertrage es auf euch, ich übertrage euch diese meine Fähigkeit.

DIE VORAUSSETZUNG DER HINGABE

Denken wir über die leitenden Personen in den Urgemeinden nach: Petrus und hinter ihm viele andere. Sie werden verschieden bezeichnet: als »Häupter«, als »Verantwortliche«, als »Beseeler«, als »Apostel«.

Was zuerst in die Augen springt, ist, daß die Urkirche Vorsteher hat; sie wird stets von denen beseelt gesehen, die verantwortliche Träger der Gegenwart Jesu und der Geistesgabe sind...

Bedenken wir, wie verschieden Petrus und Philippus, Barnabas und Paulus sind, wie verschieden die Geisteshaltung eines Petrus und eines Jakobus; denken wir daran, daß zwischen Paulus und Jakobus Haltungsunterschiede vorliegen, die von den Gegnern ausgebeutet werden und zu einem Riß in der Kirche führen könnten. Stephanus ist eine ganz eigengeprägte Gestalt, ganz anders als alle anderen.

Der gemeinsame Grundzug über alle Unterschiede hinaus besteht darin, daß diese Männer »für den Namen Jesu Christi, unseres Herrn, ihr Leben eingesetzt haben« (Apg 15,25–26). Diese herrliche Definition, die hier von Paulus und Barnabas gegeben wird, läßt sich auf alle anderen übertragen. Im griechischen Urtext lautet das Wort für »eingesetzt« paradedokósi vom Verb paradídomi, was besagt: »Männer, die ihr Leben Christus übergeben haben«. Das gleiche Wort wird von Paulus verwendet, um damit die Liebe Gottes zu den Menschen zu bezeichnen: »Er hat seinen eigenen Sohn nicht verschont, sondern ihn für uns alle hingegeben« (Röm 8,32). Dies ist auch das Wort, das Johannes für den Tod Jesu verwendet: »Er neigte das Haupt und übergab seinen Geist« (Joh 19,30). Dieses Wort wird bei der Eucharistiefeier von Paulus übernommen und wiederholt: »In der Nacht, in der er ausgeliefert wurde« (1. Kor 11,23). Von den Vorstehern gilt also, daß sie in Analogie zur Heilstat ihr Leben dem Herrn Jesus übergeben haben.

VERANTWORTUNG IN LIEBE

Die christliche Berufung erfordert ein liebendes Gefühl der Verantwortung für die anderen. Sie ist nicht einfach ein Auftrag, zu organisieren. In unserer Berufung muß das Herz sich hineingeben, die Liebe sich einsenken. Darum ist die entscheidende Frage die nach der Liebe (vgl. Joh 21,15).

Mit »Berufung« ist mein Auftrag gemeint, innerhalb der geschichtlichen, psychologischen Koordinaten meines Lebens und meiner Person die mir Anvertrauten zu lieben.

Deshalb gibt es im christlichen Leben im Grunde nur zwei Berufungen: entweder die, Verantwortung zu übernehmen für eine andere Person – für einen Mann oder eine Frau –, mit der man sich in gegenseitiger Verantwortung vollständig vereint, wodurch man dann wiederum verantwortlich für andere wird: für die Familie; oder dann die, Verantwortung zu übernehmen in einem mit einer Weihe an Gott verbundenen Dienst an der Kirche: die Priesterweihe oder das Ordensgelübde.

Das sind die beiden grundlegenden Berufungen. Darin übernimmt man in der Liebe persönliche Verantwortungen, und das Entscheidende darin ist eben die Liebe. Natürlich ergeben sich daraus eine Reihe weiterer Verpflichtungen, doch kann man keine Verantwortung übernehmen ohne Liebe. Deshalb kann kein ziviler, gesellschaftlich organisatorischer Dienst geleistet werden ohne ein wenig Liebe. Wer das, was er tut, und die, für die er es tut, nicht liebt, leistet seinen Dienst wie ein Sklave...

Die Berufung ist Antwort auf die Frage: »Liebst du mich? Liebst du den Herrn ganz tief und bist du bereit, kraft dieser Liebe auf die Art und Weise, die du mit der Hilfe Gottes als die für dich richtige erkennst, Verantwortung für andere zu übernehmen?«

ENTSCHEIDUNG IN FREUDE

Der Mensch wird innerlich von tiefen Regungen bewegt, die auch den Weg unserer Berufung betreffen; sie können stützen oder verwirren.

– Verwirrende Regungen sind all die, die uns irritieren, die Mißtrauen, Einbildung von Hindernissen, Angst, zu scheitern, innere Müdigkeit und Überdruß hervorrufen, obwohl man mit Begeisterung, Opfergeist und Großmut ernsthaft nach der Berufung sucht.

– Stützende Regungen sind all die, die uns im Vertrauen bestärken, uns erleben lassen, daß unser Herz sich weitet; wir verspüren innere Beschwingtheit, Ermutigung, Freude am Beten, am Opferbringen, an Verdemütigungen, Freude selbst dann, wenn wir auf Hindernisse stoßen, weil wir uns dann Christus näher fühlen.

Als Grundregel gilt, daß die Entscheide des Menschen, die eigentlichen Entscheide möglichst bei froher Stimmung, in einem Moment inneren Friedens zu treffen sind, während wir bei trauriger, düsterer, pessimistischer Stimmung unsere Entscheide nie ändern sollten. Höchstens können wir dann sagen: »Nein, ich ändere nichts, sondern halte durch, bis der Augenblick kommt, wo ich klarer sehe«.

Treffen wir nie eine neue wichtige Entscheidung in trüben Stunden, in denen wir unter dem Einfluß des Anklägers stehen, der uns schlecht machen will, der uns Fehlentscheide treffen lassen will, die unseren Lebenshorizont einengen, so daß wir sie dann später bereuen.

DER ROSENKRANZ

Ich sagte mir, der Rosenkranz sei ein leichtes Gebet, das man in den Erholungszeiten, zum Beispiel beim Spazierengehen, beten kann, ohne viel dabei zu denken. Ich gab mich der Täuschung hin, es handle sich um ein Gebet für solche Zeiten, in denen man nicht voll beansprucht ist, wie beim Busfahren oder beim Treppensteigen und Warten. Aber es kam so weit – wenigstens bei mir –, daß dieses Gebet gleichsam zu einem Sack wurde, in den ich alle Zerstreuungen des Tages hineinstopfte, alles, was sich ansammelte, wurde da hineingesteckt...

Dann habe ich mir darüber Rechenschaft gegeben, daß der Rosenkranz entgegen einer verbreiteten Ansicht kein leichtes Gebet ist, das man in jedem beliebigen Augenblick vollziehen kann. Bei manchen Mystikern mag es so sein... Ich räume ein, er ist ein Weg, ein Mittel, um das Gebet zu erleichtern, aber er ist nicht ohne weiteres ein leichtes Gebet.

Warum? Weil er eine echte Gebetsatmosphäre voraussetzt. Diese Erkenntnis verdanke ich vielleicht Papst Johannes XXIII. Er konnte zwar das Brevier im Garten rezitieren, doch den Rosenkranz betete er jeden Abend in völliger Stille auf den Knien vor dem Allerheiligsten. So betete er seinen ganzen Rosenkranz in aller Ruhe. Er hatte besser verstanden als ich, daß der Rosenkranz nicht ein Gebet ist, das man im Umhergehen beten kann, mögen das auch Menschen mit einem tiefen Glauben können. Der Rosenkranz ist kein Gebet, das mich automatisch in Sammlung versetzt, sondern ich muß alles tun, was notwendig ist, um mich zu sammeln. Papst Johannes XXIII. hat das in seiner Demut getan. Für ihn war es, wie er sagte, das Gebet, in dem er in Anbetung vor dem Allerheiligsten das ganze Mysterium Christi und der Kirche vorbeiziehen ließ, das Gebet, in das er den ganzen Tag zusammenfaßte.

DIENST DES GEISTES

Paulus bringt in seiner Person auf fast paradoxe Weise den Aspekt der Apostelgestalt zum Ausdruck, der im Empfangen, im Besitz von anvertrautem, nicht eigenem Gut besteht. Darin erkennt man sicher eine Parallele zu der Stelle (Apg 13,2), an der von der Wurzel des apostolischen Sendungsbewußtseins die Rede ist: »Wählt mir Barnabas und Saulus zu dem Werk aus, zu dem ich sie mir berufen habe.« Dieser Gedanke wird dann am Schluß der ersten paulinischen Missionsreise noch einmal aufgegriffen, wo es heißt, daß sie nach Antiochia zurückkehrten, wo man sie für das Werk, zu dem sie ausersehen worden waren, der Gnade Gottes empfohlen hatte (Apg 14, 26).

Das ist der geheimnisvolle, ganz wichtige Aspekt, der Spontaneität und Gehorsam, Durchdrungensein dessen, der etwas gern tut, und Verfügbarkeit, Unterordnung dessen, der nicht die eigene Arbeit tut, zugleich besagt...

»Unsere Befähigung stammt von Gott. Er hat uns fähig gemacht, Diener des Neuen Bundes zu sein, nicht des Buchstabens, sondern des Geistes« (2 Kor 3,5 f). *Unser Dienst ist Dienst des Geistes.* Gott ist es, der in uns diese Befähigung, dieses So-Sein-Können, bewirkt und uns zu Dienern, nicht des Buchstabens, sondern des Geistes, gemacht hat. Wenn dieser Dienst auf uns zurückginge, könnten wir nicht umhin, nur mit einem Dienst des Buchstabens oder des Gesetzes aufzuwarten: wir erklären, was zu tun ist, führen Gründe dafür an, daß es vernünftig und richtig ist, so und nicht anders zu handeln...

Doch ist der Dienst, zu dem wir berufen sind, Dienst des Geistes, Dienst der Kraft, die dem göttlichen Wirken eigen ist. Unsere Aufgabe besteht letztlich nicht darin, Menschen zu überzeugen und zu beeinflussen, mag das auch vorbereitend und disponierend wirken; unsere Aufgabe ist es letztlich, der Kraft des Geistes Gottes die Türen aufzutun, Raum zu schaffen für die tätige Gegenwart des auferstandenen Herrn.

DER WIRKLICHE MASSSTAB

Wenn wir einzig Diener des Buchstabens wären, würden wir Ethik und Ideale in einer Welt vertreten, der an Ethik und Idealen recht wenig liegt. Wir wären wie Rufer in der Wüste oder wie Menschen, die den Einsturz eines Gebäudes aufhalten wollten. Wenn man den Redensarten, die auch in kirchlichen Kreisen umgehen, Gehör schenkt, hat man mitunter den Eindruck, als seien die Christen Menschen, die sich mit ihren bloßen Händen in einen gewaltigen Damm verkrallen, um seinen Bruch aufzuhalten. Die Fluten der Sittenlosigkeit drängen heran, und wir sind es, die Widerstand leisten, solange der Damm hält! Das ist ein Bild für den Dienst des Buchstabens und für das Wirken durch Meinungsbildung und Überredungskunst.

Wir sind aber Diener des Geistes und können uns nicht noch mehr um die Welt kümmern als Gott; denn der Apostel steht nicht über dem Meister, der Gesandte nicht über dem, der ihn sendet. Er verweist vielmehr ständig auf den, der ihn sendet!

In unserem Dienst etwas zu sehen, was uns anvertraut worden ist, ist ein mächtiger Quell befreiender Kraft und des Friedens; denn dann brauchen wir nicht den Maßstab des Buchstabendienstes anzulegen, der auf den sofortigen Erfolg angewiesen ist; den Maßstab liefert vielmehr der Dienst der Macht Gottes, in dem wir stehen. Sie wirkt unfehlbar in der Geschichte, wann und wie sie will.

Die Gestalt des Apostels, der etwas mit sich geschehen läßt, ist die Gestalt dessen, der einen Dienst übernimmt, dessen ausführendes Organ eigentlich der auferstandene Christus, der Geist Christi, ist. Eben deshalb diene ich »gern«, opfere ich mich aus eigenem Antrieb, von ganzem Herzen und weiß, daß das, was Gott tut, größer ist als ich.

SEINE HERDE

Petrus ist der, dem Jesus seine eigene Sendung anvertraut. Dreimal sagt Jesus zu ihm: »Weide meine Lämmer!, ... weide meine Schafe!, ... weide meine Schafe!« (Joh 21,15; 16,17). Wahrscheinlich bedeutet dies: »Weide meine ganze Herde: die Kleinen, die Großen, alle, die zu ihr gehören«; vor allem aber möchte ich das »meine« unterstreichen. Jesus sagt nicht: »Weide die Kirche, weide die Gläubigen ...!« sondern: »Weide die Meinen!« Somit erhält Petrus kraft dieser ehrlichen Liebesbeziehung, die zwischen ihm und Jesus wiederum besteht, von neuem die Sendung und Berufung, für diejenigen, die der Herr liebt, die dem Herrn gehören, die die »Seinen« sind, die Verantwortung zu übernehmen.

Weil Petrus Jesus sehr liebt und Jesus die »Seinen« liebt, mit ihnen ganz eins ist, darf Petrus die Verantwortung für die »Seinen« übernehmen.

Es sind »seine« Schafe, die Jesu, nicht die des Petrus; Jesus liebt sie, Jesus lebt in ihnen, wirkt in ihnen, ist in ihnen sichtbar. Petrus hat sie tief zu lieben, sie treu um sie besorgt zu weiden.

Jesus gebraucht die Metapher von den Lämmern, um ein tiefes, liebendes Verantwortungsgefühl anzudeuten. Der Hirt ist für die Herde ein wenig Vater und Mutter, er ist für jedes Tier wie ein Bruder; er ist nicht ein Verwalter, nicht ein Buchhalter, nicht ein Organisator. Der Hirt ist mit jedem Tier verbunden und fühlt sich für es wie ein lieber Freund tief verantwortlich. Und hier stellt sich das Thema der Berufung, des Rufs.

DIE ENTSCHEIDENDE FRAGE?

Jesus schenkt Petrus wieder Vertrauen. Er schenkt ihm nicht einfach Vertrauen, sondern schenkt es ihm aufs neue, denn Petrus hat es verloren, auch das Selbstvertrauen. Jesus gibt es ihm wieder zurück, und zwar aufbauend, so daß es für Petrus zu einer Frohbotschaft wird...

Jesus schenkt ihm erneut das Vertrauen nicht in einem Verhör über das, was dieser getan hat, sondern in einer Befragung nach der Liebe. So erweist sich Christus dem Petrus als Frohbotschaft. Er fragt ihn nach der tiefsten, wahrsten Wirklichkeit in ihm, er dringt bis auf den Grund dieses Menschen vor und sucht darin nach dem Besten, was in ihm liegt, nach dem, von dem er weiß, daß es in Petrus trotz allem nie verloren ging...

Schon öfter hatte ich die Fragebogen zu lesen, die zusammengestellt werden, wenn man prüfen will, ob sich jemand für ein Amt in der Kirche eigne oder nicht. Man fragt, ob er fähig sei, gut zu predigen, zu verwalten, zu organisieren, ob es ihm gelingt, mit schwierigen Situationen fertig zu werden. Keine Frage aber betrifft die Liebe; ich habe in diesen Fragebogen noch nie die Frage gefunden: »Ist er fähig, zu lieben?«

Jesus hingegen fragt nach der Liebe: »Kannst du lieben?« Und da Jesus weiß, was er macht, heißt das, daß diese Frage die wichtigste, die entscheidende Frage für den Menschen ist. Von ihr hängt nicht nur das Schicksal des Menschen, sondern auch das der Kirche ab. Bei ihr geht es um die Organisation und das Leben der Kirche.

ER IST DAS ZIEL

Petrus hat viel gelernt. Seine Schwächen, seine Fälle, sein schändliches Verhalten ..., seine Kurzschlußhandlungen, die er in wahrer, aufrichtiger Reue zugab, brachten ihm bei, daß es für den Menschen das Wichtigste ist, sich in der Sphäre der Liebe und Freundschaft zu bewegen, und Petrus hat sich das gemerkt.

Jesus nimmt ihn wieder auf, nimmt ihn als den auf, der er ist, und von hier aus richtet er die Person des Petrus wieder auf.

Bis jetzt haben wir lediglich das erste Wort Jesu betrachtet: »Simon, liebst du ...?« Wenden wir uns jetzt dem weiteren Wort zu: »... liebst du *mich*?«

Hier dringt das Wort tiefer. Es genügt nicht, sich in der Sphäre der Liebe und Freundschaft zu bewegen, sondern unsere Wünsche, unser Verlangen, unsere Sehnsucht müssen auf ein Ziel hingeordnet werden, auf den Herrn, das letzte Ziel des Menschen, worin der Mensch ganz zu sich selbst kommt, auf Gott als auf die transzendente Wirklichkeit, der sich der Mensch nur hingeben kann.

Seltsamerweise fragt Jesus nicht: »Liebst du die Kirche?«, er fragt nicht: »Liebst du deine Brüder?« – diese Apostel, die so viele Male mit Petrus gestritten haben, weil Jesus ihn vorzuziehen schien; er fragt nicht, ob er ihnen vergeben hat. Er begnügt sich mit der Frage: »Liebst du mich?«

Jesus schenkt also Petrus wiederum Vertrauen, nicht in Form einer Frage, was er gemacht oder wie er sich verhalten habe, sondern in einer Frage nach der Liebe zu ihm als dem Zentrum der Geschichte und dem Herrn der Kirche.

DER LIEBESDIENST

Die Gemeinde ist aufgerufen, im Fortwirken des Petrus in der Kirche die Fortsetzung der Hirtentätigkeit Jesu anzuerkennen...

Wenn dieses Amt auf der Liebe beruht, muß man es auch so annehmen und auslegen, nämlich als Liebesdienst, nicht aber unter anderen Gesichtspunkten, nicht als unvermeidliche Struktur oder organisatorische Notwendigkeit oder als das kleinere Übel, sondern ausschließlich als Liebesdienst. Petrus ist nicht nur da, weil wir in der Gemeinde ein bißchen Ordnung brauchen, sondern um einen Liebesdienst zu leisten, den der Herr als eine der Früchte der Menschwerdung für seine Kirche vorgesehen hat.

Der Herr hat gewollt, daß sein Wirken inmitten der Apostel in der Kirche auch unter diesem mehr äußerlichen Aspekt weitergehen sollte, der anderen rein organisatorisch vorkommen würde, in Wirklichkeit aber eine der Weisen ist, auf die er weiterhin unter den Menschen anwesend bleibt. Daß es in einer Gemeinde Autorität gibt, muß man als eine der Formen ansehen und akzeptieren, unter denen Jesus »bei den Seinen« bleibt. Es ist ein Zeichen, das man als Liebesdienst und als Gabe der Gegenwart des auferstandenen Herrn annehmen muß.

Aber man muß es nicht nur annehmen, sondern auch als Liebesdienst auslegen. Der entsprechende Schlüssel für seine Deutung ist der, der sich aus dem Vertrauen darauf ergibt, daß die Entscheidungen des Petrus in der Liebe wurzeln, die der Herr ihm schenkt. In diesem Sinne sind seine Entscheidungen aufzufassen und auszulegen, die ja nach dem Willen des Herrn nichts anderes im Auge haben können als die Förderung der Liebe. Und das verlangt eine wahre und wohlverstandene Freiheit des Geistes.

EINANDER ANVERTRAUT

Jesus vertraut mir jemand an, und ich muß mich darauf vorbereiten, indem ich den Verpflichtungen, die mir schon anvertraut worden sind, redlich und realistisch nachkomme. Die Hauptverantwortung, die heranwachsende Menschen haben, liegt im Familienkreis der Brüder, Schwestern, Eltern. Sie sind einander anvertraut, um in einer von Freundschaft und selbstloser Liebe beseelten Beziehung zu leben. Das erweist sich oft als schwierig, und wir können dabei versagen. Es fällt uns schwer aus mancherlei Gründen, die jeder selbst am besten kennt. Doch auch unsere Angehörigen sind uns von Christus anvertraut, und wir müssen auch aus Liebe zum Herrn treu zu ihnen stehen.

Jesus vertraut mir jemand an und fragt mich: »Liebst du mich mehr als all diese?« Gewiß eine seltsame, ja fast unverschämte Frage: »Liebst du mich mehr als all diese?«...

Jesus stellt uns diese Frage nicht, damit wir uns mit den anderen vergleichen, sondern um uns zu fragen: »Liebst du mich wirklich mit allen deinen Kräften?«

Auf unsere persönlichen Verhältnisse ließe sich das wie folgt übertragen: »Bist du wirklich bestrebt, mich mehr als alles andere zu lieben?« Im Gebet sollten wir darauf demütig antworten: »Herr, du weißt es, das ist dein Geheimnis. Gib mir die Kraft, zu lieben. Laß mich meine Berufung entdecken, aber nicht in der Sphäre des Eigeninteresses und der Berechnung, der rein persönlichen Vorliebe nach ihr suchen, sondern in der Sphäre der Liebe und der Freundschaft!«

VERDIENE ICH VERTRAUEN?

Verdiene ich Vertrauen? Verdiene ich im Blick auf das Reich Gottes Vertrauen? Haben wir keine Angst, das zu verneinen! Wer kann schon sagen, daß er eine so heldenhafte Haltung an den Tag gelegt hat, daß er im Blick auf das Reich Gottes volles Vertrauen verdient?

Vielleicht ist es besser, wenn wir zum Herrn sagen: »Herr, du weißt, daß ich kein Vertrauen verdiene. Du kennst meine Schwächen, meine Armseligkeit, meine Unklugkeit, meine Launen, meine Verantwortungslosigkeit; du kennst den unendlichen Abstand zwischen meinen unzureichenden Kräften auf der einen Seite und der Verantwortung für das Reich andererseits. Herr, du allein kannst mir dieses Vertrauen schenken, wenn du willst.«

Es ist gut, auf diese erste Frage damit zu antworten, daß wir uns vor Gott reumütig niederwerfen. In dem Maß, als wir Verantwortung übernehmen, erkennen wir ja unsere Schwächen. Je mehr Verantwortung wir auf uns nehmen, desto mehr erkennen wir unsere Unzulänglichkeiten, das erfährt jeder sicherlich oft genug. So lange man sich eine Situation nur vorstellt (die Phantasie zaubert uns immer die ideale Stätte herbei, um uns zu entfalten!), sieht man sich zu vielem fähig. Wenn man aber wirklich Verpflichtungen übernimmt, stellen sich unsere Unzulänglichkeiten als größer heraus, als wir dachten, und werden ihrer ansichtig. Und wir sehen dann immer mehr ein, daß wir für das Reich Gottes untauglich sind und kein Vertrauen verdienen.

GOTTES VORHABEN

Gott hat mit uns etwas vor und wir erkennen das, was er mit uns vorhat, indem wir in der Liebe wachsen. Zu diesem Wachstum in der Liebe kommt es kraft des Geistes, der in uns ist und uns dazu antreibt, zu beten und Tag um Tag die Pläne des Herrn zu erforschen. Der Apostel Paulus schreibt: »Wir wissen, daß Gott bei denen, die ihn lieben, alles zum Guten führt, bei denen, die nach seinem ewigen Plan berufen sind« (Röm 8,28).

Wer in der Liebe zu Gott wächst und ernsthaft nach seiner Berufung sucht, kann nicht irregehen. Er wird vielleicht zuweilen einen falschen unmittelbaren Entscheid treffen, ihn aber dann berichtigen, weil die Liebe zu Gott in ihm vorherrscht.

Darum ist die Grundregel für die Wahrnehmung der Berufung die, dem Geist, der in uns ist, Raum zu geben, damit er in uns und mit uns, durch unsere Worte, betet und uns beim Entscheid über die Berufung leitet. Darin wachsen wir auch persönlich.

Wir sind zur Liebe berufen und deshalb ist es so wichtig, daß wir uns ein Lebensprogramm machen und innewerden, daß der Mensch dazu erschaffen ist, um über sich hinauszuwachsen, sich zu transzendieren, nach etwas zu suchen, das über ihn hinausliegt, und auf dieser Suche sich selbst zu finden.

Kurz, der Mensch ist zum Lieben geschaffen und erkennt sich in der Liebe zu Gott. Die Grundfrage: »Petrus, liebst du mich?« ist die entscheidende anthropologische Frage, um die tiefe Natur des Menschen zu erfassen.

Beten wir, beten wir auch füreinander, damit uns geschenkt werde, in der Erkenntnis des Willens Gottes und in der Wahrnehmung unserer Berufung zu wachsen.

JESUS WARTET SCHON

Als Maria bemerkte, daß der Wein, die Freude ausgeht und Traurigkeit sich ausbreiten will, wendet sie sich an Jesus: »Sie haben keinen Wein mehr.« Sie setzt sich nicht selbst ein, sondern heißt instinktiv Jesus eingreifen...

Die missionarische Ausrichtung *bringt in Kontakt* mit der Quelle, die zunächst mich mit Freude erfüllt hat. »Ich will dich teilhaben lassen an der Freundschaft, die mein Leben erfüllt, die meine Traurigkeit in Freude verwandelt und mir die *Liebe* offenbart hat.«

Die Kirche wird missionarisch nicht dadurch, daß sie die Botschaft des Evangeliums gewaltsam in das Herz des Menschen hineinbringen will. Jesus ist schon dort; er hat sich schon selber zum Tag eines jeden, zum Fest des Lebens, zum täglichen Mahl eingeladen. Jesus ist da als Erwartung und Verheißung, als Keim, als wirkende Gnade. Er erwartet, daß jemand ihn anregt, wie Maria es getan hat; daß jemand seine Gegenwart verspüren läßt, ihm Raum gibt.

Die Kirche ist missionarisch in dem Maß, als sie entdeckt, daß Jesus im Herzen jedes Mannes, jeder Frau, jedes Kindes, das zur Welt kommt, schon am Warten ist; und in dem Maß, als sie ihn wirken und handeln läßt, indem sie ihm Raum schafft, ihn weckt.

Oft ist in unseren Gemeinden das Missionarische schwerfällig, unfähig, sich zu bewegen, weil wir alles selber tun wollen und meinen, es sei von uns wunder was verlangt, während Jesus es ist, der das Wasser in Wein verwandelt, der die Freude des Mahles spendet.

Wie Maria, ist die Kirche diejenige, welche anregt, drängt, mit den Dienern spricht, den Weg bereitet. Jesus ist ja schon zugegen, und seine Kraft steht schon bereit.

DER ES GERN TUT

Der Apostel Petrus ermahnt die Ältesten der Gemeinde: »Sorgt als Hirten für die Herde Gottes, nicht aus Zwang, sondern *freiwillig*, wie Gott es will; auch nicht aus Gewinnsucht, sondern aus Neigung; seid nicht Beherrscher eurer Gemeinden, sondern Vorbilder für die Herde« (1 Petr 5,2 f).

Hier werden drei positive Eigenschaften aufgezählt: *freiwillig, aus Neigung* und *als Vorbilder*. Und sie werden mit drei negativen Eigenschaften kontrastiert: nicht aus Zwang, nicht aus Gewinnsucht, nicht als Beherrscher.

Das böte eine großartige Gelegenheit, unsere Aufmerksamkeit den Werten zu schenken, die hier gemeint sind. Wir wollen uns darauf beschränken, wenigstens den ersten hervorzuheben: *freiwillig*.

Ich finde es sehr schön, den Vorstehern, den Verantwortlichen, die die Hirten und zum Teil auch, damit die Herde weiter wächst, die Verkünder der Frohbotschaft sind, zu sagen: Tut das freiwillig – aus eigenem Antrieb! . . .

Seinem Handeln nach kann man den Apostel, den Hirten, den Evangelisten, den Propheten und den Lehrer mit den Worten beschreiben: *er ist der, der es gern tut*. Wir wissen aus Erfahrung, wie wichtig das im beruflichen Einsatz ist.

Berufungen sind eine Gnadengabe Gottes, aber normalerweise läßt Gott sie durch die Begegnung mit einem Menschen entstehen, der gern seinem Beruf nachgeht, einem Menschen, der auch im Schmerz, in Schwierigkeiten und Mühsal seine Freude, seine Spontaneität und seine Lust an der Berufung zu erkennen gibt.

Dagegen fallen die ersten Regungen einer Berufung schon gleich der Entmutigung zum Opfer, wenn sich ihnen das Beispiel eines Menschen bietet, der seine eigene Berufung wie eine Last dahinschleppt, wie etwas, das nicht mehr von innerer, übernatürlicher Freude getragen wird, die eine Frucht des Trostes und der Kontemplation ist.

DURCHDRUNGENSEIN

Im Römerbrief betont der heilige Paulus bei der Erwähnung der Dienste: »Hat einer die Gabe prophetischer Rede, dann rede er in Übereinstimmung mit dem Glauben; hat einer die Gabe des Dienens, dann diene er. Wer zum Lehren berufen ist, der lehre; wer zum Trösten und Ermahnen berufen ist, der tröste und ermahne. Wer gibt, gebe ohne Hintergedanken; wer Vorsteher ist, setze sich eifrig ein; wer Barmherzigkeit übt, der tue es freudig« (Röm 12,6ff).

Paulus zeichnet hier ein Bild des Durchdrungenseins, das Bild eines Menschen, der seine Sache ganz tut und nicht in dem Geist, der nicht über das hinausgeht, wozu er verpflichtet ist, und sich streng an Dienstvorschrift und -stunden hält. Rein gesetzlich und formal gesehen, ist die Haltung dessen, der sich strikt auf seine Pflicht beschränkt, unanfechtbar, aber sie ist nicht mehr das Durchdrungensein von der Gabe Christi und kann niemanden anziehen. Sie führt vielmehr im Endeffekt zu Unsicherheit und Unbehagen bei denen, die merken, daß hier etwas rein nach den Bestimmungen des Gesetzes erledigt wird.

Eine noch tiefere Ausdeutung des Wortes »gern« treffen wir im Galaterbrief an, wo Paulus sagt, daß die Frucht des Geistes »Liebe, Freude, Friede, Langmut, Freundlichkeit, Güte, Treue, Sanftmut und Selbstbeherrschung« ist, »dem allem das Gesetz nicht widerspricht« (Gal 5,22f). »Gern« heißt dann, daß man sein Amt ausübt und seinen Dienst im Heiligen Geist tut, und damit in Liebe, Freude und Frieden.

Wir wollen uns ernstlich prüfen, denn all das betrifft die Art und Weise, wie wir heute christliches Sendungsbewußtsein leben, und alles, worin sich dieses Bewußtsein auswirkt: Gebet, Engagement, Gemeinschaftsleben, Gemeindearbeit und die Sorge für Kranke und Arme. All das ist Ausdruck des Durchdrungenseins, das sich aus dem Sendungsbewußtsein ergibt.

DEN EIGENEN WEG GEHEN

Was besagt Sendung für mich? Wie verstehe ich auf dem Boden des Glaubens in diesem Augenblick meine Sendung?

Hier muß man ein doppeltes Sendungsverständnis zugrunde legen:

– Das erste könnten wir als *von der Taufe geprägtes Sendungsverständnis* bezeichnen, d. h. als in Christus liebende und kindliche Hingabe an den Vater, in der unsere Berufung aufgrund der Taufe wurzelt. Sendung bedeutet hier, daß Gott mich liebt und den Geist seines Sohnes in mein Herz gesandt hat, der ruft: Vater! So werde ich geliebt und so berufen, damit ich nur eins bin: in Christus.

– Das personale Sendungsverständnis. In der mit der Taufe gegebenen Sendung ist eine Sendung enthalten, die mich betrifft und die man als *Firmsendung* bezeichnen könnte. Sie verpflichtet mich, meinen Weg mit anderen gemeinsam zu gehen und mich im Dienst an anderen zu verwirklichen: nicht, weil ich mir das ausgesucht hätte, wenn ich es auch aus freien Stücken und daher als Eigenbeitrag leisten muß, sondern aufgrund eines Auftrages. Hier geht es um die Suche nach der eigenen, persönlichen Berufung, verstanden als Antwort auf einen Ruf, auf das, wozu Gott mich sendet. Der schrittweise Verlust dieses Sendungsbewußtseins hat die Sinnentleerung des Lebens zur Folge: Was soll ich hier noch tun? Wenn man den letzten Sinn unseres Daseins nicht mehr sieht, und die Möglichkeiten der Zerstreuung, des unterhaltsamen Vergnügens oder des Zeitvertreibes erschöpft sind, vielleicht auch unter dem Einfluß des Leides oder schwerer Krankheit, bricht das Drama der Sinnlosigkeit über uns herein...

Der Lebenssinn ist sehr wichtig unter dem Aspekt der Berufung, wenn auch die endgültige Entscheidung über sie noch nicht gefallen ist; sie ist schon im Geheimnis Gottes, in der Liebe Gottes enthalten und hat einen konkreten Sinn.

DER BLICK FÜR DAS GANZE

Die Berufsgnade eines gottgeweihten Menschen besteht darin, selbst im eigenen kleinen Pflichtenkreis eine Sicht zu pflegen, die auch die Verhältnisse in der Gemeinschaft, in Gruppen, in der Kirche und in der Gesellschaft im Auge behält, so daß man ohne weiteres die schwierigen und heiklen Situationen schon im Entstehen wahrnehmen, ihnen Ausdruck verleihen und diskret und tatkräftig begegnen kann.

Dieses wunderbare kontemplative Charisma müßte sich jeder engagierte Christ, jede Ordensfrau und jeder Ordensmann wünschen: Es ist nicht Sachkenntnis, nicht Geschicklichkeit auf diesem oder jenem Gebiet oder Spezialausbildung menschlicher Fähigkeiten, es ist vielmehr eine Gesamtschau, die den Sinn des Ganzen zu wahren weiß. Vielleicht ist es schwer, das in Worte zu fassen, aber es ist wichtig und für das Leben der Kirche sogar unentbehrlich. In ihr gibt es doch das Charisma der Leitung, der Tatkraft, der umsichtigen Planung: es ist das »Petrus«-Charisma, ein Charisma von grundlegender Bedeutung für das Funktionieren des Leibes der Kirche.

Das kontemplative Charisma ist etwas noch Subtileres, Undefinierbares, das der Kirche insgesamt Einheit verleiht und sie anziehend, liebenswert und überzeugend macht. Es ist das Charisma Mariä, und die Kirche liefe, wenn es ihr ausginge, Gefahr, zu einer Gesellschaft von Fachleuten, von Autoritäten und Spezialisten zu werden, in der jeder nur seine eigene Auffassung durchsetzen will und sich sogar, und das unter Berufung auf seine Fachkenntnis, mit andern überwirft.

Der Blick für das Ganze, in dem der Leib der Kirche sich geborgen weiß, ist das Charisma Mariä.

GLAUBWÜRDIGKEIT

Wenn wir unser eigenes Suchen einmal aufmerksam prüfen, geht uns auf, daß wir oft, wenn nicht gar immer, etwas sehen wollen, etwas spüren oder ein Resultat nachweisen wollen. Wir suchen den Erfolg bei unserer Arbeit, suchen vielleicht Heilung von unseren inneren Schwierigkeiten: all das vermischt sich mit unserer Suche nach Jesus.

Mit diesem Thema hängt ein anderes zusammen, über das wir uns Gedanken machen können, weil es mit Zweideutigkeiten befrachtet ist: das Thema der »Glaubwürdigkeit«. Wir möchten glaubwürdig sein; wir möchten, daß die Kirche glaubwürdig ist. Was aber verbirgt sich hinter diesem Bestreben? Geht es um die Suche nach Echtheit, das heißt, wollen wir selbst bis auf den letzten Grund »evangelisch« sein? Oder geht es um eine Suche nach Zeichen? Gesehen zu werden, gehört zu werden, Echo zu finden, jemand zu haben, der uns beipflichtet, weil es so schwer ist, allein zu sein...

Das, was wir suchen müssen und dessen Suche man von uns verlangt, ist vor allem die Echtheit unserer Ergebung in die Absicht Gottes, aus der dann eine Glaubwürdigkeit entspringt, die, wie die Jesu, jedem zur Verfügung steht, der glauben will. Und viele haben nicht einmal an Jesus selbst geglaubt.

Wenn unsere Sorge um Glaubwürdigkeit gut ist, führt sie uns zu einer ständigen Gewissenserforschung. Wird sie hingegen zur fixen Idee, die uns keine Ruhe mehr läßt, ist sie vielleicht ein Sympton dafür, daß wir Entsprechung, daß wir Echo suchen. Und eben dies heißt, Jesus suchen, um sich seiner zu bemächtigen und ihn zum Werkzeug des eigenen Erfolgs zu machen.

FURCHT VOR VERANTWORTUNG

Die Furcht vor der Verantwortung hat Korrektive nötig. – Das erste Korrektiv, an das uns das Gleichnis von den Talenten erinnert, ist der Gedanke an die Freude Gottes (Mt 25,21): »Sehr gut, du bist ein tüchtiger und treuer Diener. Du bist im Kleinen ein treuer Verwalter gewesen, ich will dir eine große Aufgabe übertragen. Nimm teil an der Freude deines Herrn!«

– Das zweite Korrektiv kommt aus dem Bewußtsein, lediglich Mitarbeiter und Mitarbeiterin des Herrn, des Haupthirten zu sein. Wir sind Hirten, die auf den bezogen sind, der in erster Linie die Verantwortung hat und in den Herzen der Menschen wirkt.

– Das dritte Korrektiv ist der Gedanke, daß Liebe die Vergebung Gottes auf sich zieht. Das Gleichnis vom unehrlichen Verwalter läuft auf das Wort Jesu hinaus: »Ich sage euch: Macht euch Freunde mit Hilfe des ungerechten Mammons«, mit dem ungerecht erworbenen Geld! (Lk 16,9). Darin wird auf die menschliche Liebe angespielt.

Es gibt jedoch auch die apostolische Nächstenliebe, die beständige Ausübung der Barmherzigkeit, der Geduld. Sie macht das Maß der Liebe voll und bewirkt, daß der Herr uns viel verzeiht.

Der Herr wird uns viel vergeben, sofern wir selbst den Mitmenschen viel vergaben. Natürlich nicht dann, wenn wir bloß allzu nachsichtig und gutmütig waren, sondern dann, wenn wir auch die Menschen, die uns kritisierten, enttäuschten oder fast zur Verzweiflung brachten, wirklich liebten.

MIT ANDEREN AUGEN

In der Freude, daß wir Vergebung fanden und schenkten, geht uns das Neue des Evangeliums auf – daß es die frohe Botschaft vom Erbarmen des Vaters mit uns Sündern ist. Wenn die Vergebung unsere Herzenshärte behoben und uns für die evangelische Freude aufgeschlossen hat, beginnen wir, die Dinge mit anderen Augen zu sehen.

»Herr, wir danken dir, weil du uns den Abstand schmerzlich erkennen ließest, der zwischen uns und deinem wundervollen Entwurf der Kirche liegt. Wir loben dich, wir preisen dich und danken dir, weil du uns vergibst und uns damit die Freude schenkst, selbst zu vergeben. Wir wissen, Herr, daß das Gespür für das Mißverhältnis zwischen uns und der uns anvertrauten Aufgabe uns innerlich zermürbt und zugleich läutert, uns befreit, uns besser erfassen läßt, was wir tun und was du tust, und uns erkennen läßt, daß das Saatfeld dein ist und die Ernte dein.

Du verlangst von uns bloß, daß wir, soweit es uns möglich ist, frei und demütig arbeiten. Und durch die Verdemütigung, die Reue und Buße zerbrichst du unsere Herzenshärte und befreist in uns die Kräfte der Liebe, der Hingabe, des Mutes, des Opfergeistes.

Hätten wir nicht gesündigt, so wären wir stolz und hartherzig und sähen auf die anderen hinab. Doch wir wollen demütig, verständnisvoll, gütig sein und allen Achtung entgegenbringen. Wir bitten dich, Herr, schenke uns diese Gnade!«

FREUDE UND SCHMERZ

An die Ältesten von Milet richtet der Apostel Paulus bei seinem Abschied die Worte: »Denkt daran, daß ich drei Jahre lang Tag und Nacht nicht aufgehört habe, unter Tränen jeden einzelnen zu ermahnen« (Apg 20,31).

Warum sind für Paulus die Tränen so bedeutsam? Was bedeuten sie?

Tränen entspringen dem Kummer darüber, daß es einer Gemeinde nicht gut geht, daß sie Mühe hat. Sie rühren von der Trauer her über die Weggegangenen, der Angst um die, die dem Verderben entgegengehen, dem Bangen um die, die einst mit Begeisterung begonnen hatten, dann aber erlahmten. Es gibt viele Anlässe, als Diener des Glaubens zu leiden, und sind auch die Tränen nicht immer sichtbar, so erfaßt uns doch innerlich Niedergeschlagenheit, Zermürbung, Angst. Je größer die Verantwortung für andere ist, je umfassender und liebevoller man ihr nachlebt, desto intensiver verspürt man Freude und Schmerz. Wer nicht Hirt ist, empfindet keine Freude, wenn es der Herde gut geht, und vergießt keine Tränen, wenn der Wolf kommt, denn er ist ein bloßer Taglöhner. Es ist ihm nur um den Lohn zu tun, und er hat keine richtige Liebe zu den Schafen (vgl. Joh 10). Wer nur um Lohn arbeitet, gleicht einem Bürokraten, der innerlich unbeteiligt ist und sich aus allem herauszuhalten sucht...

Meiner Meinung nach werden in der Rede von Milet die Tränen deswegen erwähnt, weil sie mehr als alles eifrigen Einsatz, Zärtlichkeit, Liebe, innere Anteilnahme, Einbezogensein zum Ausdruck bringen.

Mit einem einzigen Wort bringt der Apostel die affektive Welt zum Ausdruck, die er sich in nur wenigen Jahren geschaffen hat, die Welt von tiefen, echten, entscheidenden freundschaftlichen Beziehungen zwischen ihm und den Seinen.

WENN DIE LIEBE NICHT GELIEBT WIRD

Es ist nichts Schlimmes und nicht verwunderlich, daß man als Diener des Glaubens zu leiden hat. Mit der Sorge für andere ist vor allem dann, wenn diese ihre Freiheit entwikkeln, die Gefahr des Abgelehntwerdens gegeben. Kommt es zur Zurückweisung, so wird man leiden, aber das soll nicht deswegen der Fall sein, weil man keinen Erfolg hatte, sondern weil die Botschaft von Gott nicht angesprochen hat.

Tränen sollen nicht aus Erbitterung über einen Mißerfolg hervorgehen, sondern aus einer Liebe zu den Menschen, die uns anvertraut worden waren und die Einladung des Herrn nicht angenommen haben. Tränen des Schmerzes sollen auch aus Liebe zu Gott kommen, der zurückgewiesen worden ist...

Je weniger Mißbilligungen, desto mehr Tränen, je weniger Klagen, desto mehr Tränen, könnten wir sagen. Bei den Pastoralbesuchen kommt es oft vor, daß ich die Verantwortlichen klagen höre: »Die Jungen kommen nicht; nach der Firmung lassen sie sich nicht mehr blicken; die Familien engagieren sich nicht...«

Ich habe allerdings den Eindruck, daß solche Klagen nichts mit Tränen im paulinischen Sinn zu tun haben. Sie werden oft in Mißstimmung, in Ärger geäußert und sind unfruchtbar. Ich höre daraus heraus, daß man sich selbst anklagt oder die anderen, die Leute, die nicht aufgeschlossen, sondern lahm und unwissend sind.

Wir sollten vor allem deswegen traurig sein, weil man auf Gott nicht anspricht, weil die Liebe nicht geliebt wird, weil Gott, die unendliche Liebe, nicht so sehr geliebt wird, wie er es verdient. Solche Tränen entsprechen dem Evangelium; sie sind schöpferisch, läutern, bringen die persönliche Erbitterung, das Betroffensein zum Verschwinden und setzen uns instand, die Lage wieder in den Griff zu bekommen.

ALLES GETAN

Paulus sagt in seiner Abschiedsrede in Milet: »Darum bezeuge ich euch am heutigen Tag: Ich bin unschuldig, wenn einer von euch allen verlorengeht« (Apg 20,26).

Diese Behauptung verwundert uns. Es handelt sich nicht um eine moralistische Bewertung seines Handelns, sondern um das umfassende Urteil, daß er sich trotz allem bewußt sein darf, sich ganz hingegeben, den anderen alles geschenkt zu haben.

Darin liegt ein tiefer Liebesbeweis gegenüber der Gemeinde und den einzelnen Gläubigen. Dabei kommen mir die großartigen Worte Papst Pauls VI. angesichts seines Todes in den Sinn. Der Papst überwindet hier seine scheue Zurückhaltung und ruft aus: »Ich könnte sagen, daß ich die Kirche stets geliebt... und für nichts anderes als für sie gelebt zu haben scheine. Aber ich möchte, daß die Kirche das weiß und daß ich die Kraft hätte, ihr das zu sagen als eine vertrauliche Herzensmitteilung, die zu machen man erst im letzten Moment den Mut hat.« Das ist das sichere Bewußtsein dessen, der sein Leben für die Kirche verbraucht hat.

Vielleicht können wir im Gebet erahnen, was der Apostel meint, wenn er sagt, er habe alles gegeben. Vielleicht wird es uns geschenkt, in sein Herz einzudringen und zu erfassen, mit welch zärtlicher Liebe und mit welcher Hingabe er seinem Dienst nachgelebt hat.

An einem bestimmten Punkt brüstet er sich fast mit dem, was er geleistet hat, aber es ist der Stolz eines Vaters, der sagt: »Ich habe wirklich alles für euch getan.« Daß er alles getan hat, kommt in einer kraftvollen Metapher zum Ausdruck: »Ich bin unschuldig, wenn einer von euch allen verlorengeht.«

Der Apostel hat das Bewußtsein eines Hirten, der am Schluß sich sagen darf, es sei ihm mit der Gnade Gottes geglückt, alles zu vollbringen.

DIE ZWEI POLE

»Gebt acht auf euch und auf die ganze Herde« (Apg 20,28) Der Apostel Paulus fordert die Ältesten auf, auf sich selbst und auch auf die Herde achtzugeben. Er läßt also keinen Raum für eine ideologische Vereinfachung wie die: »Gebt acht auf euch selbst, dann werdet ihr auch auf die Herde achtgeben«, oder: »Gebt acht auf die Herde, und so werdet ihr auch auf euch selbst achtgeben«.

Die Verantwortlichen sind vor eine unaufhebbare Dialektik gestellt: wir – die Herde. Wer im Dienst des Glaubens steht und nicht betet, wer keine Zeit für die Schriftlesung, für sein geistliches Leben findet, kann nicht als Entschuldigung anführen, daß er unermüdlich den Menschen dient. Er gibt auf die Herde acht, nicht aber auf sich selbst. Umgekehrt darf er sich nicht um die Gläubigen nicht kümmern mit der Begründung, er widme den ganzen Tag dem Gebet, der Schriftlesung, dem Studium der Theologie. Auf diese Weise gäbe er wohl auf sich, nicht aber auf die Herde acht.

Beides fordert und fördert einander, beides ergänzt einander und ist doch nicht das gleiche. Wir sind stets versucht, das zu mißachten, nach anderen Lösungen zu suchen und die Zweipoligkeit, die Paulus hier betont, auszuschalten.

Die Dialektik: ich – die anderen; das Innere – das Äußere; der Himmel – die Erde; die vorletzten Dinge – die letzten Dinge gehört zur erschaffenen Existenz. Wir müssen sie annehmen und in Geduld ihr nachleben, indem wir beständig nach dem richtigen Gleichgewicht suchen. Nur in diesem Fall werden wir, indem wir uns selbst dienen, unseren Gemeinden dienen, und indem wir der Gemeinde dienen, im Glauben, in der Hoffnung und in der Liebe mehr wachsen, als wenn wir monatelang darauf bedacht wären, Pläne für das geistliche Leben zu schmieden.

IN GUTEN HÄNDEN

Die Worte des Apostels Paulus sind sehr schön: »Ich vertraue euch Gott an, ich vertraue einen jeden dem Herrn an« (Apg 20,32). Sie gemahnen an den Aufschrei am Kreuz, als Jesus mit dem Psalmisten sagte: »In deine Hände lege ich voll Vertrauen meinen Geist« (Ps 31,6).

Jesus vertraute sein Leben dem Vater an in der Gewißheit, daß es so in guten Händen liege. Das gleiche tat Paulus, bevor er eine Gemeinde verließ. Als er z. B., nachdem er die Jünger von Lystra, Ikonion und Antiochia ermutigt und ermahnt hatte, sich mit Barnabas aufmachte, um nach Pamphylien zu verreisen, heißt es im Kapitel 14 der Apostelgeschichte: »In jeder Gemeinde bestellten sie durch Handauflegung Älteste und empfahlen sie mit Gebet und Fasten dem Herrn, an den sie nun glaubten« (Vers 23).

Auf diese Weise befreit sich Paulus von der Angst, die wir manchmal in uns für die Menschen empfinden, die wir zu begleiten suchten, die wir lieben. Wir laufen Gefahr, sie an uns gefesselt zu halten, während sie nun auf eigenen Füßen gehen, in Freiheit handeln sollen.

Hier, in eben dem Moment, in dem der Apostel den Mut hat, sich zu lösen, entsteht die nachapostolische Kirche. Es gibt keine wahre christliche Seelsorge, wenn nicht Freiheit erzeugt wird. Ein Diener des Glaubens, der in ein anderes Wirkungsfeld versetzt wird, darf nicht meinen, die Gläubigen, die seiner Sorge anvertraut waren, würden ohne ihn nicht mehr vorankommen, und er müsse deshalb sich weiterhin ihrer annehmen und ihnen mit Telefonanrufen, Briefen, Besuchen immer noch nachlaufen.

Loslassen besagt nicht Gleichgültigkeit, sondern ist Ausdruck des Glaubens: »Ich vertraue euch Gott an, der euch viel besser führen wird, als ich es getan habe und ich es könnte.« Es ist Ausdruck des Glaubens und echter apostolischer Vaterschaft.

EIN HOHES GUT?

Woher stammt der Schwung in der Förderung von Berufungen? Er stammt, wie beim Glauben, aus der tiefen Überzeugung des einzelnen wie auch der Gemeinschaft, daß die Berufung einen ganz hohen Wert darstellt, daß sie das höchste Gut ist, in dem sich für den einzelnen das Gnadengeschenk des Glaubens konkretisiert. Es konkretisiert sich für mich und für andere.

Eine schwungvolle Förderung von Berufungen hat also nichts zu tun mit der Zielsetzung menschlicher Werbung, mit der ehrgeizigen Absicht, die Mitgliederzahl der eigenen Gemeinschaft ansteigen zu lassen, mit dem Wunsch, nicht einsam und verlassen zu sterben, sondern die Gesichter vieler junger Mitbrüder und Mitschwestern um sich zu sehen. Das, worauf es ankommt, ist für mich der Beruf. In ihm habe ich zur Segensfülle des Kreuzes und des Lebens gefunden, und deshalb möchte ich auch, daß er für andere ein Wert ist. So wird man also den Beruf im Hinblick auf Gott als ein ganz hohes Gut hinstellen müssen, ohne sanften Druck, List oder Tücke...

Vielleicht können wir die Frage beantworten, die man heute so oft hört: Warum ist die Zahl der Berufe so gering? Offenbar, weil es Menschen gibt, denen das Heiraten wichtiger ist, die einen Acker gekauft haben oder Ochsen besichtigen müssen (vgl. Lk 14,15–24): also die Ausrede, die Rechtfertigung und die Weigerung derer, an die der Ruf ergeht. Und dann vielleicht auch, weil es dem Ruf an Kraft gebricht. Beides spielt eine Rolle.

Es genügt nicht zu sagen, der Jugend fehle es an Großherzigkeit. Man muß auch sagen, daß es in unserem Leben vielleicht an Freude, an Begeisterung, an vollendeter Liebe zum Kreuz, an Ganzhingabe fehlt, an leuchtendem Beispiel, an der Kraft der Einheit und der Liebe und an der Erkenntnis, daß die Gemeinschaft wirklich ein Weg zur Heiligkeit ist.

EINE DYNAMISCHE VERBINDUNG

Ich möchte an die Schlußworte der Antritts-Enzyklika »Redemptor hominis« Papst Johannes Pauls II. erinnern: »Wenn die Kirche sich dem ganzen Reichtum des Geheimnisses der Erlösung öffnet, wird sie eine Kirche von lebendigen Menschen: lebendig, weil sie durch das Werk des ›Geistes der Wahrheit‹ von innen belebt und von der Liebe heimgesucht sind, die der Heilige Geist in unsere Herzen ergießt. Das Ziel eines jeden Dienstes in der Kirche, sei er apostolischer, pastoraler, priesterlicher oder bischöflicher Natur, ist es, diese dynamische Verbindung zwischen dem Geheimnis der Erlösung und jedem Menschen aufrechtzuerhalten« (Nr. 22).

»Herr, gib uns Mut und Unterscheidungsgabe, um die Herde gegen die reißenden Wölfe zu verteidigen. Laß uns wachsen, wachsam sein, die Schläfrigkeit besiegen, auf deinen Geist achten, der spricht, und auch auf den bösen Geist, der die Kinder, die Jugendlichen, das Volk zu verderben sucht...

Wir danken dir, Herr, denn wir können uns auf dich verlassen. Wir sind dir anvertraut. Wir danken dir für das Wort deiner Gnade, das die Gemeinde erbaut und das allein uns das ewige Erbe bereitet. Laß uns nach diesem Erbe vertrauensvoll ausschauen, denn mag auch die Zukunft ungewiß sein, so ist uns doch deine Gnade gewiß.

Gib uns Uneigennützigkeit, Herr Jesus, damit wir weder nach dem Silber oder Geld von jemand verlangen und uns nicht zum Herrn eines Herzens machen und es in Besitz nehmen.

Gib uns Selbstlosigkeit und die Gnade, so viel zu arbeiten, daß wir andere unterstützen und den Armen und den Glaubensschwachen entgegenkommen können.«

NOVEMBER

Auf dem Weg zum Ziel

UNRUHIG IST UNSER HERZ

Gott unser Schöpfer, du hast in uns so viele Wünsche gelegt, weil du uns für dich gemacht hast. Der Mensch ist für dich geschaffen und »unruhig ist unser Herz, bis es ruht in dir« (Augustinus).

Wir danken dir, Herr, weil du uns in unserer Sehnsucht so groß gemacht hast. Du hast uns wirklich grenzenlos gemacht. Vor allem danken wir dir, weil du dich uns kundgibst, weil wir erkennen können, daß du das letzte Ziel unserer Sehnsucht bist, der, nach dem wir in allen Dingen und durch alle Dinge hindurch suchen. Dein Reich ist die Fülle dessen, was sich ersehnen läßt, was uns jeden Tag beten läßt: »Zu uns komme dein Reich!«

Wir danken dir auch, Herr Jesus, weil du uns manchmal durch einen ergebnislosen Fischfang zu Armen werden läßt, damit wir innewerden, daß nur du unsere Sehnsucht befriedigst, nur du unseren Hunger nach Gerechtigkeit stillst, unsere Tränen trocknest, unser Herz erfüllst.

Herr Jesus, laß uns dich auf dem Weg unserer Sehnsüchte erkennen, laß unser Herz dich wahrnehmen, wenn du dich kundtust. So bitten wir dich mit Maria, die dich schon bei deiner ersten Kundgabe erkannt hat, und in Vereinigung mit den Heiligen unserer Zeit, die deine Stimme vernommen haben, zusammen mit den Blutzeugen unserer Zeit, mit Pater Maximilian Kolbe und allen, die in ihrem Innern deine Stimme, deine Aufforderung vernommen haben: »Tu etwas für deinen Bruder!«

Öffne unser Herz, damit auch wir in aller Schlichtheit dies erfahren, du, der du lebst und herrschest mit dem Vater und dem Heiligen Geist von Ewigkeit zu Ewigkeit.

DICH SUCHE ICH

Wenn wir ernstlich in die Schule Jesu gehen, bringt sie uns dahin, worin die messianische Hoffnung letztlich gründet, nämlich zum Verlangen nach Gott. Es besteht eine Verbindung zwischen dem allgemeinen messianischen Verlangen nach Frieden, Freiheit und Gerechtigkeit, und dem noch radikaleren Verlangen nach Gott, das sich kraft der Gnade Gottes im Herzen jedes Menschen regt. Der Herr möge uns einsehen lassen, daß die beiden Sehnsüchte zusammengehören. Er möge uns zeigen, daß der Messianismus, die Hoffnung auf Gerechtigkeit, im Verlangen nach dem Absoluten gründet.

Die eigentliche Gebetssituation besteht darin, daß man vor Gott weilt und sich nach ihm sehnt. Das Gebet ist die radikale Haltung des Menschen, in der alle anderen Wünsche licht, klar und geordnet werden; im Gebet verlangt der Mensch nach Gott, begehrt er sein Antlitz zu sehen. Dies kommt treffend zum Ausdruck in den Psalmen: »Herr, zeige uns dein Antlitz; nach deinem Antlitz, Herr, suche ich«, im Verlangen des hl. Augustinus: »Du hast uns auf dich hin geschaffen, Herr, und unruhig ist unser Herz bis es ruhet in dir«, in den Worten von P. Louis Lallemant zu Beginn seines Buches über das innere Leben: »Unser Herz ist eine Leere, die nur von Gott ausgefüllt werden kann« und im Ausspruch von Madeleine Delbrêl: »Die Leidenschaft für Gott bewegt mich; sie ist die Wurzel von allem.«...

Wir sollen erkennen, wie das Verlangen nach Gott, der Wunsch, sich ihm ganz radikal und von allem gelöst hinzugeben, in uns das lautere Verlangen nach Gerechtigkeit, Frieden, Brüderlichkeit, Zusammenarbeit weckt, auch das Verlangen, eine gerechte Welt des Menschen aufzubauen, denn dies ist der Traum der hebräischen Seele, dies ist das Ziel des ganzen alttestamentlichen Gesetzes mit seinen bürgerlichen und gesellschaftlichen Weisungen.

MENSCHLICHE TÜCHTIGKEIT

Die Kirche bewahrt die Erinnerung an den Weg des Menschen zur Transzendenz, zur religiösen, kulturellen und sittlichen Transzendenz. Dieser Weg besitzt seinen Brenn- und entscheidenden Bezugspunkt im Evangelium Jesu Christi . . .

Dieser Weg ist ausgerichtet auf die absolute Zukunft des Menschen, auf das Jerusalem, das vom Himmel, von Gott herabsteigt, auf die Stadt des Achten Tages, an dem Gott und nicht der Mensch alle Dinge neu schaffen wird.

Doch auch der Mensch ist in der Lage, Dinge zu schaffen, die eines Gottes würdig sind.

Ich möchte hier gern eine Geschichte aus der rabbinischen Überlieferung erzählen: Eines Tages unternahmen die Menschen etwas Wunderbares, was man bisher nicht für möglich hielt.

Irgend jemand erschrak, denn er meinte, der Mensch sei nun dahin gekommen, daß er Gott nicht mehr nötig habe.

Nicht wenige religiöse Menschen machten sich große Sorgen.

An eben diesem Tag traf Rabbi Nathan den Propheten Elias und fragte ihn: Was hat Gott gemacht, als er sah, daß die Menschen dabei waren, ihn in seiner Tüchtigkeit zu übertreffen? Der Prophet antwortete: Gott hat gelächelt und gesagt: Meine Kinder haben mich wirklich übertroffen!

Gott fürchtet nicht die Tüchtigkeit und Leistung der Menschen; vielmehr fordert er sie heraus, um den Menschen auf das Wunder des Achten Tages vorzubereiten.

Hier möchte ich erwähnen, was Präsident Merloni über einen guten Unternehmer gesagt hat: »Die Fähigkeit des Unternehmers besteht darin, daß er führen kann und für uns sowie alle anderen die unendlich reichen Kräfte weckt und fördert, die in der Person, in den Ideen liegen und in der Fähigkeit eines jeden, etwas zu tun.«

JESUS IST ANDERS

Es geht darum, die Heilsgesetze des Reiches zu entdecken, die sich im wesentlichen auf drei zurückführen lassen:

1. Auf die bescheidenen Anfänge, das kleine Samenkorn, das für die Apostel in der Schlichtheit der Predigt Jesu zum Erlebnis wurde. Einige haben sie beherzigt, andere haben sie abgelehnt oder kaum verstanden oder nicht gleich angenommen.

2. Auf die Bedeutungslosigkeit in den Augen dessen, der nur Ereignissen Beachtung schenkt, die Aufsehen erregen. Jesus hat in seiner Zeit nie Aufsehen erregt, vielleicht hat sein Tod es für ein paar Tage getan, aber sein Gesamtwerk hat man in der Welt von damals, in der religiösen, politischen und militärischen Welt, die nur den großen Ereignissen Beachtung zollte, kaum gekannt.

3. Auf den Widerspruch, das Ärgernis und die bereits erwähnten Schwierigkeiten.

Diese drei Gesetze bestimmen den Verlauf des Wirkens Jesu, und sie lernen die Apostel kennen, als sie im Zusammensein mit ihm ein Gespür für das bekommen, worin Gottes Reich wirklich besteht.

Die Apostel sind kraft dieser Ausbildung aufgerufen – wie übrigens jeder Christ, der das Kindheitsevangelium meditiert –, Jesus zu lieben, wie er ist, sich die Gesetze des Herrn zu eigen zu machen und so zu handeln wie er.

Wir sind dazu aufgerufen, einen Jesus zu akzeptieren, der anders ist, als wir uns ihn gewünscht hätten, einen Jesus, der unter uns anders vorgeht, als man nach allen religiösen oder weltlichen, politischen und rein menschlichen Regeln erwarten sollte. Wir müssen anerkennen, daß letztlich Jesus selbst, sein Leben und sein Sterben, das Geheimnis des Reiches ist.

ÖFFNE UNSERE AUGEN!

Die Bekundung der Macht Gottes ist bis zum Ende der Zeiten bescheiden, verborgen; sie wird den Kleinen, Armen zuteil; man muß die Augen für sie zu öffnen wissen. Sie ruft also Anbetung, unbedingte Unterwerfung unter die Macht des Vaters, des Sohnes und des Geistes hervor, oder dann Angst, Zurückweisung und so weiter...

Hier kann auch unser Gebet ansetzen, der Herr möge ans Licht bringen, was in uns an Mißtrauen, Angst, Unschlüssigkeit vorhanden ist. Er möge es ans Licht heben, damit wir es im Glauben vor ihn hintragen und ihn bitten können, es in seiner Macht zum Verschwinden zu bringen, damit wir seine Apostel, seine Anbeter werden:

»Herr Jesus, wir danken dir, daß du in unserer Mitte zugegen bist. Zusammen mit den Aposteln beten wir dich an: dich, den Geheimnisvollen, Armen, Schlichten, der in uns zugegen ist nicht im Prunk, sondern in der Armut unseres Lebens als Kirche. Wir danken dir, weil du, der mächtige Gott, dich auf diese Weise bekundest.

Öffne unsere Augen, Herr, damit wir dich erkennen können. Herr, laß uns einsehen, was wir sind, all das, was an Unschlüssigkeit, Zweifel, Müdigkeit, Hin- und Herdenken in diesem Moment in uns steckt. Wir legen es, Herr, deiner Macht vor. Wir möchten es eintauchen in die Kraft deines Namens, Vater, Sohn und Heiliger Geist.

Wir möchten es eintauchen in die Kraft der Taufe, mit der wir von dir umschlungen, gerufen, in deine Gnade getaucht worden sind. Nur kraft dieser Taufe können wir zu dir als dem Vater, dem Sohn und dem Heiligen Geist beten.

Erneuere in uns, Herr, mit der Kraft deines Geistes das Wissen darum, daß wir bei dir sind und du bei uns bist, und laß es uns ins Leben umsetzen.

Vater, laß uns jetzt in allen Banalitäten und Belanglosigkeiten des Alltags die Kraft der Gegenwart deines Sohnes, Jesus Christus, unseres Herrn, erfahren.«

HINHÖREN UND GEDULD

Man braucht viel waches Hinhören und viel Geduld, um zu der Gotteserkenntnis zu gelangen, die dem verheißen ist, der wahrhaft Jesus nachfolgt und nach dem Evangelium lebt. Hinhören und Geduld, denn der Herr ist geheimnisvoll, er wohnt in der Wolke, man erkennt ihn nur im Erleben und im Gebet.

Es stimmt, daß wir nie auslernen; oft sind wir ungeduldig und haben es eilig, auch im Streben nach der Erkenntnis Gottes und dessen, was er mit uns vorhat. Oder wir werden ungehalten, wenn es uns nicht gelingt, auf den ersten Blick klar zu sehen: »Warum passiert dies oder das? Was soll das bedeuten?«

Und es kommt zu Fehlgriffen, auch im geistlichen oder seelsorgerischen Bereich, oder man trifft Entscheidungen fürs Leben aufgrund übereilter Schlüsse, die man aus einem einzigen Vorkommnis oder einem einzigen Wort zieht. So bedarf es des Hinhörens und der Geduld, wenn man den Herrn erkennen will...

Eile ist Martas Sache; Jesus lobt aber Maria, die geduldig hinhört, die der Zeit ihren Lauf läßt und nicht sofort fragt, was sie tun soll. Sie verkörpert ein wenig die Welt des Ostens, während Marta die des Westens verkörpert, wo wir immer umgetrieben werden von Aktion, vom Erledigen, vom schnellen Erledigen und vom Drang, alles genau zu wissen.

Man muß sich im Hinhören üben, um das Gespür für Gott wiederzuerlangen, der sich nicht um den Preis von Kraftleistungen offenbart, sondern um den der Liebe, also in der Sanftmut, im Schweigen, im »sanften, leisen Säuseln« des Elija (vgl. 1 Kön 19,12). Gott selbst offenbart sich in diesem leichten Wind, der aus Geduld und Herzensdemut besteht.

SIE HABEN KEINEN WEIN MEHR

Bitten wir die Heilige Jungfrau, unsere Festtafeln im Auge zu behalten, die Festtafeln, die unsere Ortskirchen darstellen, die Kirche unseres Landes und die Weltkirche; und auch die Festtafel im Auge zu behalten, die aus unserer Gesellschaft besteht, unseren Blick dafür zu schärfen, was zur Neige geht, und uns die kontemplative Aufmerksamkeit beizubringen, mit der sie über die Festtafel der Hochzeit zu Kana gewacht hat.

Bitten wir Maria, uns davor zu bewahren, uns die Kleinkariertheit im persönlichen Bereich zu Herzen gehen zu lassen, uns aber mit der großen Tischgemeinschaft der Menschheit im Einklang schwingen zu lassen, wenn wir die Lage all derer registrieren und kommentieren, die keinen Wein, kein Brot und keine Freude mehr haben und nicht zum Festmahl geladen sind.

Jeder kann sich dann die Frage stellen: Bin ich so sehr in meiner eigenen Aufgabe, meiner Arbeit befangen, daß ich für das Leben meiner Gemeinschaft, der Liebe oder der Gesellschaft insgesamt nichts mehr übrig habe?

Habe ich mich so hartnäckig in meinen eigenen Aufgabenbereich verrannt, daß ich nicht mehr sehe, wie er sich ins Ganze einer reich gedeckten Tafel einfügen müßte, an der alle in Liebe und Freude Platz nehmen können? Bin ich so wenig kontemplativ, daß ich vor lauter Bäumen den Wald nicht mehr sehe?

»Ja, wir haben keinen Wein mehr, o Mutter!
Freude ist nicht mehr, wo immer wir lieben,
und gnadenlos ist unser aller Geschick,
auch die Feste kennen den Glauben nicht mehr!
Weil sie an die Stunde Christi geglaubt hat,
erweisen wir dir die Ehre, o Vater:
lösche du uns den Durst mit dem anderen Wein
deines Sohnes, dem Geiste, der uns berauscht!«

WARUM?

Die Krisen, die unser Glauben zu bestehen hat, gleichen denen, die Jesus, die Seinen, seine Umgebung, die Christen der Urgemeinde und alle durchgestanden haben, die ihm folgen.

So können sich im Hinblick auf unsere eigene Situation Fragen ergeben wie: Warum läßt Gott mich nicht besser werden? Warum bleiben wir nach all den Jahren asketischen Bemühens und pflichtgetreuen Einsatzes, des Gebetes und der Betrachtung immer dieselben, behaftet mit denselben kleinen Fehlern, denselben kleinen Schwierigkeiten, als ob wir immer noch am Anfang des geistlichen Lebens stünden? Warum hat Gottes Wort uns nicht umgestaltet?

Und wenn wir uns dann einmal umschauen, kann uns die Frage kommen: Warum verändert das Evangelium die Welt nicht? Warum bleibt mein Einsatz so wirkungslos? Warum zieht unsere Botschaft keine Hörer an? Warum findet sie bei den Menschen nicht gleich Widerhall, d. h., warum versteht man sie nicht sofort, so daß man sie sich zu eigen macht und in die Praxis umsetzt? Warum entspricht dem gut verkündeten Wort nicht gleich die Antwort der Menschen?

In besonderen, dramatischen Augenblicken unseres Lebens steigen dann weitere Fragen in uns auf: Welchen Sinn hat das Leiden? Welchen Sinn hat dieser frühe Tod, der jähe Abbruch eines so reich gesegneten seelsorgerischen Wirkens? Warum scheint Gott an Menschen auf dem Gipfel ihrer Schaffenskraft und ihrer Produktivität nichts zu liegen?

Das alles sind Situationen, in denen wir immer wieder sagen können: Warum muß es im Reich Gottes so zugehen; warum steht die Macht des Wortes in keinem direkten Verhältnis zu seiner Verwirklichung?

ALLES HAT SEINE ZEIT

Als seine Brüder ihm zusetzten, daß er zum Feste zieht und mit seinen Werken an die Öffentlichkeit tritt, sagen sie: »Niemand wirkt im Verborgenen, wenn er öffentlich bekannt sein möchte. Wenn du das tust, zeig dich der Welt!« (Joh 7,4). Und Jesus antwortet: »Meine Zeit ist noch nicht gekommen, für euch aber ist immer die rechte Zeit« (Joh 7,6).

In der Heilsgeschichte gibt es Zeiten, die Geduld und Abwarten fordern. Das sind die Zeiten des Wachsens. In diesem Text wird daher ausdrücklich die Ruhe Jesu, der abwartet – und in Nazaret jahrelang abwartet –, bis sich der von Gott gewollte Augenblick deutlich zeigt, der Hast dessen gegenübergestellt, der sofort etwas tun will. Hier können wir wirklich sehen, wie notwendig die Zeit des Wachsens ist, die einfach zum Menschsein gehört; hat doch jedes Ding seine Zeit.

Welchen Wert die Zeit hat, lehrt uns Jesus mit dem Hinweis auf den »Augenblick« Gottes, der noch nicht gekommen ist, der aber allmählich kommt und sich zu seiner Zeit zeigen wird.

Das ist eine Lehre, die mit großer Vorsicht zu genießen ist, da sie uns nicht zur Untätigkeit verleiten darf: sie muß uns den rechten Blick für die Zeiten im geistlichen Leben, die Zeiten im Leben der Kirche und in unserem eigenen Leben geben...

Das Tempo des Wachstums und des Voranschreitens ist auf dem Weg zum Heil sehr unterschiedlich. Der eine begreift gewisse Dinge auf der Stelle, der andere braucht Jahre, Jahrzehnte oder gar ein ganzes Leben dazu.

In all dem liegt eine seltsame Weisheit, die uns auch wie Fatalismus vorkommen könnte; doch muß die Tatsache, daß Jesus diese allmählichen Reifungsprozesse gelebt und bejaht hat, uns zu denken geben: Jedes Ding zu seiner Zeit!

KLEIN WIE DAS SENFKORN

Die Apostel, die sich um Jesus geschart haben, sehen auf einmal, daß ihre Schar klein bleibt und nicht wächst, daß viele Menschen den Meister nicht ernst nehmen. Und Jesus beantwortet ihre unausgesprochenen Fragen mit dem Gleichnis vom Senfkorn, dem kleinsten aller Samenkörner. Fürchtet euch nicht, sagte er, das Reich Gottes fängt klein an.

Verlangt nicht wer weiß wie große Erfolge; gebt den Dingen Zeit, sich allmählich zu entwickeln: dann werden kleinste Samenkörner und unsichtbare Anfänge zum großen Erfolg führen, zum Reich Gottes.

Im Grunde fordert Jesus von den Aposteln eine Blankovollmacht, absolutes Vertrauen in seine Person: Folgt mir nach! Ihr seht, es steht nicht gut; ihr habt von einem Meister geträumt, der die Massen in seinen Bann zieht, und merkt nun, daß ich das nicht bin. Das liegt nicht an mir, sondern daran, daß das Reich ein Angebot von Person zu Person darstellt. Aber Gottes Reich ist Gottes Macht, und daher ist seine Entwicklung nicht aufzuhalten. Aus wenig wird Gott viel machen; aus dem Allerkleinsten wird Unermeßliches entstehen.

Jesus lehrt die Seinen – und die Urkirche gibt diese Lehre an die Taufschüler weiter –, die Augen vor dem zu schließen, was nur, weil man es sieht, wirklich zu sein scheint, und auf das zu richten, was ist, nämlich auf die geheimnisvolle Wirklichkeit des Gottesreiches, dessen Früchte in der Stille reifen, während wir es nicht bemerken. Es trägt Frucht zur rechten Zeit.

BEDRÄNGNISSE UND VERFOLGUNG

Verfolgung entmutigt, enttäuscht, verängstigt und schwächt. Eine Zumutung scheint daher das Wort des Apostels: »Durch viele Drangsale müssen wir in das Reich Gottes gelangen« (Apg 14,21). Die Christen, die Paulus zuhören, haben es gewiß verstanden, sie waren in der geistlichen Lesung des Alten Testaments geübt und wußten deswegen, daß dieses »Müssen« eine geheimnisvolle Erfüllung des göttlichen Plans besagt.

In der kontemplativen Sicht des Paulus und des Barnabas werden die vielen Bedrängnisse und die Verfolgung als etwas aufgefaßt, das zum Heilsplan gehört. Auf diesem Weg tritt man in das Mysterium des Sich-Gott-Anvertrauens, Sich-auf-Gott-Verlassens ein...

Wer den griechischen Text genau prüft, wird inne, daß die Apostelgeschichte manchmal wortgetreu das wieder aufnimmt, was Christus den Emmausjüngern von sich gesagt hat: »Mußte nicht der Messias all das erleiden, um so in seine Herrlichkeit zu gelangen?« (Lk 24,26).

Darin ist dem Kern nach das ganze Heilsmysterium des Evangeliums enthalten, das wir mit unseren Worten nie erschöpfend wiedergeben können.

Wir erahnen jedoch zwei Dinge:

– Die Macht Gottes nimmt auch das negative Zeichen der Bedrängnis der Kirche und des Widerstandes gegen das Evangelium in seinen liebenden Heilsplan hinein.

– Dies geschieht, insofern die Kirche sich mit ihrem Herrn identifiziert und dessen Züge in der Geschichte reproduziert.

Die Kirche trägt das Antlitz Christi, auch das Leidensantlitz: das angespieene, zurückgewiesene, verdrängte, gefolterte Antlitz Christi. Auch dies ist Entwurf der Kirche; selbst das mit Füßen getretene Gotteswort wird durch die Kraft Gottes zu einer Proklamation der Liebe des Vaters in Christus. Auch die verfolgte Kirche ist Frohbotschaft, strahlt Herrlichkeit Gottes aus.

MIT EINEM GEIST, DER LOBEN KANN

Wenn wir bedenken, daß loben auch weinen und herzzerreißenden Schmerz empfinden können besagt, dann wird uns auch wieder geläufig, daß das Lob in uns das Empfinden für den tiefsten Wert der Dinge weckt. Es ist uns Anlaß, ihren Verlust zutiefst zu beweinen, Anlaß, verpaßte Gelegenheiten zu beweinen, sinnlose Kriege zu beweinen, grundlos unter falschem Vorwand vergossenes Blut zu beweinen, zu weinen, weil Gewalt die Welt mit Blut tränkt, Konflikte zu beweinen, die vermeidbar gewesen wären, zu weinen und in Zorn zu geraten.

Auf dem Hintergrund dieses Lobes, das uns wahrhaft mit den Dingen konfrontiert, wollen wir weinen und zürnen, nicht in zerstörerischer Wut, die doch zu nichts führt, sondern weinen und zürnen in einer Haltung, die der Haltung Jesu gleicht. Das Böse wollen wir an der Wurzel pakken und imstande sein, wiederaufzubauen, uns unter Opfern einzusetzen, uns Werken der Nächstenliebe und der Fürsorge zu widmen und uns sozial und politisch einzusetzen...

Wie soll ich meinen Wunsch, zu loben, in die Tat umsetzen? Das kann ganz einfach geschehen. Ich habe dieser Tage eine Gruppe spastisch gelähmter Jungen besucht, denen ich die Firmung spende. Don Luigi Monza, ein vor ein paar Jahrzehnten verstorbener Priester aus Lecco von schlichter, aber sehr tiefer Spiritualität, hat ein Liebeswerk zur Betreuung dieser jungen Menschen gegründet.

In seinen Schriften steht ein Satz, der mich sehr getroffen hat: »Ein *Lächeln* kann schon inneres Unbehagen verbergen.« Ein Lächeln, das ein inneres Unbehagen verbirgt und behebt, ist Zeichen eines Geistes, der loben kann, der Gott so loben kann, daß er hinter sich läßt, was wir im Inneren vielleicht empfinden, um anderen zur Erkentnis der tiefsten Wurzeln unserer Fähigkeit zu lächeln zu verhelfen und ihnen Güte und Aufmerksamkeit zu erweisen.

GOTT UNSERER GESCHICHTE

Der Evangelist Lukas sucht zu zeigen, daß sich die Heilsbotschaft in den allgemeinen Rahmen des göttlichen Heilsplans einfügt und daß durch sie Gott selbst in die Geschichte eingefügt ist. Im Licht dieses Gedankens zeigt sich, daß die Geschichte, die wir erleben, ein Moment des allgemeinen Heilsplans Gottes für die Menschheit ist. Damit erhält sie einen Sinn, eine tiefe Bedeutung: Gott steht nicht außerhalb unserer Geschichtszeit, sondern durch die Heilsbotschaft holt er uns ein, steht er mit uns in Verbindung und gibt auch den Bedrängnissen, die wir durchmachen, einen Sinn.

Diese Idee ist Lukas wichtig. In der Apostelgeschichte läßt er Paulus von einer Christengemeinde zur anderen gehen und sagen, man müsse durch viele Bedrängnisse hindurch in das Reich Gottes eintreten. Im Licht der Verkündigung erscheinen diese Bedrängnisse als Teil des göttlichen Heilsplans, was jener Lieblingsgedanke von Lukas ist. Um ihn zu verdeutlichen, will ich eine Stelle aus dem Brief einer Ordensschwester anführen. Diese macht eine schwere Prüfung durch, denn das soziale Liebeswerk, dem sie sich mit allen Kräften hingegeben hatte, ist zerstört worden.

Die Schwester schreibt: »Gott, den ich als Schöpfer so sehr geliebt habe, erscheint mir nun als Eindringling in unsere menschliche Geschichte. Welchen Sinn haben die Widersprüche, die Ungereimtheiten dieser menschlichen Geschichte; was hat Gott damit zu tun?«

Auf eben dieses Problem will Lukas eine Antwort geben: Gott steht nicht außerhalb unserer Geschichte, auch wenn die Geschichte, wie wir sie erleben, voller Ungereimtheiten und Ärgernisse ist und wir vieles nicht in ein Ganzes einordnen können. Das Verkündigungswort ermöglicht uns, diese Geschichte anzunehmen und zu sehen, wie all dies zu einem göttlichen Heilsplan gehört.

WAS BLEIBT

Was hat uns zu Beginn unseres entschiedenen Lebens für Christus eingefordert? Wahrscheinlich haben wir unsere Wahl aus tiefen und echten Beweggründen getroffen. Aber sicher auch aus anderen Gründen: weil wir zum Teil den Einflüssen unserer Umgebung ausgesetzt waren, weil Menschen uns geschoben, uns geholfen und uns gefördert haben. Eine Zeitlang kann auch all dies von positiver Bedeutung sein, aber dann kommt der entscheidende Augenblick der Reife, in dem einzig die persönliche Erfahrung mit Christus uns weiterführen kann.

Das gilt auch für unsere ganze Erfahrung im Gebet und Alltagsleben. Oft beten wir gut, weil wir ein gutes Buch über das Gebet gelesen haben, das uns begeistert hat, so daß wir zwei, drei Monate von dieser Begeisterung zehren. Oder wir haben ein Buch über das Ordensleben oder die Einsatzfreude für das Apostolat gelesen, und es kommt uns vor, als besäßen wir all die dort gepriesenen Gaben. Aber wenn alles ausgereift ist, zeigt sich, daß das, was wir bei andern gesehen oder von anderen loben hören haben, nicht von Dauer ist. Oder besser: Von Dauer ist das, was wir uns selbst erworben haben – »Kommt, und ihr werdet sehen« –, das, was wir selbst ausprobiert haben.

Beten wir, daß wir durch Gottes Gabe dazu kommen, die Seligkeit des »bei ihm Bleibens« zu verkosten, praktisch zu erfahren, so daß sie für uns zum Besitz wird, den wir froh und mühelos andern weiterreichen können.

»Herr Jesus, hilf uns, daß wir uns jeden Tag aufs neue auf den Weg des Glaubens begeben. Auf deinen Weg des Kreuzes. Wir glauben an dich und an die Kraft deines Blutes. In deine Liebe möchten wir eintauchen, deine Schönheit möchten wir schauen. Gib uns deinen Geist, damit er uns diese Liebe lehre.«

DAS REICH IST DA

Man muß unbedingt die Augen auftun, um zu erkennen, daß *das Reich da* ist, obgleich ihm die große Macht und Herrlichkeit abgehen, die das Geheimnis Gottes nach unseren Vorstellungen besitzen müßte.

Hier zeigt sich schon das Ärgernis des Kreuzes: Die Leute, die es schwer haben, das kleine Samenkorn zu verstehen, werden es noch schwerer haben, sich damit abzufinden, daß das Reich auf dem Weg des Kreuzes kommt! Gott wird Mensch in der Demut des Sohnes und in der Unscheinbarkeit des Alltagslebens, und man erkennt ihn nicht an.

Es kommt darauf an zu erfassen, was nicht in Erscheinung tritt, aber doch wirklich vorhanden ist. Das Reich ist da, es beginnt irgendwie zu treiben wie das kleine Samenkorn, und nichts kann es aufhalten; es wird überreiche Frucht bringen, hundertfache, wenn wir es nicht zurückdrängen oder uns ihm widersetzen. Jesus will mit lauter Stimme verkünden, daß das Reich da ist und man dem Evangelium glauben, es im Glauben annehmen muß. »Glaubt dem Evangelium, das Gottesreich ist nahe.«

All das gilt auch für unsere christliche Lebenspraxis. Manchmal fragen wir uns: Wann läßt mich denn der Herr zur Bekehrung kommen? Wann schenkt er mir diese Gnade? Wann werde ich seine Gegenwart in meinem Leben erfahren? Wann? *Jetzt*. Das Reich Gottes ist da, und wenn du es draußen suchst, findest du es nicht, denn im Glauben wird dir das Heil geschenkt, und du darfst nichts anderes erwarten.

Man kann auch noch anders zum Ausdruck bringen, wie ernst es um uns steht: Ihr lauft Gefahr, das Wesentliche zu verlieren, wenn ihr dauernd nach etwas Nebensächlichem ausschaut. Wer das Reich im Glauben aufnimmt, besitzt es schon, denn der Glaube ist die Wurzel der Heiligkeit, der Freiheit, der Rechtfertigung, der Liebe und der Vergebung.

ER IST BEI UNS

Das letzte Wort des Matthäusevangeliums: »Ich bin bei euch« (28,20) bildet eine Parallele zu Immanuel in 1,23: »Gott mit uns« ...

Gott bildet die Gemeinde derer, die er liebt, die er nicht im Stich lassen, nicht vergessen kann, denn er hat jedem den Taufnamen des Heils gegeben. Er ist ihnen stets nahe, denn sie versammeln sich zur Gemeinschaft der Erlösten.

Jesus in unserer Mitte ist die Gegenwart Gottes, die uns vereint, die uns zu einem Volk macht. Durch das Wirken derer, die Jünger gewinnen, vereint sie das Gottesvolk von den Enden der Erde her aus allen Völkern, allen menschlichen Verhältnissen zu einer Gesellschaft, in der gerechte, richtige menschliche Beziehungen, lebendige Freundschaft herrschen, in der man fähig ist, einander zu kennen und zu lieben. Dieses Reich hat den Herrn Jesus zum Zentrum. Ihm ist alle Macht gegeben im Himmel und auf Erden, und er allein vermag solche Dinge zu tun.

Bitten wir den Herrn, unseren Herzen die Angst zu nehmen, auch die Angst vor der Zukunft, denn er ist bei uns.

»Fürchte dich nicht, denn ich bin bei dir!« Lassen wir ihn diese Worte zu uns wiederholen und beten wir:
»Wir danken dir, Herr, weil du bei uns bist und bei uns sein wirst.

Wir danken dir, daß du bei uns bist in unserem Beten und in unserem Singen und bei uns warst, als wir einander behilflich waren.

Wir danken dir, Herr, weil du auch morgen bei uns sein wirst, übermorgen und immer. Es wird keinen Tag geben, an dem du nicht bei uns sein wirst. Laß uns, Herr, von dir diese Gewißheit entgegennehmen, die zwar unsere Ängste nicht vollständig behebt, aber unser Herz innerlich ändert.

Wir danken dir, Herr, Gott unser Vater, du gibst uns durch den Tod und die Auferstehung Jesu den Geist, der uns diese Gewißheit ins Herz legt.«

SEID WACHSAM!

»Seid wachsam!« (Apg 20,31) besagt: wach sein wie jemand, der gut geschlafen hat. Der Ausdruck kommt im Neuen Testament oft vor. Es gibt das Wachen der Angst..., der Furcht..., das Wachen der Braut, die den Bräutigam erwartet, das Wachen des Verlangens: »Komm, Herr Jesus!«, ... schließlich das Wachen der Freundschaft, zu dem Jesus seine Apostel auffordert.

»Herr Jesus, heute wollen wir auf das Wort hören, das du durch deinen Apostel zu jedem von uns sagst: ›Seid wachsam!‹ Laß uns die Wachsamkeit einüben, um uns nicht von Gefühlen und Phantasien überraschen, nicht von Oberflächlichkeit und Müdigkeit aus dem Gleis bringen zu lassen.

Mach, daß wir nicht deinen Vorwurf verdienen: ›Konntet ihr nicht einmal einen Tag mit mir wachen?!‹ (vgl. Mt 26,40). Du, Herr, wachst in Agonie bis zum Ende der Welt, und du wachst in deiner Kirche. Mach, daß wir uns in Wachsamkeit mit denen vereinigen, die im Gefängnis sind, vor allem mit denen, die es um des Glaubens willen sind.

Mach, daß wir uns mit dem Wachen der vielen vereinigen, die an unheilbaren Krankheiten leiden und vielleicht Mühe haben, nicht der Verzweiflung anheimzufallen. Mach, daß wir uns mit dem Wachen derer vereinigen, die Hunger und Durst haben nach Nahrung, Gerechtigkeit, Würde.

Nimm unsere schlichte Hingabe an! In Vereinigung mit deinem Wachen auf Getsemani und mit deinem Kreuz bringen wir sie dir dar für das Heil aller Menschen, die uns teuer und uns von dir anvertraut worden sind. Du, der du lebst und herrschest und beim Vater für uns eintrittst in alle Ewigkeit.«

ER ERWARTET UNS

Die Botschaft, die Jesus Magdalena anvertraut, erscheint mir sehr wichtig: »Ich gehe hinauf zu meinem Vater und zu eurem Vater« (Joh 20,17). Hier bietet sich eine Synthese des ganzen Johannesevangeliums!

»Ich gehe hinauf«, das heißt, »meine Aufgabe ist jetzt erfüllt; ich bin bei euch gewesen, ich bleibe in eurer Mitte in den Gegenwartsformen, die ich mit meinem Leben verdeutlicht habe, und kehre zum Vater zurück, um für euch einen Platz vorzubereiten und euch demnach den Sinn dessen zu zeigen, was euch erwartet.«

Das »Ich gehe hinauf« Jesu ist auch eine Einladung an uns, an das zu denken, was uns erwartet. Wenn man auch zu gewissen Zeiten der Kirchengeschichte mehr an das ewige Leben denkt und zu anderen vielleicht weniger, so bleibt die Tatsache doch bestehen: Der Tod bleibt immer für alle gleich. Ausschlaggebend bleibt immer die Enderwartung, mag sie im Vordergrund unseres Bewußtseins stehen oder bisweilen in eine seiner tieferen Schichten verwiesen werden.

Der Herr erwartet uns, und wir sollen immer bei ihm sein mit der ganzen von ihm erlösten Wirklichkeit. Darin liegt der Hauptanhalts- und Orientierungspunkt für unser Leben, ohne den unser Leben planlos wäre und ohne seinen eigentlichen Sinn.

»Wir möchten dir begegnen, aber du bist es, Herr, der diese Begegnung in die Hand nimmt. Gib dich zu erkennen, Herr, als der, in dessen Hand die Initiative meines Lebens liegt. Gib, Herr, daß ich dieses Geheimnis nicht herabziehe ins Alltägliche, daß ich nicht bei den Dingen, die ich glaube vorbereitet zu haben, stehenbleibe, mich auf sie versteife, sondern daß ich verfügbar, frei sei für dein Wort.«

DIE FÜLLE DES HEILS

Die ganze Geschichte ist »gesandt«, da sie ihre letzte Erfüllung in Christus findet, der um des Menschen willen vom Vater gesandt worden ist, in Christus, der die ganze Menschheit ihrem Ziel zuführt, der Fülle des Heils.

Der Sendungsgeist verlangt eine klare und engagierte Ausrichtung auf die Eschatologie, die uns oft ein wenig fern liegt. Auf der Römischen Bischofssynode wurde mehrmals gesagt, man predige heute nur selten das ewige Leben. Im Gegensatz zu früher, als die Predigten immer mit dem Hinweis auf das Paradies und das ewige Leben schlossen, läuft heute der Schluß fast immer auf die Gemeinde und auf den Weg hinaus, den die Gemeinde gehen muß.

Ich glaube, es ist wichtig, den Zusammenhang dieser beiden Größen im Auge zu behalten: Der Hinweis auf das ewige Leben darf keinen allzu großen Purzelbaum schlagen und die unmittelbare Wirklichkeit überspringen; doch der Appell an die Gemeinde, an ihre Fähigkeiten, ihre Verantwortung in der Gesellschaft und in der Zeit ist nur dann ganz wirklichkeitserfüllt, wenn er in Zusammenhang mit der Spannung gebracht wird, die sich der Vollendung des Gottesreiches entgegenstreckt, deren Vorzeichen die Gemeinde schon in beträchtlichem Ausmaß feststellen kann.

Bitten wir den Heiligen Geist darum, uns den Blick dafür zu geben, daß alles Menschliche und die tiefste Wirklichkeit im Menschen dem Reich Gottes entgegenstreben, dem zu dienen wir berufen sind.

FRAGEN UND BETEN

Zwei Übungen sind zu halten: eine Übung des Fragens und eine Übung des Betens.

Die Übung des Fragens besteht in zwei sehr einfachen Fragen, welche die Aufmerksamkeit auf den jetzigen Moment richten:

– Nach was verlange ich? Was liegt mir in diesem Moment am meisten am Herzen?

– Vor was habe ich Angst? Was könnte mich verwirren, zerstreuen? Gibt es in meinem Leben etwas, was mir wie ein Stein auf der Brust liegt?

Fragen freien Lauf zu lassen, ist sehr befreiend, denn das klärt und bereitet zum Beten vor. Dies setzt voraus, daß das Herz von Versklavungen und Befürchtungen frei ist und sich gute Wünsche zu eigen macht.

Die zweite Übung ist das Beten. Das Gebet, das ich vorschlage, könnte lauten: »Herr, wozu rufst du mich? Was willst du von mir getan haben, was willst du von meinem Leben? Herr, wie kann ich mit meinem Leben zu deinem Werk, zu deinem Reich beitragen?«

»Herr Jesus, du kennst uns. Du kennst unser Inneres. Du siehst die Sorgen und Ängste, die das tägliche Leben, der Kontakt mit den Menschen, den Problemen und Situationen bei jedem von uns hervorbringt.

Laß uns, Herr, uns selbst so kennen, wie du uns kennst und durchschaust. Laß uns von deinem Wort her uns selbst erkennen, den Wurzelgrund unserer Sorgen und auch die Nichtigkeit vieler unserer Besorgnisse. Mach, daß wir uns von deinem Wort erkannt und erklärt fühlen, damit wir uns auch von dir geliebt und von deiner Wahrheit umgestaltet verspüren, die für uns Heil und Erbarmen ist.«

NICHT ZU WICHTIG

Denken wir darüber nach, wie Paulus wiederum sein apostolisches Bewußtsein bekräftigt: »Ich will mit keinem Wort mein Leben wichtig nehmen...« (Apg 20,24). Das liegt in der Linie dessen, was er schon gesagt hatte: »dem Herrn als Sklave dienen« und »durch den Geist gebunden sein«.

Niemand kann ernstlich behaupten, er lege auf sein Leben kein Gewicht. Somit handelt es sich um eine ironische Unterbewertung, welche die Engländer als »understatement« bezeichnen würden. Im Satz liegt unausgesprochen etwas anderes; er besagt, daß der Apostel sein Leben so sehr an etwas Höheres gebunden hat, daß er bereit ist, es aufs Spiel zu setzen.

Kürzlich hat mir jemand anvertraut, er leide an einem unheilbaren Übel. Zum Schluß sagte er sehr gelassen: »Aber ich schlafe dennoch«, womit er nicht behaupten wollte, es mache ihm nichts aus, aber der Glaube an Gott besiegte jede Beunruhigung.

Ein wenig ironisch sagt also Paulus, wie äußerst ernst seine Hingabe ist und daß er gern sein Leben hingibt in der Treue zum Dienst, »der mir vom Herrn Jesus anvertraut worden ist«. Er will »den Lauf vollenden«.

Wie das Pascha Christi das Leben des Paulus angerührt und in ihm das Verlangen, den Eifer, die Leidenschaft des Dienens geweckt hat, so rührt es heute unser Leben an und weckt Eifer, Wünsche, Dienstbereitschaft, die uns von unserer Unbeständigkeit und unserer Sünde befreien.

»Herr Jesus, erfülle unser Herz mit dir! Reiß aus unserem Herzen die Ängste und das Bedürfmis, eine Rolle zu haben. Gib uns die Freiheit, dir in Demut zu dienen im Wissen, daß wir in jedem kleinen Dienst sinnbildlich Jerusalem, die Stätte deines Kreuzes und deiner Auferstehung erreichen und die Kirche, die auf der ganzen Welt verbreitet ist.«

AUS DEM TOD INS LEBEN

»Wer mein Wort hört und dem glaubt, der mich gesandt hat, hat das ewige Leben; er kommt nicht ins Gericht, sondern ist aus dem Tod ins Leben hinübergegangen« (Joh 5,24).

Was ist also der Zustand »Tod«? Er ist der Zustand dessen, der das Wort Jesu nicht hört und sein Leben nicht an der Gegenwart des fleischgewordenen Wortes unter uns ausrichtet und so ein nicht authentisches Dasein führt, das versklavt und in sich gespalten ist. Was uns aus dem Tod ins Leben hinübergehen läßt, ist das gläubige Hören auf Jesu Wort.

Johannes scheint also aufs neue zu sagen, und zwar noch radikaler: In dem Maß, in dem Jesu Wort nicht die Seele unseres Lebens ist, sind wir in der Finsternis, in der Lüge, in der Knechtschaft, im Tod. Allein Jesu Wort vermag uns aus dieser Lage zu befreien, nicht wir selbst aus eigener Kraft. Denn wollten wir es versuchen, es selbst zu schaffen, fielen wir in eine neue Form trügerischen Scheins, die immer noch Finsternis, Lüge, Knechtschaft und Tod bedeutet.

Nur einer kommt uns hier zu Hilfe, unverhofft und aus freien Stücken, als Freund, und ergreift die Initiative: Es ist Gottes menschgewordenes Wort, das sich uns freundlich naht, um uns zu helfen, uns aufzurichten, uns zu reinigen. Er ergreift uns da, wo wir sind – uns und das wenige, das wir ihm in diesem Augenblick geben können –, und wandelt uns in überströmender, königlicher Weise um. Wir sind aufgerufen, uns seiner Macht anzuvertrauen, uns von ihm anrufen, zurückrufen und umwandeln zu lassen.

DAS GEHEIMNIS DER GEHEIMNISSE

Es bestand kein Grund, Jesus sterben zu lassen. Wie es dann in einem Chaos von Leidenschaften, Irrtümern, Ausflüchten und Ängsten doch so schnell dazu gekommen sein soll, bringt jeden in Verlegenheit, der sich an einen Bericht darüber wagt.

Für die Urkirche ist es eine schwierige Frage: Was ist schon an einem Tod gelegen?

Alle, die, aus welchem Grund auch immer, ein wenig mit dem Geheimnis des Todes vertraut sind, wissen, wie angesichts seiner Wirklichkeit jegliche Rhetorik sogleich verstummt. Nichts ist so wenig menschlich wie der Tod. Im Sterben nimmt ein Mensch gewöhnlich einen nichtssagenden und unbeholfenen oder vielleicht auch einen gequälten und ungläubigen Ausdruck an. Es gibt keine Situation, in der der Mensch weniger er selbst ist als im Augenblick seines Todes.

Schon weil er eine Wirklichkeit ist, in der man nur schwer einen Sinn sehen kann, ist der Tod für den Menschen zu seinen Lebzeiten ein Un-Sinn. Im Tod stellt sich dem Menschen etwas Unverständliches dar, etwas, das nicht sein dürfte.

So ist denn die Vorstellung, daß Jesus Christus, unser Herr, es mit dieser Wirklichkeit, mit dem, was für das Leben keinen Sinn darstellt, aufgenommen hat, tatsächlich das Geheimnis der Geheimnisse. Wie Jesus, der doch selbst das Leben ist, sich ganz auf all das habe zurückziehen können, worin sich der Verfall des Menschen im Tode immer äußert, ist unerklärlich.

ICH WILL LEBEN!

Betrachten wir einen wichtigen Gedanken aus dem Hebräerbrief: »Da nun die Kinder Fleisch und Blut gemeinsam haben, so hat auch er in gleicher Weise daran teilgenommen, damit er durch den Tod jenen vernichte, der die Gewalt des Todes hat, das heißt den Teufel, und alle die erlöse, die durch die Todesfurcht ihr ganzes Leben lang in Knechtschaft gehalten wurden.« (2,14f).

Nach dem Hebräerbrief ist die Sünde die Frucht unserer Versklavung durch den Pharao, die Frucht der Konditionierungen, in denen der Pharao uns gefangenhält. Warum sind wir diesen Konditionierungen verfallen? Weil wir Angst haben vor dem Tod.

Im Grunde ist jede Sünde eine Form der Todesfurcht, eine Form krankhaften Festhaltens am Besitz, von dem wir uns nicht lösen wollen, weil er das Zeichen des Lebens ist. Und wenn wir ihn loslassen, scheint es uns, als bekämen wir das Zeichen des Todes in unsere Hände.

Darum ist alles Besitzen, Genießen, Ausnützen, aller hemmungslose sexuelle Genuß, aller Reichtum, die Ausbeutung der anderen, kurz alles, woran wir uns auf irgendeine Weise in krankhafter und besitzerischer Anhänglichkeit anklammern, ein einziger Schrei: Ich will nicht sterben! Ich will mir die Sicherheit verschaffen, daß ich nicht sterbe, daß ich lebe.

Aber wie der Brief an die Hebräer sagt, befreit uns Jesus dadurch, daß er als erster durch den Tod gegangen ist, von der Todesfurcht. Er macht uns also frei von allen Formen der Tyrannei, die uns unterjocht.

VOLLENDUNG

Simeon erlebt schon vorweg die Vollendung, die Maria in ihrer Gottesmutterschaft mit ihrem »fiat« bringt. Und er sagt: Dein Wort, Herr, hat mich ganz erfüllt, und jetzt bin ich für immer bei dir; für mich gibt es weder Tod noch Leben mehr, die ganze Vergangenheit war die Vorbereitung auf diesen Augenblick (vgl. Lk 2,25–32).

Der Tod ist die Vollendung des Lebens; es sind die »Geburtswehen«, durch die sich das volle Leben ankündigt. In ihnen schließt sich unser »Ja« im Einklang mit dem »Ja«, das Maria unter dem Kreuz spricht, dem »Ja« Jesu dem Vater gegenüber an: »Vater, in deine Hände lege ich meinen Geist« (Lk 23,46).

Wir sterben täglich irgendwie den Dingen, der Eitelkeit, der Weltlichkeit, der Fleischeslust und der Sinnlichkeit.

Wenn wir gemäß der Aufforderung des heiligen Paulus: »Gleicht euch nicht dieser Welt an« (Röm 12,2) das geistliche Opfer leben, sterben wir täglich und wachsen im gleichen Maße zur Fülle des wahren Lebens heran.

Maria möge uns also nahe sein auf diesem Weg, der im Tode gipfelt! Wir wissen, daß es für den Menschen schwer, ja sogar unmöglich ist, so den Tod zu leben, weil in jedem von uns die Angst, der Schrecken und die Abscheu vor allem sitzen, was dem Tod vorausgeht oder ihn vorwegnimmt, wie Krankheit, Mißerfolg, Einsamkeit und körperliche Behinderung.

Deshalb beten wir um die Gnade neuer Augen und eines neuen Herzens, damit wir »der Stunde unseres Todes« entgegensehen können vom »fiat« Mariä bis zum »Nunc dimittis« Simeons und schließlich bis zum Worte Jesu: »Vater, in deine Hände lege ich meinen Geist« (Lk 23,46).

KEIN FLUCHTWEG

Wir sind gewöhnt, den Tod mit der Auferstehung zusammen zu sehen. Aber mit dem Tod, wie ihn jeder von uns erlebt, wenn er einmal vor ihm steht, verhält es sich so: Der menschliche Organismus, das menschliche Sein, erlebt den Tod als etwas, das nicht sein darf, als etwas, gegen das sich unser ganzes Wesen aufbäumt und für das wir keine Lösung, keinen Ausweg sehen. Denn die Auferstehung ist nicht ein Fluchtweg aus dem Tod, sondern sie ist die Kraft Gottes, die sich in dem auswirkt, der in den Tod ganz eingegangen ist.

Die Auferstehung Jesu setzt voraus, daß Jesus vollkommen in den Tod eingegangen ist und wie jeder beliebige von uns die Vernichtung, die der Tod bedeutet, angenommen hat, das Ende von allem, das Ende aller Träume, aller Hoffnungen, aller Freundschaften, der Möglichkeit zu leben.

Ich glaube, jeder von uns erfährt den Tod in seinem psychischen Sein so, auch wenn er ihn in Glauben, Hoffnung und Liebe erlebt. Das pneumatische Dasein des Geistes gibt uns die Hoffnung. Aber in unserem psychischen Sein erfahren wir das offensichtliche Ende. Jesus hat es auf sich genommen, daß die Evidenz des Endes an ihm offenkundig werde, er hat also seinen Tod als wahren Tod erlebt, nicht als einen Übergang, sondern als Ende, als Zerstörung, als Vernichtung des Lebens. Und das auch deshalb, weil Jesus der erste unter den Toten ist, jener, der für uns als erster in den Tod eingegangen ist, damit wir die Angst vor dem Tod besiegen können.

Der Tod Jesu ist ein wirklicher Tod und, insofern er Tod ist, trostlos. Aber der Glaube kündet uns, daß Jesus, der sich im Vertrauen auf das Wort des Vaters in diesen Tod hineingestürzt hat, in der Herrlichkeit lebt.

JETZT UND IN DER STUNDE UNSERES TODES

Was mich betrifft, so habe ich den Eindruck, im Angesicht einer wirklichen oder auch nur einer eingebildeten, aber als wirklich empfundenen Möglichkeit des Todes wird sich in mir alles gegen diese Aussicht auflehnen, und zwar so heftig, daß ich sie, wie ich mir klar bewußt bin, nur in der Kraft des Glaubens, der Hoffnung und der Liebe werde akzeptieren können, ohne zu verzweifeln. Und ich sehe wohl, daß ich diese Hoffnung nicht einplanen kann, gerade weil es sich um eine Grenzsituation handelt, die sich nicht im voraus abschätzen läßt, auf die man sich in keiner Weise vorbereiten kann, da sie eben einzigartig ist.

Wir können sagen: Ich kann meinen heutigen Tag programmieren. Ich hoffe, ich werde weder den Glauben noch den Kopf verlieren, denn ich habe mehr oder weniger vorausgesehen, was mir heute passieren wird. Aber wenn meine Situation sich unversehens ändert und ich mit einem tragischen, plötzlichen, unvorhergesehenen, nicht gewollten Tod konfrontiert bin, dann kann der ganze Sturm von Zorn und Verzweiflung in mir losbrechen und mich in Gefahr bringen, überwältigt zu werden. Dann können mir nur die Gnade Gottes und seine Barmherzigkeit, seine Kraft, der Tod Jesu für mich Beistand sein.

Darum verstehe ich, warum die Kirche froh ist, wenn wir viele Male am Tag sprechen: »Bitte für uns jetzt und in der Stunde unseres Todes«, handelt es sich doch wirklich um die entscheidende Stunde.

Man kann über den Tod viel reden. Wie wir aber wissen, nützt das nichts, denn der Tod ist etwas anderes als das, worüber man spricht. In diesem Augenblick können uns nur das Gebet und die Gnade Gottes nahe sein, das Gebet: »Und nach diesem Elend zeige uns Jesus, die gebenedeite Frucht deines Leibes!«, »Hilf uns in der Stunde unseres Todes!«

DAS SEUFZEN DER SCHÖPFUNG

»Denn die ganze Schöpfung wartet sehnsüchtig auf das Offenbarwerden der Söhne Gottes... und bis zum heutigen Tag seufzt sie und liegt in Geburtswehen« (vgl. Röm 8,19–22).

Das ist ein großartiges Bild zur Beschreibung der Dynamik der Menschheitsgeschichte: sie ist ganz Seufzen, wie in unermeßlichen Geburtswehen.

Die ganze Welt ist im Seufzen vereint, überkommen von starken Wehen. Die Menschheit, die Geschichte, die Schöpfung sehnen sich mit unendlichem Verlangen nach etwas anderem und lechzen mit Macht danach. Dieser Schrei nach Freiheit im Herzen der Welt kann sich allerdings nicht deutlich artikulieren und wird trotz der Tiefe, der er sich entringt, nur zum Seufzen.

Beachten wir, wie schön das zum Ausdruck gebracht wird: »... die gesamte Schöpfung seufzt bis zum heutigen Tag und liegt in Geburtswehen.« Befindet sie sich doch in einem Augenblick, in dem durch Schmerz und Leid hindurch das Leben zutage treten will.

Wir alle wissen, wie gut sich die Geburtswehen, die ein neues Leben einleiten, als Bild zum Verständnis auch der innersten Not eines Menschen eignen, indem sie ihr einen Sinn geben.

Das Seufzen drückt das Bedürfnis nach Sinn, den Willen zur tiefen Sinnhaftigkeit der Verhältnisse aus. Die Menschheit seufzt also, weil sie um jeden Preis nach der Befreiung vom inhaltslosen Leben und aus der Versklavung an die Götzen – Rauschgift, Raub, Gewalt aller Art, Hunger, Abtreibung, Ausbeutung – verlangt.

Und der Christ ist als solcher aufgerufen, das Seufzen der Schöpfung zu vernehmen und ihm Gehör zu schenken, zumal es sich häufig nicht mit lautem Geschrei bemerkbar macht und man es daher so erhaschen muß, wie etwa eine Krankenschwester nachts merkt, daß der Patient stöhnt, der zum Rufen keine Kraft mehr hat.

EIN WEITER, SCHWIERIGER WEG

Der Apostel Paulus schreibt im Brief an die Römer: »Aber auch wir, obwohl wir als Erstlingsgabe den Geist haben, seufzen in unserem Herzen und warten darauf, daß wir mit der Erlösung unseres Leibes als Söhne offenbar werden« (8,23).

Unser Seufzen besteht in unserem tiefsten und echten Verlangen, das sich nach der Befreiung ausstreckt, das, so sagt der Apostel, auf die *Annahme an Kindes Statt* gerichtet ist, damit wir ganz werden, was wir sind. Wir sind Kinder Gottes, und doch leben wir oft in Unwissenheit, in Pflichtvergessenheit, Trägheit und Mittelmäßigkeit dahin: Wir sind in unsere Gebrechlichkeit und Undurchsichtigkeit verstrickt. Wir möchten, daß unsere Kindschaft offenbar wird und wir Gott wirklich als Vater anreden können, als ein Du, das uns liebt und uns rettet.

Und daß, so führt der heilige Paulus weiter aus, »*die Erlösung unseres Leibes*« offenbar wird. Wir sehnen uns nach der Befreiung von der Last des Fleisches, um unsere Leiblichkeit als Geschenk zu erleben. Das ist ein weiter, schwieriger Weg, der Geduld verlangt.

Johannes Paul II. hat über die Leiblichkeit als Symbol und als bräutliches Zeichen großartige Worte gesagt. Doch wer ist in der Lage, das auch wirklich zu leben? Und so kommt es denn zum Seufzen unter der Last des Fleisches, die sich als Mühsal, Versuchung, Sinnlichkeit, Stumpfsinn und im Unvermögen äußert, wahrhaft für die andern dazusein und sich selbst zu vergessen.

Dieses Seufzen, das sich in uns regt, ist wichtig; es zeigt nämlich an, daß der Geist in uns ist, in uns wohnt und uns nach dem streben läßt, was wir noch nicht haben, was aber unserem Weg seinen Sinn verleiht.

DICH WILL ICH SCHAUEN!

Jesus »nahm Petrus, Jakobus und Johannes beiseite und führte sie auf einen hohen Berg, aber nur sie allein. Und er wurde vor ihren Augen verwandelt« (Mk 9,2).

Herr, wir folgen dir,
Schritt für Schritt
ohne genau zu wissen, wohin du mit uns willst.
Wir vertrauen auf dein Wort
und vertrauen darauf,
daß du dich auf dem Berg offenbaren wirst,
wie du dich auf dem Berg
Petrus, Jakobus und Johannes offenbart hast,
wie du dich auf dem Berg Mose offenbart hast,
wie du dich offenbart hast auf dem Kalvarienberg.

Gib uns die Gnade und die Ausdauer,
Schritt für Schritt den Berg emporzusteigen
ohne zu ermüden,
und jeden Schritt zu tun in der Gewißheit,
daß er von deiner Liebe angezogen wird,
von deiner Wahrheit.

Gib Ausdauer unserem Schreiten,
laß uns nicht vom Weg abschweifen
oder müßig Pause machen,
sondern laß uns jeden Augenblick unseres Tages ausfüllen
in der Gewißheit, daß deine Wahrheit
und deine Barmherzigkeit es sind,
die uns führen,
geleiten und in ihr Kraftfeld ziehen.

Und vergib uns, Herr,
wenn wir auf dem Wege einmal stolpern
oder fallen oder uns absetzen.
Laß uns aufleben und aufatmen auf unserem Anstieg
zum Berg der Schau.

DEZEMBER

Gott, der uns entgegenkommt

DEN HERRN ERWARTEN

Wir leben heute in einer Welt, die auf das Hereinbrechen der Wiederkunft des Herrn nicht achtet. Die ersten Christen besaßen ein starkes Gespür dafür. Sie erwarteten die Parusie, das Kommen, in Zuversicht und Freude (vgl. u. a. Lk 21,28; Phil 3,20f) und beteten darum: »Marána tha – Unser Herr, komm!« (1 Kor 16,22; vgl. Offb 22,20).

Wir müssen wachen, denn wenn wir geistlich schlafen, werden wir vom Dämon, von der Sünde, von der Begierde, vom Hereinbechen der Sinnlichkeit, von der Versuchung, von der Phantasie, von der Neugier überrascht. Manchmal fällt man, nichts Böses ahnend, in schwere Fehler, weil wir uns nach dem Gebet stark fühlten und dabei vergaßen, daß wir stets gefährdet sind.

Die Kirche heißt uns wachen, damit wir nicht im Zustand der Sünde vom Tod überrascht werden, damit wir um das Kommen des Gottesreiches, um die Wiederkunft des Herrn beten, damit wir Jesus, der lange im Gebet verweilt, in seinem Todeskampf begleiten und uns so von eitlen oder sündhaften Begierden läutern.

Das Wachen im Harren auf den Herrn ist die typische Haltung des Menschen im Sinn der Bibel, des Menschen der evangelischen Hoffnung, des Menschen, der nicht auf jetzigen Sicherheiten ausruht, sondern sich der Zukunft entgegenspannt...

Zu der Ermahnung, wachsam zu sein, gesellt sich oft die Aufforderung, unablässig, ohne Ende zu beten. Das sogenannte »Gebet des russischen Pilgers«, das Jesusgebet, worin der Herr mit den Lippen, dem Geist und dem Herzen beständig angerufen wird: »Herr Jesus Christus, erbarme dich meiner!«, übt beispielsweise die Wachsamkeit im täglichen Leben.

WACHSAMKEIT

Das »Seid wachsam!« (vgl. Apg 20,31) begegnet im Neuen Testament oft. Es gibt ein Wachen aus Angst (der Besitzer bangt vor dem Dieb und wacht), aus Furcht (der Knecht wacht aus Furcht, daß der Herr bei der Rückkehr ihn beim Schlafen überraschen könnte). Es gibt das Wachen der Braut, die den Bräutigam erwartet; das ist der Sinn des Hohenliedes, der auch im Gleichnis von den zehn Jungfrauen liegt. Wer den Bräutigam erwartet, steht mit brennender Lampe da. Es ist somit das Wachen des Verlangens: »Komm, Herr Jesus!« Es ist das Wachen der Liturgie: »Wir erwarten deine Wiederkunft.«

Worin besteht die Wachsamkeit des Evangeliums für uns?

1. Wachen heißt auf das Göttliche achten, das schon jetzt in mich kommt, das sich in mir und in der Welt bekundet. Daher ist es wichtig, auf die Zeichen der Zeit, auf die Regungen des Geistes zu achten und auf die persönliche geistliche Unterscheidung und auf die pastorale Unterscheidung bedacht zu sein. Indem wir das tun, gewinnen wir die neutestamentliche Wachsamkeit zurück.

2. Wachsam ist das Herz dessen, der den Bräutigam erwartet. Er erlauscht dessen Schritte, bemerkt, daß dieser sich der Pforte nähert, und fährt vor Freude auf, da er auf die Zeichen seines Kommens geachtet hat. Es ist die Wachsamkeit, die wir in der Liturgie von der großen Ostervigil an erleben und im schweigenden Beten, in der Meditation, in der Schriftlesung weiterführen.

3. Diese Wachsamkeit ist zu erlernen und zu lehren. Obwohl sie eine tiefe existentielle Geisteshaltung ist, muß man sie durch das Wort Gottes läutern und erhellen. Ich denke an Tage der Einkehr, an das Festhalten am Gebet.

»Herr, laß uns bei deiner Ankunft nicht schläfrig und schlummernd sein! Und da du schon jetzt, in jedem Moment kommst, laß uns wachsam auf uns selbst und auf all das, was wir im Lauf unseres Tages tun, achten.«

FRÜCHTE DES GLAUBENS

Vor allem erinnern wir uns der Frucht, die darin besteht, daß man Jesu Wort begreift, weil es uns gewissermaßen zur zweiten Natur geworden ist (Joh 10,26f). Die Gläubigen erkennen seine Stimme und verstehen, was er sagt, sozusagen instinktiv, wie das Schaf die Stimme des Hirten erkennt und instinktiv erfaßt, was er will. Für die, die glauben, ist also das Hören auf Gottes Wort möglich und fruchtbar geworden, und sie verstehen den Sinn der Schrift.

Eine andere Frucht besteht darin, daß man die Finsternis hinter sich läßt: »Ich bin das Licht, das in die Welt gekommen ist, damit jeder, der an mich glaubt, nicht in der Finsternis bleibt« (Joh 12,46). Damit ist gesagt, daß der Glaube an Jesus – im Sinne der Hingabe an ihn, des über die Zeichen Hinausgehens –, den Jünger wenigstens von der großen Orientierungslosigkeit befreit: er wandelt nicht mehr in der Finsternis. Nicht, daß der Jünger keine Fragen oder Schwierigkeiten mehr hätte, aber die letzte Orientierungslosigkeit wird ihm genommen.

Schließlich ist noch darauf hinzuweisen, daß für Johannes die Erkenntnis der eigentlichen Bedeutung des Menschen, das heißt des Sinnes der menschlichen Existenz als einer Existenz, die vom Vater stammt und in Christus zum Vater zurückkehrt, aus dem Glauben kommt. Die Gläubigen verstehen den Sinn der menschlichen Existenz im Licht des Wortes: »So sehr hat Gott die Welt geliebt, daß er seinen einzigen Sohn hingab, damit jeder, der an ihn glaubt, nicht zugrunde geht, sondern das ewige Leben hat« (Joh 3,16).

Dazu ist der Mensch da im Licht des Glaubens: um von Gott sein Leben lang geliebt zu werden.

FÜR IHN LEBEN

Alles Zaudern und Zögern aufzugeben, alle Bedenken, alle falschen Rücksichten auf die Gesellschaft fallenzulassen und alle Risiken auf sich zu nehmen, ist die vollkommene Antwort, die Antwort des Menschen, der, weil zum Lieben geschaffen, zu lieben beschließt. Und lieben heißt immer, gleichsam die Füße aus dem Boot strecken (vgl. Joh 21,7). Man kann nicht lieben, solange man drinnen bleibt.

Petrus ist das Sinnbild der Liebe, die sich dem Herrn ganz entgegenwirft, mutige Taten vollbringt, sich von Gott ganz an sich ziehen läßt.

Es gibt einen Satz von Charles de Foucauld, der mich tief beeindruckt und das Geheimnis seines Lebens enthält: »Sobald ich sicher war, daß Gott existiert, gab es für mich nichts anderes mehr, als nur für ihn zu leben.«

Petrus hat das alles erfaßt und stellt sein Leben zur Verfügung.

Und von hier aus beginnt der eigentliche Wiederaufbau der Persönlichkeit des Petrus, einer Persönlichkeit, die fähig ist, zu lieben und sich ihrer Sendung hinzugeben, fähig, andere zu gewinnen und für andere Verantwortung zu übernehmen.

Wir können uns die Frage stellen: Wann habe ich in meinem Leben den Vorrang Gottes begriffen? Bei welchen Anlässen hat Gott sich mir bekundet?

Wir alle hatten schon Momente, in denen uns dieser Vorrang klargeworden ist. Das könnte bei manchem am Ende einer bestimmten Zeitspanne der Fall sein, bei anderen in ganz bestimmten Augenblicken. Denken wir darüber nach.

DU, DEN ICH SUCHE

»Gott, du mein Gott, dich suche ich« (Ps 63,2) – das sind vielleicht die schönsten Worte, die dem David in den Mund gelegt werden.

Zu Beginn des Tages sind wir gerufen, in uns das Verlangen nach Gott neu zu erwecken und zu beleben, jenes Verlangen, das David in seinem Psalmenlied so nachdrücklich deutlich macht.

»Ich suche dich.« In alten Textversionen heißt es: »In der Frühe stehe ich auf zu dir.« Das bedeutet: Du bist am frühen Morgen mein erster Wunsch, mein erstes Verlangen. Es hängt mit unserer Psychologie zusammen, daß beim Erwachen das als erstes aufbricht bzw. ins Bewußtsein rückt, was wir in der Tiefe ersehnen oder was wir besonders fürchten.

»Meine Seele dürstet nach dir.« Dieses Verlangen wird mit Durst in der Wüste verglichen. Dort, wo es kein Wasser gibt, verlangt der Mensch am meisten danach.

»Nach dir schmachtet mein Leib.« Ohne dich bin ich von jeder Nahrung abgeschnitten, ohne dich verlassen mich die Kräfte. Diese Worte beschreiben den Menschen, wie er ist. Mögen auch die täglichen Geschäfte verhindern, daß wir es immer klar und deutlich vor Augen haben, aber es ist und bleibt wahr: In der Tiefe haben wir einen unstillbaren Durst nach Gott, den wir auch zulassen sollten.

»Gewähre mir, o Gott, dich als Gott zu suchen. Schreibe in mein Herz jene Worte ein, die du dem Apostel Thomas eingegeben hast, der vor dem Auferstandenen ausrief: Mein Herr und mein Gott! Vor allem das Wort *mein* senke in mein Herz, denn es geht ja um das Ganze des Lebens, *meines* Lebens.

O Vater, schenke uns deinen Heiligen Geist, damit er uns anleite, dein Antlitz zu suchen. Das erbitten wir durch deinen Sohn, unseren Herrn, dessen Angesicht wir schauen möchten.«

DER INNERE MENSCH

Es kommt für uns darauf an, daß der Herr uns eine scharfsichtige Unterscheidungsgabe schenkt, denn wir stehen einer Wirklichkeit reicher Werte gegenüber, die in der klassischen Tradition von Sokrates, Plato, vom Neuplatonismus, von der von den Philosophen entwickelten Innenschau herkommt und im Christentum seinen Mutterschoß vor allem in der Bibel hat.

Die zentrale Bedeutung des Menschen, der Person, des Gewissens, des Herzens wird ja im Neuen Testament immer wieder hervorgehoben. Sie wird danach ausgefaltet durch die positive Reflexion über die Innerlichkeit von Augustinus an, einem der großen Väter des Abendlandes.

Es sind wichtige Werte, auf die wir bei unserem Dienst am Glauben sehr bedacht sein müssen: der Sinn für die innere Freiheit, die Achtung vor jedem Menschen, die Pflege des Gewissens, die Beachtung des Zusammenhangs zwischen Denken und Fühlen, Denken und Handeln, die Echtheit, die Spontaneität.

Wir selbst haben Mühe, uns in vorgegebene Schemata einzufügen, an Institutionen oder überkommenen Traditionen festzuhalten, denn sie scheinen nicht unmittelbar unserem innersten Bewußtsein zu entsprechen.

Meines Erachtens müssen wir gegenüber Gott vor allem in einer Haltung des Dankes für diesen Grundwert der Innerlichkeit leben:

»Ich danke dir, Herr, denn du hast mir mein Herz offengelegt. Du hast mir den Wert des inneren Menschen aufgehen lassen. Du hast mir mit Augustinus gesagt: ›in interiore homine habitat veritas‹ (im inneren Menschen wohnt Wahrheit), und mit Jesus: ›Selig die Herzensreinen, denn sie werden Gott schauen‹« (Mt 5,8).

GEFÜHLE UND EMPFINDUNGEN

Von krankhafter Aufblähung der Subjektivität kann man dann sprechen, wenn das Selbstbewußtsein (der Person oder der Gruppe, denn dieser Fehler gilt auch für Gruppen) den Hang hat, um sich selbst zu kreisen und sich selbst zum einzigen Maß seiner Handlungen zu nehmen, wenn der Monolog zwischen dem einzelnen Menschen und seinen Gefühlen geradezu zu einer unumgänglichen Norm, zu einem nicht in Frage gestellten Anspruch wird. Die einzige Übereinstimmung, die man sucht, ist die mit den eigenen Gefühlen, mit dem eigenen Empfinden. Daraus ergeben sich – bei all ihrer scheinbaren Unschuld – verwirrende Dinge. Man äußert sich gegenüber Versprechen, die man gemacht hat, in Worten wie: »Ich empfinde nicht mehr gleich«; »der Glaube, die Kirche, die Eucharistiefeier geben mir nichts mehr«; »mit dieser Person bin ich fertig; sie sagt mir nichts mehr«.

Beachten wir, daß all das zu einer gültigen Instanz erhoben wird. Das innere Gefühl wird, ohne daß es mit den weiteren Zusammenhängen und mit den Werten verglichen wird, zu einer Norm, die man für rechtmäßig und endgültig hält. Wir stehen hier vor einer der tiefsten und häufigsten Wurzeln der heutigen Unbeständigkeit...

Auf diese Weise zu leben ist sehr hart, denn der Vorrang des Gewissens, das objektiv ist und auf der Gegenwart des Heiligen Geistes in jedem von uns gründet, wird mit dem beständigen Wuchern der Gefühle und Empfindungen verwechselt. Das endet damit, daß das seelische Gleichgewicht erschüttert wird, und man verlangt nach Beruhigungsmitteln, sucht Hilfe bei psychologischen Ratgebern und anderem.

Es ist ein Leben, bei dem sich der Mensch im Glauben, sich selbst zu finden, verliert, wie Jesus gesagt hat: »Wer sein Leben zu bewahren sucht, wird es verlieren« (Lk 17,33).

GOTT KOMMT UNS ZU HILFE

Nachdem Maria von der Macht Gottes ergriffen worden ist, freut sie sich über das Gewaltige, das diese Macht hervorzubringen beginnt. Diese Freude bricht in der Szene der Heimsuchung aus, im gegenseitigen Lobpreis zwischen Maria und Elisabet. Maria wird gepriesen: »Gesegnet bist du mehr als alle anderen Frauen, und gesegnet ist die Frucht deines Leibes« (Lk 1,42).

Man kann eine Mutter nicht mehr beglückwünschen, als daß man zu ihr sagt: »Gepriesen sei die Frucht deines Schoßes!« Nun ist Maria auf dem Gipfel der Freude, denn Gott hat in ihr das hervorgebracht, was sie selig machen wird: seinen Sohn. Mehr als das konnte ihr Gott nicht geben. Sie ist die Mutter des Herrn (Lk 1,42), läßt Johannes vor Freude hüpfen (1,44), ist selig, weil sie geglaubt hat (1,45).

Wie ehrlich gibt die Heilige Schrift diese Lobpreisungen aus dem Mund Elisabets wieder. Sie scheut sich nicht, zu loben. Vielleicht wagen wir dies manchmal wegen einer falschen Demutsauffassung nicht; hier aber werden die Dinge so gesagt, wie sie sind. Es wird dann schon noch die Zeit kommen, wo Maria Verdemütigung und Einsamkeit erleiden wird.

Hier äußert sich durch Elisabet das, was vor Gott gilt, und wird etwas proklamiert, das stimmt: »Gesegnet bist du. Selig bist du, Mutter des Herrn, denn du hast geglaubt und bringst die Freude ins Haus.« Und Maria antwortet mit der Schlichtheit eines Menschen, der das Lob auf seinen Schöpfer zurückführt: »Meine Seele preist die Größe des Herrn.«

Dieser erhabenste Lobgesang im Evangelium kreist um die Größe Gottes, um das Gotteslob, um unsere Armut. Gott wirft das Schicksal der Menschen um und vertauscht die Lose. Gott hat Erbarmen, Mitleid und kommt uns zu Hilfe.

DIE FREUDE DES EVANGELIUMS

Die Freude des Evangeliums, eben als die des Evangeliums, ist ja nicht irgendeine Freude, sondern die, welche daraus hervorgeht, daß ich die Liebesinitiative, die Gott im gekreuzigten Jesus für mich unternommen hat, unbehindert in mich aufnehme.

Wer die Freude in menschlichen Sicherheiten, in Ideologien, in Phantastereien sucht, kann diese Freude nicht finden. Die Freude des Evangeliums ist der gekreuzigte Jesus, der unser Leben erfüllt, unsere Sünden vergibt, uns seine unendliche Liebe erkennen läßt und uns Tag und Nacht mit seiner tiefen Freude erfüllt...

Wenn wir verkrampft, verängstigt, träge, bange, um die Zukunft der Kirche und unserer Gemeinschaft bekümmert sind, dann deshalb, weil wir nicht die Freude des Evangeliums haben, sondern bloß einen Schatten, einen intellektuellen, abstrakten fernen Widerhall des Evangeliums. Denn – wie der heilige Paulus betont – das Evangelium ist nicht Lehre, Theorie, sondern »eine Kraft Gottes, die jeden rettet, der glaubt« (Röm 1,16). Das Evangelium in sich aufnehmen heißt, dessen Kraft in sich aufnehmen.

Maria fordert uns deshalb auf, die Kraft des Evangeliums in uns aufzunehmen, uns nach der Freude zu fragen, uns auf sie zu stützen. Sie lädt uns ein, uns dem gekreuzigten Christus anzuvertrauen, der uns mit seiner Freude erfüllen will.

»Maria, du erkennst und weißt, was unsere Gesellschaft und was uns manchmal als Christen bedrückt, indem du zu deinem Sohn beherzt sagst: ›Sie haben keinen Wein mehr!‹ Laß uns unser Herz für die wahre Freude des Evangeliums öffnen; Mutter, laß uns verstehen, was wirklich Wert hat.«

HÖREN AUF DAS WORT

Was fehlt an meiner Freude? Und was will mir der Herr an Freude hinzuschenken für das Leben, das er für mich in Aussicht genommen hat?

Die Frage muß aus unserem Herzen aufsteigen. Meine Freude wird durch so viele persönliche Ereignisse und so viele Geschehnisse in der Gesellschaft beeinträchtigt, sowie durch Probleme der Gemeinschaft.

»Herr, auf welchem Weg willst du uns deine Kraft, deine Gnade einflößen«, um der Freude und dem Frieden der Menschen zu dienen?

Wir haben es nötig, mehr in uns Einkehr zu halten, im Herzen auf das Wort Gottes zu hören, uns mutig wiederum mit den inneren Wunden zu befassen, die unsere Freude trüben, und sie der Heilskraft des Wortes des Herrn auszusetzen.

Wir haben es nötig, in uns dem Heiligen Geist Raum zu schaffen, um beständiger, beharrlicher zu handeln, um Werkzeug des Friedens zu sein, um unsere Beunruhigungen und die unserer Gemeinschaft sowie Zänkereien, Ängste, Vorurteile zu überwinden.

Heute, an diesem besonderen Zeitpunkt der Kirche, haben wir es ganz besonders nötig, uns tiefer in die Betrachtung zu verwurzeln.

Man hält sich oft über die heutige Schwäche der jungen Menschen auf. Dazu müssen wir jedoch bekennen, daß wir alle, ob jung oder weniger jung, schwach sind, und wir sind um so schwächer, je weniger wir im Glauben verwurzelt sind; und wir sind es deshalb, weil wir im stillen Hören auf das Gotteswort nicht genug durchhalten.

DIE FREUDE ÜBER DIE PERLE

Die Freude des Evangeliums wird dem zuteil, der die Fülle des Lebens gefunden hat und dadurch gelöst, frei, unbefangen, unverzagt, unbehindert geworden ist. Sie ist wie die Freude des »Kaufmanns, der schöne Perlen suchte. Als er eine besonders wertvolle Perle fand, verkaufte er alles, was er besaß, und kaufte sie« (Mt 13,45 f). Oder meinen wir vielleicht, da der Kaufmann die kostbare Perle gefunden habe, werde er alle anderen Perlen zu verachten beginnen?

Keineswegs! Wer die besonders kostbare Perle gefunden hat, wird fähig, alle anderen in die richtige Wertskala einzuordnen, sie zu relativieren, sie im Vergleich zu der schöneren Perle zu beurteilen. Und er tut dies ohne alle Umschweife, denn da er die besonders kostbare Perle zum Prüfstein nimmt, weiß er auch den Wert der anderen besser zu erfassen.

Wer den Schatz gefunden hat, verachtet alles andere nicht, fürchtet sich nicht, mit denen, die andere Schätze besitzen, zu handeln zu beginnen, denn er ist nunmehr imstande, allem den richtigen Wert beizumessen.

Auch diesbezüglich gilt wieder das Wort des Evangeliums: »Wer hat, dem wird gegeben werden; wer aber nicht hat, dem wird auch noch weggenommen, was er hat« (Lk 19,26). Dem, der die Freude des Evangeliums hat, dem, der die kostbare Perle, den Schatz besitzt, wird gegeben werden, die weiteren Werte, die Werte der anderen Religionen, die menschlichen Werte außerhalb des Christentums wahrzunehmen. Er wird befähigt, ohne Schüchternheit, ohne Minderwertigkeitsgefühle, ohne Hemmungen, sondern mit Freude Zwiegespräche zu halten, eben deshalb, weil er den Wert von allem anderen kennt.

Dem, der die Freude des Evangeliums hat, wird das Gespür für den Wahrheitsgehalt gegeben, der in anderen Religionen liegen kann.

SCHRITTE DER FREUDE

Habe ich die Freude des Evangeliums in mir? Habe ich diese Freude wirklich erlebt? Was ist sie, und wie äußert sie sich in mir? Ist sie wirklich eine Freude, die alle anderen übertrifft, aber die anderen Freuden nicht abtut, sondern hochbewertet, sie versteht, sie aufnimmt, sie beurteilt, sie richtig einordnet?

»Herr, gib mir die Freude des Evangeliums, denn kein Schatz ist kostbarer als sie, nichts läßt sich mit ihr vergleichen, und es ist der Mühe wert, alles andere hinzugeben, um sie zu finden.«

Welchen Schritt habe ich meines Erachtens zu tun, um mich für die Freude des Evangeliums zu öffnen, um in das Wenige oder Viele, das schon in mir ist, einzuwilligen?

Die Freude des Evangeliums ist ja nicht bloß gleichsam eine Perle. Zwar vergleicht Jesus sie mit einer solchen; dann aber vergleicht er sie mit sprudelndem Wasser – also ist sie nicht etwas, das man im Kühlschrank aufbewahren könnte!

Die Freude des Evangeliums ist entweder tätig, oder sie geht zugrunde; entweder sprießt sie wie ein Keim, oder sie verkümmert. Sie wird uns oft gegeben, aber wir entsprechen ihr nicht sofort; wir vollziehen nicht die kleinen Schritte, zu denen sie uns anregt, und dann entschwindet sie dem Herzen.

»Welchen Schritt will ich tun, Herr, um dieser Freude Raum zu geben?« Denken wir gleich jetzt daran, nicht erst morgen!

Jeder Schritt geht ja vor allem im Herzen vor sich, und wenn wir jetzt einen Entschluß fassen, blüht die Freude in uns auf.

TROST

Trost ist ein Beiname Gottes, der »Gott der Geduld und des Trostes« (vgl. Röm 15,5; 2 Kor 1,3) ist, und das Neue Testament sieht im Trost eine der Grunderfahrungen des Christenlebens.

Was sollen wir unter »Trost« als Ergebnis der Kontemplation verstehen? Wir können darunter die tiefe, innige Freude verstehen, die aus der Vereinigung mit Gott entsteht, den hellen, freudigen Reflex der Verbindung mit ihm.

Wir denken da an die Freude, die wir aus den Augen besonders rechtschaffener Menschen leuchten sehen, das gewisse Etwas an Friede, Gelöstheit und Ruhe, sogar im Leid. Er ist Geschmack am Gottesdienst und frohe Gottverbundenheit.

Jemand, der bis zur Komtemplation gelangt ist, weiß, daß keine menschliche Gewalt ihn um den Frieden bringen kann, den Gott schenkt. Paulus bringt diese frohe Gewißheit zum Ausdruck, wenn er ruft: »Ich bin gewiß: Weder Tod noch Leben, weder Engel noch Mächte, weder Gegenwärtiges noch Zukünftiges, weder Gewalten noch Höhe oder Tiefe noch irgendeine andere Kreatur können uns scheiden von der Liebe Gottes, die in Jesus Christus ist, unserem Herrn« (Röm 8,38f). Trost ist die Kraft, die wir über zweitausend Jahre hinweg aus den Worten des heiligen Paulus hervorbrechen hören. Der Trost hat noch viele andere Namen: Zu gewissen Zeiten der Frömmigkeitsgeschichte hat man ihn »Glut« oder »Devotion« (so der heilige Franz von Sales) genannt, d. h. freudige und spontane Bereitschaft des Menschen zur Hingabe an Gott. Der heilige Johannes Eudes hat ihn als »die Herrschaft Jesu« bezeichnet: Das Leben ist die Herrschaft Jesu, die sich in uns ausbildet.

Wir dürfen also den Trost nicht unterschätzen. Wer sich von Gott getröstet weiß, der kann auch selbst trösten, weil er sich anerkannt und geliebt erfährt (vgl. 2 Thess 2,16f).

GEISTLICHE FREUDE

Hier geht es um eine im Herzen verborgene geistliche Freude. Wenn sie oft von Prüfungen, Trockenheit, Trostlosigkeit, Versuchungen, Verlassenheit und vom Kreuz bis zur Unkenntlichkeit verdunkelt wird, so ist der Mensch doch nicht dazu berufen. Das Stadium, dem seine Berufung gilt, ist das österliche Licht Christi, und der Trost ist das österliche Licht Christi, das man im Leben verspürt. Er ist keine Nebenerscheinung, wenn man ihn auch von den Zuständen des rein natürlichen Enthusiasmus unterscheiden muß.

Der Trost bringt den Menschen in eine wunderbare Übereinstimmung mit den Wertmaßstäben des Evangeliums. Er ist innere Freude an Christus, Freude am Umgang mit ihm, an seiner Armut, an denen, die Jesus im Leiden ähnlich sind, an der großherzigen Kreuzesnachfolge in seiner Begleitung. Die großen freien Entscheidungen Christi, seine Ergebung in den Willen des Vaters, seine Verzichthaltung, seine Hingabe an den Menschen motivieren auch uns durch den Trost wie von selbst.

Die Unterscheidungsgabe ist die Fähigkeit, kraft innerer Übereinstimmung ganz natürlich im Sinne Christi und wie Christus selbst zu entscheiden. Sie hängt sehr eng mit der Meditation zusammen, da die Meditation die Haltung Jesu verdeutlicht und die Unterscheidungsgabe dazu führt, daß man sie übernimmt.

Franz von Assisi begegnet dem Aussätzigen, erblickt in ihm Christus, küßt ihn voller Freude unter dem Antrieb des Geistes und bezwingt dabei einen ganz starken natürlichen Widerwillen: die Unterscheidungsgabe hat ihn dazu bewogen, das zu tun, was Jesus getan hätte.

MIT VERWANDELTEM HERZEN

»Da gingen ihnen die Augen auf, und sie erkannten ihn... und sie sagten zueinander: Brannte uns nicht das Herz...?« (Lk 24,31 f).

Wohin will das Evangelium uns bringen? Es will uns nicht dazu bewegen, das Leid, das die Kirche im Rahmen des Heilsplans Gottes durchmachen muß, gedanklich zu verarbeiten, sondern es will unser Herz erwärmen. Denn was wir selbst nicht machen können, ist dies: unser Herz erwärmen, d. h. mit einem ganz verwandelten Herzen in diese Sicht eintreten, in die freudige Gewißheit, daß Gott jetzt da ist. Das ist es, was uns so sehr fehlt: daß unser Herz nicht nur brennt in der Agonie, im Leiden darüber, daß wir nicht sehen, sondern daß es in uns brennt auch kraft einer Gewißheit, kraft der Frohbotschaft, die wir hören, kraft der Erfahrung der Geistesfülle.

Dies scheint mir das »id quod volo« zu sein, das, worauf Lukas hinauswill: daß uns das Herz in der Brust brennt beim Gedanken, daß Gott in der jetzigen Situation *meines Lebens* und der Kirche zugegen ist und daß er *bei mir* ist in meiner Bereitschaft, die mir bestimmte Aufgabe zu erkennen.

All dies ist ein Geschenk des Heiligen Geistes; es kommt nicht von uns, kein Einander-Überzeugen kann uns dahin bringen. Nur wenn wir demütig zugeben, daß wir uneinsichtig sind und daß es uns schwerfällt zu glauben, können wir dahin gelangen, daß wir zu Gott sagen:

»Herr, gib dich uns voll zu erkennen und mache, daß das Herz in uns brennt, damit wir wissen können, was du jetzt in deiner Kirche von uns willst! Die Kraft deiner Rechten halte uns, damit aus uns hervorbricht, was du in diesem Zeitpunkt der Kirche und unseres persönlichen Lebens in uns wirken willst. Wir bitten dich darum, Vater, in der Gewißheit, daß wir erhört sind im Namen Jesu Christi, unseres Herrn, Amen.«

ERHELLE UNSEREN SINN!

Es gibt keinen apostolischen Erfolg ohne irgendwelche Macht, und jeder von uns, der im Apostolat Erfolg hat, schafft sich einen kleinen Machtkreis. Dies läßt sich nicht umgehen, es bildet sich ein Kreis von Einfluß, von Freunden, von Menschen, die wir um eine Gefälligkeit bitten können.

Das ist normal und liegt in der Logik der Dinge; wir müssen aber aufpassen, daß diese Macht nicht auf Abwege gerät.

«Herr, laß uns dich ganz tief erkennen; gib uns diese Gnade der Erkenntnis, die wir durch kein Studium, keine Anstrengung selbst erwerben können, denn sie ist die Frucht deines Geistes.

Mach, daß wir in diesem Wissen um dich, um das Schicksal deines Wortes, dich lieben und uns mit dir identifizieren können. Du hast den Menschen das Wort der Gnade verkündet mit all dem, was dieses Wort an Frucht oder auch an Schwierigkeiten und Bedrängnissen mit sich bringt. Herr, gib uns Mut, Wirklichkeitssinn und Wahrheit.

Laß uns einsehen: Wenn du von uns verlangst, die Armut, Erniedrigung, Verachtung zu lieben, so geschieht dies nicht einfach aus einem Hang zum Absonderlichen, sondern weil dies dein Schicksal ist. Wenn wir das Los des Evangeliums teilen, erleben wir die Freiheit des Evangeliums und die Auseinandersetzungen und Prüfungen, die es mit sich bringt. Laß in uns, Herr, diesen Willen zu Armut und Erniedrigung lebendig werden im Suchen nach Wahrheit, nach der Verbindung mit dir, im Streben danach, daß wir für die anderen ein echtes Wort von dir sind. Sieh, Herr, wir sind im Wirrwarr des Lebens nicht imstande, dies zu erfassen, wenn nicht du unser Herz, unseren Sinn erhellst und umgestaltest und uns den Mut gibst.«

DÜRSTEN NACH GOTT

»Wer Durst hat, komme zu mir und trinke« (Joh 7,37). »Meine Seele dürstet nach Gott«, heißt es schon im Psalm (42,3). Hier geht die Richtung unseres Betens in die Tiefe, wird unser Beten noch schwieriger und mühsamer, bis es die Gestalt eines wahren und eigentlichen Ringens annimmt, das im Wesen des Gebetes liegt. Wir können Gott im Gebet bitten: »Herr, ich sehne mich danach, nach dir zu dürsten.« Aber dieses Dürsten muß notwendigerweise die Stationen einiger Zeichen durchlaufen.

Unser Dürsten nach Gott zeigt sich im Dürsten nach äußeren Dingen: sogar nach dem Gebet, nach der Schriftlesung, nach dem Kontakt mit andern, danach, mit andern darüber zu sprechen oder etwas darüber zu hören, nach der Seelsorge.

Kurz, während es einerseits unmöglich ist, sich ein Dürsten nach Gott gleichsam in Reinkultur vorzustellen, so daß es sich nicht in Zeichen konkretisiert oder darstellt, spüren wir anderseits, daß man dieses Dürsten nach Gott verwechseln kann mit äußerlichem gesellschaftlichem Streben nach einer konkreten Situation, in der man sich über die Unbedingtheit und die Transzendenz des Verlangens, mit dem Gott uns ruft, keine Rechenschaft mehr gibt.

Hier müssen wir um die Hilfe der Gottesmutter beten, die das Vorbild für diese Gottsuche ist, völlig losgelöst und doch in die Zeichen eingegangen. Auch sie hat in der Tat Freuden und Kummer erlebt, ein Alltagsleben geführt wie alle andern und die üblichen Erfahrungen gemacht. Aber Maria hat sie ganz von dem Dürsten nach Gott durchdringen lassen, das nur Gott uns ins Herz legen kann.

Jesus hilft uns bei diesem wahren Dürsten nach ihm. Bitten wir ihn daher inständig, daß wir lernen, unser Suchen zu läutern, damit es zum wahren Dürsten nach Christus wird.

DEN HERRN SUCHEN

Die Gegenwart Jesu ist verhüllt, rätselhaft; real, aber doch so, daß sie zur Suche nach ihm antreibt. Jesus will zum Suchen antreiben, weil es für den Menschen grundlegend ist...

Manchmal machen wir ein wenig Umschweife (ich mache das auch); wir beklagen uns beim Herrn darüber, daß er sich nicht klarer kundtut, daß er in der Kirche so viele Scherereien zuläßt, uns nicht sagt, wie wir uns verhalten sollen. Doch nach und nach geht uns auf, daß der Herr von uns gesucht sein will, daß wir bei diesem Suchen wachsen.

Wir werden wirkliche Gottessucher, indem wir nach seinem Willen suchen, und zwar in dieser Kirche, dieser Welt, dieser Gesellschaft, in diesen schwierigen Situationen; ihn suchen im Dialog, in Geduld, im Ertragen, im Hinhören. So wachsen wir.

Wären wir bloße Automaten, würden wir jeden Morgen bereits mit dem von Gott aufgestellten Tagesprogramm in Händen erwachen, dann gäbe es kein Problem.

Statt dessen sind wir tätige Arbeiter, die in Eigenverantwortung in das Reich Gottes hineinwachsen, indem wir demütig nach seinem Willen suchen und in diesem Suchen uns läutern.

Das gleiche gilt auch für das Suchen nach Gott in uns selbst. Es besteht in einem mühsamen, läuternden inneren Wachstum, und wenn es bei vielen Menschen dazu kommt, daß sie nicht mehr an Gott glauben, dann nicht deshalb, weil sie dazu weniger Gründe als wir hätten, sondern weil sie des Suchens nach ihm müde geworden sind. Sie haben den Beruf des Menschen aufgegeben, sich der Wahrheit zu stellen.

GOTT KOMMT UNS ENTGEGEN

Etwas soll geschehen; Gott kommt uns entgegen. Gott ist der Gott, der kommt. »Bereitet dem Herrn den Weg« (Mk 1,3): Gott ist unterwegs und kommt. Dieser klare und zugleich geheimnisvolle Hinweis auf Gott als jemand, der zu uns unterwegs ist, der sich von sich aus auf uns zu bewegt, wird im folgenden wiederholt: »Er sah, daß der Himmel sich öffnete ...« (Mk 1,10), das heißt, Gott, »euer Vater im Himmel« (Mk 11,25), wird gegenwärtig für unsere Wirklichkeit, für unsere Erfahrung und tritt vom Himmel her mit uns in Verbindung.

Und wie verkehrt er mit uns? Die Antwort darauf lautet: über seinen »geliebten Sohn« (Mk 1,11); das besagt, über den Sohn, der Vorbild ist, den Sohn, in dem wir etwas erkennen werden vom Geheimnis Gottes, das unserer Erkenntnis unzugänglich ist.

Gott erscheint also als unzugängliches Geheimnis, das an einem bestimmten Punkt in bezug auf uns einen geheimnisvollen Anfang setzt und sich uns nähert, um uns aufzurütteln. Das ist nicht viel; aber damit wird alles gesagt, was ein Gefühl der Erwartung und der Vorbereitung wecken kann.

Uns wird also nicht nahegelegt, gleich zu sagen: »Hier ist Gott; Gott ist dieser oder jener«, das heißt, wir müssen nicht aussagen, was Gott ist. Es wird uns vielmehr nahegelegt zu verstehen, daß Gott derjenige ist, der sich anschickt, unser Leben in Besitz zu nehmen, und uns mit einem geheimnisvollen Vorhaben entgegenkommt, zu dem wir ja sagen sollen, ohne es in allen Einzelheiten zu kennen.

SEINEN WILLEN TUN

»Jesus sprach zu ihnen: Meine Speise ist es, den Willen dessen zu tun, der mich gesandt hat« (Joh 4,34)

Jesus enthüllt hier das Geheimnis seiner Sendung, das darin besteht, als Abgesandter des Vaters unter uns zu sein. Ähnlich ausgedrückt finden wir es auch in Joh 5,23 ff. und dann immer wieder bis 20,21: »Wie mich der Vater gesandt hat, so sende ich euch.« Jesus wird sich also sein Leben lang als der darstellen, der vom Vater gesandt ist.

Wozu aber ist er vom Vater gesandt? Um seinen Willen zu tun. Und worin besteht dieser Wille Gottes?

Was ist der Wille Gottes, den Jesus zu erfüllen kommt? Konkret ist er der Heilsplan. Wie im folgenden noch deutlicher ausgeführt wird, ist das Werk, das zu Ende geführt werden soll, Gottes Plan für das Heil der Welt. Dies ist der Wille Gottes, von dem es heißt, er sei ein »Werk, das zu Ende geführt werden soll«; ein mühsames Werk, das Stufe um Stufe weitergeführt und zu Ende gebracht werden muß. Das ist der Wille Gottes, von dem an jeden der Ruf ergeht, sich Jesus einzugliedern. So heißt für uns, »den Willen Gottes zu vollbringen«, in den Heilsplan eingehen, den Jesus zu Ende führt, indem wir seine Gegenwart unter uns mit allem akzeptieren, was sich daraus ergibt.

Der Wille Gottes, den Jesus in seiner Eigenschaft als Gesandter des Vaters erfüllt, ist die Speise für sein Leben. Gewiß beruft Jesus sich hier auf die gesamte jüdische Überlieferung, die das »Hören auf Gottes Wort« (Dtn 8,3 und viele ähnliche Stellen) als Speise bezeichnet. Das ist der Kern seines Lebens, das beseelt es und gibt ihm seinen Sinn.

SEIN WILLE IST LIEBE

Wir machen uns vom Willen Gottes oft falsche Vorstellungen und denken ihn uns gleichsam als ein Buch, das bereits fertig vorliegt, so daß ich dann möglichst zu erraten hätte, was in diesem Buch steht, und am Schluß die richtige Antwort zu geben hätte. Das würde bedeuten, daß Gott seinen Willen uns verheimlichen würde und wir ihn dann mühsam zu erraten hätten ...

Der Wille Gottes ist eine Liebe, die uns an sich zieht, ist die in Christus sich schenkende Liebe Gottes, die uns unwiderstehlich (wir selbst können ihr zwar widerstehen, aber ihrerseits ist sie unwiderstehlich) einer gewissen Gestalt des Menschen, der Kirche und der Gesellschaft entgegenbringt. Somit ist der Wille Gottes: die Liebe, die uns an sich zieht und uns dadurch im Heiligen Geist Christus gleichgestaltet. Sie macht uns christusförmig nicht nur als Personen, sondern auch als Gruppe, als Gemeinschaft, als Kirche, als Menschheit. Der Wille Gottes geht darauf aus, daß alle Menschen durch Christus im Heiligen Geist zu ihrer Vollendung gelangen.

Der Wille Gottes geschieht im Tun. Mit Christus, der gekreuzigt wurde, auferstand und in der Eucharistie zugegen ist, sollen wir im Heiligen Geist eins werden und wie er fähig werden, das Leben für die Brüder und Schwestern hinzugeben. Der Wille Gottes richtet sich auf das ewige Leben, auf die Stadt Gottes, das neue Jerusalem, auf die Stadt, wo es »keine Tränen, keine Trauer, keine Klage, keine Mühsal« (Offb 21,4), keinen Schmerz mehr geben wird, weil Gott sich ein Volk gemacht und dieses Volk sich für Gott entschieden hat.

In meinem Leben richtet sich der Wille Gottes darauf, daß ich christusförmig werde, und in meiner Gemeinschaft besteht er darin, daß wir uns seinem Stil angleichen, so daß wir leben, lieben und dienen wie Christus.

DIE FINSTERNIS IN UNS

In der Nacht, im Dunkel der Weltstunde geschieht Weihnachten. Wie die Hirten erwarten wir, die wir heute den »Schatten des Todes« (vgl. Lk 1,79) besonders bedrohend erfahren, das Unerwartbare: das Licht.

In den liturgischen Texten von Advent und Weihnachten ist die Rede von Finsternis, von Nacht und vom Licht... Finsternis ist all das, was es in der Welt gibt an Verwirrung, Sinnleere, Selbstherrlichkeit und dem Bemühen, unser Leben einzig auf dem Fundament unseres Ich aufzubauen. Solch ein Bemühen führt oft zu Bitterkeit, Verzweiflung oder wenigstens zur Resignation angesichts all dessen, was wir nicht erreichen können. Die Finsternis in uns und in unserer Umgebung ist die Sinnlosigkeit unseres Hoffens und Lebens; wir schleppen uns von einem Tag zum anderen in der Hoffnung auf eine bessere Zukunft, die doch nie kommt, und versuchen, uns mit den Banalitäten des Alltags zu betäuben, ohne je ernstlich darüber nachzudenken, worin eigentlich der Sinn unseres Lebens besteht.

Diese Verwirrung erfaßt oft weite Bereiche: jeder von uns trägt sie im eigenen Herzen, und in der Gesellschaft wird sie nur noch verstärkt und äußert sich in so vielem, was uns umgibt. Deshalb empfinden wir auch diese Finsternis in der Welt so schmerzlich. In dieser Finsternis erstrahlt das Licht. Gewiß, es ist kein großes Licht, aber wir wissen alle, daß dort, wo schwärzeste Finsternis herrscht, ein kleines Flämmchen genügt, den Bann der Furcht zu brechen, daß ein Augenblick, ein Ruck genügt, Hoffnung zu wecken und so zu bewirken, daß diese Finsternis nicht mehr unerbittliches Schicksal, sondern etwas ist, worin wir leben und weitergehen können. Dieses Licht, das in der Finsternis leuchtet, ist kein Zufallsereignis, sondern eine personhafte und lebendige Kraft, die uns der Verwirrung und der Sinnlosigkeit entreißt, um uns eine Richtung und die Fähigkeit zu geben, weiterzugehen, uns zu bewegen und zu sehen, wohin unser Weg führt.

DAS WORT DER HOFFNUNG

Das letzte Wort über den Menschen besagt, daß er geliebt ist, frei und fähig ist, den Weg zum Guten einzuschlagen, und mit dem Jesuskind, wie neugeboren, sein Leben und den Aufbau der Gesellschaft wieder neu beginnen kann.

Dieses Wort der Hoffnung ist es, das hinter allen Festtagsgrüßen steht, die wir einander senden; es ist der wahre Sinn aller Gaben, die wir einander schenken. Ist doch letztlich die unendliche Sehnsucht, sich auszutauschen, zu lieben, verstanden und geliebt zu werden, der Grund unserer Nervosität, unseres Gezänkes, und der Unfähigkeit, die Weihnachtswoche sinnvoll zu gestalten, und des Zwistes, der manchmal um Kleinigkeiten geht.

Das Kind, das zu uns kommt, ist das Zeichen dafür, daß Gott uns das Tor geöffnet hat, das auf diesen Lebensweg hinausführt.

Trotz allem, trotz aller Finsternis und aller Furcht, besitzen wir in Jesus Gottes Liebe und können unserem Leben einen positiven und echten Sinn geben.

So laßt uns denn wie die Hirten sagen: Wir wollen uns dieses Wort einmal näher anschauen und berichten, was man uns von diesem Kind erzählt. Wir wollen wie Maria all das meditieren und in unserem Herzen bewahren, damit es nicht nur flüchtiger Eindruck bleibt, sondern in uns zur hellen Flamme wird, die uns das ganze Jahr hindurch, was immer es uns auch bringt, begleitet und Freude, Freiheit und Frieden verheißt.

»DAS LICHT LEUCHTET IN DER FINSTERNIS«

Das Licht, das uns in der Finsternis leuchtet, ist kein abstraktes Licht, kein Gemeinplatz, nicht einfach die Aufforderung, gut zu sein. Es ist etwas Lebendiges und Personhaftes, es ist Jesus Christus, der Sohn Marias und der Sohn Gottes.

Dieses Licht, so sagt es uns das Evangelium, wurde von der Finsternis nicht zum Erlöschen gebracht: »Und das Licht leuchtet in der Finsternis, und die Finsternis hat es nicht erfaßt« (Joh 1,5). Ist das Licht einmal in der Welt, in uns selbst, in einer Familie, in der Gesellschaft entfacht, so kann keine Macht es auslöschen. Die Finsternis hat über dieses Licht keine Gewalt.

Dieses Licht, das in uns brennt, das jeder wieder in sich aufspüren soll, ist die Gewißheit, daß Gott in Jesus Christus unsere Welt hier, unsere Gesellschaft und unsere Stadt in dieser Zeit liebt.

Trotz allem, trotz aller Finsternis und aller Furcht, besitzen wir in Jesus Gottes Liebe und können unserem Leben einen positiven und echten Sinn geben.

Dieses Wort, das im Anfang war und in der Geschichte Fleisch geworden ist, ist für uns hier, um unserem Leben einen Sinn zu geben, um uns zu sagen, daß unser weihnachtlicher Segenswunsch »Frohe Weihnacht!« und alles Schöne, Wahre und von altersher Lebendige, was wir mit dem Weihnachtsfest verbinden, nicht einfach sinnlose Zeremonie ist, sondern Heilswunsch, der jedem von uns gilt.

Das Licht leuchtet in der Finsternis, die Finsternis kann es nicht ersticken; denn das Licht, das in uns erstrahlt, ist stärker als alle Gewaltherrschaft, ist stärker als alles, was es auslöschen möchte.

Das sei unser Weihnachtswunsch: daß jeder im eigenen Herzen, in den Familien, in seiner Umgebung wie Maria den Blick dafür bekommt und in der Finsternis das Licht erkennen lernt, das unser Leben ändert.

DAS WORT AN UNS

Weihnachten ist ein Wort Gottes, wie es das schon für die Hirten, für Maria und Josef gewesen ist. Ein Wort Gottes an uns, die wir wie die Hirten im Dunkel der Nacht warten, daß etwas geschieht...

Weihnachten ist ein Wort, ein Ereignis, das spricht, ein Geschehen, das etwas aussagt, dessen Sinn man über das hinaus interpretieren und verstehen muß, was wir sehen oder was unsere Gefühle verschwommen nachvollziehen, wenn sie Eindrücke der Vergangenheit wieder aufleben lassen. Das Weihnachtsfest hat für uns eine Botschaft...

Das Wort des Weihnachtsfestes kann man nicht losgelöst betrachten oder knapp zusammenfassen; denn Weihnachten ist ein Neubeginn, dessen ganze Bedeutung man letztlich nur im Licht des ganzen Lebens Jesu begreifen kann.

Seine Geburt ist die Geburt dessen, der uns durch sein Leben, seinen Tod und seine Auferstehung das Heilswort Gottes an den Menschen verkündet, das unwiderrufliche Gericht Gottes über den Menschen, das ein Gericht der Liebe ist. Mit diesem Kind hebt dieses Wort an: Jeder von uns wird von Gott über alles geliebt, jedem ist vergeben, jeder ist angenommen und in seinem Innern zum neuen Leben geboren.

Jesus offenbart uns in seinem Erbarmen mit den Kranken, in seiner Hinwendung zu den Armen, mit seiner Vaterliebe für die Verstoßenen und Sünder, für die an den Rand der Gesellschaft Gedrängten, in seiner Fähigkeit, die Jünger zu lieben und für sie zu sterben, daß es nicht stimmt, daß für den Menschen alles verloren ist, daß für morgen nichts als Skepsis und Furcht bleibt, sondern daß vielmehr Tod, Einsamkeit und Verzweiflung überwunden sind für den, der dieses Kind aufnimmt wie die Hirten, und der es voll Freude allen weitersagt, zu denen er hinkommt.

501 · St. Josefsstift, Trier

Und wieder ist ADVENT!
Und wieder hell die Kerze brennt,
die strahlend spricht:
Komm, Seele, werde LICHT!
Und leuchte in die dunkle Welt,
daß sie sich weihnachtsfroh erhellt.

M. A. HOHM

VOLLENDETER GLAUBE

»Erfüllt vom Heiligen Geist, blickte er (Stephanus) zum Himmel empor, sah die Herrlichkeit Gottes und Jesus zur Rechten Gottes stehen und rief: Ich sehe den Himmel offen und den Menschensohn zur Rechten Gottes stehen« (Apg 7,55–56).

Jedes Wort hat seine Bedeutung.

– »*Er blickte zum Himmel empor.*« In der Kraft des Heiligen Geistes war es ihm möglich, sich von der ihn umgebenden, gefahrvollen Situation nicht gefangennehmen zu lassen. Eine Art von Ekstase bemächtigte sich seiner.

– »*Er sah die Herrlichkeit Gottes.*« Es ist jene Herrlichkeit, nach der sich das gesamte Alte Testament sehnt.

– ». . . und Jesus zur Rechten Gottes stehen und rief: Ich sehe den Himmel offen und den Menschensohn zur Rechten Gottes stehen.«

Er sieht Jesus in der Herrlichkeit Gottes, aber als Menschensohn. Er sieht ihn als den Gekreuzigten, der auferstanden ist, als Haupt der Kirche.

– »So steinigten sie Stephanus. Er aber betete und rief: *Herr Jesus, nimm meinen Geist auf!*« (7,59). Hier artikuliert sich zum erstenmal ein Glaube, der zur Vollendung strebt. Jesus hat sein Leben voll Vertrauen in die Hände des Vaters zurückgegeben. Er ermöglicht es dem Stephanus, eine solch hohe Stufe der Liebe zu erreichen. Er gibt sich ganz hin. Im Lichte des Glaubens Jesu und in dessen Kraft sind wir in der Lage, uns ganz Gott zu übergeben. Er besitzt den Glauben in vollkommenem Maße und läßt uns daran teilhaben. Stephanus ist sogar in der Lage, die Worte Jesu am Kreuz zu wiederholen: Vater, nimm meinen Geist auf!

– »Dann sank er in die Knie und schrie laut: Herr, *rechne ihnen diese Sünde nicht an*« (7,60). Das ist die eigentliche Aufgipfelung vollkommener Liebe, daß da einer vergeben kann. Jesus hat uns das gesagt und vorgelebt.

KLEIN, UM FREI ZU SEIN

Die Offenbarung des Logos, der sich in Christus klein macht und zum einzelnen Menschen in seiner Besonderheit wie alle anderen Menschen wird, stellt Gott endlich auf die Ebene des ›einer von den vielen‹, vergeschichtlicht ihn. »... in jenen Tagen erging ein Erlaß des Kaisers Augustus«, und so zogen Maria und Josef nach Bethlehem hinauf.

Wir befinden uns in einer Zeit, in einer Situation, an einem Ort. »Heute ist euch ein Heiland geboren, nämlich der Messias, der Herr... Ihr werdet ein Kindlein finden, in Windeln eingewickelt.« Wiederum der Logos, der sich klein macht nicht nur in den physischen Ausmaßen, die er vorher nicht hatte, sondern eben dadurch, daß er sich dort in diesen Windeln, in dieser Krippe partikularisiert, vergeschichtlicht, mit einer ärgerniserregenden Konsequenz, die zu bestätigen die Väter sich nicht scheuten: Das leuchtende, funkelnde Wort, das wie ein Pfeil das All durchschießen und die Herzen erleuchten konnte, hat sich mit einem Schlag unscheinbar und erdenschwer gemacht...

Dieser Gott, von dem wir glauben, daß wir ihn endlich verstanden haben, daß wir endlich alles wissen, was er machen kann und was er nicht machen kann, dieser Gott macht sich angesichts dieses schrecklichen Netzes, mit dem wir das Göttliche in einem Kreislauf absoluter Vorherbestimmung einschließen, gleichsam zu einem kleinen Fisch, der durch die Maschen des Netzes entwischt. Er macht sich klein, um frei zu sein, um er selber zu sein. Gott kann sich so klein machen, ohne daß diese Kleinheit ihn im geringsten eingrenzt oder ihm irgendwie Zwang antut. Und wenn wir uns auch noch so große Vorstellungen von Gott machen, Gott ist größer als diese Vorstellungen.

WER IST GOTT?

Er ist klein und groß, und er macht alle unsere Versuche, unseren Dialog mit ihm vorzuplanen, zunichte. Gott ist Liebe, und die Liebe läßt sich nicht programmieren. Gott macht sich klein, er vereitelt unsere Programme und nimmt es auf sich, daß er allen jenen zum Ärgernis wird, die Gott nicht die Freiheit lassen wollen, uns so zu lieben, wie er will, uns mit einer wahren Liebe zu lieben, das heißt mit einer unvorhersehbaren, erfinderischen, glühenden, zärtlichen, eifersüchtigen, zündenden Liebe; mit einer Liebe, die kein anderer kontrollieren kann, weil sie das Geheimnis des Liebenden ist...

Es ist der Gott des Evangeliums, der Gott der wahren Liebe, der Gott einer Liebe, die uns immer wieder überrascht, verblüfft, fortreißt, überflutet. Nie dürfen wir sagen: Aber das habe ich mir nicht erwartet; ich dachte nicht, daß er so sei. – Es ist wie in der menschlichen Beziehung, wenn sich jene Gewalt, welche die Liebe ist, wahrhaft entfesselt...

So ist der Gott der Bibel vom Anfang bis zum Ende. Das ist der Gott, dem wir ständig in der Schrift begegnen von Mose bis zu Jesus. Mit dieser Wahrheit Gottes wollen wir uns aber nicht abfinden.

Und doch ist diese Wahrheit über Gott die einzige, die uns die Begegnung mit ihm von du zu du möglich macht, die unserem Wunsch, von Gott erkannt zu sein, wahrhaft entgegenkommt, unserem Wunsch, nicht nur zu wissen, daß wir Gott kennen, sondern auch, daß wir erkannt sind, so wie wir sind, das heißt in dieser unserer Unwiederholbarkeit, in der uns sonst niemand kennt, in dieser unserer Einsamkeit, deren letzte Tiefe kein Menschenwesen zu entdecken vermag. Und er kennt uns nicht nur, sondern, wie Paulus in einer kühnen Formulierung sagt, »indem er für mich starb«, wollte er uns in Jesus den höchsten Beweis für dieses Kennen geben.

VERBORGENHEIT

Unter den vielen Möglichkeiten, die sich ihm zur Selbstoffenbarung vor der Welt bieten, zieht Jesus die unscheinbarsten vor. Er wird arm geboren in einem entlegenen Winkel der Welt, dazu nicht einmal zu Hause. Er zieht es vor, incognito, wie jeder andere auch, im Tempel dargestellt zu werden; er zieht es vor, das bittere Brot der Fremde zu essen, jahrzehntelang auch in den Augen der Seinen ein völlig bedeutungsloses Leben zu führen. Sie können später, wie Markus uns berichtet, auch kein Verständnis für ihn aufbringen, als er in Nazaret vor sie hintritt, und sagen: Aber kennen wir den nicht längst? Sein Leben unter uns war doch völlig unbedeutend. »Ist das nicht der Zimmermann, der Sohn der Maria?« (Mk 6,2 ff).

Äußerlich prägt also Bedeutungslosigkeit sein Leben. Allerdings verzichtet Jesus in diesem äußeren Rahmen einer recht bescheidenen Tätigkeit, eines Lebens, das in der Welt fast ganz ohne Echo blieb und in sozialer, religiöser oder politischer Hinsicht nicht in Erscheinung trat wie das Samenkorn, das im Erdreich zu schlafen scheint, nicht auf ein ganz wesentliches Element seines Reiches. Damit sind wir bei den inneren Merkmalen des Kindheitsevangeliums. In ihm kommen nämlich einige Herzen vor, die in der Lage sind, ihm hundertfältige Frucht zu bringen...

Die Kindheitsberichte schildern das persönliche Schicksal des Samenkorns, das auf verschiedenerlei Erdreich fällt und dementsprechend Frucht bringt, aber ohne Pauken und Trompeten, ohne alles öffentliche Aufsehen nach Art der Welt, wie man es vom Auftreten des Messias erwartete.

So gesehen sind die Kindheitsberichte in den Evangelien sehr wichtig, weil sie für das Christenleben programmatisch sind. Sie halten uns eines der wichtigsten Gesetze des Reiches vor Augen: wenig glanzvollen, äußeren Aufwand und viel Innerlichkeit.

EIN NEUES LEBEN

Jesus kommt nicht mit Macht, sondern mit Liebenswürdigkeit; er kommt, um uns das gütige, liebende und geduldige Erbarmen des Vaters vorzustellen, und »erzieht uns« so – wie der Titusbrief (2,12) sagt –, »uns von der Gottlosigkeit und den irdischen Begierden loszusagen«. Das heißt, daß Jesus kommt, um uns das Vertrauen zueinander zu lehren und somit alle Umgangsweisen abzulegen und hinter uns zu lassen, die ihrerseits dazu führen könnten, ängstlich oder aggressiv zu werden, uns zu verteidigen.

Was der Apostel »irdische Begierden« nennt, sind der Wettstreit, der auf dem Egoismus und der Furcht beruht, der andere könne uns beim Übervorteilen zuvorkommen. Jesus kommt, um uns im Namen Gottes zu einer anderen Haltung zu erziehen, zur Haltung der Güte, des Vertrauens zum Vater, der sein Herz öffnet und zum gegenseitigen Vertrauen disponiert.

Aus dieser Haltung ergibt sich – so fährt der Brief des Apostels an Titus fort –, daß wir »besonnen, gerecht und fromm leben«. Besonnenheit ist das Gegenteil von Konsumdenken, von der Gier nach immer neuen Dingen, sie ist die alte, schwierige Tugend, sich begnügen zu können – wie neu klingen diese Worte unseren Ohren in der Welt von heute! –, damit man gerecht leben kann, damit jeder das Seine erhält und niemand den andern aus Egoismus übervorteilt. Die Gnade erzieht uns, wie Paulus sagt, dazu, besonnen, gerecht und fromm zu leben, das heißt ganz offen für wohlwollendes und liebevolles Miteinander.

Diesen neuen Lebensstil lehrt Jesus uns gerade durch die Liebenswürdigkeit seiner kindlichen Gegenwart in unserer Mitte, durch die Gabe seines Geistes, der uns geschenkt wird, durch die gewaltige Macht seines Wortes, das uns verwandelt, durch die Gnade der Sakramente der Versöhnung und der Eucharistie. Was Jesus uns mit seinem Kindsein in unserer Mitte bringt, ist das Programm zu einem neuen und brüderlichen Leben.

ER WIRD ENDGÜLTIG ERSCHEINEN

Jesus wird endgültig erscheinen, er wird unser Leben ausfüllen. Wir leben in dieser Erwartung, in dieser Sendung, die sich dem ersehnten Zukunftsgut entgegenstreckt, der Offenbarung der Fülle des göttlichen Lebens in uns.

Tragen wir diese Erwartung, diese Hoffnung in unserm Herzen? Wenn sie nicht vorhanden ist, wenn sie kraftlos ist, wird die Haltung des Vertrauens und des Wohlwollens fast unmöglich, weil die Gegebenheiten des Alltags darauf abzielen, sie in uns zu zerstören. Das Fehlen dieser Erwartung, dieser Hoffnung, kann eine der größten Tragödien unserer Zeit sein: Wenn wir uns nur in den Augenblick flüchten, gierig darauf bedacht, ihn restlos auszukosten, oder uns erbittern, weil uns die Gegebenheiten des Augenblicks unbefriedigt lassen, wenn wir diese Hoffnung auf die Offenbarung der Herrlichkeit Gottes nicht haben, einer Herrlichkeit, die sich jetzt in der Liebenswürdigkeit Jesu zeigt und sich einmal in der Fülle des Reiches zeigen wird –, dann können wir weder Salz der Erde noch Sauerteig sein; dann geraten wir unabweislich ins Schlepptau unserer Alltagserfahrungen, freuen uns, wenn etwas glückt, sind aber schmerzlich betrübt, sobald etwas nicht unseren unmittelbaren Erwartungen entspricht.

Jesus erzieht uns dazu, in der Erwartung der seligen Erfüllung unserer Hoffnung zu leben. »Wir erwarten deine Wiederkunft, wir erwarten die Offenbarung deiner Herrlichkeit«, so verkünden wir es jedesmal, wenn wir Eucharistie feiern.

Wir wollen frei und offen über diese Hoffnung reden, über das zukünftige Leben, die Fülle des Lebens in Gott, die Herrlichkeit, die Gott für jeden von uns bereithält und deren Unterpfand er uns in der Gegenwart Christi gewährt. Diese Perspektive der Hoffnung soll Tag für Tag unseren Weg erhellen.

QUELLENVERZEICHNIS

Die Texte dieses Bandes wurden aus folgenden Werken Carlo M. Martinis ausgewählt:

Abraham. Der Weg eines Suchenden, München 1985: 10 = 12. Febr.; 96 = 13. Febr.; 138f = 10. Jan.; 140.142 = 10. März (mit freundlicher Genehmigung des Verlages Neue Stadt).

Der Acker ist die Welt. Was uns Jesus in Gleichnissen sagt, Freiburg i. Br. 2. Aufl. 1987: 14f = 28. Febr.; 20 = 19. Sept.; 28 = 24. Febr.; 31f = 6. Mai; 31–34 = 5. Jan.; 32f = 23. Mai; 34 = 24. Mai; 36 = 25. Febr.; 38 = 26. Febr.; 39 = 30. Sept.; 50f = 6. Nov.; 54f = 30. Nov.; 64 = 16. Febr.; 78f = 15. Nov.; 84 = 27. Mai; 92–94 = 15. Febr.; 112 = 26. März; 125f = 1. Aug.; 127–130 = 23. Aug.; 134f = 17. Mai; 139 = 15. Apr.; 156f = 30. Okt.; 160.162 = 9. Juni; 166–168 = 22. Mai; 169 = 24. Juni; 175f = 22. Juni.

Damit ihr Frieden habt. Geistliches Leben nach dem Johannesevangelium, Freiburg i. Br. 4. Aufl. 1990: 16–18 = 30. Juli; 30f = 2. Mai; 54–56 = 3. März; 58f = 17. Juli; 59 = 22. Nov.; 76f = 20. Dez.; 79 = 22. Nov.; 86f = 8. März; 89f = 13. Mai; 90f = 8. Juli; 91f = 3. Aug.; 93f = 11. Aug.; 98–100 = 12. Juni; 100f = 13. Juni; 102f = 16. Aug.; 105f = 25. Mai; 106f = 26. Mai; 115f = 3. Dez.; 117f = 14. Juli; 124f = 6. Juni; 127f = 8. Mai; 163 = 16. Apr.; 174f = 13. Juli; 176 = 18. Nov.; 176f = 21. Mai; 178 = 24. Apr.; 179 = 25. Apr.; 188–190 = 13. Okt.; 189–191 = 29. Juni; 208 = 14. Nov.; 213f = 22. Okt.; 215f = 17. Dez.; 220–222 = 9. Nov.; 232 = 12. Aug.; 233 = 14. Aug.; 234f = 13. Aug.; 235f = 14. Aug.

Dein Stab hat mich geführt. Geistliche Weisung von Mose zu Jesus, Freiburg i. Br. 4. Aufl. 1986: 16f = 2. Febr.; 32f = 14. Febr.; 34 = 18. Nov.; 50f = 3. Okt.; 55f = 21. Sept.; 56f = 22. Sept.; 81f = 1. März; 89–91 = 15. März; 94 = 20. Apr.; 104 = 18. Juli; 110f = 1. Juni; 112f = 23. Febr.; 120 = 23. Sept.; 121–123 = 24. Sept.; 200f = 26. Nov.; 202 = 15. Aug.; 202f = 24. Nov.; 204 = 27. Apr., 15. Aug.; 206 = 28. Apr.; 208f = 27. Nov.; 210 = 30. Apr.; 217 = 7. Okt.; 232–234 = 27. Dez.; 234f = 28. Dez.; 236 = 23. Apr.; 240 = 12. Juli.

Du, den ich suche. Wege von David zu Jesus, Freiburg i. Br. 1990: 14–16 = 5. Dez.; 25f = 7. Juli; 26f = 31. Jan.; 33 = 28. Sept.; 36f = 11. Juni; 37f = 5. Mai; 39f = 25. Sept.; 40f = 26. Sept.; 41f = 27. Sept.; 43 = 21. März; 52f = 23. Juni; 53f.57 = 2. Jan.; 76–78 = 24. März; 78f = 30. März; 110 = 26. Juni; 111f = 12. Jan.; 112f = 26. Juni; 124f = 4. Aug.; 134f = 31. Mai; 176f = 26. Dez.; 178 = 14. Nov.; 179 = 14. Mai; 191 = 14. Mai.

Du, Herr, willst uns die Füße waschen?, München 1988: 72–75 = 21. April (mit freundlicher Genehmigung des Verlages Neue Stadt).

Es ist der Herr. Christus begegnen, Freiburg i. Br. 2. Aufl. 1989: 10 = 20. Nov.; 11 = 1. Mai; 16f = 23. Juli; 20–22 = 24. Juli; 23–25 = 27. Juli; 26–28 = 26. Juli; 29f = 1. Nov.; 32 = 26. Apr.; 33 = 1. Mai; 32f = 18. Dez.; 34f = 18. Mai; 36–38 = 29. Juli; 38f = 17. Sept.; 40f = 9. Apr., 29. Sept.; 44f = 9. Mai; 46f = 15. Mai; 49f = 16. Jan., 4. Dez.; 63–65 = 5. Aug.; 66f = 12. Okt.; 67f = 10. Okt.; 68f = 5. Okt.; 69 = 29. Juni; 69f = 15. Okt.; 71f = 6. Aug.; 72f = 14. Okt.; 80f = 21. Dez.; 82f = 11. Okt., 22. Dez.; 86–88 = 6. Okt.; 88f = 16. Okt.; 91–93 = 27. März.

Das Gebet der Versöhnung. Betrachtungen zum Psalm »Miserere«, Freiburg i. Br. 1986: 13–15 = 19. März; 15f = 20. März; 16f = 21. März; 16–18 = 8. Jan.; 19 = 9. Jan.; 20f = 9. Aug.; 28.30 = 16. März; 41 = 1. März; 2. März; 46f = 17. März; 47–49 = 18. März; 52 = 11. März; 58.60 = 22. März; 64f = 29. März; 28f = 26. Aug.; 76 = 1. März; 80 = 24. März; 93f = 11. März.

Gottes Wort uns aufgetragen. Vom geistlichen Dienst, Freiburg i. Br. 1989: 30–32 = 6. März; 38f = 6. Dez.; 39–41 = 7. Dez.; 42 = 27. Mai; 50f = 5. Juni; 50–62 = 25. Okt.; 62f = 26. Okt.; 68f = 13. Jan.; 72f = 20. Mai; 78f = 21. Mai; 81f = 28. Mai; 82f = 29. Mai; 89–91 = 21. Nov.; 92 = 8. Febr.; 98f = 2704. Okt.; 105 = 17. Febr.; 107 = 18. Febr.; 109 = 17. Nov.; 112 = 10. Febr.; 117 = 17. Nov.; 118f = 1. Dez.; 120f = 2. Dez.; 122f = 28. Okt.; 128f = 7. Mai; 131f = 19. Juni; 135f = 23. Okt.; 139f = 29. Okt.; 140 = 19. Febr.; 148f = 31. Okt.

Hoffnung der Weihnacht, Freiburg i. Br. 1983: 10.14f = 25. Dez.; 16 = 23. Dez.; 23f = 24. Dez.; 24 = 23. Dez.; 33–37 = 6. Jan.; 38f = 30. Dez.; 40–42 = 31. Dez.

Ich bin bei euch. Leben im Glauben nach dem Matthäusevangelium, Freiburg i. Br. 2. Aufl. 1990: 18f = 12. Mai; 22–24 = 5. Nov.; 38–40 = 21. Aug.; 49 = 22. Febr.; 52f = 16. Juli; 55f = 30. Jan.; 57.60 = 4. März; 58–60 = 5. März; 96f = 27. Aug.; 99f = 23. Sept.; 102–104 = 4. Jan.; 106f = 9. Sept.; 115f = 5. Aug.; 136 = 29. Mai; 162f = 7. Aug.; 167.169f = 8. Aug.; 204 = 22. Apr.; 214.216f = 11. Mai; 238f = 16. Nov.

Das immer neue Antlitz der Kirche, Graz 1988: 47f = 1. Febr. (mit freundlicher Genehmigung des Verlages Styria).

Mein Herz vertraut ihm. Geistliche Psalmenauslegung, Freiburg i. Br. 2. Aufl. 1987: 12f = 8. Sept.; 14f = 25. Jan.; 17f = 27. Jan.; 18f = 28. Jan.;

20f = 26. Jan.; 22f = 15. Juli; 32 = 11. Febr.; 41f = 12. Sept.; 42f = 4. April; 44f = 5. April; 46 = 13. Sept.; 48 = 3. Apr.; 52f = 3. Mai; 56–58 = 4. Juli; 58f = 4. Juni; 66 = 12. Apr.; 68 = 6. Apr.; 70f = 10. Juli; 71 = 11. Juli; 72f = 10. Mai; 80 = 27. Febr.; 90 = 2. Sept.; 91f = 11. Sept.; 92f = 10. Sept.; 94f = 12. Nov.

Seht die Frau. Lebenswege mit Maria, Freiburg i. Br. 2. Aufl. 1988: 21f = 28. Nov.; 23f = 29. Nov.; 36f = 21. Okt.; 38f = 7. Nov.; 42f = 20. Jan.; 49f = 19. Jan.; 52.56–58 = 21. Juni; 73f.79 = 7. März; 79f = 31. März; 81f = 22. Aug.; 83–85 = 2. Juli; 89 = 9. Febr.; 91f = 21. Juli; 95–97 = 22. Juli; 100f = 11. Jan.; 101 = 17. Jan.; 109f = 7. Juni; 110–112 = 8. Juni; 112f = 25. März; 114 = 25. Nov.; 125 = 12. Juli; 144 = 13. Sept.

Tun, was Er will. Christliches Sendungsbewußtsein nach der Apostelgeschichte, Freiburg i. Br. 1987: 44f = 13. Nov.; 45f = 14. Dez.; 61f = 2. Juni; 63–65 = 1. Juli; 71–73 = 3. Juni; 85 = 23. März; 91–93 = 18. Okt.; 93–95 = 19. Okt.; 96f = 8. Okt.; 97f = 9. Okt.; 109f = 20. Okt.; 112 = 12. Nov.; 119f = 3. Jan., 9. Juli; 124f = 2. Aug.; 127f = 17. Aug.; 128–130 = 18. Aug.; 133f = 10. Aug.

Und sie gingen mit ihm. Der Weg des Christen nach dem Markusevangelium, Freiburg i. Br. 3. Aufl. 1986: 22 = 19. Dez.; 23f = 4. Mai; 28 = 23. Apr.; 31.33 = 20. Juni; 34 = 20. Febr.; 37f = 19. Juli; 40 = 29. Jan.; 40f = 23. Jan.; 44f = 20. Juli; 48f = 1. Okt.; 50f = 2. Okt.; 69–71 = 8. Nov.; 75f = 10. Nov.; 94f = 16. Mai; 96f = 19. Mai; 98 = 7. Apr.; 102f = 23. Nov.; 104 = 10. Apr.; 105f = 11. Apr.; 112-114 = 29. Dez.; 113 = 3. Juli; 115f = 4. Nov.; 123–125 = 18. Juni; 127 = 3. Juli; 136f = 25. Juni.

Unterwegs zur Stadt Gottes, Salzburg 1986: 14f = 3. Nov. (mit freundlicher Genehmigung des Verlages Otto Müller).

Von seinem Geist getrieben. Dynamische Gemeinde nach der Apostelgeschichte, Freiburg i. Br. 2. Aufl. 1987: 9 = 20. März; 13f = 3. Febr.; 16 = 4. Febr.; 16f = 16. Juni; 17f = 5. Febr.; 20f = 6. Febr.; 21f = 7. Febr.; 23 = 15. Juni; 27 = 27. Juni; 28 = 15. Juni; 34 = 27. Juni; 36f = 28. Juni; 39.45 = 10. Juni; 46f = 4. Okt.; 52f = 24. Aug.; 55.65f = 9. März; 66f = 24. Okt.; 88f = 30. Juni; 91 = 23. Mai; 105f = 14. Juni; 108f = 11. Nov.; 114f = 14. Juni; 116f = 8. Apr.; 129 = 11. März.

Was allein notwendig ist. Jesusnachfolge nach dem Lukasevangelium, Freiburg i. Br. 3. Aufl. 1988: 11f = 20. Sept.; 15 = 31. Juli; 16f = 13. Nov.; 20f = 1. Jan.; 24–26 = 13. März; 27 = 15. Dez.; 36f = 1. Jan., 15. Dez.; 37f = 25. Juli; 41f = 7. Jan.; 48f = 14. Jan.; 50f = 12. März; 53f = 14. März; 57 = 23. März; 60-62 = 28. März; 64 = 14. März; 70–72 = 18. Jan.; 72f = 1. März; 75f = 26. März; 86 = 1. Apr.; 96f.100 = 16. Dez.; 125 = 21. Febr.;

147f = 2. Nov.; 151f = 16. Sept.; 152f = 1. Sept.; 153f = 28. Sept.; 157–159 = 3. Sept.; 159f = 4. Sept.; 160f = 7. Sept.; 163 = 20. Nov.; 165 = 1. Mai; 180f = 24. Jan.; 193 = 3. Apr.; 206 = 14. Apr.; 213f = 8. Dez.; 220f = 15. Sept.; 229f = 25. Aug.; 238f = 30. Mai.

Was er euch sagt. Leben aus der Freude des Evangeliums, Freiburg i. Br. 1989: 27f = 6. Sept.; 31f = 10. Dez.; 52f = 11. Dez.; 53f = 9. Dez.; 54–56 = 28. Juli; 55f = 12. Dez.; 60 = 19. Apr.; 62–64 = 5. Juli; 64 = 19. Apr.; 64f = 6. Juli; 66f = 28. Aug.; 68f = 18. Sept.; 74–76 = 22. Jan.; 78f = 15. Jan.; 79 = 21. Jan.; 86f = 14. Sept.; 90f = 17. Okt.; 119 = 29. Jan.; 144 = 17. Apr.; 145 = 18. Apr.; 154f = 29. Aug.; 156f = 30. Aug.; 158f = 31. Aug.

BÜCHER DER BEGEGNUNG FÜR GOTTSUCHER

Henri J. M. Nouwen *Nachts bricht der Tag an*
Tagebuch eines geistlichen Lebens
2. Auflage, 272 Seiten, Paperback. ISBN 3-451-21443-1

Zeugnis eines geistlichen Ringens um den Weg mit Gott. Psychologischer Scharfblick, geistliche Sensibilität und Erzähltalent machen dieses Buch zu einem eindrucksvollen Leseerlebnis und geistlichen Gewinn.

Henri J. M. Nouwen *Zeige mir den Weg*
Texte für alle Tage von Aschermittwoch bis Ostern
Herausgegeben von Franz Johna
144 Seiten, gebunden. ISBN 3-451-21839-9

Eine Einladung und Hilfe, den österlichen Weg der Nachfolge neu zu wagen. »Es ist zu wünschen, daß dieses Buch als Wegbegleiter durch die Fastenzeit in die Hand vieler Beter kommt.« (Christ in der Gegenwart)

Henri J. M. Nouwen *Der dreifache Weg*
4. Auflage, 160 Seiten, Paperback. ISBN 3-451-20019-8

In diesem Buch sagt der weltbekannte geistliche Schriftsteller, was für ihn Christsein bedeutet und wie er selbst den Weg des geistlichen Lebens geht. Nouwen beschreibt die Spannungen und Konfliktfelder auf diesem Weg mit ungewöhnlicher Tiefe und Feinfühligkeit.

Henri J. M. Nouwen *In ihm das Leben finden*
Einübungen
5. Auflage, 104 Seiten, Paperback. ISBN 3-451-19549-6

»Es ist gerade die Einfachheit dieses Buches, die zugleich seine Tiefe ist und das, was es so anziehend macht. Die Frische der Gedanken ist erstaunlich. Eine Einführung in das geistliche Leben.« (Radio Vatikan)

VERLAG HERDER FREIBURG · BASEL · WIEN